21 世纪高等院校教材

地理学思想史

王爱民　编著

科学出版社
北　京

内 容 简 介

本书基于哲学、科学和社会发展的广阔视野，聚焦于地理学思想的发展演变。全书共4篇：第一篇概述地理学思想的基本问题；第二篇以人与自然关系为主线，评述哲学和科学发展所揭示的世界图景及其对地理学思想的价值与启迪；第三篇陈述古代地理学、近代地理学和现代地理学的发展，以及各种思想观念的演变；第四篇评述主要的地理学思想、观念、要义及其发展历程。

本书可作为高等院校地理学及相关专业高年级本科生和研究生教材，也可供从事地理教育和科研的相关人员参考。

图书在版编目(CIP)数据

地理学思想史/王爱民编著．—北京：科学出版社，2010.4
21世纪高等院校教材
ISBN 978-7-03-027231-7

Ⅰ.①地… Ⅱ.①王… Ⅲ.①地理学史：思想史-高等学校-教材
Ⅳ.①K90-09

中国版本图书馆CIP数据核字（2010）第066458号

责任编辑：郭 森 刘希胜/责任校对：宋玲玲
责任印制：赵 博/封面设计：耕者设计工作室

科学出版社出版
北京东黄城根北街16号
邮政编码：100717
http://www.sciencep.com
涿州市般润文化传播有限公司印刷
科学出版社发行 各地新华书店经销
*
2010年4月第 一 版 开本：B5（720×1000）
2025年7月第十三次印刷 印张：21 1/4
字数：425 000

定价：58.00元

（如有印装质量问题，我社负责调换）

前　言

不了解地理学的过去，就无法理解地理学的现在；要预见地理学的将来，就必须知道它的历史和现状。在封存已久的文献里，仍在熠熠生辉的是它们的思想。数千年的地理学长河，汇集了一代又一代学者的地理思想，成为人类思维和智慧结晶的重要组成部分。思想，是个体生命存在的标志；思想，是一门学科存在的灵魂。各种学术思想，在不同时期影响着地理学的发展。地理学史上存在各种争论，如环境论与或然论、区域论与空间论、实证主义地理学与人本主义地理学等，而正是这些争论，成为推动地理学前进的动力。在这一过程中，许多地理学家为解决学科的发展问题，又回过头来深入考察地理学发展的历史，研究地理学的概念、理论、方法的演进，特别是在地理学急剧变革时期促成重大发现和理论上重大突破的地理学思想与研究方法，借以提出更新的概念、原理并使其思想和预期变得条理化。正是地理学思想的发展，推动并引领着地理学的不断前进。

创造力和决断力源于睿智的思想方法，而后者又以广博、扎实的知识体系为基础。地理学思想史是关于地理学的世界观和方法论的历史。秉承传统与不断创新的精神，熟悉地理学发展过程中的思想变化，是每位地理学者必须具备的基本态度和素质。要透彻、准确地把握地理学思想的形成和发展，必须具备广阔的、高层次的、动态的、系统的视角和观点。所谓“广阔的”，指的是需要从特定历史时期的社会背景和不同国家的文化背景下，综合把握地理学思想的产生和流变。所谓“高层次的”，指的是需要从特定时期的哲学思潮和科学思潮中，从地理学与哲学、科学的深层关联与互动中，去透视地理学思想的发展，不了解哲学与科学的整体发展，就不可能理解地理学思想的进展。所谓“动态的”，是指基于地理学思想发生学的内在逻辑，从地理学思想发展的“链条”中，动态考察地理学思想的来龙去脉。所谓“系统的”，是指从本体论、认识论、方法论、发生学、逻辑学以及科学哲学的角度，对地理学的对象与性质、科学结构与科学关联、各种思想和方法论的形成与发展、地理学思想演化模式等进行系统研究与评述，将地理学思想置于“历史基础承传＋特定阶段的社会背景＋科学发展基础＋哲学思潮＋地理学家思想”支撑下进行动态的、整合的考察。

研习“地理学思想史”的目的在于：①在单科地理课程学习的基础上，从整体上把握地理学思想的脉络，收温故知新、整合提升之功效。②传承地理学思想。传统的地理学思想有其基本的“内核”价值。一些传统的地理学思想，在对新问题的思考中焕发出新的生命力。每一门学科的建立，必定有其存在的价值，也有其目的和思想方法体系。当我们思考一个地理学问题时，首先要知道已做过哪些研究，否则这种研究便是浪费时间。③持怀疑和批评的态度检讨地理学。每一门学科在其发展过程中，都要经历传承与创新历程。地理学必须不断接受挑战。只有透彻了解地理学的演进过程，熟悉地理学思想的基本观点、方法、模式和理论，才能寻找出一条正确的、创新的道路。

本书内容力求简明，对地理学家的生平一笔带过，而径直地评述其思想。需要强调的是，了解地理学家的生平对于理解地理学家思想的形成、发展非常重要。这方面，杰弗里·马丁（2008）的《地理学思想史》对欧美地理学家做了详细的介绍，刘盛佳（1990）的《地理学思想史》对中国地理学家做了详细的介绍，读者可参考这些书籍作为补充阅读。全书共4篇16章：第一篇对地理学和地理学思想进行概括性论述，包括地理学的对象与性质、地理学的概念与思想争论聚集、地理学的构架与关联、地理学的方法论与研究方法、地理学思想的特质；第二篇以人与自然关系为主线，评述哲学和科学发展所揭示的世界图景，尤其关注相对论-量子力学、进化论-生态学、现代系统科学和复杂性科学的世界观对地理学思想的价值与意义；第三篇对古代地理学、近代地理学和现代地理学的发展以及各种思想观念的演变进行述评；第四篇基于地理学研究的“主题”，评述主要的地理学思想、观念、要义及其发展过程。

王爱民

2009年10月

目　　录

第二篇　哲学、科学的世界图景与地理学思想

第三篇　地理学的发展与地理学思想的演变

第四篇　地理学思想的评述

第一篇　什么是地理学

讲授或研习一门科学，往往要开宗明义，首先遇到的问题是科学对象、性质、定义与主题这些基本问题。然而，何谓地理学？什么是地理学的对象与性质？何为地理学的核心或主题？当地理学专业本科生或研究生带着这些问题去求教老师时，老师可能从诸多地理学定义中抽取一条或多条来回答，结果往往使学生更加茫然。记得在上大学时，一位化学系的同学问我："全世界就那么几座山脉几条河流，为什么你们还要学四年？"这是社会公众对地理学就是"地理知识"的解读。当大量阅读地理学基础、地理学史、地理学前沿进展、地理学思想史等书籍后，会发现在学科之内不同专业背景、不同学术观点的地理学者有不同的诠释，有关地理学的对象、范围、性质、概念、主题的争论从来就没有停止过。要理解地理学是一门什么样的科学，需要秉持复杂性、整体性、多元化、层次性、动态性和非完备性的观点，对地理学的对象、范围、性质、概念、主题、结构、功能 、视角、方法、发展进行全景扫描。

第一章 地理学的对象与性质

地理学的对象与性质是地理学思想的主要组成部分，同时也是地理学思想形成、发展的原点，从多个方面对地理学思想产生持续的重要影响。

第一节 地理学的对象及其基本特性

从本体论角度来看，地理学的对象是关于“在认知水平上地理学研究的本源是什么，即地理学探究的是一种什么样的存在，以及这种存在表现出来的本质特性”。巴斯卡尔（Bhaskar，1979）认为“任何科学论述都是以本体论为先决条件”。研究或讲授任何一门学科，首先遇到的必定是学科对象问题，每门学科之所以能独立存在并得到发展，最基本的原因是它具有一个特定的研究对象或领域。学科的研究对象及其属性对学科性质、地位、价值、发展、研究内容和方法手段的影响是如此巨大，以致对学科对象及其属性的认识不清，可能导致学科发展方向上的错误。有关地理学一系列基本问题的争论，都可溯源到学科对象上。然而，在对地理学对象的认识上，往往存在忽视对象的丰富内涵和发展变化的倾向。

一、地理学的研究对象

地理学作为一门古老的知识门类，早在我国春秋战国时期和古希腊时代，就有关于地球形状大小、海陆分布、气候带的推测和山川、民族、物产等方面的记述。然而，19 世纪中叶以前，地理学的研究对象并无严格限定。空间范围从宇宙天体到地球，研究内容常与哲学、历史、文学和天文学等混杂在一起。这时的地理学，处于学科尚未分化的“宇宙学”时期。

随着文艺复兴、地理大发现和产业革命的到来，近代科学取得突飞猛进的进步，并在还原论思想指导下处于急剧分化之中。伴随整个科学迅速发展和分化的浪潮，从宇宙论——自然哲学的大一统的母体中，一系列学科——天文学、地质学、气象学、生物学、地球物理学、土壤学、水文学等逐步分化而独立，形成了对具有圈层结构的地球进行圈层研究的地球科学体系。地理学自身两大支柱学科——自然地理和人文地理及其分支学科也得到发展。科学分化产生的强大压力和学科之间的竞争压力迫使地理学家对地理学的研究对象重新定位。面对各地理要素纷纷成为地球科学或社会科学独立的分支科学的挑战，地理学家不得不一再思考“什么是地理学的对象、内核、主题、独特的视角和研究方法手段”。

对地理学的研究对象，不同学者有不同的表述。①地球表层。李特尔认为，地球外壳的充满空间为地理学的研究对象。而后德国地质地理学家李希霍芬明确提出“地理学的特殊目的是集中研究地球表面相互联系的各种现象”，将地理学的研究对象确定为“地球表层”，认为地表的范围是“具有相当厚度的一个层或带，包括大气的下层和地壳的表层，就是陆、水、气三界的交界面”。地球表层这一概念为自然地理学所偏爱，它实际上与自然地理学家长期使用的自然综合体的概念基本一致。②地理学的研究对象是地壳（earth shell）。特罗尔和卡罗尔特使用“地壳”这一术语来限定地理学的研究范围，它由岩石圈、水圈、大气圈、生物圈和人类圈五大圈层统一组成，称之为“地圈”。③地理环境（人类生存环境）。尽管这一来自人类学和社会学的概念很容易造成“不包括人类社会自身的地理环境”的误解，地理学的“地理环境”与社会科学的“地理环境”内涵并不一致，前者包含人类社会自身、人工环境、自然环境，但这一概念已约定俗成，且比较适用，为人文地理学者所偏爱。阿努钦（1994）坚持认为：“所有地理学科共同的客体不是整个景观壳，而是它的一部分，即地理环境，地理环境是我们认识地理学是统一学科的关键。”④人类世界。地理学关注于人类生存的客观世界，地理世界由物理世界、化学世界、生物世界和人类世界构建。哈特向对“地表”或“地壳”作为地理学的对象颇有微词，认为阐述地理学研究范围最简捷的提法是单纯“世界”一词。⑤地理学只是一种方法论。也有学者认为，地表自然要素与社会人文事象均被其他学科独立研究，地理学只研究地理的空间结构与秩序。

专栏 1.1 地球表层的空间维度

现代地理学一般认为：地球表层上界在大气圈对流层顶部，下界为沉积岩石圈底部，厚度 30～35km。其主要根据是：对流层顶部是大气圈的物质成分和物理性质明显分异的界面之一；沉积岩石圈底部基本上是外营力——太阳能作用的最大深度；在这个厚度内，太阳能是最根本的能源，发生多次转换和传递而使地球表层各部分与各要素发生紧密联系。牛文元（1981）在《自然地理新论》一书中，将“自然地理面”的空间范围上限定为从地表起到其上 50～100m 高度的“地面边界层”，其下限为外营力多年平均影响深度（陆地上深为 25～30m、海洋深约 100m）。认为“自然地理面”存在四大属性：独特的固-气-液三相交界面、内外力作用的叠加区、有机界与无机界互相转化的中心场所、人类集中活动的空间。原苏联学者 C.B. 卡列斯尼克认为地理壳即地球表层，应限于表生作用环境，主要受太阳辐射能的直接作用，其厚度只有几十米至几百米。美国地理学家斯特拉勒认为，地理学研究的空间主要是人类生存的地理环境，其范围应限于人类生产、生活活动直接相关的空间范围，这种观点反映了一种讲求实际的地理学见解。一些学者认为，随着现代航天技术的发展、各种太空实验及太空资源的开发利用，近太空也应纳入人类生存空间，地理环境亦应包括这一新的空间范围。尼尔·史密斯（N. Smith）于1990年对此指出："20世纪引导人们发现了外层空间，或者至少是它的社会结构，并且直到这个世纪这种基本发现才变得明显。外层空间是精粹的社会空间，它是与社会意图交融的物理范围。"

今天，大多数地理学者已形成共识：地理学研究的对象是地球表层系统。这一限定为地理学在地球科学体系中争取到了"具有物质实体的圈层空间"，避免了地理学陷入"分布"和"关系"纯方法论的困境，为"全球地理学"和"地球表层学"的建立与发展提供了宏伟的科学发展目标。同时，只有基于"地球表层系统"这一构架，地理学才能在"全球变化与全球环境问题、全球变化与区域响应、区域变化与区域独特性在全球层面的诠释、全球变化中的人类活动因素"这些当代重大的科学问题上作出贡献。

二、地球表层系统的基本特性

地理学研究对象的属性特征对地理学的性质、特征、研究方法具有持续而深刻的影响。

（一）复杂性与不确定性

地球表层是由地球诸多圈层——大气圈、岩石圈、水圈、土壤圈、生物圈和人类圈相互作用所形成的开放的复杂巨系统，这一系统同时深受地球内部环境和地球宇宙环境的影响。复杂性作为地理学对象的基本特性，已被相当多的地理学家认同。理查德·哈特向（1996）指出："我们所生活的世界是一个复杂的世界，这种复杂性存在于统一性之中，并通过不同尺度要素、过程和相互关联的组合，构成因地而异的复杂景象，研究不同尺度要素和过程的学科分别可以为这一地区统一体提供部分解释，该统一体的综合描述和解释对地理学提出了召唤。"地理学对象的复杂性决定了地理学是一门研究复杂系统的复杂性科学。

复杂性使得作为"科学的地理学"显得年轻而不成熟。复杂性是地理学不同研究领域、不同研究视角、不同思想观点存在和争论的原因。理查德·皮特（2007）在《现代地理学思想》一书中指出："地理学有一个永久的不变的危机，因为地理学家研究的太复杂了。这种复杂性本来就存在于学科观点之中，但是因为实用主义地理学的不同转向又把这种复杂性加强了。"然而，也正是复杂性使地理学成为一门充满活力、生机，具有无穷内涵、富有发展空间和潜力的成长型科学。

地球表层系统是迄今为止人类所认识的最复杂的巨系统，要在全球尺度对“地球表层”进行系统研究，显然需要集成人类的知识和智慧。刘盛佳（1990）对此认为：“人类迄今的科学总的研究领域恰恰集中在这个人类赖以生存的地球表面，地理学如果不是凌驾于一切科学之上，这个领域便不可能是自己独有的研究范围。”近年来钱学森先生倡导的“地球表层学”需要自然科学、地球科学、社会科学长期合作研究才可能有所突破。正如恩格斯在《自然辩证法》中指出的那样，“我们的整个公认的物理学、化学、生物学都是绝对的以地球为中心的，只是为地球而建的”。这里，我们看到地理学的困境，以“地球表层”为研究对象的地理学，在对“地球表层”整体的研究上，只能发挥出有限的重要作用。另外，在“地球表层”这一复合有机体框架下，地理学对地点、地方、区域的综合研究是其他科学所不能替代的，这或许是区域地理学是地理学的“顶峰”、“核心”观点的原因所在。

专栏 1.2　作为复杂巨系统的地球表层

地球表层是一个典型的复杂巨系统。①空间范围。包括岩石圈的上部，生物圈、土壤圈、水圈和人类圈的全部，大气圈的下部。②物质实体。由高度发展演化的六大圈层的主体物质实体——大气、水体、岩石、土壤、生物有机体、人体-人类社会和人工环境共同组成。③运动形式。与六大圈层对应，地表存在六大基本运动形式——大气运行、水体运行、地壳运动、土壤运动、生命运动、人类社会运动。同时，地表环境深受宇宙天体运动的影响。④对象的发展演变。地球发展演变的总体趋势是由最初的混沌状态逐步向有序的复杂的分层结构发展：地球固体圈层分化—大气圈—水圈—生物圈—人类社会与人类居住环境（图 1.1）。人类是自然界发展到一定阶段的产物，人类生活的地表环境也是自然界长期演变的结果。⑤复杂性表现。作为开放复杂的巨系统，地理学研究对象的复杂性具有多重表征：复杂的组成要素及其要素组

图 1.1　全球系统的时空演变

合——无机的、有机的、经济的、社会的；复杂的联系途径——物质流、能量流、信息流；复杂的关联方式——同时的-滞后的、同区的-异地的、因果的-统计的、单通道的-多通道的、线性的-非线性的；复杂的时空尺度关联结构——大尺度、中尺度、小尺度；不确定性和多变性；复杂的整体行为和演化。

（二）整体性与关联性

在中国传统哲学中，有着“天人互动”与“万物同一”的朴素整体观。在西方，古希腊人形成了“世界是一个结构有序的完美整体”的观念。德国古典哲学提出了“自然界是一个有机整体”的理念。近代地理学奠基人洪堡、李特尔在其研究基础上，进一步将“整体性”转为地理学的核心话语。世界上的任何要素、过程、现象必须相互关联才能成为地理学的研究对象。地理学是一门研究地表事象“整体性”与复杂“关联性”的科学。用哈特向的话说，研究复杂现象的统一是地理学的特点。

在李特尔的探讨中，不但接受了现象的复杂性，而且强调了这是地理学的主要特点。现象的多样性及其相互关联性，决定了地区的特点；通过地区特点的研究，地理学作为一个知识领域，获得了统一性和独立性。洪堡阐述了研究现象相似性的系统科学和研究巨大复杂现象的地理学之间的显著差异，“在复杂性中理解统一性”，洪堡曾在许多文句中发表过这个观点（理查德·哈特向，1981）。

专栏 1.3　整体性、关联性的基本解读

整体性与综合性常被混淆，两者意义各有不同。综合性是针对地理学科的性质、特点和方法论而言的。整体性则是针对地理学对象的性质而言的，指的是地表自然和人文诸种地理要素的关联互动作用。洪堡曾说“自然界的因果关系非常错综复杂，没有一个因子没有一种活动可以被单独分离的”。地表某一地区或某一现象，同属于地表整体的一部分，如果把任何地理区域或地理事象作单独处理，必将忽略整体而出现“只见树木，不见森林”的缺陷。关联性是与整体性互补共存的一个特性。纵向垂直关联与横向水平关联及其复杂的耦合作用增加了地理学研究对象的复杂性，同时也成为地理学家研究地理事象的独特视角。地理关联性包括地理要素的相互关联、地理过程的叠加与耦合、不同区域综合体的相互作用。地表任何要素、过程、现象必须相互关联并具有空间差异才能成为地理学的研究对象。

作为地理学核心概念的整体性和关联性，蕴涵了多重价值与意义。①强调了地理事象的关联互动性。某一地理要素的变化使关联要素产生协同性适应变化，从而导致地理环境重构成新的结构与秩序。②整体性是对要素关联作用下的地理环境的结构有秩化的表达。表现出极其复杂的作用机制与关系：协同、互补、合作、竞争、对立、颉颃等。空间关联作用机制是地理学结构、模型研究的基础，而地理学的重要意义就在于揭示规律性。因此，整体性和关联性是地理学理论存在、产生、发展的“源泉”所在。③整体性揭示了要素关联作用下地理环境的均衡化、有序化、协同化、和谐化状态，是和谐地理学与美学地理学的“本源”所在。彭加勒将美定义为“我论及的是内在美，它来自于各部分的和谐有序，是纯智力有能力理解的美”。海森堡把美界定为“各部分彼此和谐一致并且与宇宙万物和谐一致”。哈特向在《地理学的性质》中对地理学的结构、秩序、和谐进行了如下阐述：

> 对洪堡来说，研究地理学，其本身并非目的，而是作为理解“活的整体”的“宇宙和谐统一”、“一个复杂的统一体”的手段。“洞察宇宙有机体创造了精神的愉快和内在的自由，即使在命运的残酷打击下，这也是不能被外力摧毁的”。
>
> 近代德国地理学家通常把布伦奇利关于亚马孙河泛滥平原的描写说成是“一个和谐的有机体”。许多反对有机体类比的人却接受了和谐的概念。但对这个概念每个学者有自己的解释。对有的人说来，它的含义也许正如对洪堡一样，只不过是区域中所有现象的一系列联系。在这一意义上，地球表面上每一部分都是存在着和谐的；任何一类现象起了变化，也将在别类现象中产生影响；新的总形势只是另一个和谐。但沃格尔却发现，即使在这种“动的”意义上——这与“审美的”意义判然有别，“和谐”也只可用于真正存在着“力量彼此互相调节、一种完美的相互关系”的场合（理查德·哈特向，1996）。

专栏 1.4　地理景观的形态美、内在美与衰落景观

至今仍记得艾博尔教授带我们西南师范大学地理系 78 级峨眉山实习时说的话：“自然是美的，欣赏自然美是人生不可缺少的部分，而最能欣赏自然美的是地理学家。”当时对艾老师的话缺乏深度的理解，只当是他对峨眉山的美景随感而发。我想艾老师表达的是，地理学工作者更能够从自然的整体性、协同性去理解自然秩序结构的完美。近代地理学对自然和谐的理解基于自然系统的秩序结构上。从马什（Marsh）1864 年发表《人与自然》以来，人类对自然环境的破坏影响已受到系统的关注。全球环境问题和区域环境问题成为现代地理学的重要议题。今天，我们既能欣赏到自然生态环境保护良好地区的自然美，也能看到人类数万年来承传下来的人地关系协调状态下的人地和谐美。然而，我们看到更多的是对自然环境和自然美的破坏与摧残。在伽缪（Albert Camus，1913～1960）看来，世界是荒谬的，荒谬是由于人对自然的期望或人以自己的目的、价值、意义将自然“人化”，而自然（世界）本身不按这种方式存在之间的对立而产生的。显然，地理学需要一种新的马克思主义观点或社会批判理论，即从对社会不公平、不公正的批判转向对“人与自然关系”中人的“荒谬”部分的批判。

（三）地域性与差异性

地球表层是一个上限面和下限面均不齐一的圈层构造系统。在地表空间的连续延展性中，地表空间最大的特点是它的非均质性和差异性以及在“地点”上表现出来的唯一性和在“区域”上表现出来的独特性、多样性与差异性。如前所述，对地球表层的整体系统研究，非地理学一门学科所能及，对地表空间及其差异性研究就成为现实中地理学研究的主要领域，这就是李特尔、赫特纳、哈特向等倡导的地理学“区域地理”、“空间差异研究”的观点。地理学对象与学科研究中的地域性特征，决定了地理学是一门研究地域综合体及其空间差异性、独特性的科学。赫特纳在《地理学——它的历史、性质和方法》中特别强调地理学的区域研究：

> 假如在地球上不同地方之间不存在因果联系，假如在地球上同一地方不同现象是互不相干的，那就不需要区域（方志学）的特别概念了；然而既然这种关系确实是存在的，而靠着系统科学和历史科学又只能偶然地理解，或甚至于完全不能理解这种关系，那么也就需要一门研究地球或地球表层的特殊的区域的科学。
>
> 物在何处，正如物在何时，即根据物的分布和扩展，正如时间的出现，乃是一种标志，是事物或事件的一种特性，即根据物的关系而形成的统一体的一种特性，并且必然要被从事研究基于物的关系形成的统一体的系统科学纳入其研究和论述的范围……只有当时间或空间处于突出的地位并且构成科学考察工作的联结纽带时，历史的和地理的观点才会具有决定性的作用。正如历史学是要考察各种不同时代的特征一样，地理学则要考察各种不同的空间和地点的特征，用李特尔的话说，就是“地上事物对地球空间的填充”，亦即考察大陆、地区、地方和地点（阿尔弗雷德·赫特纳，1983）。

地球表层系统存在多维的等级层次的尺度。英国的J.S.卡德诺在《自然地理学》一书中，把地理学的研究分为三种尺度：全球尺度、区域尺度和地方尺度。原苏联学者索恰瓦（1991）在《地理系统学说导论》中把地理系统分成三个等级：行星级序、区域级序和局地级序。E.纳夫曾根据量纲提出地团（行星）公理、景观（区域）公理和方域公理。G.哈泽引用他的观点，分出四种景观相地理空间：局部空间、方域空间、区域空间和地团空间。

然而，正如连续的地表空间存在无穷多的经纬线一样，从地点、地方、不同尺度"区域"到全球尺度存在不同的"区域"嵌套层次。这些不同的空间尺度可以看成是"地点"在不同比例尺下缩放的结果。由于"区域"是依据特定目的任务对地表进行的划分，理论上存在无穷多的"概念区域"。空间尺度的等级层次性、连续延展性和区域类型的多样性，成为地理学复杂性的又一表现。一方面，空间关联性为地理学所高度关注，但另一方面，不同等级尺度的空间关联作用机制又是当代科学和复杂性科学的难点。一方面，区域和空间差异观念成为地理学的基本观念，另一方面，区域类型的多样性、区域划分的主观性、区域边界的难于确定性、区域之间过渡带的存在，又使得"区域地理学"作为一门科学受到批评。

在传统区域地理研究的基础上，现代地理学沿多个方向拓展，其中有四个方向的成果最为丰硕：一是对地表区域"外观"的刻画与研究，形成地理学的景观研究方向；二是对地表区域的理论抽象，形成地理学的"空间分析"方向；三是地理学与历史学的深度交融，形成区域历史地理学研究方向；四是区域尺度上从传统地理学注重中小空间尺度转到对"全球尺度"的系统化关注，推动了"全球地理学"的构建与发展。

（四）变动性与时空耦合性

地球表层的环境变化是特定地域上地表过程在自然因素与人为因素作用下发生改变的结果。空间与时间是事物的本质属性，是事物存在的存在。既不存在没有空间维度和空间关系的事物，也不存在没有时间维度和时间关系的事物。地理事象存在于特定的空间尺度和空间关系中，存在于特定的时间尺度和时间关系中，存在于特定的时空共轭尺度和时空耦合关系中。地理学是一门研究地球表层地理系统的形成、发展、演变及其时空耦合性的科学。

朗曼认为地理学是一门动态的科学，提出动态地理学（dynamic geography）一词并加以解释。哈特向在《地理学性质的透视》一书中强调"时间性"的重要性，指出地理学在研究中必须考虑的"时间因素"：①研究移动的地理事象（如交通流、人流）；②研究事象变化的轨迹、方向、变率，现存的现象乃是它形成过程中各种因素变化的结果；③考察不同时段"现象之间的相互关系"的特性与差异；④研究某一特定事物的起源和发展，过程是重要的研究途径，必须以动态的观点考察发展的时间因素。威廉·C. 克拉克（1990）指出："在地理学研究中使用发生学的方法，将不可避免地导致对过去的考察。这并不意味着从过去寻找简单的原因来说明当前的情况，而是把任何时期观察到的情况，理解为是不断变化的复杂过程中的瞬间状态。"

（五）人地交互性与非对称性

地球表层巨系统是由各种自然与人文现象交织在一起的复杂体系。理论上的"人圈"或"智力圈"以其特有的存在，镶嵌并渗透于地球表层中，成为改变地表面貌与功能结构的重要营力。人与其生存环境的关系，是地理学古老而又时兴的主题。对地球这一人类家园的思考与研究，一直是地理学关注的一个重点。地理学从传统的自然环境对人类社会的影响与控制的研究，进而转到人类活动对自然生态环境的影响与冲击的讨论以及人地互动关系的理论构建。全球性问题和全球变化研究的兴起、可持续发展观的提出、人类及其与环境之间复杂的关系成为当代地理学和国际学术界研究的热点和前沿，显示出其永恒的魅力和新的生命力。地理学是一门研究人地关系地域系统、人类社会与其生存环境关系的学科。

专栏 1.5　人地关系地域系统

一些学者对地理学是一门研究人地关系的学科的定义提出批评。区域论者赫特纳、哈特向和景观论者索尔等认为：一门独立的科学绝不能把因果关系作为自己的研究对象，它必须把自己应用到一系列的事实中去。把地理学作为一种关系研究的概念，未能为该学科提供"足够明确的目标、具体的研究对象、独特而充分的方法"。从人类已构建的知识体系看，存在三大知识领域：研究自然界的自然科学、研究人和人类社会的人文社会科学、研究人类社会与自然关系的知识领域。人地关系是哲学的中心主题，人地关系为众多自然科学与社会科学所涉猎。或许是基于以上考虑，我国地理学家吴传钧院士提出"地理学的研究核心——人地关系地域系统"。这一概念，既避免了地理学只研究关系之嫌，又以区域为载体以示其与其他社会科学对人地关系研究的区别。

人地关系或人地关系地域系统的概念易形成以"人类社会为中心"或"人类社会系统与生存环境系统并列"的理解。然而，一些学者指出人类社会系统与地球表层环境系统存在着"非对称性"。非对称性是一个容易被忽视而又特别重要的特性，人地关系地域系统的非对称性具有多维的表现。第一，从系统的等级关系看，是子系统（人类社会）与母系统（地表环境）的关系，人类社会被包容于地表环境之中。第二，从系统的生成与演化看，人类是地球长期发展演化的产物，地球孕育了人类，而不是人类构建了地球。第三，从物质运动规律看，人类作为自然界发展的生成物，如同大气圈存在大气运动（规律）、水圈存在水运动（规律）、生物圈存在生命活动（规律）一样，人类社会有其特有的物质精神与社会活动形式（对社会历史是否存在规律，学术界有争议）。人类社会存在独特的社会性，但不管是作为个体的人还是群体的社会人，人类同时或在基本意义上又是生物属性的人、物理化学构建的人，即“自然”的人。第四，从物质循环、能量流动看，环境对人类是全域的，人类对环境是局域的。第五，从作用方式看，人类对环境的各种影响是通过自然的整体性和自然的规律而产生作用，即通常所说的自然规律不以人类社会的意志为转移；而环境对人类社会的影响是通过自然作用、自然-社会关联作用、社会作用、社会-文化关联作用、自然-社会-文化关联作用产生多级复杂的影响。

三、地理学的本体论深度

亚里士多德将本体论定义为“研究是者之所以为是者以及由本性所应有的性质”。国内学术界有的将本体论翻译成“存在论”或“是论”。在哲学框架内与认识论联系在一起的是本体论，即关于存在的理论或关于什么可知的理论，它与“接受什么为事实”有关，以探讨事物的“是”为核心（是什么、如何是、为何是、应该是）的一种逻辑演绎式的哲学范式。本体论是一种世界观，包含了哲学认识论与价值论。不同哲学流派从特定的认知角度对世界的本源都有自己的本体论陈述。巴斯卡尔区分了古典经验主义（认识的最终客体视为原子论世界，即认知和世界存在同态关系、直接关系、对应关系）、先验唯心主义（认识的最终客体视为强加于世界的人为构造——模式与理想化）、先验实在论（认识的最终客体视为“产生现象的结构与机制”）三种本体论，他本人赞同先验实在论，并主张本体论深度——“现实的多级成层”的概念，对自然、社会和人文科学来说是必不可少的（Bhaskar，1979）。

图 1.2 反映了地理学本体论不同类型的层次结构：基于人类与自然的关系（主客体关系），存在客体本体论（自然地理学的对象）、主体本体论（人文地理学的对象）和主客体本体论（地理学的对象）；基于系统学的观点，把地理学的研究对象视为地球表层系统（地理系统），则地理学研究的是地理系统与地理系统之间、地理系统与子系统之间、子系统与子系统之间、系统与环境之间的关系；基于结构主义视角，地理学关注于地理事象、结构、机制；基于空间地域视角，地理学研究的是各种各样的、不同镶嵌组合的场域与空间。

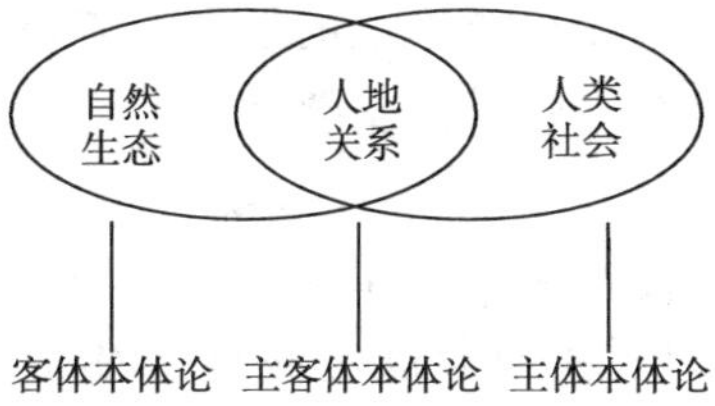

a.本体论深度：人类社会与自然

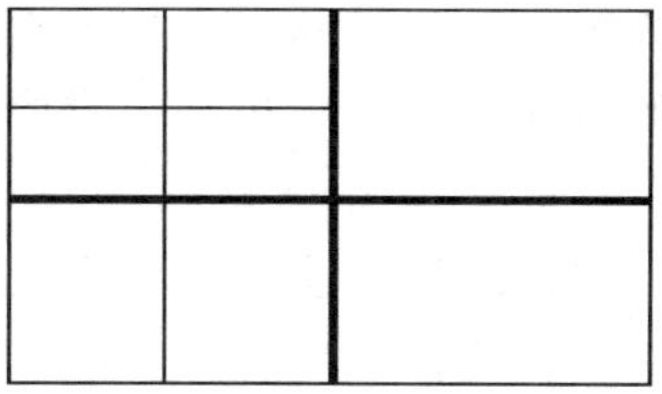

b.本体论深度：系统与子系统

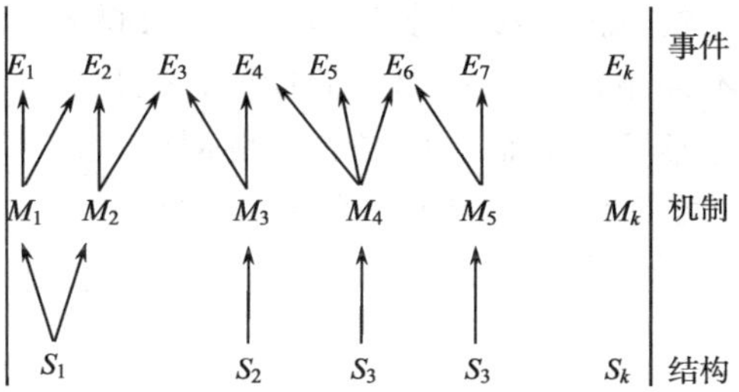

c.本体论深度：结构、机制与事件

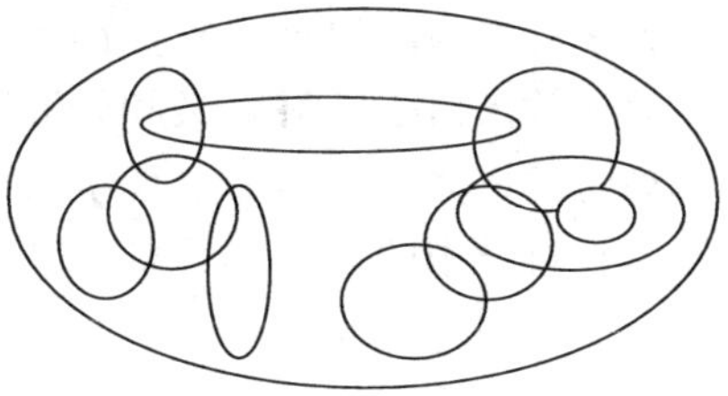

d.本体论深度：场域与空间
(空间-区域本体论)

图 1.2　地理学本体论深度

第二节　地理学的性质

地理学的性质与地理学本体论和认识论有关，在哲学框架内与本体论联系在一起的是认识论。认识论提供“我们能知道什么”和“我们怎样才能知道它”这类基本问题的答案，它包括知识的四个方面：它的性质——一个人所相信的是什么；它的类型——诸如自己体验的知识和别人描述的知识；它的客体——知识主体所反映的事实；它的起源（约翰斯顿，2000）。波普尔不仅把科学性质看做是“认识论的中心问题”，而且还把科学划界称为“康德问题”。地理学性质是地理哲学、地理学认识论、本体论和方法论的出发点。

一、地理学性质：一个长期争议的问题

再没有一门基础性学科像地理学一样，一百多年来为其性质争论不休。对此，理查德·哈特向（1996）批评道：“常常有人说，地理学的性质问题关系不大，地理学家只去干就行了”，并认为“对致力于地理学的人，应对这一领域的范围和性质做到了如指掌”。倘若不认真考虑地理学的科学性质、特点，而径直着手于地理问题，必然导致盲目和混乱。对地理学性质的论战，往往并不仅仅限于地理学在科学结构体系中的逻辑定位问题，即不只是聚焦于自然科学还是社会科学、地理学的统一性与二元论之争，而是进一步延伸到“什么是地理学的核心

和研究主题”的问题以及扩展至对地理学的科学性和功能价值的思考。刘盛佳在所著的《地理学思想史》一书中强调了对地理学性质研讨的重要性：

> 地理学的性质当然不仅仅是一个概念问题，这是毫无疑问的，但是这里的概念涉及地理学的定义、研究对象，以及由对象规定的研究内容、研究方法和在科学中的地位、社会发展中的作用等，因此，概念的作用非同小可。近两个世纪以来，尽管概念问题一直困扰着地理学者，但是大多有作为的地理学家，都不得不在这方面做极其艰苦的尝试，可惜收效甚微。由于学科定义和研究对象不清楚，以致地理学的性质，也是众说纷纭、莫衷一是。地理学的性质包括两个方面，一是科学的属性，一是在科学中的地位。其实在这方面，两者也是结合的（刘盛佳，1990）。

（一）学科性质的一般性理解

学科的性质取决于学科对象的本质属性。学科的对象包括目前已认识的或尚未认识的对象客体部分，是学科形成发展的母体和载体。学科对象的本质属性主要体现在对象的“基本元素”——物质特性、空间尺度、时间尺度和其他基本属性。学科的对象体系并不是一成不变的，而是随着对象要素或其组合的变化而变化的。对象体系任何一个层次中的基本部分发生变化或变革，必将导致对象某一部分内涵的变化。同时，对象要素之间的内在关联作用，促使对象要素之间彼此重新调整协调，从而使整个对象体系乃至整个学科发生新的变化、拓展或质的变化。这种质变通常与学科变革或转折点相对应。

基于本体论与认识论的哲学框架，学科性质涉及的是“本体论与认识论”的关联问题，即对“科学对象”我们能知道或已知道什么；学科的性质是“认识主体”对“对象客体”的本质属性的揭示与反映，是对象客观性质和主观认识的统一；学科的性质是学科作为相对独立的知识存在与其他学科以示区别的本质。基于“科学世界（概念）图景”——由各类学科及其分支学科所构成的“科学知识体系”，科学的性质是对“学科”在“科学概念图景”结构中的位置和逻辑关系的定位。

专栏 1.6　学科性质的层次性、动态性与关联性

学科性质的层次性与关联性：①学科的性质具有层次性。客观世界是一个由多层次的物质客体和运动形式相互联系组成的整体，不同学科分别以不同的运动形式和物质客体为研究对象。因此，各门学科性质必然具有层次性。

②学科的性质是变化的。随着学科研究对象内涵与外延的深化，学科的性质也随之变化。认识活动的一个总体趋势是，随着知识的积累、研究的深入和学科实践的不断反馈，对对象的主观认识总是保持向对象客观属性无限接近的趋势。对象物质运动层次愈高，对象的内涵愈丰富复杂，这种主客体接近过程相对愈长。根据对学科对象本质属性揭示掌握的程度，可将主客体吻合程度分成三个阶段：观察与描述的对象——学科性质孕育时期（对应于前科学时期）；本质属性部分认识解释的对象——科学性质部分确定时期（基本对应于经验科学和常规科学时期）；本质属性系统深入揭示和掌握的对象——科学性质确定时期（对应于成熟科学和科学常识时期）。③科学性质的相对独立性和关联性。"现实世界"是一个整体的、关联的、不可分割的统一体，决定了以"世界图景"某一层次、某一环节、某一视角为研究对象的各类科学性质的相对独立性和难以分割的关联性。恩格斯在《自然辩证法》中指出"每一门科学都是分析某一个别运动形式或一系列相互关联和相互转化的运动形式"，"科学分类就是这些运动形式本身依据其内部所固有的次序的分类和排列"。

"科学对象的本质属性（物质及基本属性、时间及运动形式、空间组织变换方式）、本体论与认识论关联的哲学构架、科学概念图景与整体统一的现实世界"为理解学科性质提供了一套"三位一体"的分析视角。只有基于这一视角，才能避免对学科性质盲目的、偏执的、有时甚至是肤浅的争执。目前在学科性质认识上存在的一个问题是，传统上习惯于把一切学科的性质硬置于自然科学与人文社会科学这一高层次上去对应，或谈其兼容性，其结果往往导致相当多的学科，特别是分支学科、边缘学科、横断学科性质归属问题无休止的论战。

（二）地理学性质：一元论与二元论之争

大凡有关地理学基本问题、方法论的论著中，大多涉及地理学性质。讨论地理学性质的重要论著有：阿尔弗雷德·赫特纳的《地理学——它的历史、性质和方法》（1983）、理查德·哈特向的《地理学的性质——当前地理学思想评述》（1996）与《地理学性质的透视》（1981）、B. A. 阿努钦的《地理学的理论问题》（1994）、大卫·哈维的《地理学中的解释》（1999）、格雷戈里的《变化中的自然地理学性质》（2006）等。尤其是哈特向的两本书在国际地理学界产生了广泛而持久的反响。《地理学性质的透视》为前者的续篇，全书以10章讨论了地理学10个基本问题：①"地理学为研究区域差异性的科学"代表什么？②"地球表面"意味着什么？③研究复杂现象的统一是地理学的特点吗？④地理学的重要性如何度量？⑤是否应区分自然要素和人文要素？⑥地理学按部门地理的区分——自然地理学与人文地理学的二元论。⑦地理学的时间性和发生。⑧地理学是否应分为“系统的”和“区域的”地理学？⑨地理学在寻求科学的法则或是个别事象的描述？⑩地理学在科学分类中的地位。上述学者们的思想推进了对地理学内涵、基本问题、原理方法的研讨，极大地影响了地理学的发展。

在基本层面上，有关地理学性质的讨论聚焦于：地理学是自然科学还是社会科学，或兼而有之？地理学是一门二元对立分割的学科，还是存在一门统一的地理学？归纳起来，大致可分成二元论和一元论两种观点。

二元论者的典型观点是：①自然科学可以推出一种确切的法则，但与人类行为有关的法则永远无法“订立”。地理科学要科学化、实证化，必须确立以自然地理学为中心的研究体系。②主张地理学具有两种性质，一为自然，一为人文，新地理应舍弃人的要素。③“统一地理学已经历史地完成自己使命，而作为统一科学的地理学已不再存在了。它分化为两门基本的地理学——自然地理学和经济地理学”（查别林，1959）。“地理学在本质上从来都不是统一的科学。它处在自然科学、社会科学的边缘位置”，“难道把地理学作为统一科学家族的概念还不陈旧吗”（伊萨钦科，1986）。

以阿尔弗雷德·赫特纳、理查德·哈特向、B. A. 阿努钦等为代表的一元论者，坚持捍卫地理学“独立科学”的地位和精神，认为地理学研究的对象、内容及其规律是统一的。“地理学不能界限于自然或精神的某个特定的领域，必须同时延伸到自然和人类的范围，它既不是自然科学，又不是人文科学——我在通常意义上使用这两个名词，而是兼而有之”（阿尔弗雷德·赫特纳，1983）。理查德·哈特向在《地理学性质的透视》（1981）一书第六章、第七章中讨论了人文与自然、自然地理学与人文地理学的对立对地理学发展的危害。B. A. 阿努钦（1994）强烈反对所谓的“非人文的自然地理学”及“非自然的经济地理学”，认为“把人类仅仅是作用于自然的外部因素是完全错误的”，“地理环境的形成和发展，不仅仅是受到自然力和自然规律的作用，同时还受到人类社会方面有意识的和有目的的作用”，“社会对自然的影响的增加，社会对自然直接依赖的加强，以及社会和自然之间本质差异的迅速扩大，都增加了地理环境的完整性”：

> 基希霍夫和赫尔曼·瓦格纳称地理学为一门“带有累积的历史要素的自然科学”；这是对的，但是，如果称它是一门带累积的自然科学要素的关于人类的科学，也是恰当的。自然和人类都属于地区的特性，而且如此密切地结合在一起，以致不能将它们分离开（阿尔弗雷德·赫特纳，1983）。
>
> 地理学是一门渗透到自然科学和社会科学中的学科，带有这两类学科的特点；地理学的某些特点由此而来。以为地理学与历史学相似，不像系统科学那样把某类特定现象作为其兴趣中心，却以研究空间各部

分——地球表面的地区——以内各种现象的组合为特殊职能，这个结论具有更深刻的意义（理查德·哈特向，1981）。

存在既是社会科学、又是自然科学的“过渡性”学科。地理学就属于这类学科，不仅研究地理环境在自然力和自然规律作用下的形成与发展，而且也研究在人类社会有意识、有目的的作用下形成和发展的地理环境（B. A. 阿努钦，1994）。

二、地理学性质：需要一种新的理解

19世纪以前，对地理事象仅处于现象观察、记述这一层次。因此，地理学还谈不上有何性质。19世纪以后的科学分化浪潮使地理学主要沿自然地理学和人文地理学两条基本脱离的主线发展。在学科及其分支学科所构成的对象体系中，会涉及不同层次的物质运动形式，因此分支学科性质可以与主体学科不一致。仅从这一点看，二元论将自然地理学和人文地理学主要分属于自然科学和社会科学性质有其合理的一面。由于统一地理学至今尚未得到真正的发展，对人地交互作用下地球表层的规律属性还没达到透彻的认识，地理学所面临的这一困境——实质上是学科发展必须经历的一个阶段，即处于学科性质部分确定时期，必然造成学科性质的争论。然而，地理学两大支柱学科性质的二元性和地理学主题的多元化，并不能否定统一地理学的存在。科学的逻辑统一性要求分支学科属性全部或部分包容于高层次性质之中。同时，学科分化、独立所形成的学科危机和社会发展的需求，也要求地理学必须克服自然地理学与人文地理学研究严重割裂的格局，走综合、统一的发展之路。

正如理查德·哈特向已指出的那样，对“地理学是自然科学与社会科学的桥梁”术语的使用要慎重。有两点值得关注：一是不少学科都在宣称自己处于“桥梁”地位，显然以“桥梁”作为地理学的学科性质是有问题的或不完备的；二是科学的统一性和关联性使学科交汇成为可能，而学科对象属性的独特性及方法的针对性又使得跨学科交融存在有限性。地理学的“纯自然科学化”或“纯人文科学化”都是不对的，其合理性存在一个适度的动态均衡。

当地理学由经验科学走向常规科学和成熟科学，地理学的性质由部分确定到基本确定时，地理学的性质不是单纯的自然科学或社会科学性质，也不是通常所说的兼有两大学科的性质，而是综合自然属性和社会、人文属性为一体的科学性质——我们不妨把它称之为地理学的“地理性”。事实上，在赫特纳、哈特向、詹姆斯等的论著中，多次提到“地理性”这一概念。

第三节　地理学在学科分类体系中的定位

相当多的地理学工作者往往重视学科内部的结构体系，而对地理学在整个科学分类体系中的定位却少有关注。作为主客体辩证统一的科学性质，与科学分类及其在科学分类体系中的定位有关。科学分类是依据某些根据和原则，划分科学的各个分支学科，确定这些学科的研究对象、内容和辖域，从而达到明确它们在科学中的位置和地位、把握科学的总体结构、了解学科纵横关联的目的。随着科学的分化、知识广度与深度的拓展，科学分类也处于不断丰富、完善和变化之中。早在前科学时期，在自然哲学框架下，柏拉图的认识论就表明有三种知识，即感官知觉、见解和真正的知识；亚里士多德把探究事物根本的或初始的原因的科学和哲学称为第一哲学，研究其他部分的科学和哲学取名为第二哲学。他还进而区分理论科学（数学、物理学和形而上学）、应用科学（伦理学和政治学）以及技艺（有关机械生产和艺术创作的知识）。

一、柯尔律治和康德的分类体系

17世纪近代科学革命以来，各类科学分类的方案陆续出台。英国思想家柯尔律治（S. T. Coleridge）把科学分为纯粹科学、混合科学、应用科学、复杂科学四大部门。其中复杂科学包括历史、地理、辞典学等。尽管其分类显得有些杂乱无章，但把地理学作为复杂科学在今天看来仍有其重要意义。康德（Immanuel Kant，1724—1804）在他的自然地理学讲义中，把知识分成三类：一是依据逻辑分类的知识体系（系统知识），如林耐的体系；二是对时间做出描述的知识，如历史学；三是对空间做出描述的知识，如地理学。康德认为，历史是先后接连发生的事件的报道，和时间有关，而地理学则是在空间中同时进行的事件的报道；历史学是一种叙述，地理学是一种描述。康德这一分类强调了地理学是关于空间描述的知识，突出了地理空间研究在科学知识体系中的地位。尔后阿尔弗雷德·赫特纳也强调了这一知识分类体系：

> 具体的科学则在现实的认识中加以划分。它们按照物的性质的复杂性和时间、空间的差异来研究现实。现实相当于一个三维空间，为了完全掌握它，我们必须从三个不同的观点出发来考察；从任何一个单独的观点出发所做的考察都是片面的，不包括全部现实。我们从一个观点看到系统（要素）关系，从第二个观点看到随时间的发展，从第三个观点看到空间中的排列和分配。现实不会完全局限于系统科学或者物的科学，如许多方法论者至今还相信的那样。另一些人恰当地把历史科学的

地位建立在关于时间发展的特殊理解的必要性上。但是，这样科学仍然是二度的，如果我们不同时从第三种观点出发来掌握其在空间中的排列和分配，就还不会完全地认识它（阿尔弗雷德·赫特纳，1983）。

二、冯特和李凯尔特的分类体系

德国著名心理学家冯特（W. M. Wundt，1832—1920），把科学分为形式科学和实在科学，数学属于前者，其他科学属于后者。根据研究对象的不同，实在科学又被分为自然科学和精神科学。这两大类科学又根据各自学科的性质分为现象性的、发生性的、系统性的。所谓现象性是研究并说明自然以及精神现象的作用，系统性是将全部显现的自然现象和人为诸现象加以系统性记载整理。发生性介于现象性和系统性之间，是研究自然以及精神性成果的发展。冯特的这一分类体系很有特色（图 1.3），把地理学列为系统性的自然科学（当时人文地理学还不兴盛），并将其界定为“将全部显现的自然现象和人为诸现象加以系统性记载”。

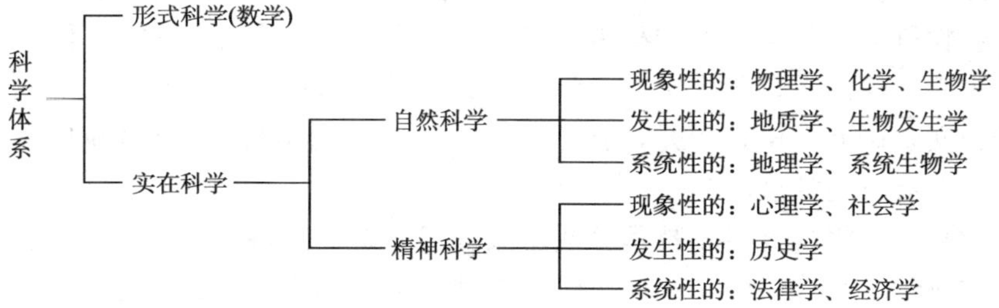

图 1.3　冯特的科学分类体系

李凯尔特（H. Rickert，1863—1936）不同意精神科学的提法，而用人文科学取而代之。他认为自然科学与人文科学划分旨在学术研究上的方便，在两大类科学之间存在一系列中间形态。在《自然科学与人文科学》一书中，李凯尔特指出了地理学的“自然科学”和“人文科学”的两重性：

> 像地理学和人种学这样一些学科属于什么，那诚然还有待确定。但是，就这些学科来说，要对这一点做出决定，只有看它们从怎样的观点提出自己的对象，也就是说，是否它们把自己看作是纯粹的自然抑或是把自然和文化生活联系起来。地壳本身纯粹是自然的产物，但它作为一切文化发展的场所，还具有一种不属于纯粹自然科学的内容（李凯尔特，1986）。

三、皮尔逊、汤姆森、科恩的分类体系

卡尔·皮尔逊（1999）在其经典科学哲学名著《科学的规范》中对“科学的分类”做了专章论述。在皮尔逊看来，科学结构处于不断形成衍生的动态中，科学分化中存在边界交叉和再交叉，边界仅仅是实际的而非逻辑的。他把整个科学划分为三大块：研究知觉模式的抽象科学、研究无机现象的知觉内容的物理科学、研究有机现象的知觉内容的生物科学。物理科学二分为已还原为理想运动的精密的物理科学和还未还原为理想运动的概要的物理科学。概要的物理科学有星云理论、行星体系演化、地球的无机演化、地质学、地理学、气象学、矿物学等。皮尔逊还指出，他的科学三大块分类并非彼此互不沟通。

进入20世纪，汤姆森（1932）把科学分成抽象科学和具体科学两大类。抽象科学包括形而上学、逻辑学、统计学、数学；具体科学则包括普通科学、特殊科学、联合科学和应用科学。在联合科学中，有人类的历史、人种学、生物通史、地球通史、地质学、地理学、海洋学、太阳系通史等。汤姆森这一分类突出了地理学综合性学科的特点。

美国学者科恩（R. S. Cohen）按照一般约定，把科学分成自然科学（物理科学、生物科学、化学、地球科学、气象学，有时还有数学）、社会科学（人类学、考古学、经济学、历史学、政治科学、心理学和社会学等）和人文学科（包括哲学、文学研究、语言研究，有时还有历史这样的学科），指出地理学有时是自然科学，有时是社会科学。

钱学森先生将现代科学技术分成十大部门，即自然科学、社会科学、数学科学、思维科学、系统科学、人体科学、地理科学、军事科学、行为科学和文艺理论，构建了哲学—基础理论—应用理论—工程技术这一纵向科学结构体系。

第四节　地理学的科学性解读

地理学是一门科学吗？它能否成为一种像物理、化学、几何学那样的高度形式化的“精密科学”？事实上，不只是地理学，历史学、社会学、人类学、经济学等人文社会科学都在不断地问着同样的问题。本节不想陷入“科学与科学性”、“规律与规律性”、“自然规律与社会规律”、“绝对真理与相对真理”这些在哲学、科学哲学层面上长期悬而未决的问题。我们关注的是，在哲学和科学争论的背景下，如何看待地理学的“科学性”问题以及对地理学研究路径模式的影响。

一、从科学的定义看地理学的科学性

什么是科学？《现代汉语词典》将“科学”解释为“反映自然、社会和思维

等客观规律的分科的知识体系”。这一定义强调了科学是“反映客观规律的知识体系”，与这一定义相关联的问题是：社会-人文-历史事象存不存在客观规律？研究人类社会和社会关系的知识是不是“科学”？《新牛津英语大词典》将“科学”界定为“the intellectual and practical activity encompassing the systematic study of structure and behavior of physical and natural world through observation and experiment”。这一定义强调通过观察、实验和系统化研究形成的知识体系。依据这一定义自然科学是科学，社会科学和人文科学也是科学。韦伯斯特《新世界大字典》条目中，科学是“从以决定研究对象的性质和原则为目的而进行观察、研究与实验而获得的系统知识”。

近代地理学一直致力于地理学的“科学化”，以“地球表层及其不同类型层次的区域”为具体研究对象，在相关学科和技术方法的支撑下，地理学已能进行客观的描述、系统的分析、可靠的解释，并建立法则与原则。因此，地理学无疑已经成为一门科学。

二、从哲学对科学的解释看地理学的科学性

19 世纪以来的科学分化和专门化问题引起哲学对科学分类的关注。德国新康德主义者文德尔班（W. Windelband，1848—1915）认为自然科学的研究在于建立法则，而精神科学的研究在于个性的叙述，两者是对立的。李凯尔特继承了文德尔班的基本观点，并大大加以发展，基于“质料分类原则”（物质及生成特性差异），把世界分成自然与人文两大对象体系；基于“形式分类原则”（研究方法差异）把科学分为自然科学和人文（社会）科学。他认为自然科学的研究是一般化的方法，在于建立法则；而人文科学是个性化的方法，在于个性的叙述。基于“一切现实之物的异质原理”与“一切现实之物的连续转化原理”所形成的“连续差异性”以及“有机统一体”的概念，李凯尔特强调：自然科学与人文科学两个极端的划分，仅用于抽象研究的相对区别，并非绝对对立，“科学工作就是在它们之间的中间领域进行的”；“科学的统一性”并不是科学整体的一致性，可以容许多样性；所谓的统一性与多样性，在方法论上并不相互排斥或对立。高层次的科学统一乃是结合各种学科的特质而使其本身成为一完整的体系：

> 自然产物是自然而然地由土地里生长出来的东西。文化产物是人们播种之后从土地里生长出来的。根据这一点，自然是那些从自身中成长起来的、“诞生出来的”和任其自生自长的东西的总和。与自然相对立，文化或者是人们按照预计目的直接生产出来的，或者是虽然已经是现成的，但至少是由于它固有的价值而为人们特意地保存着的。
>
> 正是异质性和连续性的这种结合在现实之上盖上了它自己固有的

“非理性”的烙印，这就是说，由于现实在其每一部分中都是一种异质的连续，因此现实不能如实地包括在概念之中。如果人们给科学提出精确地再现现实的任务，那只会显现出概念的无能为力……只有通过在概念上把差异性和连续性分开，现实才能成为“理性的”。连续性可以在概念上加以把握，只要它是同质的；而异质的东西也能成为可以把握的，只要我们能够把它分开从而把它的连续性变成间断性。于是，在科学面前甚至出现两种恰恰彼此相反的形成概念的方法。

所有这些相对特殊的概念形成，像柏拉图的概念金字塔那样，相互连接为一个统一整体；这个金字塔形状的结构，不依赖于规律概念、事物概念或关系概念，而在一个体系内，最普遍的理论也规定着专门研究，只要这在原则上不排斥把普遍性较少的概念隶属于普遍性最大的概念之下（李凯尔特，1986）。

尽管李凯尔特的不少观点受到批评，但他对“自然与人文”、“自然科学与人文科学”、“异质性与连续差异性”、“各类学科的特殊性与科学统一性”的诠释，为理解地理学的学科特性、地理学的内部差异性与学科统一性，提供了极有价值的哲学思想指导。

专栏 1.7　规律的层次与类型

现代科学研究表明，客观世界是一个由多层次、多结构的物质关系组成的相互作用、相互关联的整体。在自然界结构和功能的时空演化系列中，结构较复杂的物质形态总是由结构较简单的物质形态组成，较高级的运动形式包含较低级的运动形式，同时赋予简单物质形式和运动形式所没有的新质。由此决定了：①规律具有不同层次性。存在从微观到宏观、从无机到有机、从自然到人类不同发展层次上的规律。不同的物质形态有其主导的基本规律，同时又受较低级的物质运动层次的规律作用。②规律的多样性。规律的运动属性有物理、化学、生物、人类社会、思维规律等不同大类；按规律的普遍性划分，则包含一般规律、特殊规律、个别规律；按规律类型分，则包括结构规律、功能规律、发展规律；按规律的确定性特征又可分为确定性规律和概率规律。③规律的局限性（只在特定时空条件下有效）和规律之间的不可完全否定性。可见，规律是一个具有立体网络结构的“本质联系”体系。

三、依逻辑的方法论看地理学的科学性

每一门学科都有明确的研究对象，同时具有各自特色的科学方法和工具，任何学科都是它的理论知识和科学方法的统一体。科学的整体性和统一性使得所有科学都包含一定的共同的科学方法——演绎与归纳、分解与综合、纵向类比与横向比较、概括（抽象）与具体、历史与逻辑、思辨与直觉、假说与理论、概念框架与本体理论、观察与实验等科学思维方法；科学的层次性和差异性使得不同学科具有各自特色的方法工具。

专栏 1.8　人文社会事象存不存在规律性？

人文、精神、社会事象及社会发展历史有无规律性，一直是科学和哲学关注的问题。近代物理学、化学所取得的巨大成功使得自然科学成为科学的“标尺”。在实证主义思潮指导下，探求普遍规律和致力于“科学化”，成为19世纪以来哲学和科学发展的宗旨。维科、傅里叶、黑格尔、马克思、孔德等尽管在社会历史规律的具体理解上存在很大差异，但他们都承认社会历史的发展具有某种规律性。随着西方哲学从思辨性哲学向分析性或批判性哲学的转向，出现了否认社会历史规律的思潮。狄尔泰、文德尔班、李凯尔特、克罗齐、科林伍德、波普尔等哲学家，基于科学知识的“整体性和统一性”承认社会科学是科学，但不承认社会-人文-历史存在规律性。其理由有三：只有反复出现的、具有重复性的事物或现象才有所谓的规律性；只有完全客观的东西才具有内在的规律性，而意志、精神、价值具有非客观性；规律能够使人们准确地预测未来事件。“由于规律概念所包括的仅仅是那种可以永远看作是无数次重复出现的东西，所以历史发展的概念和规律的概念是互相排斥的”（李凯尔特，1986）。近年来一些学者认为，从简单系统到复杂系统、从“规律”（可重复性、可预测性、可验证性）到“规律性”存在一系列连续过渡形态。“规律”的实现程度与影响“规律”的变量“维数”有关，即为“$1/2^n$”，n 为变量维数。复杂系统的规律性不是对“唯一性”的揭示，规律性是一组特定的“作用关系”。对“规律性”的这一诠释为人文社会科学的理论及“科学”内涵提供了支撑。

如前所述，科学分类存在自然科学-人文（社会）二元分类、自然科学-社会科学-人文科学三元分类以及其他多元分类体系。长期在学术界引起关注和争论的是“自然科学方法”与“社会科学方法”的差异与汇合。新康德主义认为：自然科学研究的是一般化方法，在于建立法则与规律；而社会科学则是个性化的方

法或个性化的叙述。韦伯（M. Weber，1864—1920）认为，社会历史文化科学的目标是对“个体”的了解，而这种了解必须采用精密的概念，不可采用直观的描述，才能维持“科学”的客观性。不过，这种概念与自然科学不同，因为人文科学研究的事象是随时间变化的，故不适合采用如自然科学那样固定的概念，必须采用抽象的、富于弹性的、具有逻辑性的概念。

人文社会科学的哲学观念及方法存在两个主要派别和研究模式。一派以实证主义、经验主义为哲学指导，以自然科学为标尺，强调社会科学研究的实验实证和数理逻辑，致力于社会科学“科学化”。近现代地理学的发展深受其影响。环境论、景观论、行为论、空间分析、计量方法推进着地理学的因果解释、数学模拟和理论构建。另一派以存在主义（existentialism）、现象学（phenomenology）、人本主义（humaniticism）等为哲学指导，认为人文社会科学与自然科学性质不同，特别关注于人类的意志、精神、价值、自由的“个性”和“时期独特说”。这一派作为对实证主义、过度计量化和空间模型化的反叛，对现代地理学的区域个性研究和人本主义地理学、人文地理学的制度文化转向影响很大。

本章小结

地理学以地球表层系统为研究对象，关注于地点、地方、区域、全球不同尺度的特征及其尺度间的作用关系。地球表层是一个复杂巨系统，具有极其复杂的组织结构、运动形式和多维属性特征：复杂性与不确定性、整体性与关联性、地域性与差异性、组织结构与功能关系、变化过程与时空耦合性、人地交互作用性与非对称性。

地理学的独特性使其在科学分类体系中难于定位，不同的科学分类体系中地理学有不同的位置。尽管每一种科学分类体系都存在其不完备性，但它们却提供了理解地理学性质与特点的多维视角：基于自然界的要素-时间-空间结构，地理学研究的是自然界事象空间-地域的结构秩序（康德、赫特纳、哈特向）；相对于其他学科而言，地理学是一门复杂性科学（柯尔律治）；基于现象性、发生性、系统性原则，地理学是将全部显现的自然现象和人为现象加以系统研究的科学（冯特）；基于对学科对象本质揭示和把握的程度，地理学属于成长型、非精密科学（皮尔逊）；从科学的层次结构看，地理学是一门跨越自然科学、社会科学、人文科学的中间科学、过渡科学、联合科学、横向科学（文德尔班、李凯尔特、汤姆森、科恩）。地理学的性质最好以包容性强、内涵丰富的“地理性”一词来概括。地理学性质之争导源于地理学对象的高度复杂性、哲学和科学对世界图景揭示的有限性、科学认识和分类结构的不完备性、地理学自身发展的不成熟性以及学者们不同的专业研究背景。

第二章　地理学的概念与思想争论聚集

自19世纪晚期以来，什么是地理学、什么是地理学的核心、什么是地理学的主题、什么是地理学的研究视角和研究方法等问题不断被各国地理学者提出来。显然，这些问题的争论与地理学对象的复杂性以及不同学者对地理学性质的不同理解有关。

第一节　地理学的概念

“地理学”（geography）一词为古希腊学者埃拉托色尼所创，为地球的描述之意。在我国的《周易·系辞》中就有“仰观天文，俯察地理”之说。在中国传统农业社会中，地理与天文被看成是与生活生产、政治军事密切相关的经世致用的学问。15世纪以前的古典地理学以地球或大地描述为主，辅以思辨性解释，这一时期的地理学可简单地定义为“描述地球的学问”。从地理大发现到第二次世界大战的近代地理学，学科之内和学科之外对地理学的定义已经很多，但不外乎是研究地理事象“空间分布”、“区域差异”、“人地关系”、“景观研究”的学科。第二次世界大战以后的现代地理学，地理学的核心与主题的定义更为繁杂，存在着众多对地理学某一主题、两种或多种主题组合的解释。

一、不同主题和视角下地理学的内涵解读

迄今为止，对地理学的定义尚未达成统一认识，不同学者从不同视角、不同主题对地理学的概念和内涵进行各自的解读。

（一）地理学是研究地球表层环境系统的科学

早期的地理学，以描述地球为己任。钱伯林（Chamberlin）于1892年强调了近代地理学与地质学的关联：“对于地表特征的洞察力赋予了之前没有灵魂和意识的地理学研究以灵魂和意识，因为每一个海角和海峡，每一个瀑布和每一个三角洲……都有其重要性。在这种角度下，新的地质学就是新的地理学。”随着地球物理学、地质学、气象学、海洋学、土壤学相继分化独立，构成了以地球圈层构造为研究对象的地球科学体系。地理学与这些学科紧密联系，形成了以自然地理学为主体的“地学”主题。对全球环境问题和全球变化中的人类活动因素认识的加深，促进了在全球层次上的自然与人文新的关联，“全球地理学”成为地

理学富于前沿性的领域：

> 地理学是一门研究地球表层自然要素与人文要素的交互关系与作用的科学。研究范围十分广泛，上至大气圈对流层的顶部，下至岩石圈的表层，处于大气、陆地、水域的交界面，由大气圈、水圈、岩石圈、生物圈与人类智慧圈五大圈层所构成，是融自然科学与社会科学于一体的综合性科学。

（二）地理学是研究“人地关系”的科学

“人地关系”长期以来是地理学研究的传统领域。早期的“环境论”与“或然论”从各自的角度出发寻求人地关系的理论构建。在这一基础上，与区域地理学相耦合，现代地理学进一步衍生出三个新的主题方向：从景观角度，研究人类活动作用下自然景观的变化、文化景观的形成与再造，形成景观学方向；从生态学角度，研究人与自然生态环境之间的协调性与适应性，发展成人类生态学方向；人类活动对局域环境和全球环境影响的日益关注，推进着“人地关系”在全球层次上的研究。对此，巴利（Balee）于1998年指出“人类及其环境之间复杂多样的关系成为我们这个时代最基本的问题之一”。相当多的地理学家强调人地关系研究对地理学的重要性：

> 多尔（Doerr）等认为地理学是系统地研究人与环境及其作用关系的科学。
>
> 阿克曼（Ackerman）等认为地理学重要目的就是了解地表人类与自然环境交互作用系统。地理学主要是从时空角度处理人-地系统，它试图解释地表自然环境是如何组织的，人类活动的分布与自然环境和人文环境的关系。
>
> 伍尔德里奇（Wooldridge）认为地理学关心的是土地和人。洪堡和李特尔提供了一种看待空间关系的地理方法，即地理事象相互依存相互作用，并涉及自然和人文现象及其规律。
>
> 加里森（Garrison）认为地理学研究地理系统和要素之间的关系。它是在人与自然环境相互作用关系模式中理解人的一种方式。

（三）地理学是研究空间分布与空间差异的科学

“在何处”、“何处形成何种区位关系”、“空间延展中存在何种差异”是地理学者面临的基本问题。对此，有些学者认为“分布”、“区位”、“差异”非常重要，进而将其看成是地理学的主要内涵和目的：

> 詹姆斯（James）等认为地理学是研究空间联系、空间相似性和空间差异性的学科（James and Jones，1954）。
>
> 芬奇（Finch）认为地理学系统地描述和解释了相互联系的地理要素的分布模式。
>
> 索尔（Sauer）认为一种现象在地球上的分布，体现了地理分布的一般性问题，它使我们去思考随地区范围大小而变化的任一事物或一组事物存在或不存在、集聚或稀疏的意义。从这种最大限度的意义上讲，地理学方法所关注的，就是任何现象在地球上的区位分布。
>
> 迪金森（Dickinson）认为地理学是把地表作为人类之家来描述区域差异的科学（Dickinson，1973）。
>
> 莫里尔（Morrill）认为地理学中最令人振奋的任务之一就是设法揭示区域差异形成和发展的方式与原因，它又如何规定着个体和社会行为等。
>
> 地理学过去是、现在仍然是在空间尺度上研究事物之分布。它涉及实地野外工作和直接的现实经历；依赖精确的位置观察，并受益于地图学和遥感技术的应用。它从揭示事物的分布开始（保罗·克拉瓦尔，2007）。

（四）地理学是研究区域或地域综合体的科学

李特尔、赫特纳、维达尔、哈特向等众多地理学家以及尔后的“新区域地理论者”特别强调地理学的区域研究，强调地理学是一门区域综合性学科，并将其视为地理学的“核心”或“顶峰”。区域的观点提供了地理学统一的主题，这一主题整合了多样化的地理学原理：

> 地理学的基本思想是空间的差异性，把空间划分为大陆、地区、地方和地点来理解地表。地理学的精神在于理解集中在一个地点中的自然现象整体。地域观点的目的是通过对不同现实领域及其多样化表现形式和关联性的理解，来认识区域性和地方的特性，并且在大陆、大小区域、地方的实际排列中，作为一个整体来理解地球表面（阿尔弗雷德·赫特纳，1983）。
>
> 地表是由岩石圈、水圈、大气圈、生物圈、人类圈组成的整合体，

这就是地理学的宇宙。地理学的目的在于提供地表各种不断变化的特征的准确、有序和合理的描述与解释。地理学的目的是理解地表，因此包括对远比其他学科复杂交织现象所组成的统一体的分析和综合。地理学寻求发现地表特征的结构模式和区域联系，地表各部分特征如何？如何相互作用？差异及成因？（理查德·哈特向，1981）。

地理学是关于地理环境地域综合体的科学，地理学揭示和研究地域综合体，是为了在实践中指出比较完全和合理利用它们的途径（阿努钦，1994）。

鲍曼（Bauman）认为这个世界是区域构成的，每个区域有它自身的特性，有它自身的许多条件。了解这些地区的性质、条件、可以测量的要素及其相互关系，使我们能理解人类和周围复杂的区域环境的各种普遍要素之间的关系——这些都是地理学研究中的最高的目的。

耶茨（Yeates）认为地理学感兴趣的是区域合理发展问题，以及构建解释和预测地表变动的空间分布与区位特征。

哈维（Harvey）认为尽管难于精确地把握，地理学者仍然典型地倾向于在“区域”层面上进行人文与自然区分的方法进行研究……地理学倾向于过滤小尺度变量和大尺度变量并全神贯注于系统……这在决定区域尺度方面具有重要意义。

地理学的观点是对构成地点、区域或景观特征的事实复杂性以综合的广度去观察、认识（Harris，1971）。

贝克（Baker）认为地理学研究的对象并不神秘：即地点研究，既研究地点的独特性，又研究地点的普遍性，把地点作为人类与其自然环境相互作用的结果来研究。

（五）地理学是人类生态学

达尔文的进化论和现代生态学的迅猛发展，使强势的生物学、生态学理论在人文社会科学中全域浸染。地理学也不例外，借用生物学、生态学的概念与研究模式，而应用到人与环境的关系研究中。巴罗斯（Barrows，1923）视地理学为人类生态学，强调“地理学应当致力于研究人类生态学或研究人类对周围自然环境的适应”。

（六）地理学是研究地表景观的科学

在传统的区域地理与人地关系研究基础上以及在实证主义影响下，形成了地理学景观研究主题。景观论者强调，地理学较其他学科更重视景观研究。曼德尔

(Mandal) 认为，现代地理学是一门研究景观和生物圈的自然-文化特征的空间分布的科学；地理学的目的是探索、解释地表的特征；地理学可以说是研究地表事物在什么地方、为什么、如何、怎样和何时的科学。

（七）地理学是研究空间结构、过程与功能的学科

在计量革命、实证主义哲学、模式化与理论化的运动中，地理学的空间分析主题在 20 世纪 50～60 年代非常盛行，空间研究为地理学者们所强调。乌尔曼 (Ullman，1953) 认为，地理学者的主要贡献是对空间和空间相互作用的研究。塔夫 (Taffe，1970) 指出，当代地理学应侧重研究空间组织——空间模式和空间过程。

（八）地理学是研究地表事象时空耦合性的科学

对于时空耦合性作为地理学的研究主题，并没有引起太多地理学家的高度关注。通常的观念是，把历史地理学看成是地理学的分支学科，把空间留给地理，把时间还给历史。然而，时空不可分割性和时空耦合性是地理学研究对象的本质特征之一。"地理过程"为现代地理学所高度关注，成为地理学的核心概念之一；当代地理学对变化中的区域地理结构和全球地理结构的关注，需要对变化的地理世界采用时空耦合的观点。地理学是研究地球表层自然要素与人文要素相互作用与关系及其时空规律的科学。如果说，历史地理学就是往日的地理学，或过去的自然地理学和过去的人文地理学。那么，把历史地理学仅置于历史学的交叉学科或地理学分支科学的地位显然是"降格"了这门学科。贝克在《地理学与历史学》一书中强调了历史地理学的地位：

> 要解释当代地理现象，无论是自然的还是人文的，都必须认识其现象的演变与历史发展。历史地理学在总体上是地理学的核心，不是地理学的边缘。历史地理学关注描述、解释与认识历史时期发生在世界各地、各区、各国与各洲的地理变化（阿兰·贝克，2008）。

二、地理学的综合性概念界定

在上述地理学的核心与主题的定义及其争论的基础上，很多学者越来越倾向于地理学各主题的互补性而不是差异性，力求从一个较全面的综合的角度来理解地理学：

> 地理学是研究地理环境中自然要素与人文要素交互作用的基本原

理，阐明地域系统、空间结构、时间过程、人地关系以及各要素间互相联系、互相制约、互相影响的生克、竞分、协调等一般因式和总体现律（左大康，1990）。

“地理学乃是站在空间立场，以地球表层为人类的家园为基本点，用科学的方法和工具，去研究人与环境的关系，对它作正确的、整体的描述、解释、评估、设计、预测”。其中，“站在空间立场”乃与其他人文社会科学相区别；“以地球表层为人类的家园”限定了地理学的研究领域，并与其他自然科学加以区别；“用科学的方法和工具”是指传统和现代相结合的研究方法手段；“描述、解释、评估、设计、预测”则为地理学的目的或任务（王洪文，1988）。

地理学是一门研究环境与社会的动力、社会与环境交互作用的科学，它们在真实的世界中发生并为真实的世界所限定。地理学研究的上述内容受到特定地区特性的影响，同时还受到作用于不同地理尺度层级中的过程和位置之间的空间关系的影响（Gaile and Willmott，2003）。

地理学家致力于研究特征化、组织化的地表区域，研究区域自然与人文现象的互动关系与过程，以及地域间的空间作用关系。地理学家既研究界定地方特征的“垂直”综合，又关注地方间的“水平”联系；既注重要素与空间的静态分析，又注重现象的动态过程（美国国家研究院地学、环境与资源委员会，2002）。

以上林林总总的观点，反映了地理学家们所从事的工作以及对什么是地理学或地理学应该如何的不同理解。对地理学这种复杂性、关联性和综合性很强的学科，简明的定义确实很难，同时也容易造成误解。由此形成一种“实用”观点：“努力提供能被人们普遍接受的逻辑定义失败的教训，使得对操作性定义的关注更多，从而让古老的谚语‘地理学是地理学家所做的事’看起来更有道理”（杰弗里·马丁，2008）。

专栏 2.1　学科的多维定义

事实上，不只是地理学，化学、生态学等学科同样面临着学科定义争议问题。我国化学家徐光宪提出的“学科多维定义”，对理解地理学的概念很有启迪。徐光宪（2001）认为，学科的单一性仅是学科发展初期阶段的特点，随着学科的分化、交叉和融合，越来越需要“学科的多维定义”，才能对这门科学有全面的理解。用公式表达为 $M = \mathrm{F}(n_1 \cdot n_2 \cdot n_3 \cdot n_4 \cdot n_5 \cdots)$，式中：$M$ 为学科定义所组成的集合；n 为学科定义维数；n_1 为学科对象；n_2 为学科研究内容或主题；n_3 为研究方法；n_4 为研究目的；其他维度包括学科的演进、学科的关联、学科的关键问题等。实际上，学科的多维定义可以看成是学科思想史或发展史的浓缩版。

第二节　地理学的主题、核心与地理性问题

地理学者从不同侧面对地理对象多种属性特征进行揭示，形成了地理学多元化的主题。

一、地理学的主题

在上述地理学定义和若干主题分析基础上，把地理学对象的属性特征与地理学主题构成关联对应，形成如图 2.1 所示的地理学十大主题。

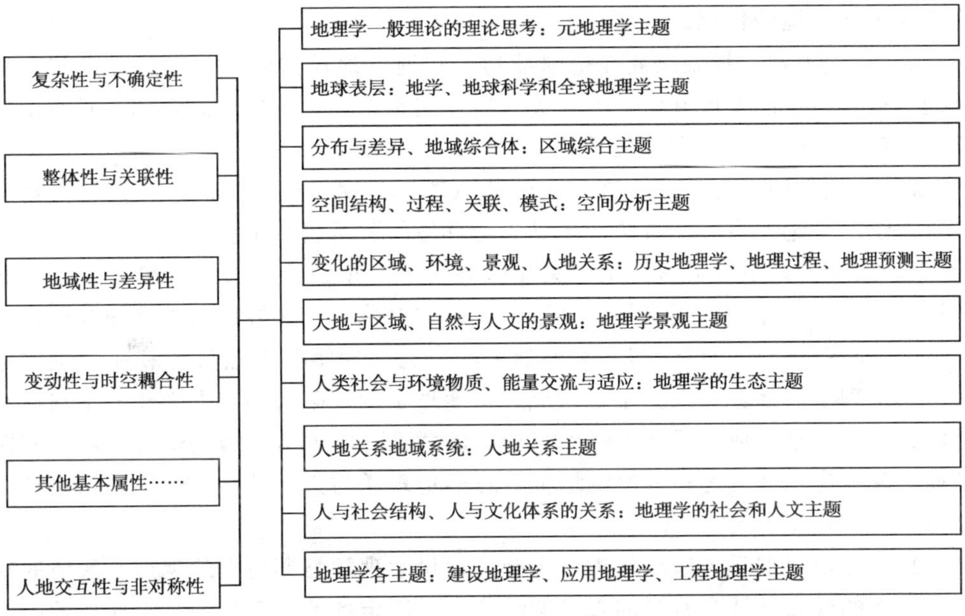

图 2.1　地理系统的基本特性与地理学的主题

1）元地理学主题。元地理学是关于地理学作为一种科学存在以及“科学地理学”的思想与方法论特质的思考，包括地理学哲学、科学地理学、地理学方法论、地理学思想史等。元地理学以哲学史、科学史和科学方法论、科学哲学、科学社会学、数理逻辑、语言-符号-图像学等为基础，与地理学交叉与结合，创立

与发展理论。

2）地球科学主题。这一主题聚焦于各圈层构造相互作用的地球表层，是自然地理学的核心与传统。随着全球环境问题的凸现，全球与区域环境变化中的人类活动因素备受关注，驱动着自然地理学与人文地理学、地理学与自然科学/社会科学的深度关联与交融。

3）区域综合主题。这一主题基于地理学的地域性与差异性，主张地理学应着重进行空间分布体系与区域分异的研究，并将地理学的区域综合性思想贯穿于对地理学的性质、研究内容、研究方法和原则的认识。

4）空间分析主题。采用网络结点、几何拓扑、数学模型等抽象和形式化分析方法，聚焦于地理事象的空间结构、空间形态、空间关联、空间过程、空间场域、空间模型和理论研究。

5）历史与过程的地理学主题。这一主题基于地理学对象的变动性和时空耦合性，关注过去的自然环境（历史自然地理学）、过去的人文环境与人地关系（历史人文地理学）和过去的地理环境（历史地理学），以及对现时环境状态的解释和对未来环境的预测。

6）景观主题。景观研究在德国最初是对地形地貌的外观表述，并且与区域是同一概念，进而发展到将“人地关系”和文化地理学的研究景观化。景观论以自然景观及其改变、人文景观及其再构研究为要旨。

7）地理学的生态主题。这一主题是地理学与现代生态学的结合，将生物学和生态学的理论、概念、方法应用到人与环境的关系研究中。

8）人地关系主题。这一主题关注人与自然环境、人与人工环境、人与社会环境、人与人文环境的复杂的、多层次的、非对称的、非线性的人地交互作用。

9）地理学的社会科学与人文科学主题。与地理学的自然科学和地学主题相对应，地理学的社会与人文主题构成人文地理学的基础。当代人文地理学与社会科学、人文科学形成了千丝万缕不可分割的联系。随着自然地理学的“环境问题指向”和“应用性问题指向”的增强，自然地理学与人文社会科学的关联也随之增强。

10）建设地理学与应用地理学主题。建设地理学强调历史的观点、区域的观点、生态的观点、社会科学的观点的综合，采用定性的、定量的、工程技术的方法，直接参与国家或地区经济发展规划的制定，提供具体的建议、数据、实施方案。这一主题实际上是上述各主题在解决全球与区域的人口问题、经济问题、社会问题、环境问题、资源问题等方面的具体应用。

需要强调的是，地理学各主题之间存在密不可分的“血缘”关系，如历史地理学同时与区位分布、区域地理、景观、人地关系形成交汇与关联；景观、生态、人地关系、区域研究在现实的地理图景中难于分割。地理学各主题本质上是对地理学对象属性特征的某一侧面的认识。因此，每一主题均是地理学丰富内涵和整体性的组成部分，以某一主题否认其他主题都是片面的。正如台湾学者王洪文所指出：

> 对上述观点加以比较，似乎是都有缺点和对其他观点有否定意味。如果只凭据单一的观点而认定地理学的本质就是如此，则必定形成严重的偏差而无法窥视地理学的全貌。上述各种观点都是构成地理学整体的必要条件和某一方面，但并非完备的条件，地理学唯有综合各种观点才能构成地理学的本质和目的。地理学只有广泛吸取其他相关学科思想的精华，才能够顺应时代发展的要求（王洪文，1988）。

二、地理学的核心、基本概念与地理性问题

与地理学的定义、主题密切相关的另一个问题是，“在地理学众多主题中，地理学是否存在核心”。约翰斯通（Johnstone）认为，地理学总体上是一个没有核心的学科。不少学者坚持“区域研究”或“人地关系（地域系统）”单核心之说，抑或两者兼顾的双核心之说。哈格特（Haggett）则强调区位（空间）、土地与人类的关系、区域综合所组成的三位一体的地理学。一些学者对地理学的核心之争不以为然，“事实上，许多学科里某些最激动人心的进展往往发生在学科的边缘地带，即与其他学科的界面上”（格雷戈里，2006）。在科学和地理学内部日益分化的状况下，加强地理学各主题、各分支学科、自然地理学与人文地理学、地理学与自然科学和人文社会科学、地理学与元科学的关联与结合，有助于地理学生长出更多的增长点。

地理学的定义，呈现出多中心、多主题、多维度的表述。地理学的基本概念不具有单一的、明晰的核心概念，而是多个的、群体的概念集合。要理解地理学，需要识别专业共同体和不同主题研究中的许多基本概念。其中最关键的有：地球表层、地理环境、地理系统、层次-等级、结构-功能、人地关系、时空尺度、时空耦合、过程-机制、节点-网络、空间-地域、类型-差异、差异性-相似性、地理场与地理流、地点、地方、区域、区位、分布、景观等。

要透彻地理解何为地理学，在把握其定义、核心、主题、基本概念的基础上，还需进一步了解地理学关注于什么样的“地理性问题”。对此，詹姆斯在《地理学思想史》一书中提出了五大地理性问题，左大康主编的《现代地理学词典》对地理性“问题集”作了深入阐述：

> 至少有五类不同的地理性问题是可以进行研究的：①与地球空间

有关的一般问题。但这些问题如果没有以一种概念结构作指导，来把有关的事物与大量无关的复杂事物区别开来，就不能获得有效的回答。②与事态的先后顺序有关的问题，即从过去情况通过地理变迁直到目前情况的发生学上的问题。这些是用历史地理的方法来研究的。③与探讨经验的概括或一般法则的形成有关的理论问题，甚至还探讨基本理论以及引向逻辑推论的方法。④与应用地理概念和技能去研究实际的经济、社会或政治问题有关的一些补救性问题。⑤与新的研究法、新的观察和分析技术或新的制图学方法有关的方法论问题（普雷斯顿·詹姆斯，1982）。

依照现代观点，对于地理学的表达，不是给出一个简单的定义，也不是使用一项独立的解释就能完美无缺，唯有通过对于“一组问题集合”的综合诠释，才能将其全貌予以涵盖。这些“问题集”至少应包括：由各类地理因子互相作用及其过程轨迹共同决定的地理系统，具有什么样的结构与功能；由自然条件和社会-经济条件所产生的区域基质是什么；“自然-社会-经济”复合体系的时空耦合特征是如何表现的；地理系统的稳定性与平衡条件的机制是什么；人地系统的基本表现模式以及它们之间互相适应、互相调节、互相改造的基本规律是什么；如何在物质、能量、信息、空间、时间、行为、感应、多样性、复杂性等各项基础变量的研究中实现地理学的总结与统一；地理学的区域性、综合性、整体性、自组织特性是如何表现的……只有对上述一组问题做出全面而深刻的回答，方能形成地理学的基础构架（左大康，1990）。

第三节　地理学思想争论聚焦

对地理学基本问题的争论导源于地理学的对象与性质，拓展到地理学的概念、主题、核心和方法论，进而具体化到特定的问题，尤其是地理学的二元论争论之中。一些学者将地理学中的二元论称为“地理学的悖论（矛盾）”。

一、地理学的二元论之争

在对地理学思想的讨论中，存在诸多二元论之争：自然与人文、自然科学与社会科学、独特性与普遍性、系统的与区域的、归纳的与演绎的、实证主义与人文主义等。

（一）地理学的研究对象是自然的还是人文的

对人与自然关系的认识，存在多种人地观念。其中，人与自然二元分割对立的观点一度在西方哲学、科学以及地理学中被认可，征服自然成为近现代化和科学发展的基本动力所在。然而，对世界上大多数居民而言，这种二分法是不存在的。在中国传统文化中，强调“天人合一”、人与自然不可分割的联系。地理学的研究对象——地理环境的本质既是自然的又是人文的。不同的人地观念，形成对人类社会与自然的关系的不同理解：

> 把人类社会仅仅看成是影响自然的外部因素是完全错误的。这种观点很片面，所以是不正确的。它只看到社会与自然间相互作用的一个方面。人是自然的一部分，不可能处在自然以外。他不仅仅源自动物界，从动物界中分离出来，而且永远与它有割不断的联系。所以人类社会性质上的差异不能看成是某种特殊的“超出自然之上的”性质（阿努钦，1994）。

（二）地理学是自然科学或是人文社会科学

由于地理环境同时涵盖自然环境和人文环境，因而它可视为自然科学，同时也是人文科学，具有自然科学与人文科学桥梁的功能，故地理学在知识领域中居“中介”的地位。在相关学科支持下，地理学逐渐分为自然地理和人文地理两部分。在地理学专业化日益加剧的情况下，自然地理与人文地理分离的趋势也日益明显。有些学者特别重视自然地理，认为它才能使地理学科学化。早在1887年德国地理学家格兰德（G. Gerland，1833—1919）就提出文化现象的研究应该与地理学分开：地理学是研究地球的科学，一门科学应该在自然科学研究方法的基础上加以发展。而另外一些学者沉醉于与社会科学理论的结合中，已彻底放弃了自然地理学的根基。由此一来，使地理学丧失了“独立科学”和自然人文兼容的秉性。

（三）地理学的学科体系是统一的还是分割的

与地理学是自然科学还是人文社会科学密切相关的一个问题是，存不存在一个“统一的地理学”，即地理学是一元的还是二元的？二元论者认为：地理学的性质是分裂的，它的不同部分运用完全不同的方法；研究自然地理环境的自然地理学属自然科学（性质），研究人文地理环境的人文地理学属社会科学（性质）；地理学是由几门不同科学结合起来的复合体。然而，相当多的学者坚持地理学的统一性。在赫特纳看来，地理学统一于区域综合，统一于区域中的人与自然的密切结合，统一于自然科学与社会科学的关联。B. A. 阿努钦则认为“统一地理学是一门独特的综合科学，作为一个整体的地理科学体系，它不仅是在形式上，而且是在本质上构成的共同体。其中最主要就是研究客体（地理环境）的统一性以及由此决定的方法论共性（地理方法），所以地理不是学科的‘堆砌’，而是综合性的科学”。郑度等指出，自然地理和人文地理割裂对立的二元论阻碍了地理学整体综合研究的发展；自然地理研究原则上不应该是纯自然主义的，人文地理研究也离不开自然地理和生态学基础；统一的地理学或综合的地理学是客观存在的，并且是社会发展所需要的。

（四）地理学是研究独特性或是普遍性

与地理学性质二元论之争关联的另一个问题是，地理学是研究独特性还是普遍性？哈特向认为“地理学是一门以较大精力花费于独特性研究而不是建立科学法则的知识领域”。哈里斯（R. C. Harris，1914—2003）挑战了一切为了发展地理学理论的试图（因为这样的理论必定是采取概括与简化的传统做法，其中特殊状况的复杂性被抹掉，而地理学所关注的恰好是这些复杂性）。哈里斯认为，地理学的观点是以“对构成地点、区域或景观特征的事实复杂性进行观察，简而言之，是以综合的广度为特色”。谢弗尔（Schaefer）于 1953 年发表了一篇对哈特向正统论严厉批判的文章，他认为例外论者所持有的观点是：地理学不同于其他的科学，这是因为它研究的对象是特定的区域或者现象。因此地理学是一门具体的特定的学科，而不是一门存在既定法则的学科。谢弗尔断言地理学应该着重于识别支配空间结构的规律，包括采用假说-演绎的“科学方法”。有关理论模式研究与区域综合研究之辩，近年来在弗里克曼的“新经济地理学”与地理学家的“经济地理学”之间再次重演。一方面，建立统一性的科学法则是包括地理学在内的所有科学追求的基本目标。另一方面，地理学的地域性又决定了对特定区域的地理事象进行描述与解释成为地理学的基本任务。地理学是多样性与统一性、普遍性与特殊性的对立统一。

（五）地理学是区域的还是系统的

与地理学是研究独特性或是普遍性关联的又一问题是，地理学是区域的还是系统的。系统地理学（systematic geography）是对某一地理事象的研究，又可称为主题研究（topic study）或普通（通论）研究；区域地理学（regional geography）是研究特定地区内的各种地理事象，又称特殊地理学（special geography）。为应对复杂性，地理学构建了一套解释地表复杂事象的知识与方法体系，采取了两种基本研究途径：一是地理要素及其要素组合的综合研究（系统地理学)；二是地点、地方、区域的综合研究与空间关联研究（区域地理学）。赫特纳和哈特向对系统地理学（试图对经验主义的概况或者法则进行公式化）和对特定性进行研究的区域地理学（对该地区的综合描述与解释是一系列理论得以发展的基础）进行了区分。哈特向认为：地理学的研究在从在整个世界层面上对最根本的变量的分析到对某个特定区域进行复杂的局部分析之间显示出渐进的等级。从地理学发展来看，1950 年以前区域地理学最为盛行，尤其以法国地理学派成果丰硕，以后则逐渐式微。目前，竟有很多地理系将其排除在课程以外。瓦伦和李希霍芬等强调两者的依存关系，一个融入另外一个。

（六）地理空间是绝对的还是相对的

随着对交通信息技术进步的时空效应研究以及人本主义地理学对“乡土观念”、行为地理学对“意境地图”的关注，相对空间的观念已得到普遍认可。向相对空间研究的移动仍在继续中，而且还有可以成为地理学历史上最根本的改变，因为它开拓了无尽的还待探索的新领域（Abler et al.，1971）。然而在实际意义和分类意义上讲，绝对空间仍是相当有用的，如对经度、纬度和海拔的精确表述。但是它遭到困境：由于欧几里得几何学的空间结构（即标准的图形）的影响，在地图绘制的过程中容许这种影响的存在以至于最后造成了困扰（Forer，1978）。在这里，空间被认为是一种容器，首先我们在地球表面划出一部分，然后去窥探它的内容；纵向联系的概念是此类研究的理论基础。总体来说，空间本质上是观念的、抽象的、相对的，但这些都以绝对空间为参照。

（七）地理学的研究方法是演绎的还是归纳的、是定性的还是定量的

演绎和归纳是两种基本的科学方法。20 世纪中叶以前，归纳法颇为盛行，如洪堡、李希霍芬、戴维斯、索尔等学者特别注重野外观察，基于对大量个别事象的观察研究提出一般性的结论。60 年代以后，随着计量地理和理论地理的兴起，则倾向于演绎法，根据一定的前提，推论出地理事象的规律或法则。“假说演绎法”建构了一组学说，经由观测、实验所获取的资料，来检验学说是否成立。由于地理事象的复杂性和多变性，单纯的演绎法和归纳法都有局限性。在地理学研究中，归纳必须以演绎为指导，演绎必须以归纳为基础。20 世纪下半叶地理学发生计量革命后，引起了地理学研究上的“质”与“量”之争，如仪器测量数据与直接观察之间、理性分析与本能知觉之间、实验科学建构与丰富的感官体验之间的争论。一种观点认为，为了严密性和理论化，地理学必须定量化；另一种观点认为，地理学对象的复杂性、关联性、不确定性难于用数学精确表达。总的来说，归纳与演绎、定性与定量应该在地理学研究中交互运用。为应对复杂事象的多维解析，地理学需要交互使用演绎、归纳、类比、还原、简化、整合、综合等方法。

二、地理学二元论思想评述

以上所述的地理学二元论，都曾引起地理学广泛的讨论。一部分学者认为，"真理愈辩愈明晰"。不少人则认为，二元论对地理学思想的明确性造成损害，执拗于二元之争毫无意义。地理学的二元性并非把地理思想截然一分为二，而是两者无论在观念上还是方法上，都是相辅相成的。地理学的二元性分析提供相互补充的、而不是相互独立的地理学分析框架（王洪文，1988）。正如普雷斯顿·詹姆斯（1982）所强调的那样："与其他学科一样，地理学要通过所有这些途径回答问题，不能忽略其中任何一个。一名地理学者可能声称终生从事于描述地区的独特特征，但要是没有一些一般性的尺度，要辨明一个特征是否独特，在逻辑上是不可能的。从这种文字纠缠的迷阵中解脱出来，就可能辨认出新生事物并向着所有这些论述所规定的目标发展。重要的是要找出什么是新创的东西，并把它和传统的东西放在平衡的地位上。"

专栏 2.2　二元论的合理性与局限性

每一事物在其本质上、目的上、属性特征上、方法上，总会有正、反或相对部分。早期的古希腊哲学，具有寻求世界图景统一性的整体观。自笛卡儿以来的近代哲学，分解还原法与二元对立的思维方式一度成为近代西方哲学和科学思维的主体模式。这一思想方式极富活力与张力，将整体不断分解成"部分"，进而对"部分"从不同侧面对两个极端方面进行特性研究，成为近代哲学和科学不断分化、深度拓展的动力所在。二元论提供了从事物内在的对立面和相互矛盾看世界的一种方法，有助于对事物正反两方面的特性进行深度了解。然而，随着现代哲学对传统哲学的反叛和科学综合趋势的加强，二元分割对立的"还原论"思想受到置疑。单纯的二元论或非此即彼的二元观存在重大缺陷。事物的分析既要一分为二，又需要合二为一。二元论的观念需要与两种思想嫁接方才能避免偏颇：一是中国传统哲学的整体观、互动观、变易观；二是德国古典哲学和马克思主义哲学所倡导的辩证法。

本章小结

给"地理学"下一个明确而简洁的定义相当困难，也很难获得地理学家们一致的认可。究其原因主要有四：第一，不同学者对地理学性质有不同理解，进而形成地理学概念与观点的差异；第二，地理学研究的对象——不同尺度的空间地域系统极其复杂，地理学对其多维属性的揭示形成了多中心、多主题的研究领域；第三，需要特别强调的是，相当多的学者对地理学本质、定义、领域的理解，并不是在整个地理学层面，而是在地理学的主题这一层次上，由此容易造成以“核心”或“主题”去顶替“地理学”的本质、定义、领域，导致了不必要的混乱与争执；第四，地理学的观念随地理学的发展而变动，伴随着进步与波动、偏离与回归、传统与创新、渐变与革命，地理学和地理思想处于不断发展与丰富中。

地球表层地理系统具有多维的、复杂的属性特征，对多维属性特征的揭示也就成为地理学的多中心研究主题。而对某一维属性的多视角、多层面、多途径研究或多维交叉研究，更加使得地理学的研究议题多元化。以区域为核心支撑，地理学构建了区域综合、人地关系、空间分析、景观研究、历史地理学等多中心多主题的研究体系，以及支撑这些研究的元地理学与理论地理学、地理学方法、地理工程技术等。由此看来，关于地理学性质、概念、主题、二元性的争论也许永远不会取得统一的结论。用“多元性、互补性、关联性、不完备性、传统与创新”的观点来理解何谓地理学、何谓地理学的性质、何为地理学的核心或主题，就具备了一种宽广的视野、包容的态度、更深刻的洞察力。

第三章　地理学的构架与关联

地理学是一门古老的学问。人类最早形成的经验、观念与知识，首先也必然是与人类的处境——大地、地球、天文和人类自身及其之间关系的观察、描述和认识有关。地理观念与知识是早期人类经验知识的核心组成部分。前科学时期的“宇宙地理学”，被看成是“描述地球的学问”，这是一个带有百科全书意味的定义，由此产生地理学是“科学之母”之说。19 世纪以来，科学处于急剧分化状态，地理学的两大分支学科——自然地理学和人文地理学及其分支学科得到发展。20 世纪以来科学仍呈现出深度分化态势，但科学综合化趋势日益增强。科学的分化与综合推进着科学体系的不断重构，形成了学科之间的叠置、交叉、渗透。学科的汇合、理论和方法的移植，促使地理学不断拓展新的研究领域，形成新的边缘学科和交叉学科。地理学在其发展中形成了它的学科体系和学科关联体系。

第一节　地理学的学科体系

地理学学科体系属于地理学的认识论问题，是基于特定的目的、原则、视角对“地理知识体系”的结构性认识。如同任何科学分类都存在其不完备性一样，迄今为止国内外尚无一个公认的分类体系。

一、近代地理学的传统架构

最早较系统地从事地理学分类的学者，首推 17 世纪德国地理学家瓦伦纽斯（Varenius，1622—1650），他把地理学分为特殊地理学（区域或专区地理学）和普通地理学（通论或系统地理学）。19 世纪下半叶以来，地理学开始不断分化，每一分支学科都有特定的研究对象和主题，形成地理学传统的结构体系。无论是普通地理学或是区域地理学，都可分成自然地理学与人文地理学两大类（图 3.1）。

在赫特纳和哈特向看来，区域地理学居地理学核心地位。理查德·哈特向（1996）在《地理学的性质》一书中，把赫特纳制作的平面图改为立体几何图解来说明“地理学与系统科学关系”（图 3.2）。在论及系统地理学与系统（主题）科学关系、系统地理学与区域地理学关系时，哈特向指出：“地理学不与系统科学对接，在共同平面的共同部分与它们相交叉，却是要横截过各门系统科学的横断平面上与它们相交叉的”，“综合所有各门系统地理学，集中于地球表面某一特定的地点的，则是区域地理学”。

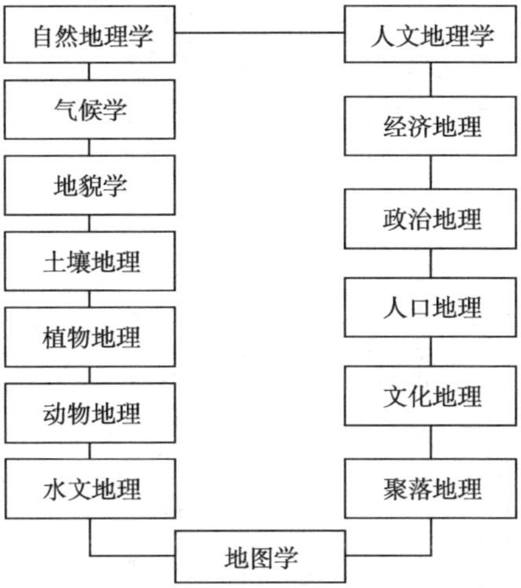

图 3.1　近代地理学的传统构架

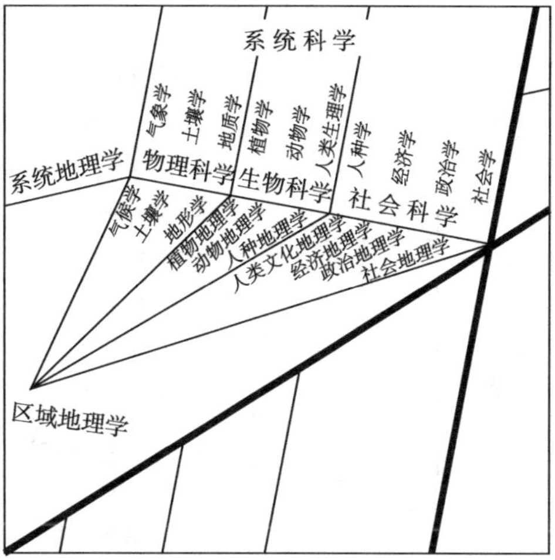

图 3.2　地理学与系统科学关系示意图

二、现代地理的架构

从 20 世纪 50 年代以来，地理学的研究内容和方法不断拓展，分类体系也不断改进。

哈格特（Haggett，1983）在《地理学的现代综合》（第三版）一书中认为，传统的分类体系相当重要，但不如用“如何去解决面对的现存问题”的观点来构架地理学更为有效。因为它较传统的分类方法更强调自然和人文的和谐统一性。现存问题的解决方法有三大类。①生态分析。研究人类和环境间相关性，并解释它们间的连锁性。②空间分析。研究一种或一系列有意义且具有特性的区域空间分异、形成因素以及更有效的空间配置模式。③区域复合分析，是生态分析和空间分析的综合。基于区域间的交流和联系、空间差异性，进行区域单元的划分。对此，哈格特给地理学做出一完整而简明的结构表：(a) 部分是依系统特性所作的大略分类；(b) 部分表示地理学主要研究层面。无论是哪一部分，都能显示出地理学内涵的广泛性及架构的系统性（图 3.3）。

具有哲学博士学位的约瑟夫·施密特许森试图把地理学建成一门推理基础上的科学，提出基于四种不同推理类型的科学研究途径（图 3.4）：从总体到普遍、从部分到普遍、从部分到特有、从总体到特有。从总体到普遍的推理是通过了解研究对象的普遍性质而加深对它们的认识。要问的问题是关于这门学科的自然属性的问题或者关于社会属性的问题。这是哲学家所使用的推理类型。从部分到普遍的推理，其最终目的是通过研究部分事象以揭示普遍性质，像物理学定律。因此，物理学中的科学推理与图 3.4 中的 B 相对应。从部分到特有的推理，则注

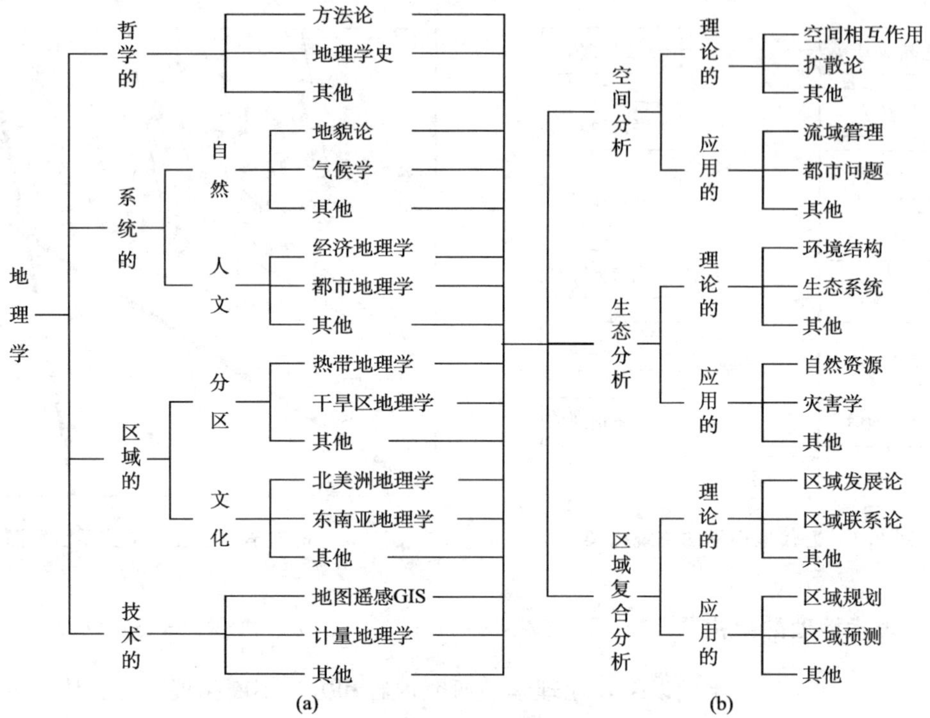

图 3.3　地理学的综合架构（Haggett，1983）

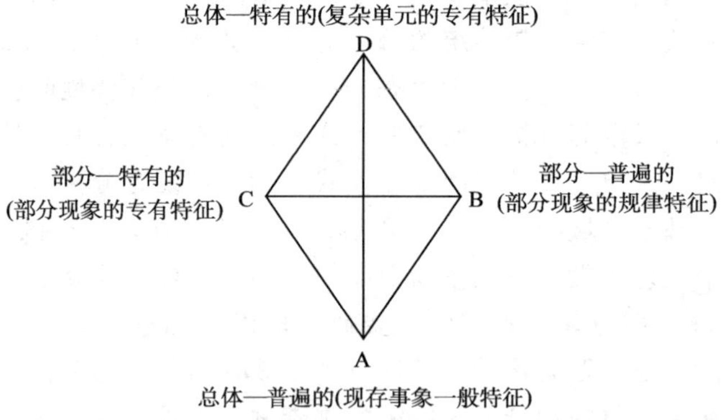

图 3.4　系统的和区域方法的基本理论分类

重对单个事物的理解，这种形式的推理也称为逻辑型推理。从总体到特有的推理试图理解特定单元的复杂特征，如地理学中的景观和区域。在施密特许森看来，地理学方法论的独特性在于它力求理解存在于地球空间整体中某一部分的复杂性，这是地理学作为独立学科的基础。运用四面体分类体系，重在强调选择其中的一个是不够的，地理学的推理不只包括一种类型，而在于四种推理类型都要考虑。总体上，地理学关注地球表层和它的空间组成部分，即关注特定空间和地域中事物的联系。

由左大康主编的《现代地理学词典》将地理学体系分成三个层次。①整体识别层次。为既联系时间，又联系空间；既联系自然，又联系人文；既联系理论，又联系应用；既联系哲学体系，又联系方法等属于综合性、全球性、共同性的地理问题，主要有普通地理学、系统地理学、理论地理学、应用地理学、古地理学、区域学、地理学思想史、地理学方法论等。②按要素所区分的次一级学科。主要由自然地理学、人文地理学、地图学这三大类组成。③第三层次由上述三大类的分支学科组成。

林超和杨吾扬在《中国大百科全书·地理学卷》“地理学条目”中，从现实出发兼顾历史，按研究对象构建了地理学的分类体系（图 3.5）。

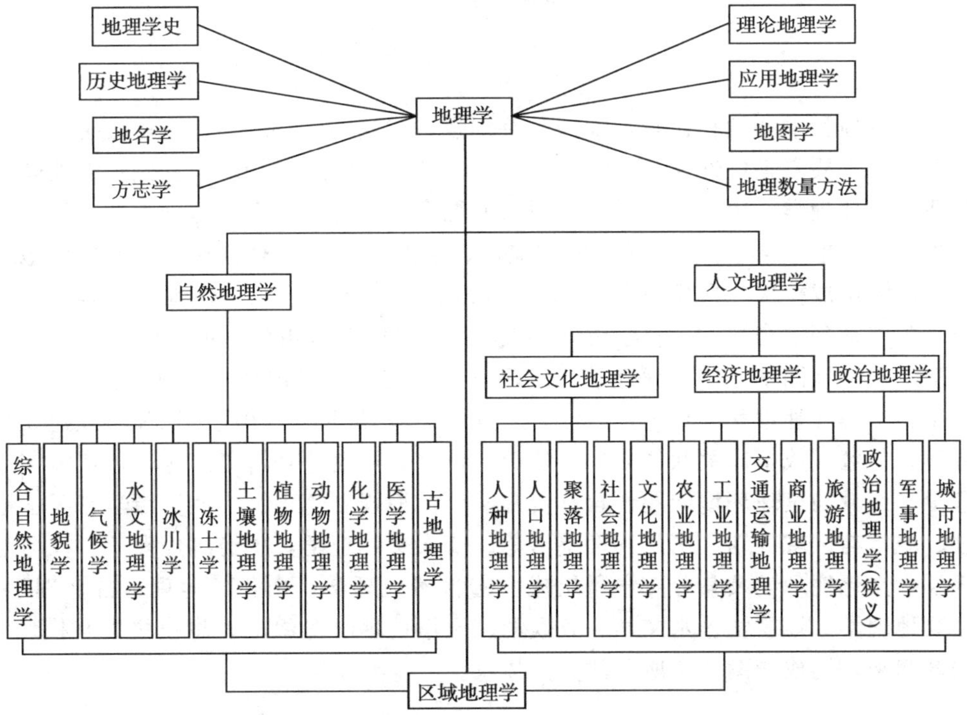

图 3.5　《中国大百科全书·地理学卷》中的地理学体系

由国家自然科学基金委员会主编的《地理科学》一书在阐述地理学研究领域、与其他学科分界、研究内涵、研究方法的基础上，构建了一套简明的地理学体系（图 3.6）。

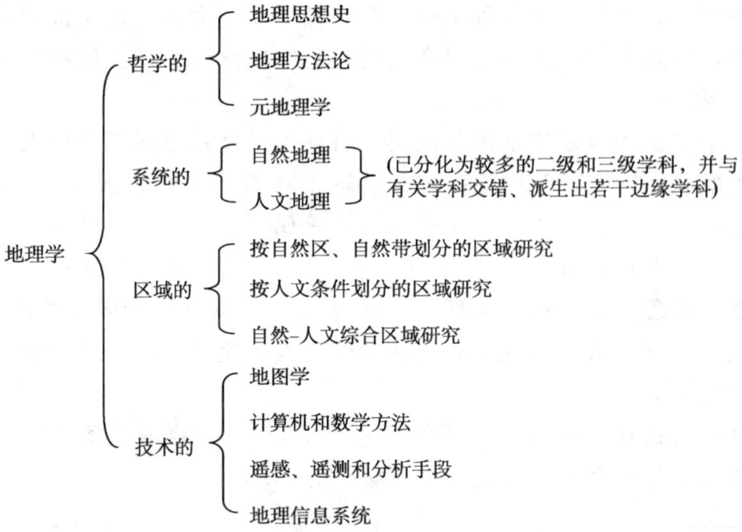

图 3.6　《地理科学》中的地理学体系

与其他科学特性相比较，地理学特别强调“空间-地域性”、“空间-时间耦合性”、“地理要素整体性-综合性”和“地理研究主题的多样性”。首先，将地理学分成区域地理学、历史地理学、普通（或综合）地理学、专题地理学四大块，形成模块 1。进一步，依据理论方法与应用、自然与人文的对应互补关系构成地理学的四大组成模块，即模块 2：①理论地理学与地理学方法，由地理哲学、科学地理学（地理学与科学、科学哲学的交叉）、地理学思想史、地理学方法论、理论地理学、地图学、实验地理学、地理信息系统、数量地理学、现代系统科学、复杂科学等元地理学和地理学方法、工具、手段等组成。②应用地理学或建设地理学，与区域或全球关联的人口、资源、环境、社会、经济等问题，包括灾害地理学、区域与全球环境问题、自然资源学、环境规划管理、土地资源学、医学地理、城市与区域规划、国土开发整治等。③人文地理学，由经济地理学、社会地理学、文化地理学及其分支学科组成。④自然地理学，由化学地理、古地理学、生物地理学、地貌学、水文学、气候学、土壤地理学等组成。将模块 1 与模块 2 嵌套起来，构成如图 3.7 所示的分类体系。

三、变化的人文地理学体系

詹森（Jensen，1999）将第二次世界大战后的人文地理学用传统的（traditional）、计量的（quantitative）、评论的（critical）三种不同观点构成如图 3.8 所示的框架，同时也反映出人文地理学的发展概貌，他强调这种架构并未能包括全部的人文地理学系统。

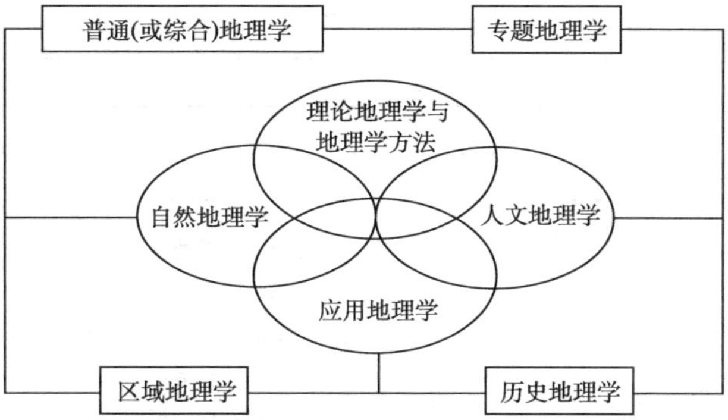

图 3.7　地理学的学科体系

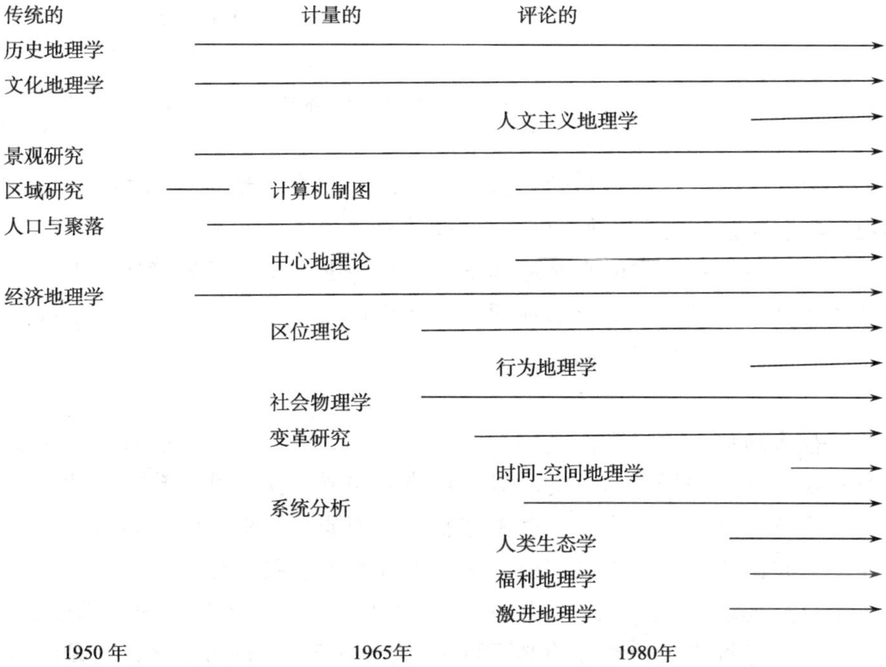

图 3.8　第二次世界大战后人文地理学的架构

四、变化的自然地理学体系

与变化的人文地理学体系相对应，并采用相似的表现方法，构建随时间而变化的自然地理学体系。图 3.9 中：综合自然地理学主要包括自然地理学、古地理学、化学地理学、生物地理学、景观学、土地学等；专题地理学包括冰川学、冻

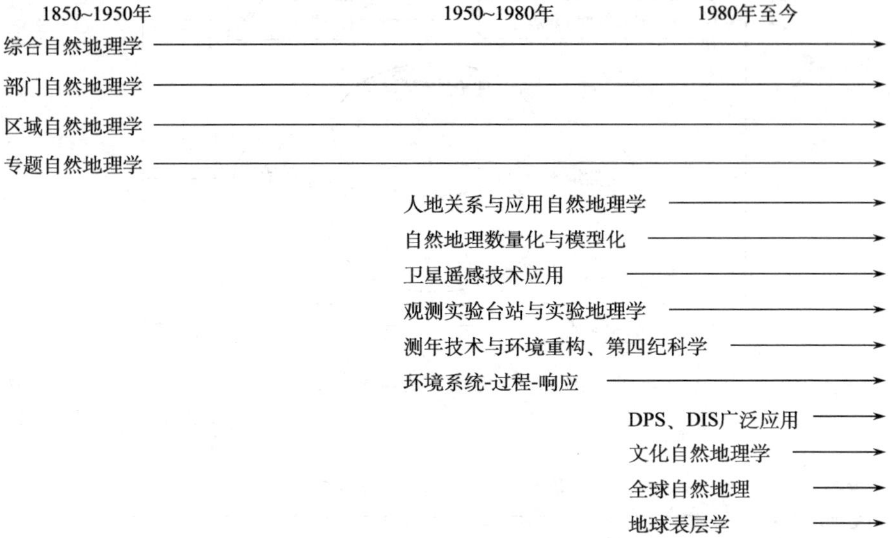

图 3.9　变化的自然地理学体系

土学、沙漠学、沼泽学、湖泊学、岩溶学等；应用自然地理学包括灾害地理学、医学地理学、自然资源学、城市自然地理学等。

格雷戈里在《变化中的自然地理学性质》一书中总结了环境地理学、应用自然地理学与环境管理、全球自然地理学、文化自然地理学等前沿研究领域，并对自然地理学的定义进行了全面的界定：

> 很多趋势，包括走向整体性的趋势和质疑现存各分支能否完全覆盖自然地理学全部研究目标的趋势，意味着需要审视一种更趋文化性的自然地理学。这在任何意义上都不是脱离或削弱自然地理的核心内容，而是要反映出该学科中人文部分促进了地理学的那些根源。
>
> 自然地理学/地文学专注于地球陆地表层及外围的特征和形成过程，重视对于了解当代地球环境必不可少的空间变异和时间变化，其目的是认识地球自然环境怎样成为人类活动的基础并受人类活动的影响。自然地理学通常分为地貌学、气候学、水文学和生物地理学。但是现在的自然地理学在晚近环境和第四纪变化的系统分析中更加具有整体性。它采用数学模拟、统计模拟以及遥感方面的专门技术，发展出探索环境管理和环境设计的研究，它受益于与其他学科如生物学（尤其是生态学）、地质学和工程学的协作。在许多国家，自然地理学的学习和研究与人文地理学有密切联系（格雷戈里，2006）。

第二节　地理学的学科关联

地理学是一门古老而又年轻的科学。在其发展过程中，地理学不断分化、不断与相关学科交叉渗透，丰富着地理学的学科体系。科学的分化与融合使得地理学与其“亲缘”学科存在着千丝万缕的联系。约翰斯顿（1986）指出：“在科学群体中，各学科都几乎无一例外地由其主题来界定，由它们研究什么而不是怎样研究来界定。然而，学科之间的界线却很难清楚地划分，因为被研究着的现实世界是由相互关联的一个总体组成，而不是一些分离的部分。因而把知识分解为各种学科是人为的，而且在某种程度上是武断的，其目的在于把某些显然可研究的论题从其他论题中分离出来，尽管前者事实上并非独立于后者。当然，这样一种理想并非轻而易举。学科界线是相对可渗透的，这就为学科之间的联系做好了准备。”

一、地理学与自然科学和数学的关联

图 3.10 和图 3.11 显示了地理学与自然科学、数学、现代系统科学的关联。

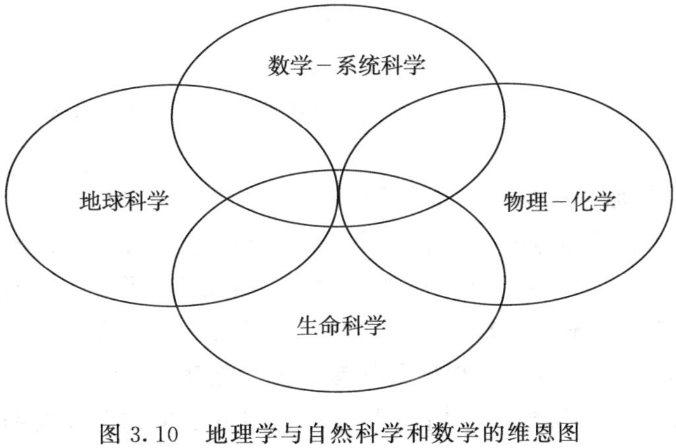

图 3.10　地理学与自然科学和数学的维恩图

1）地理学与物理学、化学。尽管地理学与物理学、化学、生物学同为基础科学，但理化无疑是自然科学基础的基础。一方面，地理学与其交融形成了化学地理学、动力学地理学、实验地理学、年代学等学科；另一方面，更为重要的是，以物理学为代表的近代自然科学，在解释世界许多问题时的巨大成功，使其成为科学的“典范”和“标尺”。自然科学提供了一整套揭示世界本质强有力的规范化程序：观察、描述、假设、实验、测量、验证与证伪、理论解释（揭示隐藏的结构、规律与机制）、理论批判、再观测实验、理论再造。

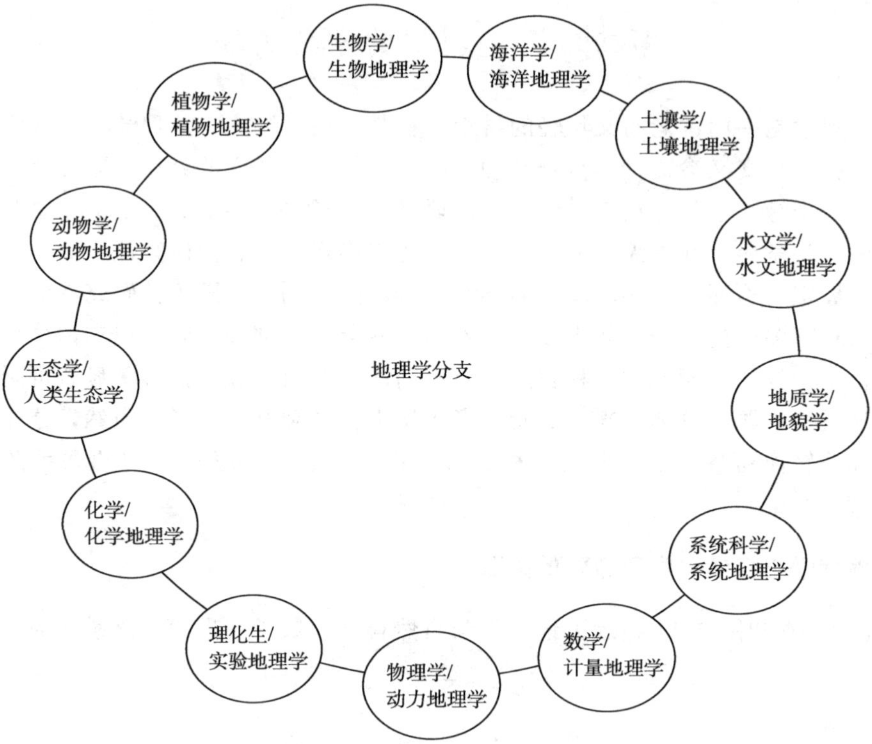

图 3.11　地理学与自然科学和数学及系统科学的关联

2）地理学与地球科学。人类早期有关“地球”的知识，归属于“地理学”的学问中，地理学可称为地球科学之母。随着地质学、气象学、地球物理学、海洋学、土壤学相继分化独立及其对地理学的“反哺”，形成了地理学的“地学”或“地文学”传统。随着全球环境问题的凸现以及构建“全球地理学”、“地球表层学”的强大动力，地理学与地球科学有了新的更高层次的关联。

3）地理学与生命科学。早期地理学主要侧重于生物分布与群落差异研究，形成与生物学的联系，发展出了植物地理学、动物地理学等自然地理学的传统分支学科。随着现代生物学的发展，生态学尤其是应用生态学从生物与环境关系的研究跨越到人类社会与环境关系的研究，在资源、人口、环境问题等领域呈现出与地理学全域覆盖之势。生态学以其强有力的理论和研究方法，全方位地渗透到社会科学和人文科学之中，形成人类生态学、文化生态学、社会生态学、经济生态学、政治生态学等众多分支学科。在这一背景之下，地理学也不能例外，地理学与生态学的结合造就了地理学的“生态论”和生态研究方向。

4）地理学与数学及方法论科学。从毕达哥拉斯以来，数学就具有无穷的

“神秘”与智慧的“圣环”：世界是由数（几何图形）构成的，世界的一切秘密都隐藏于数之中。近代物理学、化学精确化的公式表达使逻辑形式化成为衡量科学的“标尺”。20世纪60年代以来的地理计量运动极大地推进了地理学的定量化和模式化研究。地理学对象的多维性、关联性、整体性与不确定性、地理系统空间和时间的异质性与非线性的特征，使得传统的线性数学和精密数学在对地理学问题的解释上往往无能为力。统计学、模糊数学、现代系统理论（老三论、新三论、复杂科学）等横断科学的兴起与发展为地理综合体的研究提供了武器，地理学有望在方法上获得进一步支撑和重大突破。

二、地理学与社会科学和人文科学的关联

地理学与人文社会科学的关联形成了“地理学的人文-社会-经济指向”与“人文-社会-经济科学的地理指向”的双向互动。涂尔干高度关注“地理事实”（他称之为“形态学事实”）以及社会空间里的个体及群体分布的不同模式，并以地理事实为基础开始他对社会事实的分析。地理事实包括其领地上的人口规模与密度、城乡分布、建筑形式、道路交通、分界线和边境、自然资源的分布、机械装备等。当代社会学更加关注于社会叙事“空间化”。

传统上，地理学与人文社会科学的关联主要体现于人文地理学。地理学者不太重视社会科学和人文科学的区别（这实际上会产生一些问题），而以人文地理学去对应“人文-社会科学”。对各种人文事象和社会事象的空间分布、差异、关联、过程及其与地理环境的交互作用关系的研究，构成人文地理学及其分支科学的研究内容和学科体系（图3.12）。

20世纪60年代以前，人文地理学具有很强的实证主义和自然科学化倾向。70年代以后，社会科学得到迅速发展，地理学的“社会科学”转向加速，关注于社会结构、组织、权力、公正、正义、文化、制度、政权、性别差异、弱势群体等主题，与社会科学和人文科学形成了全方位的渗透与交融，构成了地理学的社会主题、文化主题、制度主题。20世纪70～80年代以来，在环境学、生态学、气象学等自然科学纷纷强化应用的背景下，人类活动日益成为自然地理学关注的论题，并推进着自然地理学的环境管理、环境设计和文化转向。布伦特发表在《当代地理学要义》上的“地理学与人文科学传统”一文中认为：

> 与其把人文科学和社会科学视为彼此差别明显的学科，不如认为它们之间存在着一系列的接口。事实上，人文地理学的多样化的传统与方法在这些接口上造就了广阔的科研与教学范围，在人文科学与社会科学之间以及这两门学科内部，形成了维系各种资料来源、方法和思想的建设性联系。由于20世纪70年代人本主义地理学家以及20世纪80年代以来文化地理学

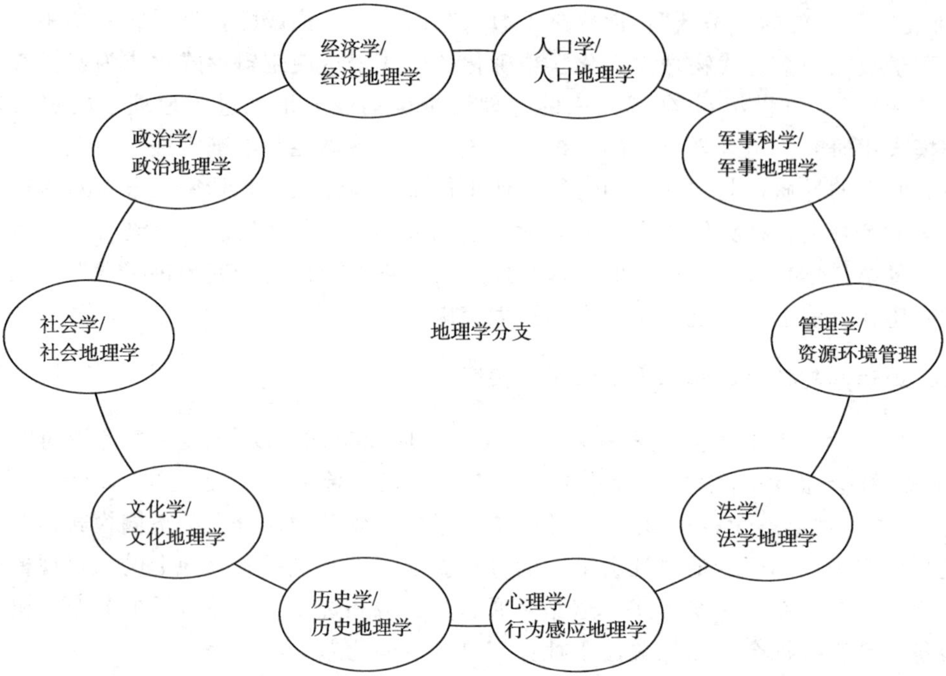

图 3.12 地理学与社会科学和人文科学的关联

家的工作，基于人本主义的地理学研究日显重要。在人本主义其他学科工作的学者比过去任何时候都更加与地理学思想相衔接。基于人本主义的地理学的例子包括历史与文化的研究以及对文学、视觉艺术和其他文化形式的研究与实践。在人本主义传统下工作的地理学家提出了有关空间的生产、表征的政治策略以及知识形象化与权力的关键性问题。

专栏 3.1 社会科学与人文科学

传统上人们对社会科学与人文科学的认识非常模糊，或以社会科学来包容人文科学，或以人文科学统摄社会科学，或以人文-社会科学来统称。按自然科学、社会科学、人文科学三元分类法，社会科学与人文科学两者是既相区别又密切关联的两大科学。两者的区别有三。①对象不同。社会科学是研究人类社会和人类活动的组织、结构、功能、变迁、关系、机制的学科，侧重于从经济、政治、军事、人口、法律等“社会事象”对“社会系统”进行分门别类或整体研究。而人文科学是在精神与物质两个领域内，研究由人类所创造的“精神-文化体系”，包括人的观念、知识、信仰、思想、价值、道德、伦理、情感、语言、宗教、习俗、艺术、美学等“人文事象”。②形成时间不同。人文知识与人类文明同步产生，早在奴隶社会时期，人文知识就发展到一定高度。而作为一种科学形态的社会科学的形成则是19世纪以后的事，在近代科技革命、产业革命、城市革命的推动下，社会经济结构高度分化、复杂化和不断重构，使经济学、社会学、政治学、法律学快速发展。从而造成在不少人的观念中，社会科学要重于人文科学。③方法论差异。社会科学以社会系统为研究对象，多用调查法、统计法、归纳法、理想模式等。自孔德以来，社会科学十分强调自然科学的实证方法，实验、量化等科学化分析手段与研究程序，尤其是经济学，其定量化、模式化、理论化的研究成就，使其在社会科学中的地位突出。而人文科学，侧重于人自身价值、意义的体验与思考，关注于个性化的感受、表达的人及其文化精神，更多的是规范性问题，多用实地考察、民族志、诠释、内省、移情、启示等方法，重视价值判断和对意义的追寻。

狄尔泰认为：“人文科学学者应该永远对单个的或不重复的事实感兴趣”，“人文科学学者必须与自然科学学者不同，他必须放弃因果说明，放弃发现确切的法则的努力。他关心的不是说明，而是理解，是阐释学。”然而，社会科学与人文科学在本质上是一体化的：它们同是以“人”为中心的“主体性科学”（或参与性科学），社会由人所建构，在“人文”的人开展的现实社会活动中，无法分清什么是“人文的”、什么是“社会的”。正如皮亚杰所说：“在人们通常所称的‘社会学’与‘人文学’之间不可能做出任何本质上的区别，因为显而易见，社会现象取决于人的一切特征，其中包括心理生理过程。反过来说，人文科学在这方面或那方面也都是社会性的。”事实上，科学知识之间不只是存在斯诺的“科学文化”与“人文文化”的分割对立问题，在社会科学（如传统经济学中的经济人对利润最大化的无止境的狂热贪求）与人文科学的社会公平、环境伦理之间亦存在冲突。无疑，社会科学与人文科学的深度关联与渗透将推进“统一的人的科学”的发展。1950年以前的社会科学过度迷恋于自然科学、沉溺于实证主义，导致对文化的重要意义认识不够。后来在各种哲学思潮的影响下，社会科学开始了“语言文化”转向，这又导致了社会科学对实证性和客观性的过度否定。

三、地理学与哲学的关联

地理学是一门与哲学关系十分密切的学科。①地理学横跨自然科学、社会科学、人文科学，与哲学思考的不同主题同时交汇。当代哲学的语言、符号、文化转向与人文科学形成深度交融，使得地理学尤其是人文地理学的“哲学化”日益兴盛。②哲学思考的主题呈现出多样化的异质性特征，哲学的这一特点与历史学的“时期独特性”、地理学的“区域差异性”、人文科学的“个性化”特征在“异质性”上有共性之处。哲学在寻求新的发展空间进程中，将与包括地理学在内的强调多样性、差异性、独特性的学科形成更加密切的联系。③地理学长期关注的一些主题，如人与自然的关系、人与人工环境的关系、社会环境与人文环境的关系，也是哲学关心的核心问题。地理学可以为丰富哲学思想发挥其独特性作用。④事实上，地理学中的相当多的观念与理论，如环境论、或然论、适应论、协调论、人本主义、“复杂多样性中的统一”等概念本身就具有地理哲学和哲学思想的成分。20 世纪 70 年代以来，地理学尤其是人文地理学对实证主义的科学正统提出挑战，将多样化的哲学思潮——人本主义、马克思主义、结构主义、女性主义和后现代主义等应用于地理学中，形成了地理学的哲学方向。地理哲学成为地理学的前沿领域：

> 地理哲学是地理学与哲学、科学哲学之间的边缘学科。它主要研究地理学理论和地理学概念中的哲学问题与逻辑思维问题，以阐明地理学结论的哲学意义与地理学研究方法论中的逻辑思维过程，为地理学研究提供正确的思维方式……地理学史特别是地理学思想清晰地反映出地理学与哲学、科学哲学之间的关系。一方面，任何一位地理学家的理论思维、理论学说与研究方法，都反映出某种哲学或某几种哲学观念的深刻影响；另一方面，一些优秀的地理学家也将地理学的理论思维产物充实于他所坚信的哲学观念之中（左大康，1990）。
>
> 建立于我们研究的任务之上的信念，形成我们的哲学，形成我们个人的生命观和生活。所以，通常将地理学中这些信念大致指定为地理学的哲学。这类哲学有许多种。每种为我们提供了一种地理学性质的鲜明观点。这类哲学国与国不同，随集团而不同，亦因时而异。有人认为这些形形色色的哲学是人身上隐藏的、渗透的某些态度的模糊表达，它们形成了地理学的本质。真实的地理著作就这样被认为是基本的地理学的某种朦胧表示，这和柏拉图认为知觉经验是外界“本质”的某种朦胧表示属于同一方式（大卫·哈维，1999）。

专栏 3.2　哲学与科学的关联与分野

在古希腊，人类所有知识形态兼容于自然哲学中。自伽利略、开普勒和牛顿的科学革命以来，自然科学与“形而上学”分道扬镳，尔后心理学、历史学等人文社会科学与哲学出现分野。科学给哲学留下的地盘是什么？科学与哲学的区别是什么？亚历克斯·罗森堡（2006）在《科学哲学》一书中认为："哲学主要考虑科学目前不能回答或者也永远不能回答的问题，进一步考虑的是科学为什么不能回答这些问题的问题"；哲学是处理"形而上学"（metaphysics）问题，"'形而上学'在西方哲学中被视为对实在的基本类型是什么以及事物的某些种类是否存在的研究，包括研究像数或红等抽象对象、上帝、独立于物理存在的思维存在、与单纯巧合相对照的原因与结果、由这些原因决定或命定的事件或者不固定并且存在性独立于先前事件，等等"；"只有哲学才处理的一种类型的问题是规范性的（normative）问题，伦理学、美学和政治哲学中的价值问题，关于事情应当怎样的问题，我们应该做什么，关于什么是好和坏、正确和错误、正当和不正当的问题等。科学可以说成是描述性的，或者说成是实证的，而不是规范性的。这些规范性问题在许多科学中有其近亲"。事实上，当人文科学或部分社会科学在追求"纯科学化"和"实证主义"的道路上受阻，进而再度转向"人本主义"，更关注于"规范性问题"。同时，随着哲学向语言、符号、文化的全面渗透，哲学与人文科学已难以分彼此。科学与哲学各有其分工，但两者之间不存在一个泾渭分明的边界。

一方面，哲学通过"本体论"、"认识论"和"方法论"构建了认识"世界"的世界观，从而对各门具体科学的研究赋有指导作用；另一方面，各门具体科学的发展，尤其是科学的重大发展，牛顿力学、量子力学、现代生物学、系统科学和复杂理论，成为哲学灵感最有力的源泉。一方面，哲学在其循环、创新、发展中，不断推进着哲学对"世界"多样化的思考与诠释，从而为各门具体科学对"世界图景"的揭示提供了更加多元化的哲学观念支撑；另一方面，面对科学对其地盘的浸入、哲学二元论的困境、理性主义和科学主义的不完备、哲学科学化受阻，哲学不断地陷入衍生、批判、回归、再反叛的周而复始的危机中。哲学既存在自身的危机，同时哲学对科学的指导也存在其局限性和不完备性，而这一点往往被包括地理学在内的一些具体科学所忽视。

20世纪70年代以前，科学主义形态下的实证主义和逻辑实证主义在地理学中一直占统治地位。尔后人文地理学者深感过度理论化抹杀了地理学的丰富性和价值取向，进而采用更加多样化的哲学思想工具，包括存在主义、现象学、人本主义、激进主义、新马克思主义、结构主义、女性主义、批判唯理论、后现代主义等。一方面，地理学不断地从哲学思想和方法论中获得理论支撑，不断丰富着地理学的研究内容；另一方面，人文地理学在一定程度上表现出一种"过度哲学化"的倾向。太专注于各种哲学思潮在地理学各具体研究中的单向应用，而较少致力于从地理学自身出发构建地理哲学和地理学综合理论。时下的西方人文地理学，对研究的每一个具体主题——建筑、公共空间、土地利用、社区研究均喜欢置于不同的哲学观念下解释。这既给人一种“繁茂景象”，又给人一种“悬晕感觉”。这一状况有些类似于20世纪60～70年代地理学计量革命。只要浏览一下皮特（Peet）所著的《现代地理学思想》、约翰斯顿（1999，2000）《哲学与人文地理学》和《地理学与地理学家》、詹斯（Jensen）的《地理学历史与概念》等论著，就不难发现人文地理学与当代哲学思潮和社会理论处于全方位的渗透中。

四、自然科学与人文社会科学联盟中的地理学

自然科学和社会科学的分野从近代自然科学形成时就业已开始。近代自然科学确立的六大原则造成自然科学与社会科学之间的巨大鸿沟：外在目的性和动力原则；已知现在决定未来的可预测性原则；已知个体决定整体的简单性原则；可认知性原则；时空可逆性、对称性原则；可量化原则。自然科学和社会科学研究对象的彻底分割（研究自然客体把人类社会因素摈弃掉，研究社会事象时把自然要素抽象掉或外化处理）和绝对化理解加大了两大科学之间的分离。尽管追求实证（精确性、确定性、可实证性）成为近代社会认识的基本倾向，但由于研究对象的割裂，并没有从整体上推进两大科学实质性汇合。近代人本主义哲学的兴起在社会科学中出现了反量化、反证实的思潮，对牛顿力学模式下的社会科学研究提出质疑，这在一定程度上又进一步加剧了自然科学与社会科学的脱离。

在自然科学和社会科学分野的同时，也存在着两大学科的综合、渗透趋势。建立自然科学和社会科学的联盟成为当代哲学、科学、技术以及文化发展的一个基本倾向。这一趋势的形成源于以下背景：①经过18、19世纪科学的急剧分化发展后，科学的综合、交叉趋势日益增强。②现代科学研究进展（进化论、热力学、相对论、量子力学、生态学等）从根本上突破了自然科学和社会科学研究对象及其规律之间的分离状态，构建了人与自然、主体与客体不可分割的世界图景。③现代系统论原理与方法、复杂性科学的兴起、遥感空间技术的发展、计算机的应用打破了自然科学和社会科学方法上的传统界限，为两大科学汇合提供了现代技术支撑，探索复杂性或复杂系统，成为多科学综合研究的目的，促进自然科学与社会科学综合的主要途径。④随着人化自然的深度和广度拓展，人类已经成为改变环境和全球变化的持久的重要力量，人地矛盾与冲突在区域和全球尺度上的加剧，要求哲学和科学对人与自然的关系重新思考。自然科学与社会科学的联盟，为长期承受人文地理与自然地理内部分割的痛苦并寻求统一发展的地理学，提供了极好的发展契机和做出独特贡献的场所。

本章小结

如同任何科学分类体系均存在不完备性一样，地理学也不存在一个公认的完

善的学科分类体系。从各自的分类思路、依据、原则出发，学者们构建了不同的地理学体系。而每一套分类体系都提供了认识地理学构架的一种视角。由于地理学以其空间地域横截并承载各种自然、社会、人文要素，地理学及其分支学科与自然科学、社会科学、人文科学及其分支学科形成难以分割的“联体”构造，“联体性”或“交叉性”就成为地理学的学科体系和科学关联的一个突出特点。这一特点决定了地理学的发展不能只局限于地理学内部，离开对哲学、自然科学和社会科学进展的把握就无法理解地理学的发展。对此，阿克曼（Ackerman，1963）指出：“实际上我们中有一些人把对地理学本身的研究视为研究尽头，而没有放开眼界，为更大的科学目标作出贡献的胸怀和远见。过去很多地理学家渴求地理学成为一门独立的学科时，却忽视了整个科学进展的前沿。我们不能无视当今时代面临的变化洪流，整个科学的进展在不同程度上决定着它的组成分支学科的进步。”

地理学与相关学科广泛的关联性或交叉性，一方面形成了地理学引以为荣的“综合性”特征，另一方面，同时也存在诸多问题。图 3.11 和图 3.12 显示了地理学（自然地理学和人文地理学）是如何与相关学科关联叠加的，重叠带上的部分代表了地理学专门的系统的分支地理学科，它们也平等地属于其他学科。问题是：在重叠带上地理学是否占据更多的位置？留在中心区域的是地理学特有的吗？中心区域是系统的、区域的、人地关系的？这些问题涉及科学关联中的地理学地位和定位问题。一些人担心，许多地理学家研究边缘问题会失去地理学者的身份而转向其他学科。另外一些人对此却乐观开明，如果边缘有趣，我们为何不探索它？这将拓展地理学的研究领域。

地理学以空间地域为载体，横切并纵横向关联了诸自然要素和人文要素，地理学猎涉内容的“广域性”，使得地理学者不得不思考并回答：什么是地理学的研究领域？其中哪些是地理学的核心或主题？一些人认为，地理学分支学科的数量无限多，并沉醉于开拓“山头”的乐趣中。而许多人认为：把地理要素细碎分支化的做法，并无多大实际价值，反而会给地理学带来伤害。要避免地理学的漫无边际或一盘散沙，地理学就必须要强调并坚持它的核心和主题。

第四章　地理学的方法论与研究方法

方法是指人们为了达到一定目的所选择的手段、途径或方式。黑格尔（G W F Hegel，1770—1831）从主客体辩证统一的角度认为："在探索的认识中，方法也就是工具，是在主体方面的某个手段，主体方面通过这个手段和客体相联系"。英国哲学家培根（Francis Baccon，1561—1626）首创"方法论"（methodology）一词，倡导要以方法的体系武装科学。在哲学框架内，方法论与特定的认识论和某种本体论相关联，它回答"我们能认识什么"、"我们怎样才能最终认识它"和"如何能将信息收集、组织起来的规则和程序"的问题。地理学方法论的发展，既是地理学家们创造性的推进和地理学内在逻辑发展的结果，又是地理学对哲学和整个科学发展的响应与互动的结果。存在多种认识世界的方法论，如实证主义、诠释学方法、现象学与存在主义、批判理论、结构主义和后结构主义等。

第一节　地理学的哲学方法论

哲学和科学哲学作为一种世界观和方法论，为各门具体科学提供了强有力的思想工具。哲学在创新、批判、承传的循环中，各种观念不断被提出，存在着复杂的关联和流变。各种新的哲学观念往往首先是在人文社会科学中产生反响，进而通过人文社会科学的承传影响到地理学。对哲学方法论的深入理解，一是需要大量阅读哲学论著；二是要了解哲学观点在人文社会科学中的运用；三是要熟知在地理学中的应用情况，这方面可重点阅读约翰斯顿的《哲学与人文地理学》、皮特的《现代地理学思想》等论著。任何理论立场都取决于哲学的三个基础部分：本体论、认识论和方法论。本体论为我们提供了理解世界的基础；认识论指导我们怎样科学地进行研究；方法论是关于如何认识"存在"，即根据"存在"特性，针对性建立一套研究规则、程序、手段、方法技巧。威特根斯坦（Wittgenstein，1922）特别强调哲学的指导意义："哲学的目标是对思想进行逻辑阐述，如果没有哲学思想，就会像原始状态一样，充满乌云和混沌。哲学的任务是将宏观世界区别清楚并给予清晰的界定。"同样，希尔（Hill，1981）也指出："很多地理学家怀疑哲学问题与地理学的实际关系，然而没有任何研究是在哲学的真空中发生的，即使不是十分明确和结构严密，所有研究都由哲学观念所引导。这些观念影响或启动了研究课题的选择、研究方法的选取以及不断演变的完成研究的方式。简而言之，哲学问题渗透到地理研究的各个方面。"本节聚焦于经验主义、实证主义、人本主义、结构主义，而对后现代主义，将放在第十一章中详细阐述。

一、经验主义与地理学

经验主义是科学主义的开端，它相信客观事实，认为所有的科学只与客体相关，而无需理论性解释，经验的东西就是存在的东西。经验主义的代表人物有培根、霍布斯、洛克、巴克莱、休谟。尽管他们的认识论（唯物与唯心、可知与不可知、理性主义与纯经验主义）各不相同，但一个共同点是承认知识和观念源于经验。约翰斯顿（2000）指出，经验主义“其认识论是：我们通过经验来认识；其本体论是：我们所经验的事物就是存在的事物；其方法论直接要求提出经验过的事实”。经验主义者认为：科学只能关心世界的客观事物并寻求其本来的面目，人们的价值观和意图等“规范性问题”应排除在科学研究之外，因为无法对其进行测度；所有的认识都是来自通过理性和归纳法处理提供的事实基础上。

培根是“近代归纳法的创始人，又是给科学研究程序进行逻辑组织化的先驱”（罗素，1982）。培根在《新工具》中提出经验归纳法所阐述的“科学归纳法”、“探求因果联系的方法”以及为归纳推理提供前提条件的观察、实验，至今仍然是科学哲学的重要内容。哈维曾总结出科学解释的“培根”途径［图 4.1(a)］。培根创立的基于归纳法基础上的经验主义方法对近代地理学有其独特意义。一是观察、实验对地理的重要性。人类早期的地理知识与观念源于生产生活经验的积累和理性思索。地理学研究的一个基本途径是，通过实地观测、观察、调查，进行对比类比、经验归纳，得出解释性结论。二是归纳法从个别（特殊）到一般的研究路径，为地理学尤其是区域地理学从区域独特性研究到区域普遍性研究提供了一种研究模式。传统的区域学派也许被打上经验主义的标签，而它的方法可以概括为描述推导或者所经历的事实的体现。然而，经验归纳法由于“不可穷尽性”而存在其内在的逻辑缺陷，并且由于对演绎法、公理法、假设的关注不够而难于发展地理学理论。波普尔就极力反对经验归纳法，认为它既不能为科学提供必然知识，也无法给科学提供概率知识。因为从数学的观点看，经验观察无论重复多少次，也只能是一个有限数，一个有限数与无限数之比，概率只能为零。在吸收经验主义合理内核基础上，实证主义力图克服其不足。

二、实证主义与地理学

与经验主义相同，实证主义者排除不能进行测度的规范问题和形而上学问题。实证主义不同于经验主义的是，需要所提问题被证实（逻辑实证主义）或证伪（批判理性主义），而不仅仅提供证据。同时，实证主义也不赞同科学研究中单一的归纳法，而采用演绎与归纳、假设与验证等相结合的方法。

（一）孔德的实证主义

利特瑞在《法兰西语言词典》中将实证主义定义为：“实证主义，指源于实证科学的一种哲学体系，为奥古斯特·孔德所创，这位哲学家把这个词特别用来与形而上学哲学相对立。”孔德的实证主义哲学在方法论上特别强调：①实证主义哲学与实证科学关联，在孔德看来，科学方法是科学研究的唯一方法。②观察、假设的重要性，孔德在《对近代的整体简短评价》一文中认为，“如果一门科学成为实证的，只是当它完完全全建立在观察到的事实之上，其确定性普遍认可的时候，那么同样无可否认的是，我们的知识的任何一个分支要成为科学，只有使用假设手段，把一切作为基础事实结合起来才能做到”。③科学抽象与科学简约性，孔德认为“所谓概括、简化、抽象的现象越多，它们对现象的依赖就越少，与它们关联的知识就越准确，那种知识的协调就越完美”。④在孔德看来，人类完全属于世界，任何知识体系都必须不仅置于本身的历史之中，而且置于人类社会历史之中，社会科学可以发展自然规律，社会科学涵盖一切科学。昂温（Unwin，1992）指出，孔德利用实证主义这个术语来描述实证的、真实的、确定的、准确的、有机的、相对的，而不是想象的、未确定的、不精确的、空洞的事物。由此，孔德确定了利用一套统一的方法可以进行试验和证明的理论模式。

专栏 4.1　实证主义哲学的流变

文艺复兴以来，理性主义和科学主义成为近代哲学的主要内核，其主体表现就是实证主义哲学。近代自然科学取得的巨大成就以及科学与数学逻辑化、形式化的完美结合，成为实证主义哲学的思想源泉。就广义而言，实证主义哲学存在一个庞大的体系、复杂的关联与演变：实证主义哲学与经验主义哲学存在密切姻缘，孔德建立了科学实证哲学的纲要系统，马赫和阿芬留斯提出经验批判主义，维也纳学派创立逻辑实证主义，波普尔倡导批判理性主义，尔后进一步发展到后实证主义阶段；同时，杜恩、彭加勒、勒卢阿的约定论，皮尔斯、詹姆斯、杜威的实用主义，波普尔、库恩的“科学哲学”对实证主义既是一种批判又是一种延伸。由于逻辑实证主义的经验主义和逻辑主义理论上的缺陷而导致种种批判。逻辑实证主义的证实经历了完全实证到可能实证、强实证到弱实证、确定性实证到概率主义的演变。自量子力学创立以来，实证主义在自然科学内部受到置疑。

（二）逻辑实证主义与批判理性主义

逻辑实证主义试图成为哲学中两个紧密相关的传统的延续：英国的经验主义和欧洲大陆的实证主义。如果说，孔德的实证哲学是基于经典力学的话，那么，20 世纪 20～30 年代发展起来的逻辑实证主义则是实证主义哲学与数理逻辑学、现代物理学相结合的产物，并结合了英国经验主义传统的实证主义。逻辑实证主义的一个突出特点在于它对学科统一性的强调，从自然科学的方法里面寻找权威的解释。

与孔德不同，维也纳学派接受某些不需经验就能被证实的描述。逻辑实证主义哲学的三个哲学前提是：①其本体论，逻辑与事实结构的同构性，存在独立于人类思维并且能够通过主体间的有效的观察加以认识的事实，一切知识都必定能从观察事物那里推导出来。②其认识论，存在理想的科学工作者语言，借助数理逻辑语言可以实现科学逻辑化。③其方法论，可实证是理论真实性的唯一证据。逻辑实证主义最根本的原则是经验实证原则，认为只有被经验证实的命题才是有意义的科学命题。从经验主义和实证主义衍生出核心理论，该核心观念认为科学只能涉及经验主义的问题，而不包括规范性的问题。在不考虑有关那些我们可以认为是事实的事物是否属于构成现实世界的一部分的问题的前提下，可以说经验主义的问题是有关事物是什么，而规范主义的问题是有关事物应该是怎么样的。

吉尔德·德兰逖（2005）在《社会科学——超越建构论与实在论》一书中对实证主义的五条程式化特征进行了界定：一是科学至上主义，对实证主义而言，自然科学通常被当作科学典范，自然科学与社会科学方法之间存在方法的一致性，两者之间没有本质区别；二是自然主义，实证主义认为，科学的研究对象存在一致性，科学是对外在于现实的研究，这些客观存在的现实能够被还原为可观察的单元或自然现象；三是经验主义，科学完全以那些能够被观察和检验的事实为基础；四是价值中立，科学不对它的研究对象作价值判断；五是工具性知识，科学是一种对人类解放、人类进步有用的工具性知识。

卡尔·波普尔（2008）在《科学发现的逻辑》一书中倡导批判理性主义，对逻辑实证主义的经验、实验与定律的永恒关联性进行了修正。波普尔认为，科学逻辑并不由绝对可检验的知识决定，提出证伪主义。他断言：具有普遍性的科学理论虽不能被经验实证，但能够证伪。提出假设—证伪—再假设—再证伪……逼迫客观真理的科学进步模式。从实证到证伪，波普尔在逻辑实证主义基础上打开了一个缺口，以此来适应社会科学的理论解释。波普尔突破了自然科学与社会科学研究对象的统一性，但仍坚持科学方法的统一性。

逻辑实证主义构建了知觉经验-先验模型、演绎-法则、数据度量-统计检验、理论假设-实证（证伪）相结合相反馈的科学方法体系，对哲学和科学的发展有重大影响，至今仍是重要的科学哲学方法论。对此，哈维总结出科学解释的第二条路线［图 4.1（b）］。实证主义认为，“如果我们准备解释那些现象，那么我们必须发现那些主宰它们行为的规律或者统一的法则。因此研究的期待就围绕着那些规律的发现”。相当长时期内，实证主义哲学一直是地理学的主要方法论，地理学中的自然地带理论、侵蚀循环学、区位论、环境论、景观论、计量运动、空间分析、行为地理学等均与实证主义哲学思潮密切相关。

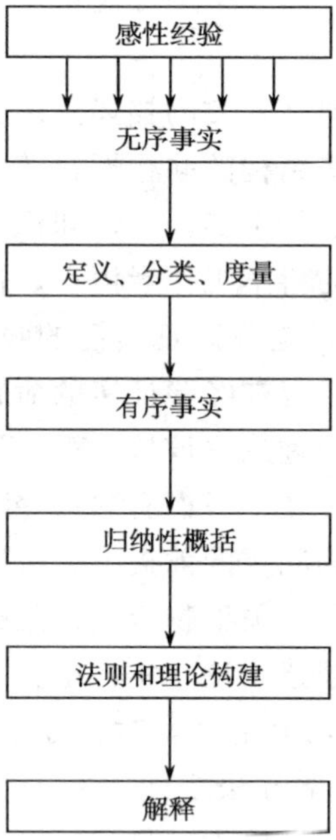

图4.1(a) 基于归纳法研究模式

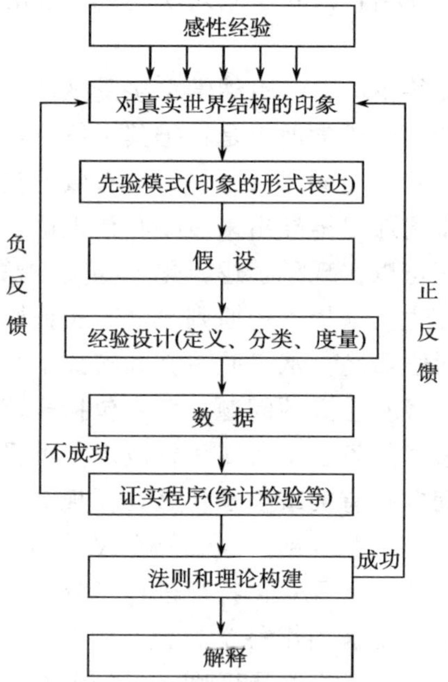

图4.1(b) 基于演绎法研究模式

图 4.1 地理学的归纳与演绎模式

（三）对实证主义的批评

从启蒙运动开始，对科学主义的崇拜发展到逻辑经验主义哲学那里达到了高峰，这集中表现在其依据实证科学标准所提出的可证实原则。按照这一原则，一切命题必须是在经验中可以证实的，否则就是没有意义的。这样，实证主义既排除了形而上学的哲学，也排斥了价值论、伦理学等规范性问题，对科学的关注淹没了对人的关怀。尽管逻辑实证主义具有清晰而严密的优点，但由于太过逻辑形式化和实证化而遭到批评，从而导致新康德主义、非理性主义、人本主义、结构主义和后现代主义的反叛。

格雷戈里（Gregory）把对实证主义的批评总结成三个方面：其一，实证主义因经验主义而受到批评，实证主义者低估了理论和观察之间的复杂关系，特别是相互关联的现象的相互作用区分开来的困难性；其二，实证主义由于排他性以及假设自然科学的方法可以有效地应用到社会现象中而受到批评，数学语言过滤了社会和道德问题，也不能认识感知、意图和人类行为的空间类型和过程反应；其三，实证主义由于其自律性受到批评。实证主义的论点是科学必须是中立的，无价值和客观性放弃。实证主义通过人为地将观察者与被观察的事物分离开来产生虚假感觉。

三、人本主义与人本主义地理学

文艺复兴时期的启蒙运动者倡导人的理性和人的价值来反抗神权统治。在早期启蒙运动者那里，理性与人文是交融在一起的。尔后理性主义进一步与科学主义结合，形成科学主义思潮。在近现代化的社会背景下，科学主义与工业主义、技术主义相结合，一路高歌，对科学、哲学和人类社会思想产生重大的影响。为对抗唯物主义、理性主义、实证主义、科学主义对哲学和科学的“神学化”和“霸权化”统治，一批哲学家和人文社会学家纷纷转到人本主义方向。人本主义的结构形态纷繁复杂，与其他哲学流派和社会思潮形成不同交叉，未能像实证主义那样存在一个较明晰的体系。它大致由六个群块组成。

（一）观念论（理念论或唯心论）

观念论是一种具有悠久历史和深厚传统的哲学。柏拉图最早提出观念论，经巴克莱、费希特的经验观念论，康德的先验观念论，尔后与唯意志论、现象学和存在主义进一步结合。超越理想主义的原理认为，知识只能通过我们的思想、感觉和解释产生（也只能由此而构成）。在这种哲学里，自然世界成为人类思想的产物，或者是科学社会的产物。观念论的基本要点是：一切现实在某种方式上都是由某种精神构筑，世界不会存在于对它的观察和表达之外（本体论）；知识完全是主观的，依人的信仰、认识而存在（认识论）；通过使用一些标准——真理的定义、现实性的说明、真理的标准等一致性理论来解释观念中的世界图景（方法论）。

专栏 4.2　地理学的先验经验主义与代理人简化模型

约翰斯通（Johnstone）曾说，当地理学家观察地理的镶嵌图案时，他们把每个地区看成是联合的而不是单一的。而事实上，尽管普遍的规律和社会结构存在，但是他们以一种个人解释的独特联合适应于每个地区，而这些解释是由具体地点的代理人做出的。以前的解释留下了文化的烙印，并且创造出了新的解释框架。以前人解释为基础的行为也是独特的自然景观和社会形式的结果，这些自然景观和社会形式又相互限制及授权新的解释和行为。代理人解释的自然环境的限制和可能性的方式，与由社会机构和经验社会形式提出的限制和可能性不一样。同一个地区由不同的代理人解释的环境限制会如此不同，说明不同解释主体的观点对地理学是重要的。

（二）实用主义

由皮尔斯（Peirce，1839—1914）、杜威（Dewey，1859—1952）和詹姆斯（James，1842—1910）创建的实用主义，是一种既有实证主义成分、又具人文主义色彩的哲学流派。实用主义放弃“无价值研究”，提倡研究必须解决实际问题和通过实践活动来构建现实世界的认识，强调不应关注个体而要关注于社会和个体的相互作用。实用主义认为，所有认识都可以通过将来的经验加以鉴定，以及思维的功能可以用将来的经验和行动结果加以验证，认识必须从根植于经验的行为中获得，而不是从知识中获取。

（三）唯意志论

叔本华和尼采的唯意志论认为：世界的本质是意志及意志的表征，它统率知识、记忆、想象、判断和推理，理性认识及其能力是意志的产物。唯意志论通过强调人的意志、欲望、权力、情感、冲动来反对一切理性主义，“重新估价一切价值”，从而奠定了现代西方哲学中非理性主义思潮的基础。

（四）现象学

现象学的口号是“回到事物本身”，其本体论是现象就是事物本身；其认识论是揭示隐藏在现象背后或深处的本体或本质；其方法论是现象学方法——考察个别现象、考察一般本质、理解本质联系、关注事物显现方式、探讨现象在意识中的构造、“悬搁”对现实性的信念、揭示隐藏的意义。现象学力图消除传统哲学中表象与本质、内在与外在、主观与客观、人与物的对立，强调显现于我之物即事物本身。现象主义者关注于如何描述研究人员的所有感受，这种描述就不可避免地具有主观性。现象学主义者关注的重点是我们周围世界的知识，他们尝试创造一种客观化了的学问，这种学问是关于我们所经历的现象的世界。现象学的诞生是西方哲学的一个转折点。现象学被认为是地理学的一种有效的方法。

（五）存在主义

存在主义与现象学有着渊源关系，属于广义的现象学运动。存在主义形成于

20 世纪 20 年代，流行于 50～60 年代，战争给人刻骨铭心的痛苦使哲学从客体世界转到对人的思考。存在主义认为，人的存在不能通过认识的途径达到，而只能通过阐述或说明的途径达到。存在主义缺乏一套明晰的研究方法，但存在主义关注人的本质、尊严、自由，对促进人的研究有积极意义。现象学和存在主义强调了社会生活中个人的显著角色，对重新发现地理作用及地理行为的多样性富有启迪意义。

（六）社会科学的“人文”转向

20 世纪 70 年代，社会科学内部掀起反实证主义运动，出现回归“人文”的转向，人文/人本主义思潮在西方人文社会科学中兴起。在当代人文社会科学研究中，出现对“人”和“人类”概念在实证主义和唯物主义框架下过度客观、抽象、狭隘、机械、决定论的反动。人文主义认为，自然科学主要是以实证寻求规律，而人文科学重在独特性揭示、价值判断、阐述与理解。这实际上又回到新康德主义者对自然科学与人文社会科学的本体论与方法论之争上。新康德主义者认为，由于“人”这一人文科学的对象，与作为自然科学对象的“物”相比，有其特殊性，因此人文科学自有其特殊的思维方法，即与自然科学的“解释”方法不同的“诠释”方法。人文主义主张，其方法论值得称为“人文”的，因为他们是从“人”的角度去探讨人类、意义、价值、目的，这成为社会科学“人文”转向的基本内涵与表现。

人文主义方法的特点可归纳为：感觉到的即是存在的；知识可以由个体所创造出来的意识世界中主观地获取；方法论是可解释的，其使用的方法使得我们对个体世界的调查变得可能；强调的是主观性而非客观性，认为知识不能独立于知者而存在，只存在于人的经验世界中，并为有价值判断的人来分析、鉴赏；强调的是个别性、独特性、差异性、主体性、生命个体而非重复性，重理解、阐述而不是寻求公理、规律和不变的法则；认为人是世界的主体，人是研究的起点，也是研究的归宿。人本主义强调从人本身出发、研究人的本质及人与自然的关系，凸现了人的理性、正义、仁爱、自由、情感、欲望、权力、意志、贪婪、疯狂、荒唐等多面性。人文主义思潮的一个重大成就是把一个单面人——牛顿力学世界中的机械-粒子人、传统哲学和科学中的理性人、经济活动中的经济人、空间决策中的合理人、社会行为中的理智人，拓展到一个具有文化载体、丰富内涵、多面性的“完整的人”。这种“完整的人”与自然生态环境、创造的空间与区域、人工环境和社会环境构成了一个鲜活的“人的地理世界”，提供了地理学对“现实世界”和“生活世界”多元化的洞察力和理解力。

专栏 4.3　地理学者对人文主义地理学的阐述

20 世纪 70 年代以来，在哲学的现象学运动和人文社会科学的人文主义思潮影响下，许多地理学者不满意地理学中的机械的、纯唯物的、单一形式化的解释模式。人文主义地理学的基本特征是关注于作为有思想、有生命的人，而不是作为以有某种程度的机械方式对刺激做出反应的非人性者，其目标在于在人的环境中理解人。人拥有自由的意志并通过独特的历史过程参与每一块土地的发展。众多地理学者对人本主义地理学的内涵进行了阐述：

班泽（Banse）认为，为了在一定的深度上认识事物的本质，地理学应该定义为一门艺术："只有将可视的外部表象和事物内部的核心统一才能形成真正的地理学，真正的地理学是对现实映像非物质的表现。"恩特里金（Entrikin，1976）提出人文主义最好被理解为批判主义的一种形式。

约翰斯顿（Johnston，1986，1997）指出："人类社会只能通过人文主义的努力来表现，因为有关地域的态度、感觉、主观看法不能通过实证研究来解释。"人文主义方法关注的是行动着的个体，我们的目标是对事件的理解以及对隐含在人类行动背后的思想的窥探："研究者扮演的不是技术人员的角色，他的作用在于促进思想的碰撞以及对其的反思。"我们的目标是"自我意识和相互意识的增强"。

格雷诺·奥维拉·约翰尼斯（Grano，1997）认为，作为一门整体科学的地理学的焦点既不是人类与自然之间的关系，也不是在自然属性方面的人类活动的解释，也不是人类和自然在区域中的综合。地理学的焦点是人类思想和其所处环境之间的互惠性——一种希望根据人性来解释土地和自然环境的尝试："人的感知、经验、知识、行为模式及其所处的环境所构成的一个整体系统，这成为地理研究的一个基本假设前提。"

保罗·克拉瓦尔（2007）在《地理学思想史》中强调："地理学的重要性在于人们并不是居住在一个抽象空间里。人类的经验是与景观、聚落和遗迹相联结的。空间被转换为领域，而集体认同经常源自于此。"在某种意义上，这是对法国地理学派的一种新的回归。

皮特（Peet）认为："实证主义地理学与人文主义地理学之间的实质性区别包括对世界上人类地方概念的争论。实证主义地理学观察环境并审视空间——也就是说，实证主义地理学审视均质化地球表面的伸展，具有可以用标准单位测量的特点；人与空间联系被理论化为克服距离所需要花费的努力，这对人在空间的活动具有可预见的影响；给出了区位概念，即在抽象空间范围内的单纯的地方。因而，人类在空间中的行为具有客观规律，在两方面是

> ‘客观的’：空间和被当作客体的人；观察力敏锐的科学家保持作为学者行为标准的客观性。人文主义地理学观察环境并审视空间——也就是说，一系列的场所，人们在当中找到他们自己，在当中生活、体验、解释、理解并发现意义。”

学者们从人文主义地理学视角——“生活经验空间”、“情感场所”、“心灵区域”、“本土知识”等方面推动了“地理想象力”、“道德地理学”、“地理独特性”的研究。然而，由于人文主义地理学缺少成套的操作方法及观念可资传授，除了少数学者外，重大研究成果不多。故有人认为，人文主义地理学充其量只达到了批评科学主义学派的境界。

专栏 4.4　段义孚的人文主义地理学

段义孚（Tuan Yi-fu）早期研究自然地理，但感到人与生存环境的互动深具意义，进而转向人文地理学。具有儒家文化素养的段义孚曾对法国小说家纪德（Gide）的一句话“家庭，我恨你”深感不悦，难于“理解”对家的憎恨感的存在。段义孚所著的《恋地情结》（1974）、《恐惧景观》（1979）备受欢迎，而强烈的乡土观念是中华传统文化的组成部分。段义孚认为，人文主义地理学研究“人与自然的关系，人们的地理行为以及人们对空间和地方的情感和思想”。在段义孚看来，空间不再是均质的、物质的、形式化的空间，而是充满人类情感的场所。1976 年，段义孚在美国地理联合会刊上发表了《人文主义地理学》一文，从而将人文主义地理学推到一个高潮。段义孚曾说，地理学是人性的一面镜子，认识世界就是为了认识自己。这样的研究明显是基于人性而非社会学和物理学。“对于具有人文主义倾向的区域地理学家来说，模型就好像是那些试图实现客观与主观综合的守旧小说家”。

四、结构主义与结构主义地理学

所谓结构主义者，实际上是不同学者在各自研究领域中运用大致相同的结构方法的统称：结构主义开创于索绪尔的语言结构学；列维-斯特劳斯建立了结构主义人类学；拉康提出结构主义心理学；阿尔杜塞创立结构主义的马克思主义；巴尔特把结构主义推广到社会学和人文学领域；巴斯卡尔建立先验实在论的结构理论；福柯等推进着后结构主义理论。由于结构主义广泛地深入到语言学、人类学、社会学、文艺学、心理学等领域，哲学思想方法与人文社会科学理论方法呈现出一种难分彼此的交融状态。

作为对现象学、存在主义的反叛与继承，结构主义提出了认识世界的新视角：被切割成一片片的七巧板的形状并不能告诉我们有关切割的工具是怎么样的，所以需要构造主义的方法来了解结构内在的机制或者动力是怎样形成结果的。结构主义的认识论认为，现象世界并不一定能反映机制世界，在真实与经验之间不存在决定论的关系，而要通过研究组成系统的各要素的相互关系来认识。因此结构主义的方法论涉及理论的建构，理论可以解释我们所观察到的东西，但其真实性是不可检验的，因为并不能直接证明它们的存在。

（一）索绪尔的语言结构学

索绪尔（1980）抱怨当时的“语言学的对象就是乱七八糟一堆离奇古怪的东西”。他把语言现象区分为“语言”和“言语”，阐述了两者存在系统和个别、下意识和意识、社会和个人、文化和自然、同质和异质的差别。索绪尔认为，言语即为日常会话，而语言则隐藏在“言语”的背后而实际支配着言语的系统整体，语言学的任务就是去揭示这一系统；语言和系统一样，具有外力不能破坏、由内力即可恢复的平衡状态，并将自足的平衡态称作共时态，不平衡状态是历时态；语言的要素是符号。索绪尔以“语言学”为研究对象，确立了结构主义的方法论——揭示系统中隐藏的结构与机制。这实际上也是地理学的目标所在。

（二）列维-斯特劳斯的结构主义人类学

列维-斯特劳斯（Claude Levi-Strauss）被公认为结构主义的领袖。他把结构主义语言学方法论特征归结为：从研究有意识的语言现象转向研究语言的无意识结构（下部结构）；不再把词项看作独立的实体，而是把词项之间的关系作为分析的基础；引进了系统概念；致力于揭示语言的普通规律。他认为语言学结构主义方法的重大意义不仅在于它引导了语言学革命，而且在于它必将导致一切人文科学的革命。他首先把语言学的结构主义方法应用于人类学（亲属关系、神话故事和原始思维）研究中，从而使结构主义成为一种广泛的思想运动。列维-斯特劳斯提出科学的简化论，“并认为他所正视的‘简化’只有在如下条件下才是合法的：被研究现象在研究过程中没有变得苍白（如其特有的丰富性和原始性得以保存），科学家准备通过简化推翻对观察对象的预想观念。科学的解释不是由复杂到简单的运动组织，而是以更好理解的复杂性取代不好理解的复杂性”。列维-斯特劳斯指出，结构主义的人类学是对社会、文化和人的整体的共时性的研究。列维-斯特劳斯宣称，关于人的科学的最终目标“不是构建人，而是解构人”，他拒绝把直接的、自发的证据作为真理的标准，从而在哲学的意义上抛弃了现象学和存在主义。与存在主义只关注个体和个人心态的立场相比较，结构主义有它科学上的优势。列维-斯特劳斯的上述思想对地理学有启迪意义：面对地理学研究对象的高度复杂性，在对地理事象抽象与简化的过程中，如何才能做到保持其特有的丰富性、独特性、原始性？如何建立起一套方法体系或寻找出一条路径去更好地理解、阐述空间-地域的复杂性，从而实现从有限复杂性向无限复杂性的转换？

（三）阿尔杜塞的结构马克思主义

20 世纪 60 年代中期，“西方马克思主义”内部出现一个运用结构主义方法研究马克思新流派。法国著名哲学家阿尔杜塞（Louis Arthusser，1918—1990）是其主要代表。在结构马克思主义者看来：任何事物都是由一系列彼此相关的事件组成的体系，都有自己完整的、自给自足的结构；这个结构决定着自身各个组成部分的意义，使其不受历史、社会等外部条件的影响；研究社会历史的重点是研究社会生活的模式，而不是现象本身的性质；起决定作用的是社会的结构，而不是人。结构马克思主义不同于“西方马克思主义”其他流派的显著特点是，反对把马克思主义黑格尔化、人道主义化，这与法兰克福学派反科学主义的立场大相径庭。阿尔杜塞反对把理论与实践看作对立的范畴，认为知识是对客体的作用，并把这种作用看成特殊形式的实践——“理论实践”。“理论实践”由三个要素组成：一是原料（概念和观点）；二是手段（科学的概念框架）；三是产品（正确的知识）。阿尔杜塞提出矛盾是“多元决定”的，无论生产力决定生产关系，还是经济基础决定上层建筑，都不可能单独决定社会发展。决定是多元的，但在程度和水平上是不等的。

（四）巴斯卡尔的先验实在论

实在论哲学观念在西方哲学思想中有着悠久的历史。早期的朴素实在论认为，客体直接呈现在意识之前，且恰恰是它们呈现的那样。笛卡儿和洛克持有物质与意识二元论的观点。主观实在论坚持没有主体就不可能有客体，没有对存在的意识就没有存在。巴斯卡尔的实在论则具有先验论和结构主义特点，其基本论点是，经验世界是机制动作的结果，而这些机制是不可能在特定的偶然环境中直接观察到的。舒纳德（Chouinard）等将其观点总结如下：“①因果机制是独立于任何有关它们的知识之外而存在的实在结构。②虽然存在这些机制，但只有它们的结果才可被观察到。③因果机制只能在封闭的或受控制的系统中产生经验规则（可以表达为科学规律）。既然社会科学处理的是开放系统，就不可能期望有经验规则；因此它只能研究因果机制中固有的趋势。④即使在趋势研究中，社会科学工作者也不能保证任何既定结果。他们不可能预测，因此有关机制的知识只能从理论上而不能从经验上找到。⑤机制本身并非固定，但机制是社会作为组织人类

生活再生产的手段所创造出来的社会产物，它们是可能被改变的，因而进一步拒斥预测经验后果的可能性。”（约翰斯顿，2000）

结构主义者涉猎的领域十分广阔，因而对结构的看法各有不同。但一般来说，基本符合索绪尔语言结构的规定。①系统性。结构大于要素的总和；结构先于要素。②封闭性（或自足性）。每一系统都有其独特的结构，不存在继承和融合关系，结构与结构之间有共时性，没有历时性。但后结构主义和结构马克思主义对此做了修正，强调“过程就是结构”。③文化性。结构是人的活动造成的，但不是个人意识的产物，不是理性的创造，而是人的文化特征。科学中研究的各种现象、事物的结构也是文化的。文化背景变了，人们对其结构及其事物本身的看法也变了。④集体下意识。社会先于个人，社会结构是人的文化本质，而人的文化本质存在于集体下意识。约翰斯顿在《哲学与人文地理学》一书中，将结构主义的特性归结为，“其认识论是：现象（即被领悟了的）世界并不一定揭示机制世界（它使现象世界得以产生）；为了研究后者就需要一种本体论，它认为实际存在的东西（即创造世界的力量或结构）不可能直接观察到，而只有通过思索才行；其方法论涉及理论建构，这些理论可以解释所观察到的东西，但其真实性是不可检验的，因为得不到它们存在的直接证据”。

地理学结构主义产生于20世纪70年代末到80年代初，它主要是作为实证主义地理学和人文主义地理学的对立面发展起来的。美国著名的地理学家邓肯（J. Duncan）和李（D. Ley）在《结构马克思主义与人文地理学批判》一文中曾将人文地理学领域的研究划分为个体论者（即人文主义者）和整体论者（即结构主义者）。英国地理学家塞耶（A. Sayer）在《地理学与实在论》一文中也将当代地理学研究划分为两种对立的方法论原理：即发现秩序并找出其普遍的规律性联系的地理学（实证主义地理学）和理解事物的结构及其性质的地理学（结构主义地理学）。结构主义方法深刻地影响当代西方地理学的发展走向。一些地理学家运用结构主义方法在地理学研究中取得了引人注目的成就，如卡斯特尔（M. Castells）对城市问题的研究，哈维对城市化的研究。

五、全球问题哲学与全球地理学

20世纪50年代以来，在反省当代人类困境和环境问题时，一大批哲学家、思想家和学者相继把注意力投到生态环境问题及与之相关的人类行为准则的伦理、道德、价值体系的思索上。20世纪90年代后期，后现代主义开始出现转型，其中一个重要方向就是对全球化和全球问题的关注。一批学者把现代性、后现代性和全球化、全球问题提高到全球哲学层面思考，进一步推进了哲学对人类与自然的关系、人类伦理价值的重新审视，使哲学进入到“全球问题哲学”和“新人文主义哲学”时代。

在解决全球性问题上，哲学提出的概括性理论深刻地影响着人们的世界观。德国哲学家赫尔兹认为，在全球意识的发展、国际关系的人道化以及解决全球学研究中的世界观、理论认识和方法论问题等方面，哲学大有可为。“作为一种战略性思维，哲学可以促进生态社会的模型的建构。”但是，由于解决这一任务不能没有跨学科的努力，所以哲学的责任是说明作为上述模型化研究中心环节的人的作用。尚处于起步时期的“全球哲学”与尚未成熟的“全球地理学”因共同的主题——“人类与生存环境的关系”而联系在一起，两者将形成深层次的互动。一方面，全球哲学为从流域到全球环境管理提供了哲学方法论和世界观；另一方面，随着地理学对全球问题和人地关系研究的深入，地理学有望成为全球哲学的思想来源。

六、辩证逻辑思维方法与地理学辩证法

逻辑方法是人们在进行理论思维或逻辑思维的过程中，遵循和运用逻辑思维的规律以形成概念、判断或理论系统的方法。一般认为它包括知性逻辑方法和辩证逻辑方法，属于前者的有比较、分析、综合、抽象、概括、归纳、演绎、定义、划分等；而辩证逻辑方法则是对各种知性逻辑方法进行辩证思维的方法，其理论工具是辩证法的对立统一、量变与质变、否定之否定规律。辩证逻辑方法者认为，概念（解释或判断）是客观与主观的统一、抽象与具体的统一、确定性与灵活性的统一。

辩证逻辑方法论主要有：①归纳与演绎统一的方法。归纳与演绎的统一，不是归纳法和演绎法在应用上的简单相加，也不是这两种方法的相继连续应用。统一既要有实现的条件，又要有一个过程。两者的内在联系是黑格尔关于“个别”与“一般”的辩证法关系的阐述，以及认识论、辩证法、逻辑学三者统一和归纳与演绎相互渗透的思想。②分析与综合统一的方法。霍布斯（1588～1679）将知识分成两类：一是关于事物存在的感性经验知识；二是关于事物本性的因果关系的推理知识。在他看来，获得理性知识的方法也有两种：一是由果溯因的“分析法”，一是由因索果的“综合法”。黑格尔批判了经验论者和唯理论者把分析与综合绝对对立的做法。③逻辑的与历史的统一方法。黑格尔根据其唯心主义的思维与存在同一性而提出逻辑的与历史的统一思想。马克思主义经典作家把黑格尔颠倒了的“逻辑”与“历史”的关系再颠倒过来，认为“历史”是“逻辑”的客观基础；“逻辑”则是“历史”在理论上的再现。“逻辑”只有正确地反映“历史”过程，才能真正地与“历史”统一、一致起来。④抽象与具体统一的方法。马克思在对黑格尔抽象与具体辩证统一思想的批判与继承基础上，进一步阐述了“抽象”是对表象或“感性具体”在思维中的加工，是事物某个方面的“规定性”在思维中的反映。

辩证逻辑思维是现代科学方法论的一种重要的思想工具，尤其是对于深受二元论及其二元方法论长期困扰的地理学来说其意义更为重要。进一步，地理学可以将辩证逻辑方法具体化到空间与时间、人文与自然、区域研究与系统研究、定性与定量等辩证统一之中，深入探索其统一的前提、条件、过程、机制、非对称性等。哈维的时空研究法，浸透着辩证逻辑思维方法，为地理学提供了地理辩证逻辑法范式。

第二节　地理学的数学和现代系统科学方法

数学是研究世界的空间形式和数量关系的科学。数学方法是用数学语言表述事物的状态、关系和过程，并加以推导、演算和分析，以形成对现象的解释、判断和预测。在地理研究中，最主要的方法就是数学模型方法，其步骤如图 4.2 所示。数学模型是针对或参照某种事物系统的特征或数量对应关系，采用形式化数学语言，概括地或近似地表述出来的一种关系结构模式，一般分成确定性数学模型、随机数学模型、模糊数学模型和突变数学模型。

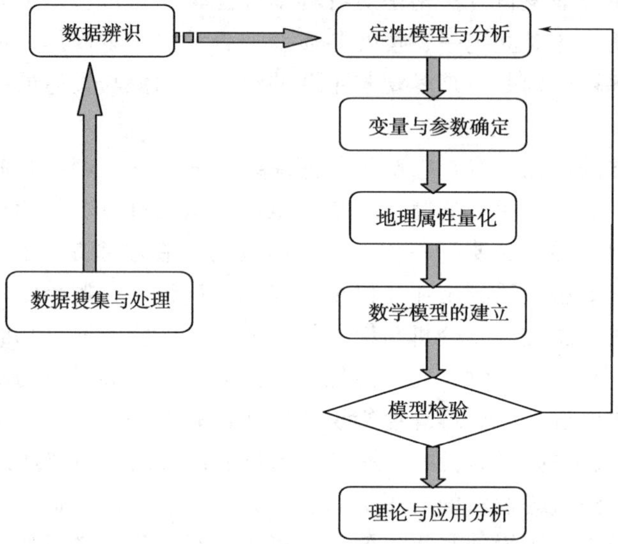

图 4.2　地理系统数学模拟的步骤

早在古希腊时代，包括天文学、测量学、制图学在内的地理学就具有数学传统。20 世纪 60 年代，“计量革命”在地理学中一度兴盛。各种各样的数学分析方法——微积分方程、线性规划、数理统计分析、回归分析、非线性方程、模糊数学分析、聚类分析、投入产出法分析、图论、拓扑学分析、分形分维、系统动力学在地理学中得到应用。然而，地理要素和地理空间由于存在要素关联互动性、非连续均质性、离散性和非线性等特点，既不满足数学函数中变量的自相关，也不符合几何学空间的连续性、均匀性、各向同性的规定，传统数学对地理学的支撑有局限性。随着有限元法、群论、域论、环论、模糊数学、突变数学等现代数学的兴起，现代数学为地理学提供了强有力的研究方法支撑：

> 有限元法是对连续介质的离散分析、研究——对物质系统的有机整体，运用数学原理和方法，在思维中将其化整为零、变复杂为简单、化难为易，对各个有限元单元进行分析、研究、计算，并且在定量方面掌握各个有限元单元的性质与规律；然后，再对离散化后的各个有限元单元在思维中进行综合研究和定量计算，从而在思维中达到定量地揭示和把握离散化后的各有限元单元按照一定规则或规律组成的有机整体的根本性质和根本规律。在自然界和社会中存在大量的模糊事物、模糊现象和模糊信息，而以往建立起来的精确数学方法无法解决模糊领域的科学问题。而模糊数学理论和方法的建立，使人们找到了科学地解决这类问题的正确和有效的方法（栾玉广，2003）。

现代系统科学方法由系统论、信息论、控制论、协同论、突变论等横断性学科群体组成，其突出的跨学科特征和方法论使其成为当代科学重要的思想源泉。系统科学的概念（系统类型与系统状态、系统与环境、系统与要素、结构与功能、调节与反馈、过程与响应、控制与调节、渐变与突变、分岔与涨落等）、系统分析方法和系统理论（耗散结构理论、协同学理论、突变理论等）在自然科学、人文社会科学中广为运用。地理学素来以跨学科综合性研究为特色，而长期以来，由于传统综合方法的内在不足使综合研究陷入困境。现代系统科学方法与理论为地理学“复杂事象研究”提供了强大的思想和方法工具。可以预见，地理学理论方法的重大突破将出现于地理学与系统科学的深度契合中。

相当多的学者对地理汇总数据分析中的“陷阱”和数学模拟中存在的问题给予了警示：定性分析与定量分析脱节，未建立定性模型；地理数据不符合数学模拟的需要，地理属性量化不合理，数学模型和方法选择不当；对数学模型及其参数所反映问题的层次性缺乏深入的认识，出现交叉层次上的错误（将特定地区所观察到的关系应用于其他地区）、截面性错误（在某一时期一个点上所观察到的数据用于其他时期）、普遍性错误（把局部样本当作具有普适性）、选择性错误（基于预期目的下的行为驱动，用特定视角下采集的信息数据或用仔细挑选的案例数据来“证实”某一点）。

专栏 4.5 朱德威谈地理学的数学方法

北京大学朱德威从数学教授转到地理学的计量化研究，其深厚的数学功底和学术造诣使他对地理计量化有其独到而深刻的理解。1991 年在华东师范大学举办的“地理建设与方法研讨班”上，朱德威作了“数学方法在地理学中的应用”讲座，他的以下观点富有启迪价值：①认可吴传钧等的“计量是地理学的方法手段，而不是目的”，反对“计算地理先进，传统地理不行”的说法。②认为前一阶段计量化工作不尽如人意，计量地理应重点走向数学模型与地理信息系统相结合上。③强调每一种量化方法都存在自身的特点、适宜范围和局限性，提出需要从四个层面对其进行评价和检验：一是从数学逻辑角度去揭示某一数学模型的特点、内涵和内在的逻辑性问题；二是需要结合地理学研究主题对某一计量方法的特点与适宜性进行分析；三是在实际应用中需要特别清楚地知道该方法存在的缺陷与问题。④指出计量方法的运用应坚持适用、简明原则。

第三节 地理学的自然科学与人文社会科学方法

一、地理学的自然科学方法

实证主义在自然科学研究中取得的巨大成功使得实证主义成为自然科学最基本的哲学方法论，此外经验主义、自然辩证法、唯物主义、实在论、结构主义对自然科学的研究也有重要影响。自然科学的一般方法有：观察（测）方法、实验方法、模拟方法、理想化方法、逻辑方法（包括比较法、分类法、类比法、归纳法、演绎法、分析法、综合法等）和辩证逻辑方法、数学方法、系统论方法等。利用各种科学设备仪器进行观测与实验是自然科学的基础方法，这些方法也是自然地理学的基础方法，并在包括人文地理学在内的人文社会科学中得到不同程度的应用。人文社会科学也应用观察法和典型实验法，然而人文社会科学的观察和实验与自然科学的观测实验不具有等同性。与孔德设想的能涵盖所有科学的“科学社会学”不同，现实情况是自然科学研究方法广泛延伸到人文社会科学领域，但存在主义、人本主义、后现代主义、诠释社会学等人文社会科学视角的方法向自然科学跨进出现了一道难以逾越的“高墙”。自然科学方法与人文社会科学方法存在的这种非对称性，为地理学的统一性和二元性提供了一种新的理解视角。

二、地理学的人文社会科学方法

人文社会科学研究的对象是“人和人组成的社会”，具有主体的参与性、偶然性和随机性、价值规范性、社会系统的极其复杂性和不可完全控制性等特性。因此，存在人文社会科学方法的特殊性，其方法论也长期陷入一般与个别、因果性与随机性、真实判断与价值判断、实证主义与人文主义争论的困境中。与自然科学的哲学方法论不同，人文社会科学的哲学方法论呈现出丰富性和多样性。除了实证主义外，观念论、经验主义、实用主义、现象学与存在主义、结构主义、后现代主义等不同哲学流派均在不同程度上影响着人文社会科学。在各种哲学思潮的影响下，人文社会科学者基于对“人及其知觉、经验、思维”、“人类社会及社会性”的认识，发展了多种人文社会科学方法论。

（一）诠释学方法

诠释学的概念来自希腊神话众神的使者赫耳墨斯（Hermes），该词义为沟通的理解过程。诠释学方法的本质就是：读者/解释者要进入作者/说话者的精神内部（这一方法成为人类学、社会学研究的基本方法——民族志）。早期的诠释学具有浓厚的心理主义倾向，施莱尔马赫区分了语法解释和心理解释。意大利学者维科（1668—1774）在《新科学》（1725）一书中强调历史的法则与自然的法则完全不同，第一个提出要在人文科学与社会科学之间做出明确区分。韦伯（1864—1920）受到新康德主义、实证主义的双重影响，相信社会科学必须综合解释和理解，创立了诠释社会学，提出了解释性理解理论（寻求动机以解释社会）、理想类型（简化现实因果结构而进行社会理论构建）、价值中立（不对研究主旨提出批判）。传统的诠释学以强调客观性为特征，释义理解的目的是客观理解。从海德格尔、维特根斯坦到伽达默、文齐，诠释学出现了由意识哲学向文化哲学、由客观诠释学向主观诠释学的转向。诠释学所提倡的价值中立（与自然科学主义者相同）则受到哈贝马斯的批评，他建立批判诠释学理论。吉尔德·德兰逖认为传统的诠释学方法存在六个倾向：解释、反科学主义、价值中立、人文主义、语言建构论和主体间性：

> 诠释学的方法——诠释学循环是建立在对话的结构的基础上。理解需要一种把握他人的动机能力；这就需要深入话语或具体形式之后的隐藏意义。为了获得完全理解，解释者必须将整体与部分联结起来。意义只有在一个更加大的背景下才会呈现。诠释学的任务是要将分散的意义单元重构成一个有意义的整体。为此，观察是远远不够的，因为意义不会从属于简单的解说和描述（这些是实证主义特征）。诠释性的理解必须

对意义的多层真实保持直觉的、敏感的警惕（吉尔德·德兰逖，2005）。

诠释学进一步将社会科学方法从自然科学的实证（或证伪）中区别开来。诠释学对地理学的“解释”提供了一种“共鸣”的思想，被认为是人文主义地理学的又一思想源泉。

（二）行为主义

行为主义最初包含于心理学中，尔后行为科学的兴起进一步丰富了行为主义的内容。行为科学具有横断性特征，包括社会行为、文化行为、行为心理、经济行为、空间行为、政治行为等内容。华生（B. Waston）倡导心理学的实证主义和行为主义的观点，认为心理学的对象不是意识，而是客观的可以观察的行为，心理现象是一种刺激反应。赫尔的逻辑行为主义追求心理的实证化。后现代行为主义则否定心理学的自然科学性质和非人性的心理研究，质疑传统行为主义推崇的客观实证方法，强调应把价值意义、文化意识、权力地位纳入行为心理研究范围。事实上，行为主义这一转型是对前述的哲学转型、社会科学转型的一种响应与互动。在“行为革命”的影响下，20 世纪 60 年代末期行为地理学得以发展。

（三）吉登斯的结构化理论

在《社会理论的中心问题》(1979) 一书中，吉登斯（Anthony Giddens）阐述了社会学方法规则：①社会科学并非关注某个“预定”世界，而是关注主体的主动行动所组成和造成的世界。②因此必须将社会的生产和再生产视为其部分成员的熟练表演，而不仅仅是一系列机械过程。③人类角色的领域是受约束的，人们创造社会，但他们是作为历史设定的行为者，而不是在他们自己选择的条件下创造社会。④不能把结构仅仅概念化为是对人类角色设置的约束，它也是一种激励。⑤结构化的过程包括意图、准则和权力的相互作用。⑥ 社会学不能将社会活动当作独立观察的“现象”以获取它的知识，而要将它当作一种“调查主题”的源泉。⑦融入一种生活形式中去，这是一个观察者借以做出此类特征化说明的唯一的和必要的方法。⑧这样，社会学概念就遵循双重诠释（第一是科学活动本身的性质，第二涉及运用科学去解释各种被研究者所持的关于宇宙的不同概念）。⑨总而言之，社会学分析的主要任务如下：在社会科学的描述性、变通性语言内解释、说明和调解各种生活形式；将社会的生产和再生产解释为人类角色所完成的结果（约翰斯顿，2000）。

吉登斯的理论核心就是“构造”、“行为”、“社会系统”、“社会实践”、“前后关系”、“结构的二元性”等概念。吉登斯认为，社会行为总是在一定的框架内发生——一种完全根据经验的联系。从一种地理学的观点出发，吉登斯认为构造理论和哈格斯特朗的时间-空间理论之间的联系是很重要的。社会系统不只是由规则和方法构建的，时间和空间也参与其构造。时间和空间对于行为来说不是被动的，而是行为的一部分。行为在“场所”中被社会化留下痕迹，场所在社会规则和机制所设定的范围中创造或者再创造。

（四）马克思主义与新马克思主义

马克思主义具有哲学和社会科学兼而有之的特点。不管是在赞同者还是在反对者看来，马克思是公认的伟大思想家。近代以来，还没有一位学者像马克思一样，在哲学、社会学、政治经济学、历史学、地理学等诸多学科产生深远而持续的影响。尽管在罗素（1982）看来，“把马克思纯粹当一个哲学家来看，他有严重的缺点。他过于尚实际，过分全神贯注他那个时代的问题上”。哈维认为，实证主义和马克思主义的本质区别在于，实证主义简单地寻求对这个世界的理解，而马克思主义寻求对这个世界的改变。马克思主义尝试着解释在社会和个体之间的辨证的变迁过程中，经济基础的机制是怎么样渐渐地转变的。

马克思主义的许多思想——批判理论（知识天生就是对现存秩序的批判，并寻求揭示统治体制）、解放（批判的规范基础不可能来自科学，而只能来自解放的政治承诺，它与社会变革紧密相关）、人的全面发展观、政治经济与社会生产结构分析、实践观、自然的人化与人化的自然观、辩证唯物主义、历史唯物主义等，被各种各样的哲学流派（强调社会公正的激进主义、强调政治意识形态特征的批判理论等）和形形色色的新马克思主义（法兰克福学派、存在马克思主义、结构马克思主义）所承传、发扬、批判、再批判。这些学派的思想在福利地理学、激进主义地理学、女性地理学、后现代主义地理学中得到展现。在《现代地理学思想》（1998）一书中，皮特对马克思主义地理学给以相当大的篇幅进行阐述。中国的社会科学在1980年以前不缺“批判”，但那是一种扭曲了的形态，“阶级斗争”和“意识形态”的狂热淹没了学术的理性判断。20世纪90年代以后，社会科学更多地转向于诠释社会学。“证明正确”显然与马克思主义思想大相径庭，也有违波普尔的批判理性主义的“证伪”方法。批判精神的缺失意味着学术“活力”与“灵魂”的消逝。

第四节 地理学的研究方法

地理学的研究对象从空间横切了从“文化”到“自然”的所有系统，同时横跨了人文科学、社会科学和自然科学。地理学研究方法必然同时兼具解释与描述、解释与诠释、诠释与思悟，由此决定了地理学研究方法的多样性、综合性、注重类比和空间表述。

一、地理学研究的基本方法

在哲学方法论、数学和系统学方法、自然科学和人文社会科学方法论指导下，地理学运用、嫁接了多种多样的研究方法。同时，地理学结合学科自身特点，创造性地发展了地理学的方法体系。

（一）地理观察、观测、实验测试等方法

观测、观察、实验是依据研究目的，借助于特定仪器装备工具，有计划地提取、采集对象的属性特征、状态过程，借以获取第一手感受性材料的科学方法。现代化的野外观测实验站、钻孔和测年技术的发展、遥感地理信息系统技术、高精度测试仪器极大地提升了观测范围、速度和精度。地理观察强调静态观察与动态观察相结合、微观观察与宏观观察相结合、局部观察与整体观察相结合、结构观察与功能观察相结合、传统方法与现代方法相结合。一个训练有素的地理学工作者应具备以下基本功底：具备解读地表事象、地理景观的能力；依据研究的目的或问题（图4.3），选择具有典型性、代表性和揭示性的主题与区域；系统地培养资料数据收集、处理、分析的能力；对采样设计、样本、数据及其分析结果的典型性、代表性、揭示性、准确性、局限性与存在的问题做出正确的评判和说明。

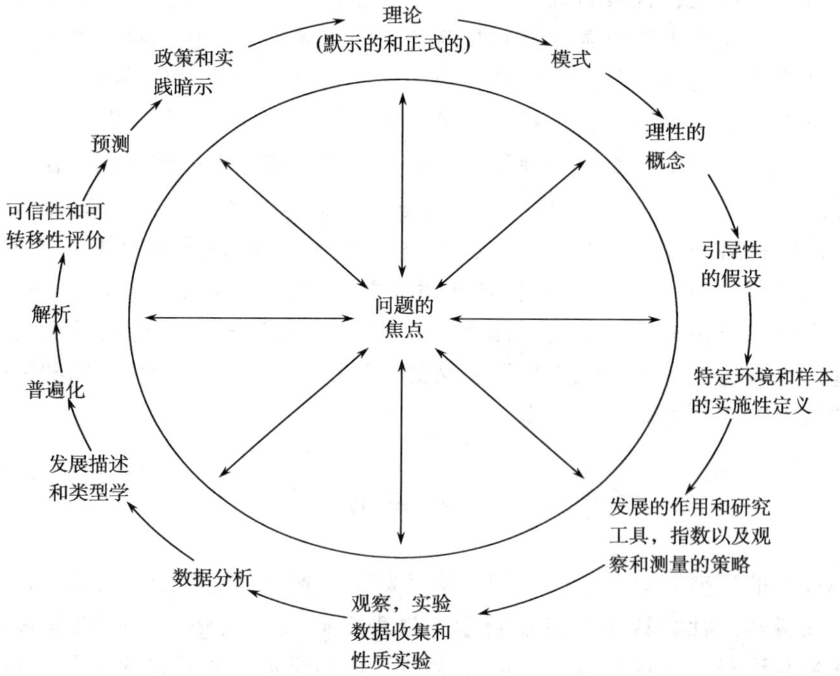

图 4.3　研究的循环模式（基钦和泰特，2006）

（二）地图、遥感、地理信息系统与空间可视化技术

地理学和地图学之间传统上的紧密联系被恰当地赋予了地理学对空间和地方的关注，保证了在多数科学分类中地图学作为地理学子学科的地位。现代地图是一种数字形式的动态多维产品，展示了地理学研究与应用的新领域。电脑技术和地理信息系统技术的结合使地图新型符号化、制图自动化和程式化、空间可视化和空间数据分析成为可能，同时增强了电子地图的大众化特征。遥感、地理信息系统、数学模型三者的结合实现了由近代地理学向现代地理学在研究方法上的重大转变。地理信息系统作为“一个获取、存储、检查、操作、分析和显示与地球有关的空间数据的系统”，在地理学中得到广泛的应用。

（三）资料调查搜集与定性分析方法

采取多种方式搜集各种文献、图件、数据，包括论文成果、研究报告、统计年鉴、政府文件、磁盘数据等。通常采用的方式有：座谈与访谈、民族志方法、调查咨询、问卷调查、网上查询。特茜（Tesch，1990）在《定性研究：分析类型和软工具》一书中总结了社会科学的不同定性研究方法，其中不少在人文地理学的研究中也经常运用：行动研究、案例研究、认知人类学、特尔斐法、描述性研究、文献研究、批判主义、民族志、实验心理学、场所研究、焦点群组研究、实证研究、诠释学方法、解释评估、生命历史研究、现象地理学、定性评估、先验论的唯实论、转换研究等。

（四）比较法、分析法与综合分析

比较法是认识差异的主要手段，因此成为地理学的基本方法，这一方法往往构成地理学其他方法的基础。韦伯将类型化比较与因果分析相结合，成为韦伯揭示其理论类型的方法论基础。与其他科学对比较法的使用有所差别的是，地理学特别关注于：时间上不同阶段地理现象的比较（纵向比较法）；空间上同一时段上不同地域各种地理特征比较（横向比较法）；同一地理空间采用不同比例尺地图以分析区域特性（比例尺论证法或尺度辩证法）以及地理事象类型差异的比较（类型比较法）。采取比较法时要注意时段的选择、地域单元资料的可获取性、资料与时空尺度的对应关系、是否有可比性。

分析法又称分解-还原法。近代科学得以不断发展分化，得力于分析法。分析法是把复杂的事物分解成简单的要素，把统一的整体分解成各个部分，并对各个要素和部分分别进行考察的一种思维方法和研究方法。该方法注重辨识要素和确定要素特征——主导因素、次要因素、辅助因素、限制因素等。综合法是在分析的基础上，把研究对象的各部分联系起来，从整体上把握对象的一种思维方法

和研究方法。现代系统论打破了分析与综合对立分割的观念，强调把研究的对象作为一个整体系统，从整体与部分、部分与部分、要素与环境的相互联系、相互作用、相互制约、关联反馈的关系中综合地考察对象。分析与综合是所有科学研究都在用的方法，这一组方法对地理学来说更具有独特的和不可分割的意义。地理学各分支学科——地理环境中的地理要素存在密切、难以分割的作用关系，这就是地理学一再强调的综合性和整体性。分析促进显微镜的使用，而综合则需要广角镜。从现阶段上看，地理学的综合研究仍然薄弱，因此，加强综合研究就显得尤其重要。另外，忽视单一要素的研究，综合也不能上升到高层次。

二、对地理学研究方法的几点认识

（一）地理学研究方法的多样性与选择性

各门学科在相互渗透中发展，都具有移植性。布罗索（Brosseau，1994）认识到地理学探寻不同观点的重大意义：“区域主义者寻求更生动地描述地方；人文主义者在探寻能使人回味地转述空间经历；激进主义在关注社会正义；其他人试图对地理思想史与文学思想史进行相似比较，或者更多漫无方向的研究者在阐述表现的问题。”阙维民在《地理学与历史学》中文版“译序：历史地理学有理论吗”中写道：

> 贝克论述了许多西方历史地理学者所运用的研究方法，诸如维达尔（Vidal de Blache）的人文主义及地点特性研究方法、R. 哈特向（R. Hartshorne）的区域地理研究方法、C. 索尔（C. Sauer）的文化地理研究方法、A. 克拉克（A. Clark）的区域地理研究法、D. 哈维（D. Harvey）的时空研究法、F. 布罗代尔（F. Braudel）的多尺度结构历史研究法、R. C. 哈里斯（R. C. Harris）的比较历史区域法与历史地图法、R. 布特林（R. Butlin）的比较法与对比法、M. 康曾（M. Conzen）的景观研究法、D. 格雷戈里（D. Gregory）的历史唯物主义研究法、W. 霍斯金斯（W. Hoskins）的景观历史研究法、G. 霍比（G. Hoppe）与 J. 兰顿（J. Langton）的时间地理学研究法、D. 洛温塔尔（D. Lowenthal）的景观记忆研究法、D. 迈尼希（D. Meining）的景观象征研究法、D. 科斯格罗夫（D. Cosgrove）与 S. 丹尼尔斯（S. Daniels）文化景观研究法等（阿兰·贝克，2008）。

地理学既要借鉴经济学、人类学、社会学、生态学、数学、系统科学等先进方法，又要注意对本学科的适应程度以及如何通过改造与提炼，转化为学科自己的思维方法，同时，更应加强地理学自身的方法手段的创新。弗耶阿本德（Feyerabend）认为，科学中唯一的法则就是任何法则都会过时，科学家应当采取一种兼容并蓄的态度以容纳所有的思想，因为任何思想都可能会加入到知识体系中的潜力。对各学科理论方法的包容性对具有跨学科特征的地理学显得尤为重要，成为地理学发展的生命力所在。

（二）地理学的定性研究与定量研究

定性研究是地理学的传统方法，一般分成定性记述和定性论述两种形式。它的优点是重点突出、印象深刻，缺点是对研究对象局限于形象描述、概略评估，其可靠性和有效性受研究者的水平、经验、思维方式等主观因素影响很大。定量研究则以严密的数学逻辑推理形式来表达量的关系，它要求从精度上把握问题的本质。对象的基本性质由一些主要参量来确定，通过建模型分析，达到对地理事象更深刻的认识。定性研究是基础，定量研究是定性研究的继续和深入。定性研究与定量研究相结合，是当代地理学发展的趋势。地理学研究最基本的一步是对地理要素及其综合作用形成的地理环境的特征、属性和作用关系的定性认识，地理学其他的方法都是以此为基础进行拓展。数据资料的提取、参数的选择、模型的建立、区划发展战略等无不以定性把握为基础。地理系统极其复杂，现有的技术方法还难于解决所有的地理问题；并不是所有的地理要素（如人的感知、认识、经验、行为等）都能构造计量模型。地理学的研究，实际上是从定性到定量，再到更高层次的定性的过程。我国著名科学家钱学森强调定性认识、专家的学问经验见解以及实际搜集资料的重要性，倡导将系统论、专家群体数据信息与计算机技术有机结合的“综合集成法”技术。

（三）地理学研究的传统方法与现代方法

从地理学发展看，可把地理学研究的方法分成传统方法与现代方法。传统的地理学研究注重实地观测和考察，采取纵横对比、分析与综合、归纳与演绎等方法描述、解释地理现象，分析地理区域。自20世纪50～60年代以来，计量地理迅速兴起，数学模型在地理学中得到广泛应用。系统论、信息论、控制论、耗散结构等理论为地理学的发展注入了现代思维方法。面对纷至沓来的现代地理学方法，不禁要问：怎样看待传统的地理学研究方法？地理学研究中最基本的方法是什么？很显然，抱着传统的方法手段不求进取，适应不了现代科学技术发展的要求，解决不了复杂的人口、资源、环境和社会经济发展问题。唯有在方法手段上不断寻求创新与突破，地理学才能得到生存和发展。然而，对传统的方法采取全面否定、扬弃之说也是错误的。地理学之所以能以发展壮大到今天，一是研究对象的特殊性；二是研究方法存在合理的内核——对地理要素或地理区域进行实地观测、考察，搜集获取第一手资料，结合经验与知识，对地理现象问题达到一个清晰的认识。这种内核和现代技术方法结合，表现出更大的生命力。现代方法不是对传统方法的否定，而是对传统方法的功能拓展和进一步创新。观察调查、实验试验、类比对比、分析与综合、归纳与演绎、地图应用是地理学研究的基本方法，这是地理学其他方法的基础，舍此基础地理学则成为无本之源。

本章小结

在地理学的发展过程中，各个时期的地理学思想都以敏锐的方式反映了当时的哲学思潮。将地理学发展所蕴涵的思想、哲学观点与方法论进行关联考察，成为现代地理学思想研究的一大特点。经验主义、逻辑实证主义、现象学与存在主义、人本主义、结构主义、观念论与实在论、马克思主义与新马克思主义、女权主义与后现代主义等，为地理学认识理解世界提供了多样化的方法与途径。每一种哲学流派都有其特有的视角、观念和针对性，既存在特有的解释力，又存在自身的内在逻辑缺陷。各种哲学流派之间存在复杂的对立与统一、承传与批判的关系。对地理学而言，不存在哪种方法最好最优问题，不同的哲学方法论适宜于地理学不同的研究主题。然而，自黑格尔完成德国古典哲学的大统一后，哲学自身就走向了日益分化的道路，更是被后现代主义肢解得支离破碎。现代哲学未能在世界整体性、关联性、辩证统一性上提出整合性的理论。自 20 世纪 80 年代末期以来，哲学重新出现了综合的趋势。随着系统哲学、整体哲学和全球哲学的发展，将出现对德国古典哲学“世界是一个有机统一体”认识的重新回归。

对地理学性质和内涵的不同理解，造成地理学方法论上激烈的争论，这成为地理学思想史的又一特点。总体上存在两大极端倾向。一是源于自然科学的经验主义和实证主义方法，它们进一步与唯物主义、还原论、数理逻辑方法结合，推进了地理学的科学化进程。然而，这同时又是以主客体对立分割、牺牲人的丰富性为代价。二是源于人文社会科学的人本主义、诠释性方法，它们与先验论、批判理论、后现代主义形成密切联系，推进了地理学“社会-文化”转向。然而，地理学过度社会科学化，又使它失去了地理学与自然科学、社会科学的关联，从而削弱了地理学的发展根基。

从人创造的“文化系统”到人构建的“社会系统”到人构筑的“人工环境系统”再到“自然生态环境系统”，地理学的研究对象呈现出连续的、彼此关联的同时也是互补的但又是非均质性特征。在这一体系中，地理学同时跨越自然科学、社会科学和人文科学三大知识领域。地理学必然同时兼具三大学科方法论的特点。正如詹姆斯（E. James）指出的那样，“研究方法的多样性一直是地理学的特征”。在承认学科对象与方法的差异的同时，需要强调真实世界的整体性、关联性与不可分割性以及各种方法论和方法之间的互补性、移植变通性。因此，地理学既是实证的，也是人文的；既追求客观知识，又倡导价值意义；既是解释的，又是诠释的。由此决定了地理学研究方法的多样性、综合性和注重空间表述。

第五章　地理学思想的特质

在前四章研讨的基础上，本章从地理学的视角、地理学的特点、地理学的思维、地理学的原则几个方面对地理学的内涵和地理学思想的特质进行进一步评述。

第一节　地理学的基本视角

每一门科学都有其相对独立的研究对象，然而，学科之间的彼此参透与叠置，仅仅依据学科对象差异的识辨尚不能准确把握学科的特点。每一门学科都存在其特有的视角，这种视角源自于学科的本体论、认识论和方法论的统一，带有“学科共同体”的“基本共享范式”的特点。地理学的不同研究主题从不同侧面展现了地理学的视角。

一、环境论与人地关系论视角

环境论是人类思想中最古老而又从未消失过的观念。不管是古希腊学者们早期的环境论，还是中国传统文化中的“天人合一”的观念，环境论始终根植于人类的意识与文化之中。人是自然界发展演变的产物，人的本质之一是自然的人和生物的人。作为自然的人和生物的人，不能够超越大自然的基本法则，其中最基本的法则是，只有与生存环境长期协调适应的种群才能生存与发展。莫里尔(R. L. Morrill)认为，如果不能通过简化的达尔文主义对环境决定论的详细机制进行解释，我们就不能正确认识环境确实有助于理解人类行为、景观以及人类活动产生的社会结构的制约因素和各种机遇。尽管环境决定论存在内在的不足而备受批判，但环境论始终是地理学家之所以成为地理学家的“根基”。

地理学并不排斥对人类社会和人文环境、自然和自然环境的分别研究，但地理学高度关注于在“地理环境”或“人地关系地域系统”框架下，对人-地交互作用进行深入研究。从“空间分布”和“地域差异”来探讨地理事象是地理学基本功能的一部分，显然地理学不应只局限于“分布”或“差异”的研究。研究事象发生在何处并不是地理学特有的功能，其他学科的研究亦涉及分布问题。地理学研究的焦点在于“空间”或“地域”，其完整的研究过程是空间的结构与分布、空间作用、空间过程，地理学者必须对空间地域具有很强的洞察力。但此种洞察力并非地理学所独有，地质学、海洋、气象等其他地球科学也持这种观点。地理学研究的特质在于：地理学是从空间分布（或空间差异）的角度，综合研究特定空间地域的人与自然环境的关系。各门自然科学侧重于自然，而对人或自然对人类的影响关注不足。许多人文社会学科也研究人文环境，但较少涉及分布，更少讨论自然。如果只单纯地研究自然或人文要素，则地理学在科学体系中毫无立足之地，因为这些领域早已被其他学科所占有。人地关系论就构成了地理学的基本视角：

> 环境-社会动态。这个学科分支也许反映了地理学最长期以来的关注，因此也是一种丰富的知识传承，它所研究的关系——联系着社会与生物环境的动态，目前不仅是地理学的核心要素，也是其他学科、决策者和公众日益紧迫的关注。虽然本领域地理学家工作各有不同，但都包含在三个重叠的研究领域：人类对环境的利用和影响、环境变化对人类的影响，以及人类对环境变化的感知和反应（美国国家研究院地学、环境与资源委员会，2002）。

二、区域-空间论的视角

地理学面临着的一个尴尬现实是，所有的自然要素与人文-社会要素均成为其他学科独立的研究对象。那么，留给地理学的地盘是什么？事实上，康德早就对这一问题寻找过答案，地理学是从空间地域角度对系统要素进行综合研究。这就是通过地方、区域和不同空间尺度来透视世界的地理学方法。地理学的区域与空间关联的视角提供了一套独特的地理分析框架：它包含地理学的一组基本簇群概念——位置、区位、地点、地方、不同尺度区域、区域类型、分布与差异、空间结构、空间关联、空间过程、场域与空间组织等；既注重对实体性、具体性区域的综合性和独特性分析，同时也采用区位分析和空间分析手段强调空间模式化、理论化研究；既关注于均质区域和功能性区域的理论模式分析，同时也重视多种空间要素嵌套的复合空间的共轭性和共存性研究；它提供了地理建设、规划、实践中应坚持的“因地制宜”原则，任何空间政策的实施都不应做概括性处理，而应小心谨慎地依据地理环境的差异做适当的调整。《重新发现地理学》一书强调了地方的垂直综合与地方间的水平联系：

> 地理学的要旨是了解十分多样的过程和现象时“区位要紧”。的确，地理学对区位的重视提供了看待过程与现象的横断方式，而其他学科倾向于孤立看待。地理学家偏重于研究“真实世界”中赋予某地特征的各种现象与过程之间的相互关系和从属性质，地理学家还寻求了解各地方

间的相互关系，如加强差异性或增加相似性的人流、物流和思想流。换言之，地理学家既研究界定地方特征的“垂直”综合，也研究地方间的“水平”联系，地理学家还着重研究这些关系小尺度（在空间和时间两方面）的重要性。对这些关系的研究使地理学家能够注意各地方和过程的复杂性，而其他学科对此如果有所注意，常常也只在摘要中简单提及（美国国家研究院地学、环境与资源委员会，2002）。

三、综合的视角

综合性是地理学的基本特性，它强调的是对复杂地理事象进行综合研究。在《重新发现地理学》一书中，将“综合”一词解读为：是指地理学家常用的一种方法，这种方法试图超越传统上把各种自然科学、社会科学和人文科学分离的边界，借以对选定的现象进行广泛分析。这样的研究不仅受益于借用其他学科常常用以单独处理某个问题的一种分析思想，而且受益于对不同学科研究同一现象的各种方法的反义与矛盾的彻底研究。

地理要素及其地理环境的整体性与关联性是地理学能够进行综合研究的基础与前提，而自然科学、社会科学、人文科学的方法论之间的关联性、互补性为地理学的综合提供了必备条件。图 5.1 展现了多维关联性作用下的地理学综合领

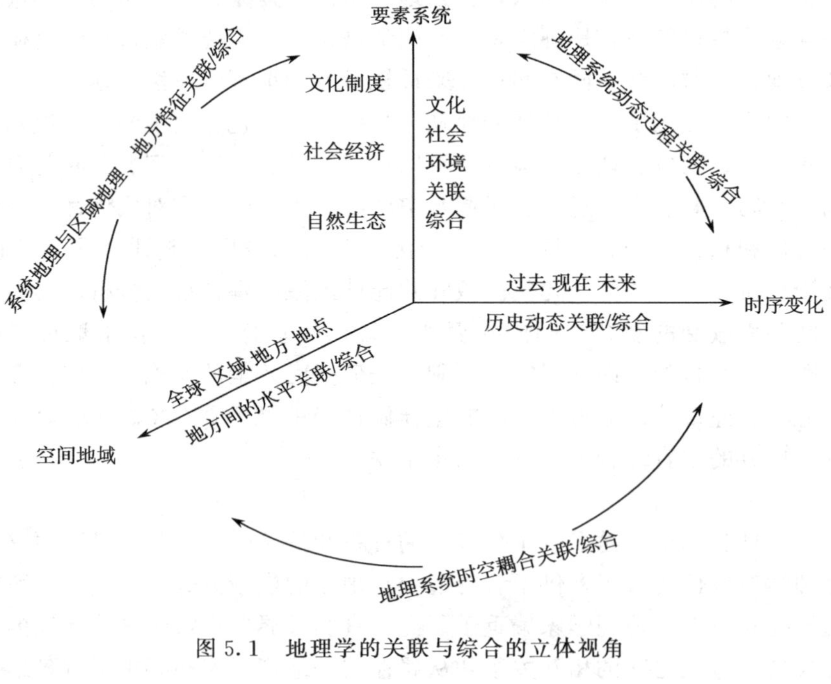

图 5.1　地理学的关联与综合的立体视角

域：人文要素与人文环境的综合、社会要素与社会环境的综合、自然生态要素与自然环境的综合以及人文-社会-自然等一系列地理变量的作用关系与综合；地点、地方、区域、全球不同尺度间的空间关联与水平综合；地方与区域地理要素的垂直综合（区域综合）；区域地理学与系统地理学的关联与综合；地理要素（或地理系统）过程的关联与综合；不同尺度的时间与空间的关联与时空耦合。

地理学者要致力于打破学科的各种界线和壁垒，致力于打破自然科学、社会科学、人文科学之间的壁垒，致力于地理学的统一学科的发展。

对于同一海滩游泳场来说，不同的学科有不同的研究视角和不同的主题。地质学对海岸岩石的年代结构感兴趣；水文学家则注重于洋流和水体运动；生物学对滩涂、海滨动植物和生态环境有兴趣；社会学多将注意点放在海滩人群活动及其关系考察上；环境学者关注于近海污染对生态和人体健康的影响；经济学家考虑的是海滩游泳场的边际成本以及最大的运营收益；而地理学者则从事海滩的自然条件、区位、旅游发展环境等方面的综合研究，以了解对游客的影响力。

> 如果一个地区的地理学由一组科学家来记，每人写一章，地质学家写岩石章节，植物学家写植物生命，气象学家写气候，统计学家写人口状况，经济学家写经济条件，那么地理学家将失去什么？这样的描写肯定不会考虑到事象之间的所有相互关联。例如，很容易看到气候与土壤类型之间的关系和农业生产条件有重要的关系，一个地区工业的发展不仅由于经济因素，也因为这个地区的自然资源、它的人口潜力和它的历史和政治的发展（Jensn，1999）。
>
> 地理学能够强力的吸引人之处，并不在于它采取单纯的世界观或社会观，而在于它关心一种复杂的相互关系，以及涉及真实世界的人文自然界现象。另外它能吸引人的力量在于它的广泛性以及对学生许多技能方法的培训。它不但训练学生在观念及经验两方面确认复杂问题中所含的要素，并进而以理性的态度去分析（Jensn，1999）。

四、地理学的空间表述

地理学空间表述方法与地理学核心概念——位置、方向、区位、区域、分布、差异、类型、场域与空间相互作用、过程变化等紧密相关。地理学空间表述可以是图像的、数学的、数字的、模型的、语言的，或这些方法的某种组合。早在地理学的前科学时期，地图学就是地理学的标志性组成部分。地理学的空间表述需要多种相关学科的支撑，同时又是当代高新技术集中展现的一个领域。“从事空间表述研究的地理学家使用许多其他科学的概念和方法，并同那些领域的同行互相交流，包括计算科学、统计学、数学、测量学、土木工科学、认知科学、形式逻辑学、认知心理学、符号学和语言学等。这种研究的目的是产生空间表述的统一方法，设计表述世界复杂性的实用工具，以利于对多样化的信息和视角进行综合”（美国国家研究院地学、环境与资源委员会，2002）。在遥感、全球通信网络系统、地理信息系统、空间统计学、数学模型、现代制图学、多媒体可视化等支撑下，空间属性的获取、分析、空间表述已步入低成本的大众化时代。地理学空间表述这一巨大变革将强有力地驱动地理学的理论与应用的发展，同时也提升公众对地理学更高层次的理解。

第二节　地理学的基本特点

在上述各章节讨论的基础上，本节进一步从地理学的本体论、认识论、方法论和地理学的功能价值角度，对地理学的基本特性进行总结。

1）复杂性与不确定性。地球表层系统是人类迄今为止经验认知的最复杂的巨系统，自然要素之间、人文与社会要素之间、自然与人类社会之间在不同时空尺度下存在复杂的关联作用。西蒙丝（Simmons，1993）指出，随着时间尺度由短期到长期、空间尺度由近域到远域、生物复杂性梯度由个体到生态系统，生态环境系统的度量和预测的困难程度不断增加。地理学是一门应对、处理、诠释与解释复杂性的学科。这一特点使得地理学整体发展的不成熟，属成长型学科，同时也赋予了地理学的丰富内涵、生机与活力。地理学对象的复杂性与不确定性要求地理学工作者：突破牛顿粒子的、机械的、绝对的时空观念模式，更多地采取量子力学和现代系统科学的世界图景观念；既注重实体分析，更强调关系-场域研究；既注重表象结构解析，更重视深层结构与机制解释；既关注稳定性、连续性、确定性，更关注于突变、分岔、偶然性、随机性和不确定性；同时也要求地理学工作者对自己的研究成果或结论要有正确的认识和谦逊的态度，以减少对政策决策和社会理解的误导。

2）整体性与关联性。整体性指的是地表自然和人文诸种地理要素的关联互动作用。德国古典哲学将其表述为“世界是一个统一的有机整体”。用系统论的观点看，整体性和关联性强调的是子系统之间、要素与系统之间、系统与环境之间的交互作用。地表某一地区或某一事象同属于地表整体的一部分，如果把任何地理区域或现象作单独处理，必将造成忽略整体的缺陷。整体性与关联性提供了地理学对复杂系统研究的思维模式，成为地理学理论形成发展的“根源”所在，构成了地理学得以进行综合研究的基础。詹姆斯在《地理学思想史》中写道：“地理学一向具有一种整体高于局部的传统信念，因此它是研究不同来源事物中相互联系与相互依存部分的系统。”

3）地域性与差异性。地域性是地理学的基本特性，它是地表多样性、差异性、相似性的统一。地理区域是由相互关联的地理要素和过程组成的地理综合体。从不同的研究角度，依据不同的原则，可将地理系统分成不同等级、不同类型的地域单元（图5.2）。根据空间尺度，可在纵向上分为全球、洲际或大区、国家、地区、小区、斑等地域层次单元；在横向上构成同一尺度或同类型的空间关联；按研究的主体特性，可分为自然地域系统、人地关系地域系统和人文地域系统。地理学既研究不同等级类型系统的结构、功能、组织、稳定性、动态性、关联性（各界面间的物质、能量和信息转换）、自然与人文的关系，也要从事地区与地区间、不同地域层次间的关系及差异性分析。地域性与差异性要求地理学者：关注地球表层的自然与人文事象的多样性与差异性；关注地方、城市、区域、国家的独特性以及社会经济结构、文化制度、发展历史的差异性；关注地方知识与地方文化在解决地方问题上的重要性；要求城市与区域规划、空间决策与政策必须因地因时而制宜。

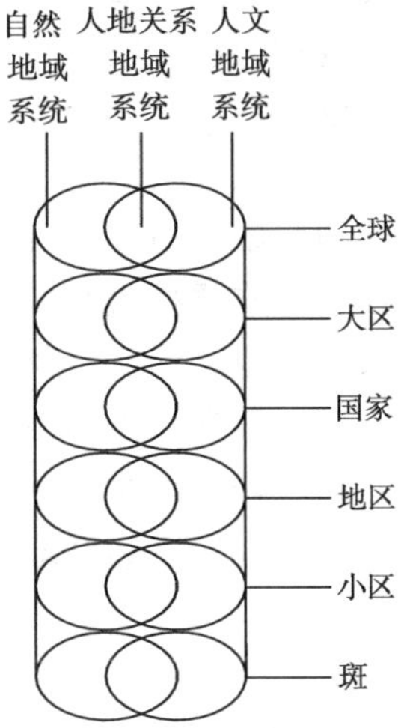

图5.2 地理学的地域层次性

4）变动性与时空耦合性。地理学十分强调空间观念，但同时高度注重对“时间动态”和时空耦合性的探讨。不同尺度的地理区域，其每一瞬间负载着和沉积着过去，又孕育着和蕴涵着未来，构成区域历史的过去、现在、未来的通合。受达尔文进化论和现代系统科学思想的影响，现代地理学更加重视“动态-过程-响应”研究。正是地理学研究对象的动态变化特征，赋予了地理学永不枯竭的研究主题。

5）交叉性与综合性。地理学作为研究自然与人类相互作用关系的科学，与哲学、数学、系统科学、自然科学、社会科学和人文科学及其分支学科构成了广泛的关联和交叉。在学科高度分化、彼此渗透的发展过程中，地理学与人类学、社会学、经济学、心理学、历史学以及物理学、化学、生物学、地球科学、数学和系统科学等形成了强固的联系。地理学广泛的关联性与交叉性决定了地理学的综合性。乔治（George Gerland）指出：“地理学之所以能和其他科学相区别，乃在于它具有综合的本质。”作为地理学本质特性的综合性，赋予了地理学在人类知识体系中尤其是实践应用中的重要价值：城市规划、区域规划、土地利用规划、社会经济发展战略，其要义、核心和最高境界在于“综合”；全球与区域环境问题、社会经济发展问题源于诸多要素作用下的不协调态，卓有成效的解决还在于综合把握问题和综合性解决方案。综合分析问题、解决问题的技能是地理学工作者个人的和社会的财富。

6）应用实践性。地理学从古至今就是一门实用性很强的学科。个人、家庭、民族、国家、人类社会生存于特定的地理世界中。地理知识伴随了每一个人的成长与发展；地缘政治学、自然地理、经济地理、人文地理成为国家和区域制定发展战略的基础，地理学素有“安邦治国”的学问称谓。地理学提供了一套理解生存环境、适应选择生存环境、优化设计生存环境、综合性解决人地关系问题的知识体系。工业化和城市化的推进、人口的大量增加，造成环境破坏和一系列社会问题：环境污染、生态破坏、生物多样性减少、全球环境变化、环境退化、地力衰减、民族矛盾、文化冲突、贫困化与地区差距、城市“病”等。这些都是人地关系问题、区域性和全球性问题，地理学在解决这些问题时能发挥出重要作用。

第三节　地理学的思维特质

地理学作为一门人类文明的古老知识学问，作为现代科学体系中的一门基础性学科，以其特有的思维特质，成为人类思想体系、智慧结晶的基本“元素”之一。如同人类其他思维模式一样，地理思维提供人类不可缺少的认识世界和理解世界的一种思想方式。每一门基础性学科都提供了一种（或几种）主导性思维方式，如哲学的形而上与反省性思维、数学和物理学的数理逻辑思维与分析性思维、生态学和系统科学的系统思维、历史学的动态-过程-演化-阶段思维、社会学的批判性思维和规范性思维、文学艺术的形象思维与直觉思维、地理学的空间思维与综合性思维。不同学科从不同角度发展了人类的“思维体系”，包括分析性思维、综合性思维、逻辑性思维、批判性思维、反省性思维、创造性思维、空间性思维、时间性思维、形象思维、直觉思维等。事实上，世界的整体性与知识统合性使得各具特色的思维模式在不同学科之间借鉴、交流成为学科之间交融的最高、最重要的层次。

与地理思维密切相关的表达术语是地理想象力（geographical imagination）。地理想象力是一组与地理学对象与性质、地理学主题与基本概念、地理学特质与地理学原则密切相关的概念，是对地方、空间、景观、时空耦合性、人地关系、空间规划设计的一种敏感性、领悟力，并与地理空间-地域-社会相关联的综合性思维模式。哈维把米尔斯的“社会想象”相对应，认为地理想象能够使个人去认识空间和地区在他们自己经历过程中的作用，去协调他们看得见的周围空间，去认识个人之间与组织之间的事物关联如何受到分离他们的空间的影响，去评价发生在其他地区的事件的关联性，去创造性地使用和改造空间以及正确地评价由他人创造的空间的意义。

与地理想象相近的其他术语还包括空间认知力、空间图示、意识空间和地理意象。地理意象（geographical mental images）是一种具有空间形象感的地理形象思维模式，形成于认识者知觉映象的能动感性认识。运用认知科学理论来分析地理学对象研究的整个过程，可获得关于地理研究过程的“认知图式”（鲁学军和承继成，1998），见图 5.3。巴朗斯基指出：“地理思维，就是这样一种思维。第一，离不开地区，做出自己的判断是在地图上；第二，有条理的、综合的思维不限制在一个‘因素’或‘部门’的范围中。”地理学的学科交叉性和综合性特点使得地理学的思维还兼有一种“多种思维集成”的特点，即地理学在对不同主题的研究中，针对主题或所探求问题的特点，可以变换地选择不同的思维方式或集成几种思维方式，如对激进主义地理学、马克思主义地理学、人本主义地理学而言，更青睐于批判性思维、规范性思维、直觉性思维。

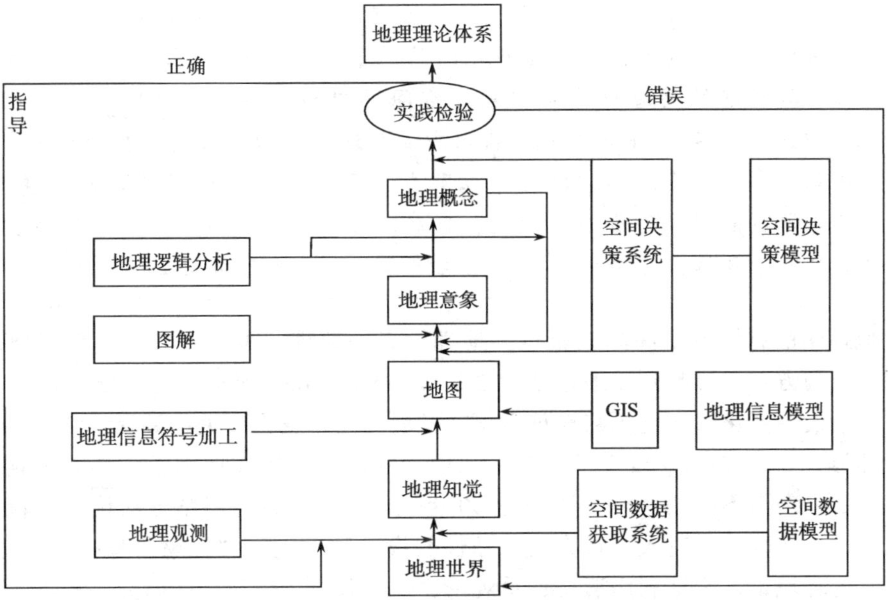

图 5.3　地理空间认知图示（鲁学军和承继成，1998）

专栏 5.1　保罗·克拉瓦尔对分析性思维与规范性思维的阐述

在《地理学思想史》中，保罗·克拉瓦尔（2007）用了一章的篇幅来阐述分析性思维与规范性思维的特质、两者的互动关系及其在地理学中的应用。克拉瓦尔认为，分析性的思维始于描述现实，并试图透过因果关系来解释；其所产生的推理知识为人类行动效率的必要基础。由于理性思维的成功，在最近两个世纪里许多人尝试着扩大分析取向的范畴：其想法是推导出全面性的标准，再为行动找出部分的标准（分解–还原）。为了达到这个结果，发展出功效主义（utilitarian）和实证主义（positivism）。分析性思维随时间演进而发展，它依赖一种“假设–演绎”（hypothetic deductive）的方法学。基于观察与经验，因果关系链上一个相关假设首先被猜想出来，接着被测试，由此产生许多推导结果。分析性思维的唯一限制来自于它不能创造价值、设立标准以及将目标按轻重排序。从康德时期起，西方哲学家普遍认识到科学中分析性思维的限制：伦理学和美学的标准必须奠基于其他原则。规范性思维与分析性思维有很大的不同，它并不从分析开始，而直接出自于对某种真理的掌握而后建立主要原则，因此各种抵达真相之核心（heart of reality）的方式未必相同。规范性思维依赖于对真相的直觉，主要的问题在于如何应用它而不是在于逐步发现它。分析性与规范性空间思想之间存在双向互动影响，地理学的分析性与规范性空间思想之间的关系是复杂的。克拉瓦尔认识到分析性思维与规范性思维对地理学发展空间思想的重要性，是因为在地理学（社会学也一样）研究中，围绕“价值中立”这一问题，长期存在两种基本的思想取向：实证主义强调“价值中立”或“去价值化”的观点，人文主义、诠释社会学则强调人的价值、意义、目的、文化、宗教以及沟通、交流、理解的重要性。显然，这两种视角对地理学都重要，既对立又互补。

地理学的思维特质深刻地影响到地理学者的地理“世界观”——看待地理世界的观点与方式，影响到“地理学者之眼”（geographer's eye）。地理学的思维特质处在不断发展变化中。它既与地理学思想发展的内在逻辑有关，又受哲学、科学的“世界图景”和“范式转变”的影响。地理学的思维特质在地理学的不同主题、不同学派上呈现出不同的差异。20世纪60年代以前，在自然科学方法论和逻辑实证主义哲学的影响下，对人类行为的“理性假设”和对人的“抽象与概括”，推进了地理学的环境论、土地利用形态、景观论、空间分析、理论模式研究，地理学表现出很强的自然科学化倾向。20世纪60年代以后，受现象学、存在主义、生命哲学、人本主义等哲学思潮影响，地理学尤其是人文地理学重点转向于对“人的百态”和“人的社会”的理解，地理学呈现出很强的社会科学化倾向。

地理学的思维特质也影响和决定着地理学者的技能。保罗·克拉瓦尔（2007）指出，“地理学者的技能（the geographer's craft）一方面来自禀赋，另一方面是经过训练，他们能解读一般人因专注细节而忽略的整体特性。地理学学科的发展有赖于此种‘地理学者之眼’的训练。经过野外调查后的景观分析以及对不同尺度制作的地形图、地质图的判读扮演了核心角色”。同样地，地理学不同学派的技能培训的重点亦各不相同。对区域地理学者而言，强调实地调查、地方垂直综合研究、类比对比分析；对空间学派而言，则更多地注重于演绎、假设、模式、模拟、计量、验证。地理学的多主题性，客观上加大了地理学技能综合培养的难度。

第四节　地理学的基本原则

从现代地理学角度，将洪堡、李特尔创立的地理学原则总结为六大原则，并进一步对其内涵提出新的诠释。这六大原则成为地理学思想的核心和精华所在。

1）整体性原则。地理世界是一个有机与无机、人文与自然、空间与时间、实物与关系、潜存与现存互相联系的统一整体，存在大量对立的、互补的或耦合的地理事象及其复杂的关联作用。洪堡强调自然要素之间不可分割的联系、复杂多样性中的统一性。李特尔的基本人地观念是寻求“整合性”。地理学研究必须从整体中观察事物的特性，从各种事象的互相关联中把握整体属性。

2）综合性原则。地理学研究对象的整体性与关联性、地理学与其他学科之间广泛的关联交叉性，决定了地理学研究必须遵循综合性原则。地理学要实现空间/时间、地域/要素、自然/社会/人文、地方垂直综合与地方间水平综合，必须广泛地吸取、借鉴相关学科的理论方法和技术手段，并与之互动。与现代数学、现代系统科学和自然科学的深度结合是地理学综合研究能力提升的关键。

3）地域性原则。地球表层自然事象和人文事象分布不均的特点决定了地理学研究的地域性和差异性特点。洪堡认为，世界的每一部分（单元整体）都是世界自然整体的统一性的反映，强调全球的唯一性和整体对局部区域的支配作用。李特尔认为，作为整体的特定区域都有其本身特性和既定价值，强调区域的独特性和对全球系统的贡献。地域性原则是全球整体性、区域独特性、区域关联性的统一。

4）时空耦合性原则。地理学高度关注于地点、地方、区域的多样性、差异性和独特性，同时强调时间观点。时间与空间的不可分割性要求地理学坚持时空耦合性原则：既关注于“共时性”地理空间，又关注于“历时性”地理空间；既关注于地理系统（环境）过去和现在的系统状态、行为和相互作用，又关注于未来可能的趋势；强调空间与过程分析相统一。

5）因果性原则。地理环境的整体性或统一性意味着地理事象存在因果联系。洪堡认为，研究地表的各种事象必须由其因究其果，这样才能明了历史上、政治上、经济上的事实。李特尔认为，地理学所研究的因果关系，并不像其他科学“追求事物原理”那样，而是限于形成地表特征的各种事象的相互关系。在地理研究中，搜集到的经验材料无非是因果现象和随机现象两类。与传统的因果决定论不同，地理学的因果性原则是区域与区域互动、要素与整体互动、原因与结果互动、关系与实体互动、现象与符号互动以及偶然性与现实性、潜存与现存、结构与机制、在场（此在）与不在场（彼在）的统一。

6）人地相关原则。当地球物理学和地质学刚从地理学脱离时，李特尔就敏锐地感到分化对地理学产生的影响："地理学要免被瓜分，就要坚持它的中心原则，这个原则就是各种自然现象和形态同人类相关。"李特尔进一步阐述了与这一原则有关的协调（coordination）、相关（relationship）、相互依存（interdependence）以及组织原理（organizing principle）等概念。时至今日，地球科学已高度分化。前面所述五条原则，对其他地学或生物学等也可以适用。只有与人地相关原则结合构成一组"基本原则集"，才能客观地反映出地理学研究的特点，并与其他自然科学或社会科学相区别。

本章小结

地理学是一门古老而又年轻的科学，地理学以地球表层不同尺度空间地域系统为研究对象。地理学的基本特点是：复杂性与不确定性、整体性与关联性、地域性与差异性、变动性与时间耦合性、人地相关性与非对称性、广泛的学科关联性和交叉性以及很强的实践应用性。地理学研究应遵循六大基本原则：整体性原则、综合性原则、地域性原则、时空耦合性原则、因果原则和人地相关原则。上述原则的确立有助于消除地理学研究中要素与区域、专题与系统、自然与人文、时间与空间等一系列二元性矛盾的纠缠和隔阂。在科学高度发达、纵横交错、彼此渗透的今天，单一性质（原则与方法）已不足以识辨出学科的特点，需要从一组特征"群"中去认识、把握学科的独特性。地理学各原则的互补统一构成了现代地理学思想的基本内涵。地理学的对象和科学特点决定了地理学在科学体系中和实践应用中的独特价值与地位。地理学总体上是一门充满生机、活力、富有发展潜力的学科。然而，地理学的对象和科学特点也造成地理学长期陷入困境之中。如何加强综合性、减弱破碎性，如何实现地理学理论方法的重大突破，如何保障地理学的学科目标、研究内容与其他科学、决策者、普通大众的沟通，提升地理学的学术地位和社会认可程度，需要每一位地理学工作者不懈努力。

第二篇　哲学、科学的世界图景与地理学思想

迄今为止，人类的知识由三大领域构成：一是关于人和人类社会的知识，二是自然的知识，三是人与自然关系的知识。人类要生存发展，首先面临的基本问题就是“人与自然”的关系。从根本上讲，人际关系和社会关系、人与人工环境的关系仍是“人与自然”关系的派生关系，“人与自然”关系也就成为哲学和科学世界图景的基本内容。地理学以人地关系研究为己任，哲学和科学所揭示的世界图景和人与自然关系已进入到人类思想的基本概念结构之中，这无疑对地理学提供了一种世界观和方法论。

第六章　地理学发展的哲学思想背景

哲学对人与自然关系的思考既存在阶段性差异，同时也随地域文化的不同而不同。

第一节　古代朴素的直觉的哲学观及其东西方差异

人类社会进入文明时代以后，社会意识逐步达到理性化，人类对自然、对自身的认识大大深化，逐步由远古时期人与自然混沌一体、主客不分的状态，发展到人自相异、主客相分的初步分化阶段。公元前500年左右的“古典时代”是继世界大宗教诞生后的又一重要时代，是人类思想、科学和哲学的发轫时代。不管是东方还是西方，这一时期的哲学观念存在着相同的共性：①人的自我认识、自我解释和自我塑造的主体性意识已达到理论化水平。②主体和客体已区分，但两者仍具有一种若即若离的关系；尽管人的力量大大增强，但人的主体性地位尚未确立；人与自然的关系仍然与早期一样建立在自然占优势地位的基础上。③朴素的、直觉的哲学观。这种人与自然统一观是在肯定人与自然区分的基础上，再肯定人与自然的统一，这是一种比原始的人地互渗型思维更高一级的辩证思维方式。早期的哲学家还没有把人当作自由的行为主体，尚未充分注意到主体与客体的对立。柯林威德认为，希腊自然观是建立在自然界渗透或充满着心灵这一原理上的。中国古代的“天人合一”观则更充分、更明确地表现了人与自然统一的朴素辩证观。早期的哲学观表现为人类意识形态发展到一定阶段所具有的共性，同时又随地理环境、文化形态不同而具有鲜明差异。这些差异突出地表现为西方文化和东方文化所具有的各有特性的人与自然观。这些差异奠定了不同文化形态最初的基本预设、价值体系和思维模式，并和此后的发展、变动的社会文化交织在一起，构成了各种文化形态基本模式及其丰富内涵，成为早期地理哲学和地理思想差异的基础。

一、古希腊以“自然本体论”为基础的哲学观

希腊文化承袭于克里特文明的内涵，同时又深受巴比伦和埃及两种原始农业文明的影响，文化本源中具有外来性及其对周围民族文化的兼容性。航海及其海外贸易扩大了希腊人的空间视野，促进了与外界的经济文化交流。希腊文化是一种复合型文化，希腊哲学具有多样性和丰富性，这与当时城邦社会、民生制度、

学派林立的社会环境相适应。希腊大陆多山，大部分地区土地贫瘠，不适宜农耕，通商打鱼又面临风浪和海盗的袭击，严峻的生活环境促进了希腊哲学以自然为探索中心，自然环境这一特征对早期希腊哲学“自然本位论”的形成有着某种难于否定的影响。

古希腊哲学对人与自然关系的理解建立在宇宙论的模式基础上。希腊人把自然界看成是一个运动不息、充满心灵、有理想、秩序和规则的世界。心灵和理想是自然界秩序和原因的支配因素和调节因素。在对人和自然形形色色的解释中，形成了多样化的人与自然观念：①世界统一于心智，亚里士多德把植物到动物到人看作具有不同灵魂级别的连续系列，用心灵或灵魂来猜测人与自然的统一性。②世界统一于物质本源，认为人和物一样，都由某种物质元素产生和构成。米利都学派将其归结为水和气，赫拉克利特归结为火，德谟克利特则用原子来说明世界的统一。③世界统一于数，毕达哥拉斯学派认为世界万物都是数，人生就是数学逻辑的产物，世界在数学中达到最完美的统一。④世界统一于神性，充满万物有灵论观念的希腊神话既表达了人对主神——自然力的崇拜，又歌颂了人的伟大，体现出人对自然的征服力量，人格化的自然诸神折射了希腊人“自然与人类同等重要”、“人神（自然）同一”的信念。人与自然同一的思想是古希腊自然哲学、神话的基本特征。希腊人对“大地的观念”是从物质世界自身去寻找大地生成的原因与元素，正如德谟克利特所说：“一切都遵照必然性而产生。”

此外，希腊人对人与自然关系的探索和理解还兼有以下特点：①在对人与自然关系的探索中，关注的中心是自然，形成了以“自然本体论”为基础的哲学观。②希腊人对自然和人的思考具有理性的、逻辑化的、演绎的、分析的和认识论成分，从而导致了后来西方文化中本体论、认识论和自然科学的发展和发达。③希腊的哲学观同时存在主客分离、人与自然二元对立、万物排斥斗争的倾向。自然以外在于人的因素出现，而人则作为不同于自然的因素而存在。亚里士多德提出的“人是社会动物”或“人是政治动物”，用人的“社会性”、“政治性”使人与自然相分。普罗泰戈的著名命题“人是万物尺度，是存在的尺度，也是不存在事物不存在的尺度”，突出地表达了人的中心地位。④对人与自然的相互作用，希腊人侧重于自然对人的作用。亚里士多德在《气象学》一书中提出了地球的各种可居住性和不同纬度有关的设想。柏拉图在他精心构筑的理想国中，设定了与城邦土地、财富、防御力量相适应的最佳人口规模。希波克拉克所著的《空气、水和地方》一书开西方环境论的先河，以气候为主要因素讨论了土地、国民性及社会制度，认为气候是影响人类活动的主要原因。

二、中国“天人合一”的人与自然观

中国古代哲学对于人与自然关系的思考，就其丰富性和多样性来说，可与希腊哲学媲美。同时，它又具有自己特有的形成环境、内涵和此后的发展流变模式。中国古代文明形态是一种典型的大陆型农耕文明。在这片广阔的土地上，东南有太平洋之险，西南有青藏高原之隔，西北有戈壁沙漠之阻，四周的自然屏障难以与外界沟通，从而使世代居于斯的人们长期形成了大一统天下、内向的文化心理。气候温和，雨热同期，宜耕地广阔，良好的自然环境促进了华夏民族的开化。人们对自然善意、感恩成分多于敌意成分。以农耕为主的与自然进行物质交换的特殊方式、人力和自然力不可分割的结合使人们对土地这一衣食之源有着深切的依念，甚至骨肉相连，与自己合二为一的内在感，人作为自然客体的一部分融会于自然整体图式中。靠天吃饭的传统农业生产方式，一切都要遵循自然界的时季变化规律和万物生长发育的常理，以协助天地化育万物，与自然和谐相处也就成为传统农业连绵不息的基本前提。春秋战国时期，正是奴隶制逐步为封建社会所代替、我国历史上社会大动荡、大变革时期，人文社会环境的整治和处理成为国家生存和民众生息攸关的首要问题，因而古代中国的先哲集中于人伦关系、人际关系、社会关系的思考和实践，从而造就一种“人本位”的哲学观。

中国古代哲学的人与自然观集中体现在“天人合一”的观念上，中国古代所谓的“天”有多种含义：一指天命、天志、有意志和人格的世界的最高主宰；二指与地相对的天空，包括日月星辰在内的天体、风云变幻的万千气象；三指包括地在内的自然界。依据不同的思考视角和“天”的理解，形成了几种主要的哲学观念和实践态度。

1）儒家的“天人合德”观念。儒家对“天”作偏重人文的理解，探索的重心是人和人文环境的关系，同时也肯定了人“可以与天地参”的自觉能动行为，经典表达了儒家的“以人为本，以德为体”的哲学观念。

2）道家的“以人合天”观念。老子提出“道”，使天与人达到内在统一。庄子则鲜明提出“人与天地万物一体”的思想，“天地与我并生，万物与我为一”的物我交融，天人合一，主观即客观，人即自然。“人法地、地法天、天法道、道法自然”，老庄哲学的“天道”以自然天为德为性，因此，在对待自然的态度上，人道当效法天道，顺应自然而养生，无为而自治。汤因比在《人类与大地母亲》(2001) 一书中对道家思想推崇备至：“在人类文明中心的任何地方，道家都是最早的哲学。它推断人类在获得文明的同时，已打乱了自己与终极精神的和谐相处，从而损害了自己在宇宙中的地位。人类应该按终极实在的精神生活、行为和存在……公元前 4 世纪的这一中国哲学，不仅与它产生的时代和环境有关，而且与此后所有时代和地区，尤其是 20 世纪 70 年代人类的全球状况有关。”

3）《易经》的“天人相谐”观念。中国古代文明存在三种基本文化基因：一是宗教意识及其天人认同感的延续；二是上古三代“黄金时代”的遗训和氏族宗法传统遗风的强固力量；三是对《周易》的传授及其注解所形成的文化形态。

《易经》中提出："裁成天地之道，辅相天地之宜，以左右民。"其含义是说，大地万物互相交融和谐，才有安泰繁荣，人的职责就是认识和掌握自然之"道"，协助自然有利的变化。既要在自然变化之前加以引导和调节，又要在自然变化之后加以顺应和适应，这样就达到天人相谐、人德合一。《易传》中提出的调节适应相谐原则是对当时农业生产的高度总结，同时也被用于指导农业生产上。

4）荀子的"天人相分"观念。荀子批评庄周"蔽于天而不知人"，第一个提出"天人相分"的命题。宣称"天行有常，不为尧存，不为桀亡"，认为自然界有其客观规律，与人间祸福并无联系，天道与人道相分，各有自己的职能。荀子认为，人高于天地，与其仰其自然，不如制服自然，自然不会满足人，而人能发挥主观能动性，认识和掌握规律，改造自然。荀子的"天人相分"实际上以"天人相合"为基础，其"制天"的思想并不排斥"顺天"。荀子提出的改造自然、利用万物的主张在先秦哲学观中可谓独放光彩。

纵观中国古代的哲学观，流派纷争，各有旨趣：儒家重人、重社会；道家重道、重自然；荀子则重宰制自然，重天人相分。各派以"天人合一"相贯通，形成对立互补的人地观体系：儒家强调以"德"、"礼"、"仁"、"诚"治人，以德为体，达到社会大一统、人与自然大一统的理想境地；道家强调顺应自然，节制奢欲，返璞归真，人在自然无为、天人交融状态中达到与天和谐的理想；荀子则将改造自然、利用自然、提高生活当成人类理想。特定的地理环境和社会文化背景形成了中国古代哲学观的一些共同特点：人生存天地之中，是自然的产物；人与自然的关系是一种善意的、感恩的（赞天地之化育），非绝对对立和敌意的关系，而是相辅相成的关系；人与自然相互依存、万物一体、天人一体、交融互摄，以天地人完美和谐为最高理想境界；德、礼、仁、诚在达到"天人合一"中起着载体和动因作用；人与天生生不息，处于不断发展、变动、转换中；人能适应自然、调节自然、改造自然，参与天地化育万物。

与古希腊的自然观比较，我国的古代哲学观还具有以下的特点：①与传统农业社会相适应，在中国社会文化数千年的延续过程中，不仅先秦哲学所拥趸的"天人合一"的意蕴大体无变，而且"天人合观"的哲学观一直占据着主导地位，成为中国哲学思想和文化形态的主要组成部分。②中国古代的哲学观重人、重社会、重道德的束缚作用，是一种早熟的人本位的哲学观，"人类可以利用伦理价值规范来驾驭自身和天地"的思想，对当代全球人地问题的解决有指导意义。但同时存在对自然本质探究的忽视，蛰伏了近代我国自然科学落后于西方这一历史的预设，单纯重人而不重自然最终也压制人的主体性。③中国的哲学观长期以来强调人地统一、主合，缺乏主客对立、人与自然二元分裂的阶段及其哲学思想体系。而二元分裂能造成文化内部的张力和动力，从而使世界观发生动态变化。从这一方面看，中国的哲学观又具有极强的惰性。④中国古代的哲学观表现为从整体上、变化中观察事物，强调万物的关联性、整体性以及相生相克、互动转换（元气、八卦、五行、阴阳、变易），表现出很强的直观的辩证思维、整体动态的特质。但也存在自身的缺陷，缺乏希腊哲学中的逻各斯（Logos）过程（法则、概念、规律、抽象、形成及其客观化过程）和科学分析成分，重整体而忽视多样性和个别性，重价值论而忽视认识论，是一种缺乏实证基础的朴素和原始的整体观。⑤中国古代的哲学观注重人与自然界的和谐，维持自然界的生机流畅，珍重万物，具有参与、进取、求实、务实的思想因素。这种基本的人与自然观是与传统农业低水平的生产方式和对自然严重的依赖相适应的。对自然的改造集中体现在对自然灾害的防治和农业生产环境的有限度改良与改造这一层次，"靠天吃饭"的生存方式不可能存在占统治地位的主体精神，中国传统的人与自然观是一种主体性原则较为缺乏的哲学体系。尽管先秦素有"制天命之用之"，中唐柳宗元、刘禹锡的"天人不相预"、"天人交相胜"、"天人还相用"之说，但即未成为实践主流，其影响也较弱。长期稳定的自给自足的小农经济与乐天安命、对物欲节制的人生态度，使人们更注重于对自然的适应，而不张扬于对自然的征服。

概而言之，中国传统的人与自然观，是一种人本位、农业文化形态的哲学观，既存在合理性和智慧的闪光，又存在内在的不足，它的重要作用主要在于提供一种世界观视角，而不在于提供一种方法论。在西方因其内在文化要素的特点使其科学、哲学、社会、文化危机日益加剧的情况下，东方文化中的智慧因素，内在的生态价值，强调人与自然和谐、社会和谐与道德约束的世界观重新为当代哲学和科学所关注：

> 中国文明对人类、社会与自然之间的关系有着深刻的理解，近代科学的奠基人之一莱布尼茨，也因其对中国的冥想而著称，他把中国想象为文化成就和知识成就的真正典范……中国的思想对于那些想扩大西方科学和哲学范围与意义的哲学家与科学家来说，始终是个启迪的源泉。我们特别感兴趣的有两个例子。当作为胚胎学家的李约瑟由于在西方科学的机械论思想中无法找到适合于认识胚胎发育的概念而感到失望时，他先是转向唯物辩证法，然后也转向了中国思想。从那以后，李约瑟便倾其毕生精力去研究中国的科学和文明。他的著作是我们了解中国的独一无二的资料，并且是反映我们自己科学传统的文化特色与不足之处的宝贵资料。第二个例子是玻尔，他对他的互补性概念和中国的阴阳概念间的接近深有体会，以致他把阴阳作为他的标记（伊·普利高津，2006）。

专栏 6.1　中国传统哲学与地理学

中国传统哲学蕴涵丰富的人与自然关系内涵和整体论思想，其本身可以看成是中国传统地理哲学的组成部分。从这一视角看，中国古代地理学中的地理哲学在古典时代就达到了相当的高度。中国传统哲学至今仍然是中国地理学思想创新的源泉之一，在多个方面富有启迪意义：中国现代地理哲学的构建；中国人本主义地理学的发展，正如段义孚所做的工作那样；统一地理学和系统地理学的理论思考；现代人地关系理论的新推进。然而，中国传统哲学在地理学中承传与发扬受到多方面的挑战。哲学要么坚守传统马克思主义，要么热衷于各种西方哲学流派，中国现代本土哲学发展严重不足；地理学与历史学分割，青年地理学者深厚的中国传统历史文化功底缺失，地理学史、历史地理学、地理学思想等出现明显的承传断裂和后继乏人现象；地理哲学和地理学思想这些对中国地理学发展有重大影响的领域需要一批学者长期不懈、跨学科的联合研究，遗憾的是它们却成为少有人问津的冷门。

第二节　近代西方传统哲学的人与自然观

西方文化根植于基督教和古希腊哲学的双重影响。圣经故事通过基督教以及犹太教和伊斯兰教，长期以来一直不断地塑造着西方社会，成为西方精神、文化价值观念的重要源泉。早期希腊文明及尔后的希腊化文化一直是西方文化尤其是科学和哲学发展的重要支柱。西方传统的哲学观主流是主体与客体分立、人与自然的二元对立，强调人对自然的征服与统治。这种人与自然观根植于：以基督教为主体的二元化形态；科学技术的进步使人的主体性不断凸显；工业生产活动创造的人工生产环境在一定程度上使人从“纯自然”中“退却”出来，摆脱了对自然的直接依赖，加速了人与自然的割裂；商品经济意识促使人们更多地从功利价值出发，把自然看作是对立的存在和攫取的对象；近代科学研究成果特别是力学的世界图景以及哲学对自然和对人自身的思考。

一、中世纪神学的哲学观

随着古希腊罗马时代的结束，欧洲进入了长达千年由宗教神学占统治地位的中世纪。中世纪社会文化形态的最大特点是以宗教神学为整个社会、政治、意识和社会秩序的基础，上帝创造了万物，也创造了人类。古希腊罗马时代丰富多样的人地统一观念让位于宗教神学的主体与客体分裂、人神分裂的人与自然观。一神教取代了多神教，超自然的上帝取代了人格化的自然神，神力取代了自然力，由此产生了具有超越性和二元性的基督教文化：天（神）和人的对立、灵魂和肉体的对立、精神方面与自然物质的对立、此岸与彼岸的对立。

中世纪的神学观既轻视人又轻视自然方面，压制了人的主体性，阻碍了社会进步和人与自然关系的发展。然而，从历史发展的连续性来看，中世纪宗教哲学的一些思想观点为过渡到新的哲学观作了铺垫：人神分裂为人与自然对立的哲学观提供了基础；“上帝面前人人平等”以及“一个无限的、全能的、无所不知的完全自由的人，这个除自己的力量和爱之外从一无所有中创造了世界”的观念，为文艺复兴时期人性的解放作了准备。美国科学哲学家科恩认为，在西方历史上，科学与宗教的关系并不完全是互相排斥、互相对立的，有一些时期是互相利用甚至是互相支持的。马克思和恩格斯对待宗教的态度从来都不是简单地一概否定，而是历史地对待、具体地分析的。

二、近代科学革命与笛卡儿-牛顿的二元的机械的哲学观

近代哲学在其早期发展阶段面临的主要问题和任务有三：一是针对中世纪神学对人性的压抑，理性思维和主体性地位的确立就成为哲学的基本任务；二是面对中世纪神学分裂对立的二元化世界，如何使自然世界和精神世界统一起来并还原为人与自然的关系成为近代哲学需要解决的又一任务；三是科学和哲学从宗教神学中脱离出来，并逐步走上了独立的发展道路，用科学的世界图景取代宗教神学则成为近代科学和哲学发展的共同使命。

近代科学革命始于哥白尼（N. Copernicus，1473—1543）的《天体运行论》(1543)，他推翻了托勒密的地心说和几千年来被视为教条的圣经。日心说的创立宣告了神学世界图景的破灭，使人类在宇宙中的地位的观念发生了深刻的变化。地球不再是宇宙的中心而只不过是围绕一个普通恒星运转的卫星，人也丧失了作为由上帝创造的宇宙中心角色的优越地位。开普勒（1571—1630）发现了行星运动的三大规律，进一步支持了哥白尼体系。伽利略（1564—1642）把科学实验和数学语言描述结合起来，成为近代甚至现代科学方法理论的重要准则。培根(1561—1626）明确提出经验主义的科学方法——实验哲学，归纳出一般性的结论，在经过进一步的实验来验证，把归纳法提高到科学理论方法的高度。

专栏 6.2　近代实验自然科学中的主客体分离

伽利略认为，要使科学家有可能用数学描述自然，就必须把自己限制于研究物质实体的可测量和量化的基本物性上（形状、数量、运动等），而其他一些物性（颜色、味道、声音等）只是主观精神的映射，应当排除在科学的范畴之外。洛克进一步区分“第一性的质”（如形成、运动）和“第二性的

质”（如颜色、味道、声音），认为前者是物质客观存在的，后者是主观反映，提出“白板”说。实验科学研究方法和指导思想在近代科学中获得极大成功，自然科学从此将主体的感觉感受排除在外，成为研究“客观”的“白板”。自然科学从他诞生伊始就走向了与人文社会科学分道扬镳之路。

笛卡儿（1596—1650）是一位对哲学、科学的发展产生持续重大影响的顶级思想家，其哲学观深受经典哲学、新物理学、天文学和工业机械技术的混合影响。笛卡儿的思想有6点最为重要：①对科学知识绝对确实性的牢固信念。这一信念后来得到强化并反映在作为西方文化象征的唯科学主义中。②提出了“我思故我在”的哲学箴言，这一论断表明人类的本质在于思维，理性思维是人类存在的依据。他坚信，除了明显的知觉知识和必要的演绎外，人类别无他路通向真理知识，从而形成了演绎法与归纳法、唯理论与经验论的哲学分裂和对立。③笛卡儿方法——“批判的怀疑”方法、逻辑演绎法、分析-还原法成为现代科学研究中的主要工具。④笛卡儿完成了由柏拉图开端经基督教哲学发展起来的精神和物质二元论，构建了精神世界和物质世界两个平行而彼此独立的互不作用的世界，奠定了近代西方二元对立哲学的基础。⑤笛卡儿给自然图景一个总的框架——是一架受着精确的数学法则支配的完善的机器。在笛卡儿看来，物质宇宙是一架机器，动植物和人的肉体也是机器，自然按照力学定律运转，物质世界中的一切事物都可以按照其各个部分的排列和运动来加以解释。这一机械的世界图景，在笛卡儿之后，经牛顿的综合，成为占统治地位的思维模式。⑥笛卡儿的解析几何和他创立的坐标系为现代数学搭建了框架结构，他的不朽名言“一切问题可以化为数学问题；一切数学问题可以化为代数问题；一切代数问题可以化为方程求解”。如果说毕达哥拉斯的“万物皆数”只是一种“自然哲学语言”的话，那么，笛卡儿则进一步把数学转变为指导性的“科学语言”，这对物理学等自然科学、经济学（大量解析几何的运用）等社会科学的发展有莫大作用。

专栏6.3　简化论-还原论

简化论-还原论是通过把整体对象分解成各个部分，然后再对分解出的部分进行研究。一方面，还原法在发展科学理论和实现复杂技术的整合中被证明是极其有用的；但另一方面，也导致了科学中广泛存在的还原态度——一种相信复杂对象的所有方面都可以通过将其还原为各个组成部分来理解的信念。由此，推进了科学不断分化的进程而忽视了综合化发展，尔后这一方法由整体论和统一论加以完善。阿尔文·托夫勒在《从混沌到有序人与自然的新对话》一书的前言中写道："在西方文明中得到最高发展的技巧之一就是拆零（还原法），即把问题尽量分解成尽可能小的一些部分，我们非常擅长此技，以致我们竟时常忘记把这些细部重新装到一起。在科学中，我们不仅习惯于把问题划分成许多细部，我们还常常用一种有用的技法把这些细部的每一个从其周围环境中孤立出来。这种技法就是我们常说的'假设其他情况都相同'。这样一来，我们的问题与宇宙其余部分之间的复杂的相互作用就可以不去过问了。"

牛顿（1643—1727）建立了以万有引力定律和运动三定律为核心的完整的力学理论体系，从而完成了哥白尼、开普勒、伽利略以及笛卡儿所做的工作的伟大综合：天体运动规律与地面物体运动的统一；经验的、归纳的方法与理性的、演绎的方法的统一；物理学理论与数学形式逻辑表达的完美统一，实现了物理学向具有现代意义的科学——"精确"科学的转变。对此，亚历山大·蒲伯赞扬道："自然和自然规律躲在黑夜里，上帝说，'让牛顿来发现'，于是一切变得清晰"。牛顿在《自然哲学的数学原理》（1687）一书中提出了绝对静止的空间与绝对不变的时间这两个概念："绝对空间就其本性来说与任何外在的情况无关，始终保持相似和不变"，"绝对的、纯粹的、数学的时间，就其本身和本性来说，均匀地流逝而与外在的情况无关，它又可以名之为'延续性'"。牛顿的绝对时空观特征有三：空间与时间是独立的客观存在；空间与时间只作用于物质及其运动，而不受物质及其运动影响，表现为单向因果联系；空间和时间之间又是各自独立的，时间的确定与参照空间的选择无关。

专栏 6.4　牛顿-笛卡儿经典力学和传统哲学的世界图景

牛顿把笛卡儿自然界是一架机器的构想变成了物理学观念中的世界图景。牛顿的经典力学世界图景把自然界理解为不变的、不可分的、不可逆的、不相关联的物质粒子组成，这些粒子存在于绝对时空中，按确定的物理法则运动，遵循着拉普拉斯决定论：只要给出初始条件，就可以准确地确定其过去与未来。牛顿力学的原子论物质观、绝对时空观、机械论运动观、决定论因果观在长达两个多世纪的时间里，在科学思想中一直占据统治地位（胡文耕，1993）。在经典力学范畴内，牛顿力学的理论及其应用获得极大的成功，这种机械论、决定论、二元论、简化论的世界观广泛地渗透到其他领域。正如托夫勒指出的那样："机器时代热烈地拥抱把整个宇宙描绘成一个机器的那些科学理论。"在牛顿的世界里，偶然性被排除，偶然不再是事件的"参与者"，而是对现实世界的理解暂还不完美的表现；时间已没有地位，未来已包含在过去和现在之中；空间是死气沉沉的，只是一个容纳孤立粒子的容器。用普利高津的话讲："上帝已降到给宇宙之书翻页的档案保密员的简单角色。"

基督教的创世和全能上帝的观念与工业革命机械设计的经验相结合，力学世界构成的自然界图景与二元对立的哲学体系相融合，形成了近代西方机械的二元对立的人与自然观范式。这一范式具有历史进步的一面，但其局限性也是十分明显的。随着笛卡儿-牛顿经典科学体系的建立，形成了两个世界、两种科学、两套规律和两类文化。古代把自然看成逐渐生成和变化的、充满心灵与活力的、人与自然统一的观念消失了，代之为机械的人与自然观。世界成为不变的，一切都是按预定法则设计好的机器，人与自然的联系纽带和古老同盟被彻底割裂开来。从某种程度上讲，力学科学的巨大进步却导致了人与自然观念上的退步。

专栏 6.5　哲学和科学中的二元争论

在哲学和科学中，围绕本体论、认识论和方法论长期存在诸多二元论问题的争论，这些争论不断地推进着哲学和科学理论的发展。争论主要围绕以下问题而展开：人与自然，空间性与时间性，普遍性与独特性，决定论与非决定论，观念论与实在论，客观主义的还是本来就存在的，事物的存在是现象的还是结构的，科学对象是统一的（一元的）还是二元的（或多元的），将社会类比自然还是把社会视为自然的一部分，实证主义与人文主义，客观判断（真理性知识）与价值判断（诠释性知识），科学是中立的还是批判解放的，知识是真理的-理性的-进步的工具还是霸权的-专制的-政治的手段，科学是归纳的还是演绎的、是解释的还是诠释的、是逻辑的还是直觉的、是因果性的还是随机的，等等。这些问题也广泛地存在于地理学中，这对理解地理学中的二元性问题及其争论提供了一个更高层次的视角。也就是说，地理学的二元性之争存在并发端于更高层次的哲学与科学的二元论争论中。

古希腊哲学从研究自然万物统一根源开始，而后至柏拉图逐渐走向分裂，一直发展到中世纪自然物质世界与超自然精神世界两种世界的对立。近代哲学在认识论和人本学拓展的基础上，进一步使哲学观念世界走向感性与理性、思维与存在的对立，逐步发展到心内观念世界与心外客观世界的对立以及主体人化世界和客体自然世界的分裂和对立。如何把人与自然的各个对立侧面统一起来一直是近代以来哲学面临的基本任务。17～18 世纪法国唯物主义率先在物质实体基础上建立起了统一关系。

法国唯物主义者论证了世界的统一性在于物质性。为建立人与自然的统一观念，法国唯物论者采取了两种必须的做法。一是把万能的上帝从自然界中驱逐出去，还神化的自然为真实的自然；二是把人彻底地归属到自然界的物中。霍尔巴赫（1964）宣称："人是自然的产物，存在于自然之中，服从自然的法则，不能超出自然。就是在思维中也不能走出自然。"他从事哲学著述的"目的就是引人重新回到自然"，使人们"学会认识他的本质和他的合法权利"。为了寻求物质统一论的支撑体系，法国哲学家依靠当时被看作是科学楷模的物理学，主要是机械力学的成果，把它推广到一切领域：世界统一于物质粒子，一切都服从于力学运动规律。拉美特里进一步发展了笛卡儿"自然是机器"和"动物是机器"的命题，提出"人也是机器"。这样，法国唯物主义者通过"一切都是同等自然存在物"的观点，自然地得出了"自然界是齐一"的结论。

法国唯物论者否定了自然世界与超自然世界的对立，坚持并论证了世界的物质统一性观念，成为这一阶段哲学所取得的最重大成果。一方面，世界统一于物质的唯物主义观点备受近代科学和实证主义的亲昵并成为近现代科学发展的基石；而另一方面，"人是自然存在物，人的生存发展必须依赖自然"的论断，又被现代科学技术对自然的征服浪潮置于冷宫。然而，法国唯物论者的机械论观点以及通过抹杀属人世界的特殊性建立的统一性，使其理论陷入片面性，以致引出了后来德国古典唯心主义哲学这一极端的反叛。

三、德国古典哲学唯心辩证的理念统一观

经过 17～18 世纪的发展，哲学的进一步研究揭示出有关属人世界与自然世界之间多方面的矛盾关系。在德国古典哲学产生时期，哲学已经发展到必须从综合统一的观点去处理这些矛盾的地步。为此，德国古典哲学主要从两个方面推进了近代哲学的发展进程：一是力图在认识论和人本位的基础上，实现客观感性与理性、思维与存在、主体与客体以及属人世界与自然界的统一，以此来克服中世纪神学二元化世界图景和笛卡儿以来的二元对立的哲学体系；二是通过人的理性和主体性地位的确立来对抗中世纪神权对人的主体性压抑和机械唯物主义对人的忽视。

莱布尼茨（1646—1716）认为，自然界是一个庞大的有机体，其部分是更小的有机体，被生命、生长和努力所渗透，构成一个从机械向生命发展的连续的上升过程。莱布尼茨用有机体的自然系统替代一台机器的自然系统，用辩证的历史发展观取代机械运动观，从而开创了德国有机体哲学、辩证哲学和统一哲学的发展道路。

康德（1724—1804）哲学体系处在二元对立的哲学向统一哲学的过渡点上。

康德哲学在总体特征上是二元的，表现为现象与本质、主观与客观、思维与存在、形式与内容的割裂和对立。康德哲学体系是本体论、认识论和逻辑学三者分裂与对立最为典型的一个体系。康德已看出了二元对立产生的矛盾，试图把它们统一起来，达到相互和谐。康德哲学值得关注的有三。其一，康德认为外界对象必须通过人的思维机能所固有的规律才能为人所把握。这一思想充分肯定了主观思维活动的能动性，消除了被动反映论学说（如洛克的白板论）的片面性，也隐含了主体与客体互为存在、互为关联的含义。其二，康德继洛克之后把哲学引向人类理性自身的活动，第一次从哲学高度确立了人的主体性原则，明确肯定了人具有自主性、自由性。其三，康德进一步发展了莱布尼茨历史从低级向高级发展的观点，认为人是秩序井然的自然界的最后目的，整个自然界由无机物到生命现象到人，最终由自然向人生成。从康德哲学我们已经看到使人与自然统一于具有能动性的主体人这一端倪。

黑格尔（1770—1831）集德国古典哲学之大成，其哲学体现了德国古典哲学的最高成就。面对近代哲学研究中有关属人世界与自然界对立出现的各种矛盾冲突，黑格尔决心创立终极真理体系来实现哲学的大统一与大综合。黑格尔认为，属人世界与自然世界在本质上既是彼此对立的又是相互统一的。但这种统一既不是法国唯物主义的物质，又不是纯主观行动的产物，也不能用谢林的抽象“绝对同一性”去包容，而应该是一个既具有实体性又具有主体性的绝对本体发展出来的客观存在，黑格尔把它称为“绝对精神”（非指人的精神）。以绝对精神为基础，黑格尔创立了庞大的辩证唯心主义哲学体系。

专栏 6.6　黑格尔辩证的、有机的、统一的哲学体系

黑格尔辩证法的主要观点有：①对立统一的发展规律。黑格尔认为，世界是一个按照自身固有规律自行运动和发展着的人精神系统，宇宙精神始终处在不断自我超出、自我分裂，即不断演化自己，在自己内部形成对立，尔后又消融这种对立走向自身恢复，使对立面达到同一的运动过程中。自身建立对立，然后对立又达到同一，这就是发展的本质。这一理论也揭示了由人和自然组成的总体系统中人与自然的对立统一关系。②从低级向高级演化的历史规律。人与自然都是精神发展的产物，处于“绝对精神”不断上升的历史阶梯中。属人世界是从自然世界中产生出来的，但它却高于自然世界，并把自然世界从属于自己的发展。这一规律表明，人与自然统一于共同发展过程中。③世界统一于基本规律。无论自然世界、属人世界还是由概念组成的思维世界，都是在绝对精神固有本性的支持下按照同一规律而发展的，它们是：质量互变规律、对立统一规律、否定之否定规律。④世界是一个有机体的复合体系，绝对的分立性是不存在的，存在着密不可分的联系。⑤此外，黑格尔在正、反、合三段式推演中，论证了认识与实践、主体与客体、思维与存在、自由与必然的转化联系、对立和统一。

德国古典哲学经历了康德到黑格尔一个连续的发展过程，历史的逻辑联系形成了德国古典哲学的一些共性：①自然界是一个有机整体的观点。②自然界是一个由低级向高级演变的历史过程。③采取唯心主义的方式，认为世界的本质是精神的，精神自我主体在其哲学体系中占中心地位。④从认识论出发，致力于解决人与自然关系中及其各个对立侧面的统一问题，试图运用思辨认识的意识观点把自然合并到属人世界中，达到统一。⑤揭示出了人与自然各自都具有的两重性质及其矛盾：自然对人类来说，既是本源存在又是被认识和改造的对象，既是人的价值表现又是一种异己力量；人对自然来说，既是能动的自我主宰的自由主体，又是接受自我必然规律支配的被动的受体。⑥开始自觉或不自觉地研究自然界物质活动和人类活动特点及其关系，从而开辟了向现代人与自然观转变的道路。

四、小结

近代西方哲学的发展存在两条主线：一是从二元对立的哲学体系走向统一的哲学体系；二是人类的理性和主体性的确立。尽管西方哲学观点林立，各执一端，争论颇多，但在强调人的主体地位、认识自然驾驭自然这一根本点上却是一致的。培根认为，人类要统治自然，需要了解自然，科学的真正目的是要了解自然的奥秘，从而找到一种征服自然的途径；笛卡儿主张把理性思维作为主体存在的依据，借助实践哲学使自己成为自然的主人和统治者；洛克则明确宣称，“对自然的否定就是通往幸福之路”；康德第一次从哲学高度确立了人的主体性原则，提出了“人是目的”，人是“绝对价值”，“人是自然的立法者”等命题；黑格尔以绝对理念的抽象形式，把人的主体性推到了至高无上的地位，把绝对理念视为全部自然界的主人，甚至把自然界看作“精神”的“外化”；费尔巴哈把人提到神的位置，人的上帝就是人自己，人的最高本质就在于人的全知全能。

毫无疑问，西方传统哲学在近代人与自然观和世界图景构建中做出了卓越贡献，但也存在着自身的缺陷：纠缠于众多二元性之争，从而妨碍了“人与自然”作为统一整体的形成；对人类理性、主体性、价值自由的执拗与迷信使得西方传统哲学习惯于把人类理性等同于人类活动的合理性，等同于存在的合理性，把人类价值的体现和对自由的追求看成是对自然的统治与征服；缺乏东方哲学中系统性、整体性、一体化思维方式和质与量协调的思想，从而导致 19 世纪末 20 世纪西方哲学对其传统的反动和向东方人与自然观念的摆动；哲学具有浓厚的经院式气氛，高居于活生生的现实世界之上，把概念中的世界图景当作客观实在来探讨，从而导致人与自然的多重关系、自然对人的多重含义简单化。西方传统哲学的内在缺陷导致了马克思主义、非理性主义、现象学与存在主义、生命哲学和结构主义的反叛。

第三节 马克思、恩格斯的人与自然实践统一观

19世纪中叶马克思主义诞生时，哲学的发展取得了两点主要成果：论证了自然界的物质本源性；论证了人的主体性。但这两方面的成果是以互相对立、互为否定的片面形式表现出来的，从而形成了自然世界与属人世界相互割裂，无法真正统一。这一局面同时又构成了哲学进一步发展面临的主要问题和各种对立性矛盾的焦点。马克思、恩格斯确立了实践观，从一个全新的视角论证了人与自然的统一，实现了哲学思维方式和哲学理论的转变。

一、人与自然统一于人的现实实践活动

实践活动作为人的主体活动范畴，成为哲学的有机组成部分。在马克思恩格斯以前，哲学家已经对实践作了多方面的探讨，认为实践是：①实现目的性的活动（亚里士多德）。②具有自主性的活动（康德）。③能动的创造性活动（费希特）。④主观改造客观的活动（黑格尔）。⑤感性的活动（费尔巴哈）。但先前的哲学家把完整的实践活动肢解成各个环节并相互对立起来，变成抽象的片面的原则，因而也无法解决自然世界与属人世界这一基础性和始原性矛盾的统一问题（高清海，1988）。

马克思主义哲学立足于实践观，强调实践活动的整体性、具体性和社会性以及实践活动在人与自然关系中的基础作用。在黑格尔人与自然关系统一于认识活动的思想基础上，马克思进一步阐述了人与自然之间现实的理论关系和实践关系："无论是在人那里还是在动物那里，人类生活从肉体方面说来就在于人（和动物一样），靠无机界生活，而人和动物相比越有普遍性，人赖以生活的无机界的范围就越广阔"；"自然界，就它本身不是人的身体而言，是人的无机的身体。人靠自然界生活。这就是说，自然界是人为了不致死亡而必须与之不断交往的、人的身体。所谓的人的肉体生活和精神生活同自然界相联系，也就等于说自然界同自身相联系，因为人是自然界的一部分"。马克思的这段论述表达了以下几层意思：自然界是人类赖以生存和发展的物质基础，自然对人具有多种价值；人是自然有机体不可分割的一部分；现实的自然是人化的自然，人类从原始的动物属性中提升越高，人与自然之间相互依赖的程度越深刻；人的理论活动和实践活动都在促成着、确证着人与自然的统一。实践观作为马克思主义哲学的新起点，转变了把人与自然割裂研究的传统思维方式和视角。马克思"从人的现实活动出发

认识人与自然的对立统一”的实践观既避开了法国哲学家以自然归并人的做法，又抛弃了德国古典哲学家以人合并自然的方式，从世界存在的两重性（自然的客体性和人的主体性）关系和实践活动的两重功能（分化与统一）中认识与理解世界的统一性。

二、人与自然统一于物质变换的历史发展过程中

马克思采纳了德国古典哲学的辩证发展观点和人与自然内在统一的思想，承认自然界由低级向高级的上升发展，人类是自然界长期演化的产物，但同时扬弃了黑格尔人与自然统一于“绝对精神”的唯心主义观点。马克思从费尔巴哈的人本唯物主义和英国古典政治经济学中吸取了历史发展客观基础的思想，认为推动人类与自然共同发展的不是精神而是人对物质的关系，其中最重要的部分是人的生存方式。阿尔弗雷德·施密特（1988）高度评价了马克思物质变换的思想：“马克思使用物质变换概念就给人和自然的关系引进了全新的理解。”物质变换概念是“马克思对自然整体内部自然及社会相互渗透关系的确切的最好表达”。马克思的物质变换以“自然的人化”和“人的自然化”成其内容，其形式由每个时代的历史所规定。

马克思分析了人类不同时期人与自然的特点，自然界起初是作为一种完全异己的无限威力的和不可制服的力量与人对立的，人同它的关系完全像动物式的关系一样，人们就像牲畜一样服从它的权力。马克思对工业社会条件的人与自然关系作了深入的研究。他认为，资本主义制度已经适应不了人与自然的物质变换联系，要使人与自然之间的各种冲突和异化现象得到调整并趋于完善，有待于共产主义实现：“这种共产主义，作为完成了的自然主义，等于人道主义，而作为完成了的人道主义，等于自然主义，它是人和自然之间、人和人之间的矛盾的真正解决，是存在和本质、对象化和自我确证、自由和必然、个体和人类之间的斗争的真正解决。”这段论述充分表达了马克思对新的社会条件下实现人与自然和谐发展的价值意向和理想境界。

三、社会性是人与自然关系范畴的基本属性

人为了实现与自然的物质变换，一是要借助由劳动者、劳动对象、劳动工具等组成的特定的生产方式来完成；二是要依托复杂的社会关系。劳动实践既是一种感性物质活动，又是一种社会活动。实践是社会存在的本质，人与自然的现实关系具有社会性。马克思认为，实践活动始终“表现为双重关系：一方面是自然关系，一方面是社会关系”，“自然界的人的本质只有对社会的人说来是存在的；因为只有在社会中，自然界对人说来才是人与人联系的纽带，才是他为别人的存在和别人为他的存在，才是人的现实的生活要素；只有在社会中，自然界对人说

来才是人自己的存在的基础；因此，社会是人同自然界的完成了的本质统一，是自然界的真正复活，是人的实现了的自然主义和自然界的实现了的人道主义”。马克思的这段话深刻地论述了人、自然和社会三者的辩证统一关系。自然与人统一性内在地包含了人与自然的关系、人与人的关系的相互制约，是人与自然关系、人与人的关系的共时性的同构发展，人与人的社会关系一开始就存在于人对自然的实践活动中。对此施密特（1988）指出：“把马克思的自然概念从一开始就同其他种种自然观区别开来的东西，是马克思自然概念的社会历史性质。”

四、人化的自然与自然化的人

马克思在对人类活动与自然环境统一体中的实践性和社会性的研究基础上，提出了人化自然的思想：①人化自然是人的本质力量的对象化的自然事物。马克思借用了黑格尔“人化环境”这一概念，并进行了创造性发展，在马克思那里，人化自然是人们以实践活动和认识活动的方式改变过并影响着的自然界，人化的自然包括外部自然的人化和人体有机体这两个方面。②自然的人化和人的自然化是逐渐发展的历史过程。马克思立足于现实的人类主体的物质实践，使用人化自然的概念来说明工业实践对自然产生的巨大影响：工业是自然界同人之间，因而也是自然科学同人之间的现实的历史关系。“在人类历史中即在人类社会的产生过程中，形成的自然是人的现实的自然界；因此，通过工业——尽管以异化的形式形成的自然界，是真正的、人本学的自然界”。③人化自然是通过人类的对象性活动（包括认识活动、实践活动和人类自身的消费活动及其形成的人与自然之间的物质变换）来实现的。④人化自然的现实基础是人类社会。自然属人的本质，只有对于社会的人才是存在的。自然的人化即是自然的主体化，主体在自然中的延伸即自然向主体的生成过程（主体的客体化），同时又是人的自然化，即人类被纳入广义的自然之中，构成自然的一个内在部分的过程（客体的主体化），自然的人化与人的自然化使人与自然之间在总体上合二为一，成为一个内在的有机整体。从马克思的人化自然中，我们看到了主体与客体的统一、人类社会和自然的统一、存在和过程的统一、人的能动性和受动性的统一、主体性和客观性的统一、自然的人化和人的自然化的统一。因此，人化自然观也就成为马克思恩格斯人地观中最富有创见的内容。

五、小结

马克思在对德国古典哲学批判和继承的基础上，通过对人与自然关系的现实状况的理论把握和对自然科学认识的哲学概括，形成了人与自然现实和历史统一的观点。其思想特色有四。一是人地观研究的理论基于实践观。二是人地观的认知方式基于对当时的自然科学成果的把握，立足于人与自然关系的现实发展。对这一特点，罗素给予了高度评价。哲学的见解有两个根源：一是传统上的、文学上的或政治上的启发；二是科学和机器生产。第二个根源在学理上的影响是从马克思开始的，从那时起逐渐重要起来（罗素，1982）。三是人与自然统一于历史发展、物质变换、实践活动、社会中介的观点以及人化自然观通过社会变革适应人与自然物质变换的思想。四是在马克思恩格斯对人与自然关系的理解始终基于辩证唯物史观。其思想要义为：人与自然的关系是人类历史的基础。自然史和人类史密切相连，彼此制约；自然是人的无机身体，人是自然的一部分；人与人之间的社会联系以人与自然之间的关系为基础，不能把人对自然的关系从历史运动中排除出去。人创造环境，环境也创造人；只有在人的社会联系和社会关系的范围内，才会有人对自然界的关系；既存在自然界作用于人，也存在人对自然界的能动的反作用。自由是对必然的认识，人的自由取决他与被认识的自然（规律）相协调的生活。需要说明的是，马克思、恩格斯的主要注意力集中于社会变革、政治经济学和自然辩证法的研究上，他们并没有写出人与自然关系的论文专著，对人地关系的见解分散在众多的论著中，只是构建出新的人与自然观的基本框架。同时，他们的观点也存在着特定时代无法避免的历史局限性。

第四节　现代哲学观：由征服向协调、由对立向统一转变

伴随着近代发展起来的人与自然对立、人应当是自然界主人的思想，一个新的人与自然观——人与自然统一、协调发展的思想也逐步地成长起来。这种新的人与自然观源于三个方面的交互作用：一是哲学对近代人与自然观的反省；二是全球问题的出现及其日益尖锐化对传统哲学观产生的根本性冲击；三是现代科学的发展对统一的世界图景的进一步揭示。

一、现代哲学的主客体统一倾向

19 世纪中叶是西方哲学发展的一个转折点：一是马克思主义哲学的诞生；二是近代古典哲学的解体和现代哲学的产生。现代哲学在对传统哲学人与自然观的反叛与超越中，呈现出多样化的发展态势：对机械的人与自然观和二元对立的哲学体系的抨击促进了主体与客体、人与自然统一观念的增强，对理性至上及其理性主义的反叛刺激了以非理性主义为特色的人本主义哲学的发展；哲学对科学研究方法的引人和对科学活动的关注推动了以科学主义为特色的科学哲学的崛起；哲学从抽象的主客体世界转向于对“生活世界”和“整个人类存在”的关注，从本体论、认识论、逻辑学转向于重方法、重实证、重实用的哲学。

在近代哲学统一思潮的基础上，现代哲学从不同侧面进一步推进着统一过程。柏格森基于对生物学的哲学把握，对机械论的自然观首发其难，反对“把自

然仅仅看成是物质粒子组成，一切都是预定的、未来的一切事件都蕴涵在过去的事件中”的传统论断，强调自然中有创造性的生命之流（即活力论），从而使机械论的“僵死”世界变成充满活动和创造力的世界。詹姆斯（W. James，1842—1910）在其《“意识”存在吗?》一书中否定主体客体关系是根本性的关系，不承认主体与客体、物质和精神的区别是基本的区别，从根本上动摇了传统哲学中主体与客体二元对立这一基础（罗素，1982）。对一切形式的二元论：自然与生命、心与身、质料与形式、行动与准则提出全面质疑，认为经验不是把人与自然隔绝的屏障，而是联系两者的途径，两者在根本上就是连续的、一体化的。怀特海（Whitehead，1861—1947）拒绝相信一个复杂事物的真实存在或本质能通过把它分解它的构成事物而被发现，并把自己的哲学说成是有机哲学，敏锐地注意到西方传统的二元对立的哲学体系和主体性无限制的膨胀是造成西方精神、文化和哲学危机的根源。在其后期的哲学中，他把老子的“道”与自己的哲学引为同调，致力于消解人与自然的对立性关系，并从个人的存在转向整个人类社会存在的哲学思考（宋祖良，1994）。萨特（Sautre，1905—1980）决心要排除哲学在解决本体论问题上陷入各种形式的二元论的缺陷，《存在与虚无》(1943) 一开头就提出要“消除一些令哲学棘手的二元论，代之以现象的一元论”。萨特企图通过他的“现象学的本体论”摆脱把本质和现象、主体和客体对立的二元论。

二、现代哲学的人本主义思潮

从 19 世纪中叶开始，西方哲学内部逐步萌发了一股对理性至上的反抗浪潮。叔本华（1788—1860）和尼采（1844—1900）宣称“意志就是最高存在”，抨击理性主义，认为鼓吹理性万能是一切谬误的根源，从而为 20 世纪非理性的人本主义哲学奠定了基础。柏格森的生命哲学把生命的冲动、延绵看作是最真实的存在和万物的本源，认为生命之流不能用经验或理性的方法去把握，而只能用非理性的直觉来把握。以克尔凯戈尔、海德格尔、萨特为代表的存在主义哲学反对传统哲学的泛理性主义和对真实具体的人存在的忽视，强调“存在就是个人存在，真理就是主观性”。

人本主义思潮的产生有其客观必然性也存在其合理性：①以非理性主义代替理性主义，一反欧洲哲学主流的理性精神，对人及其主体性的负面——非理性、意志冲动、欲望、直觉意识等哲学揭示，有助于形成“完整人”的观点，也有助于理性的、科学的人在克服自身局限中得到实质性的发展。②以生命存在代替非生命的物质，提高了生命在哲学研究中的价值和地位，为后来的环境哲学和生态哲学的兴起作了铺垫。③以人为中心的形而上学代替以物为中心的形而上学，注重人的价值、人的尊严、人的自由，为传统的人文主义提供了思想基石，也为当代新人文主义的发展和人的革命作了准备。④萨特构建的以人自身存在为中心的世界图景——整个世界存在的外圈是自在存在，中圈是工具性存在，核心圈是人的自为存在，具有深刻的人与自然观价值。然而，人本主义的极端化发展——牺牲理性，强调意识、意志、直觉高于理性知识，以人本主义否定科学主义、把人的世界与物质世界割离、绝对自由和个人自由的无限制张扬，又把哲学导入了另一个误区。

三、现代哲学对科学主义和技术主义的反省

促使现代哲学对科学主义反思的因素有三：一是自然科学研究方法在哲学研究中受阻；二是现代科学体系内部的缺陷；三是科学技术应用中逐步暴露出的负面影响。这方面影响较大的有胡塞尔现象学派、海德格尔的存在主义、法兰克福学派。

胡塞尔（Husserl）晚年十分关注“生活世界”的危机问题，认为哲学必须抛弃对科学样板意义的盲目信任，“作为科学的、严格的、精密的、确实具有必然真正的科学的哲学，是我们现在已觉醒了的一场梦”。胡塞尔认为，崇尚实证主义、科学万能主义是造成欧洲科学与人的双重危机的根源。对现代科学主义隐含的问题提出了批评：科学堕落成纯粹事实的非哲学研究；科学已坚定地远离人类的生活基础，已经从总体上失去了对人的生活的重要性，特别是对生活目的的重要性。胡塞尔呼吁，必须对科学提出伦理要求，科学活动与实际生活领域的联系必须有意识地被建立（郑杭生，1988）。

与尼采一样，海德格尔被看成是后现代性早期的代表人物。海德格尔认为，“时下人道主义的危机，是因为用人性取代上帝作为宇宙的中心，人们把自己当用万物的尺度。”对海德格尔而言，出路在于我们与环境妥协；既不是形而上学，也不是人道主义，更不是技术成为生活的基础（大卫·莱昂，2004）。

对科学技术进步条件下人与自然关系的考察是法兰克福学派“新马克思主义”人地观的一个主要内容。霍克海默（Max Horkhermer，1895—1973）在《启蒙的辩证法》中讨论了科学技术进步对人与自然关系的影响，其要点为：启蒙的目标或动机是借助知识确立人对自然的主权，启蒙并不把自然作为人和解或协调发展的对象，而是当作褫夺和统治的对象。启蒙是极权主义的，它要求自然服从人的统治或支配。这种对自然的主权的启蒙精神在培根那里得到了充分的体现。随着理性与技术结合为工具理性并逐步获得了支配地位，它把普遍性和单一性强加给自然，人终于获得对自然的实际支配。然而，对自然的控制最终导致人对人的控制，这正是启蒙自身发展的不可抗拒的逻辑。在《理性之蚀》中，霍克海默认为，西方文明以三重统治为特点：第一，对物理自然的统治；第二，人对人的统治；第三，人对自然的统治。这三个过程是历史地、内在地交织着的。尽管法兰克福学派对科学技术进步的评价存在过激和偏漏之处，但也提出了不少合

理的见解：科学技术进步最初预设的目标和动机应予以改变；人与自然的关系不是统治关系，而是平等、共同发展的关系。

四、全球性问题哲学：由传统的道德价值观向全球意识的道德价值观转变

全球性问题的出现使人与自然的关系重新成为研究的热点，哲学的对象、功能研究方法和课题再次形成重大调整：从抽象的自然、整个自然界转向人类生存环境，哲学提升到在全球体系这一框架尺度下，直接从属人世界与自然世界的关系中研究世界观问题；从人的精神发展、自我完善、价值体现转向人类最基本的、最迫切的需要；从个人的存在转向人类社会的存在，转向人类社会及其赖以生存的环境为共同存在；从分崩离析的各种哲学流派——存在主义、新托马斯主义、实证主义、解释学、现象学、结构学逐步地转向应用哲学，转向综合一体化哲学。哲学研究视角的上述变化进一步加速了由传统的人的概念向以人与自然相协调为最高目的和理想境界的当代人与自然观转变。

伦理学发展的历史延伸——从个人价值观、社会价值观向全人类价值观和全球价值观升华。当代哲学认为，全球性问题的产生同传统的产生方式及其世界观特别是价值观念有深刻的联系，这一共同的认识加速了传统价值观的根本变革。17 世纪，洛克声明了每个人不可剥夺的权利的神圣不可侵犯性，这些权利主要有：生命权、自由权、财产权，并将人的幸福建立在对自然的否定、征服的基础上，洛克的思想成为启蒙运动的个人价值系统的基础。针对个人价值系统和社会（国家）价值系统的矛盾与冲突，霍布士、洛克、卢梭力图通过“社会契约”来解决“个人与社会”制约与均衡问题。卢梭的社会契约可表述为“我们每个人把自己的人身及全部力量共同置于总意志的最高指导下，而我们以法人的资格把每个成员理解为整体的不可分割的一部分”（罗素，1982）。稍后，美国独立宣言和法国大革命宣布了“自由”、“平等”、“公正”，奠定了全人类价值信念的基础。当代人类在继续面临个人、社会（国家）、全人类价值系统之间的矛盾冲突的同时，以“人与自然整体”为同盟的“全球性意识”、“全球性契约”的建立上升成为哲学家、社会学家、政治学家必须解决的基本问题。

全球性问题冲击下的人类存在方式的转变和价值坐标的重定，自从施韦兹和莱奥波尔开创生态伦理学和环境伦理学以来，当代哲学就围绕价值这一基本问题展开了激烈的争论。集中反映了两个方面：一是关于道德、价值的范畴和尺度问题。一派认为必须从传统的价值道德体系中彻底超越出来，主张把伦理学的对象从人与人或人与社会关系领域扩大到自然界，即把人类的权利观、道德观、价值观推广到人地共同体中去；另一派否定人与自然存在伦理关系，但同时也承认必须进行传统道德价值观的改革，即通过人的内在价值和外在价值的统一协调来解决人与自然的冲突。二是关于传统哲学和全球性问题哲学中的道德原则、规范和

标准问题，包括：人类价值与生态环境价值的冲突与协调问题；个人权利、人类权利和自然界权利的权限问题；不同文化形态的价值道德观与全人类道德价值、全球道德价值之间的矛盾对立和利益统一问题。

本章小结

基于属人世界与自然世界这一基本关系的认识及其认识矛盾的发展，西方哲学对人与自然的认识经过了相互交错叠置的三次分裂和三次统一：从本体论出发，研究自然万物本源到自然物质世界与超自然精神世界的对立到法国唯物论者统一于物质；从认识论角度，研究认识与对象的统一性开始到感性与理性、思维与存在、观念世界与现实世界的对立到德国古典哲学的辩证唯心观的统一；从人本学出发，研究人与自然的统一到人与物、主体与客体的对立，逐步发展到属人世界与自然世界的现代系统哲学观的统一。哲学的发展提供了对人与自然关系的认识方法和解决问题的途径思考，极大地丰富了人与自然的哲学内涵。在近现代西方哲学思潮波澜壮阔的发展过程中，存在着多种流变的人与自然观念，但处于支配地位的范式主要有五种：一是中世纪神学的人与自然观；二是笛卡儿-牛顿的二元的、机械的经典世界图景；三是法国的机械唯物主义观；四是德国古典哲学辩证唯心观；五是正在构建中的生命-有机哲学、全球环境哲学、整体性哲学。

第七章　现代科学观：对统一世界图景的进一步揭示

自从科学作为人类独立的理性意识得到发展以来，科学就以揭示世界图景为己任。科学世界图景是关于世界存在形式、运动变化及其相互作用等基本规律的总的看法，由于涉及物质观、运动观、时空观、因果观、规律观和相互作用观等基本概念和问题，成为人与自然观念构成与转变的重要因素。在一定阶段，各门基础科学所揭示的世界图景是相对稳定的。随着科学认识的不断深化，世界图景又是在不断发展着的。当这种发展超越了原有的框架时，则标志着旧的世界图景的崩溃和新的世界图景的出现。现代科学的发展，特别是物理学、生物学、现代系统科学和数学的发展，极大地拓展了人类认识的疆界，深刻地改变了人类的思维模式和对世界的认识图景。

第一节　相对论-量子论的世界图景

现代物理学的两大基础理论——相对论和量子论的创立从根本上动摇了笛卡儿——牛顿的世界图景的基础，实现了人类认识史上的根本变革。

1）绝对时空观为时间-空间-物质的统一观所否定。相对论揭示了物质的质量和能量的内在联系，时间、空间与物质及其运动的统一性和相对性，突出了参考系在认识中的地位。狄特富尔（1993）等主编的《人与自然》一书中导言中说："真正应当归功于爱因斯坦的知识却在于，他发现了时间过程取决于观察者的活动状态以及时间与空间的内在关系。"

2）以原子为世界最小基石的物质观为场与实体、实体与关系统一的现代物质观和关系实在观所代替。相对论以场论为基础，强调了场的物质形式，改变了过去场是场、实物是实物的物质两种对立状态，填补了连续的场（具有连续性、叠加性）和不连续的实物（具有间断性、并列性和不可切入性）之间不可逾越的鸿沟。波粒二象性显示：实物和场的区别是相对的，两者存在不可分割的联系，都是物质系统存在的基本形态；实物和场在一定条件下可以相互转化。实物的广延性表明它也具有连续性特点，是连续性的间断；场的量子性表明它也具有实物的粒子性和间断性的特点，是间断性中的连续性。量子力学的实在观表明：关系是实在的。这种客观的、确立的关系可以借助统计定量加以预言；实在是关系的实在，不存在孤立的、可与统一的世界整体相分离的实在，只有在通过与周围环境的关系构成中才表现出相对实在性（包括潜在实在和现象实在）。加州大学的斯塔普认为，“一个基本粒子并不是独立存在的、不可分解的实体，实质上它是一组向外达到其他事物的关系”。在某种程度上，关系先于关系者。物质的本性不再是固有的、先验的、与环境参量无关的。正是关系使物质性质从潜在的多种可能性择一实现。伊·普利高津（1986）认为，西方经典科学强调的是实体，注重的是把对象分解为各种实体粒子来研究；而中国的传统哲学思想强调的是关系，注重研究的是整体关系的协调和协作。西方的科学传统和中国人文哲学传统相结合，将达到一种新的综合，“导致新的自然哲学和自然观”。

3）绝对的主客二分性观念为主客互渗、人与自然相互作用的观念所代替。爱因斯坦的相对论、海森堡的测不准原理表明，不管是宏观域还是微观域，物质的状态、属性和性质是不同参考系或不同实验仪器上的相对表现。人类认识过程和实践活动中主客体不可分割性表明，不存在绝对的、纯粹的客观性，主客之分不是绝对的，人不再是自然现象以外的独立主观者，而是连同他的创造（工具仪器）作为自然界的一部分参与到自然中去。人类通过对环境条件的选择、调节和控制活动把主体性切入到自然的运动变化中。正如尼尔斯·玻尔（1962）所说：“在生存的舞台上，我们既是观众，又是演员。”

4）同一实在对立的或独立的范畴模式为互补观、动态观所代替。玻尔由粒子波动二象性得出了互补原理，他把粒子现象和波动现象看作同一实在的两种互补的描述，每一个仅仅是部分的正确，并且应用范围有限，都是只适应于测不准原理所确定的限制范围内，即成对的互补变量以相应消长（量上的或确定程度上的）为代价，以动态的关联方式存在。玻尔的互补观与中国的“太极图”思想具有异曲同工之效，玻尔对他的互补性概念和中国的阴阳概念的接近深有体会，以致他把阴阳作为他的标记。互补的观念已成为探索大自然的重要思想方法。

5）严格的、精确的、单因果的决定论为统计的、相互作用的因果观所代替。古典力学把自然客体由一种实在状态到另一种实在状态的过渡看作是连续的、绝对必然的过程，遵循拉普拉斯决定论的原则。这种严格的决定论认为，任何一个系统只要知道它的初始状态，就可以推断出它随时间变化所经历的一系列状态。量子论表明，量子过程是不连续的、不可分的跃迁过程。机械决定关系只是事件过程的一种特例，我们不可能绝对预言出原子现象（或推广为其他自然现象）将在何时、何种位置、以怎样的方式发生，在不能精确地知道这些联系的条件下，只能预言它的概率。原因仅仅确定着一种统计趋势。

6）精确确定、自身固有、唯一的世界概念被不完全确定的潜在世界所代替。根据量子概念体系，物质的性质或状态并非以精确确定的形式单独存在于给定客体中，而是一些不完全确定的潜在可能性，这些潜在可能性仅仅在与环境变量系统（如测量仪器）的相互作用中以较确定的形式表现出来。由潜在的量子性质进而可推广为潜在的可能世界。现实世界状态是潜在世界在一定条件下的实现，这种可能性的实现概率依赖于客体本身，也依赖于主客体的相互作用，同时遵循着概率定律。对此海森堡指出，自然只是一种潜能，由于主体的介入才使潜能的某一成分变为现实。

专栏 7.1　地理边界的不确定性

地理边界是地理学的一个基本概念。边界具有过渡性、模糊性、不确定性和划定的“主观性”。边界的这些特点一度使边界确定的科学性受到置疑。流域这一概念是指河流或支流的集水范围。然而，边界长度随比例尺不同而变化，严格精确意义上的边界却无法划出来，从最准确定义出发而导致了不确定性。

7）独立的、可分离的要素组成的外部实在概念为世界是一个不可分的整体观所替代。贝尔定理所揭示的量子关联性表明，宇宙在宏观上分离的诸部分显示出一种“不可分离性”，表现出“宏观整体性”特征。量子关系的整体性揭示出，任何一个要素的行为都是由它与整体的非局部联系所决定的，世界不能被分解还原为独立存在的各种要素。分离要素的出现仅作为一种经典极限，不存在独立的实体，只能通过它在整体中的相互关系来确定正确的抽象或近似。

专栏 7.2　相对论-量子论的世界图景与地理世界

牛顿经典力学世界创立与兴盛时期正值古代地理学向近代地理学转型、近代地理学建立与发展之时，近代自然科学的成果和力学世界图景无疑对地理学思想有重大影响。尽管牛顿绝对时空观因与地理学的内涵不相容而被扬弃，然而基本的思想，如规律的不变性、绝对性、唯一性、纯因果性等，至今仍影响着地理学。地理学与现代科学所揭示的世界图景的结合尚显得滞缓。值得特别关注的是，量子力学在微观世界上所揭示的属性特征在地理学的宏观世界中得到充分展现，这为地理学研究世界图景提供了“地理学早已有之而又苦于缺乏科学理论支撑”的全新诠释：人与自然、地理实体与地理关系、地理实体与地理场之间互渗互透、关联互补；地理区域由不连续的各种地理实体与具有连续性和叠加性的地理场组成；“现存”与“潜存”、“在场的”与“未出场的”、“可经验的地理事象与隐藏的结构关系”共同构成了地理世界的“共时性”、“历时性”、“共存性”的整体，现实的地理世界（图景）是潜存的地理世界中众多的或无穷的可能性中择一实现，偶然性和随机性是地理世界的本质特性；地理要素特性是由地理环境整体的非局部联系决定的，区域独特性本身就蕴涵于区域关联之中；地理实体与地理关系、地理实体与地理场、地理存在与地理潜存的不同组合与复杂关联成为地理环境多样性、差异性、整体性的关键所在。

第二节　进化论-生态学的有机世界

进化论和尔后的生态学始终是近代科学和哲学发展的重要思想源泉。协同进化、网络联系、自组织和协调共生为现代科学思想的又一特征。自然及其生物是一架机器的观念日益为系统生命观所代替。

1）进化观。拉马克、达尔文的进化论揭示了世界是一个不断进化的系统，在这个系统中，复杂结构均是从简单的形式发展而来的。世界朝着不断增加复杂性和多样性的方向进化。现代进化论进一步表明，生命系统生存的单元不是物种、亚种这些实体，而是有机体和环境及其相互作用中所采取的组织模式。生命系统是个体与群体、生命有机体与环境的共同进化，表现为同一进化过程的两个互补方面。

2）有机体自组织观。生命系统的自组织功能——自我维持、自我更新、自我超越、适应、改造、反馈、平衡，打破了封闭物理系统熵增的、无序的"热寂"发展方向，使生命系统从无序演化为有序，趋向越来越复杂的有秩状态。

3）非线性因果观。生命系统的状态受制于生物体自身和环境多变量的规定，其状态过程既表现为稳定性和可重复性，又具有偶然性和随机性。在生命系统的演化过程中，偶然性自身可以转化为一种必然性。生命系统的这一特征超越了经典物理学线性关系范式和绝对必然性。有机组织系统的偶然性和必然性以一种相反性质的互补的方式而存在，其发生的可能性满足统计规律。作为开放系统的生命有机体通过与环境的密集交换来维持系统的运行。生命系统的非线性网络关系表明：任何一种严重的干扰都将会对系统产生联动效果，而且很可能遍及每一个系统，甚至被内部的反馈机制加以放大。在这里，隐含变量的非局部机制取代了古典物理学的局部机制，非线性因果关系取代了线性因果关系。

4）层次结构观。生态系统是一个具有不同等级层次结构和时空尺度的系统。各层次（或子系统）既表现为相对的自主性和起作用的规律，同时又以其相互联系、相互依赖的整体性关系为存在前提；子系统既保持作为一个更大的整体的部分的整体化局势又保持自主性的趋势，既体现整体的从属特性，又体现部分的独立特征。在一个系统层级上的秩序正是另一个更大层级上的自组织结果（弗里乔夫·卡普拉，1988）。生态系统显示出了与量子力学相同的特性：整体决定了要素的行为和特征，而不是经典力学中要素的行为和特性决定整体的行为与特征。

5）协调共生观。现代生态学表明，生态系统存在竞争、抗生、颉抗、共生等关系，而共生关系构成了生命系统的基本关系和核心内容。竞争只有对于对立方面及其整体系统总体来说有利，才能得以持续存在，竞争关系存在于更高层次的合作背景之中。因此协调共生是生命系统的主要特征。

6）生命地球观。地球生物圈是由生命控制的动态系统。地球不同于其他星体的特殊性在于它是一个靠生命捕获、转移和储存太阳辐射能，靠生命过程驱动地球表层物质循环，靠生命来调节控制和保持它远离平衡状态的开放系统。地球表层系统是一个生命系统，保护地球上生命是保护地球环境的关键。

第三节　现代系统科学的系统性和复杂性世界

在科学技术飞跃发展的冲击下，在科学和哲学领域内崛起了一大批崭新的学科、思潮和观点，以期解决世界现在及其向未来迈进中面临的挑战和问题。现代系统科学理论和复杂性理论——系统论、控制论、信息论、耗散结构论、协同学、突变论、超循环论、混沌和分形理论等一系列理论，正是在这样的历史背景下应运而生。现代系统科学的概念、理论、原则和方法日益渗透到科学、技术、管理体系的各个领域，成为现代科学、技术和哲学整体化、综合化趋势的重要工具。原苏联学者茹科夫称，控制论和系统论继相对论和量子力学之后，又一次“彻底改变了世界的科学图景和当代科学家的思维”。系统科学产生的思想和方法的变革主要体现以下几方面。

1）世界由物质和能量组成的古典观念让位于世界由物质、能量和信息三基元组成的新观念；要素（子系统）与整体（系统）、系统与环境独立分割的观念为密切联系、等级转换观念所代替；结构与功能割裂的观念为结构（表示系统的空间特征）与功能（表示系统的时间特征）统一不可分割的观念所代替。

2）有机自组织系统超越了封闭物理系统的属性规范，具有控制、反馈、调节、改造、适应、学习、创新等自组织功能。这表明了生物的生命创造力，突出了人类系统的目的、意志、主体性在世界构成和变化中的作用。

3）渐变的、可逆的、平衡的运动观为涨落、震荡、波动、分叉、突变、超循环和远离平衡状态的演化模式所补充；稳定的、对称的、无序的结构模式为亚稳定态、破缺的、有序的结构模式所深化。

4）简化论-还原论为系统观-整体观所补充。自然界的统一是多样性的统一，多样性、复杂性的世界观念取代了把复杂的客观世界归结为简单的物质要素（或运动、现象）的思想。整体论（holisme）认为，世界的存在是一种整体性、不可分割性的存在，整体常大于部分之和。现代系统分析研究方法超越了分析-还原法的固有界限。

5）必然性、确定性、决定性的简单性世界为偶然性、随机性、不确定性的复杂性世界所更新。当代生物学、天文学、地球科学、系统科学、数学以及经济学和社会学等对偶然性、随机性日益关注，复杂性理论成为当代科学的前沿领域。一系列概念：分叉、突变、远离平衡、混沌、临界状态、熵、非线性系统、自组织系统、蝴蝶效应、初始条件的灵敏性等都与复杂性有关。可逆性和决定论只适用于有限的简单情况，而不可逆性和随机性却占统治地位出现在世界之中：

> 偶然性在宇宙学、天体物理学、生物学等各种不同领域占有一席之地。现实世界不再仅是适用于特殊条件的自然定律决定的，而且也因为一连串历史偶然事件而定型并创造出来……简单的因果关系不再合时宜。结果的大小不再与原因的强度成正比，一现象对初始条件非常敏感，以致初始微小的改变会引起系统非常大的变化（郑春顺，2002）。
>
> 我们对自然的看法正经历着一个根本性的转变，即转向多重性、暂时性和复杂性。长期以来，西方科学被一种机械的世界观统治着，按照这种观点，世界就像一台庞大的自动机。而今天，我们认识到我们是生活在一个多元论的世界之中。确实有不少现象在我们看来是决定论的和可逆的，但也存在许多不可逆过程。显然，除了决定论的过程之外，肯定还存在一个概率的因素，包含在某些基本过程中，如在生物的进化或人类文化的会变中。我们正越来越多地觉察到这样的事实，即在所有层次上，从基本粒子到宇宙学，随机性和不可逆性起着越来越大的作用（伊·普利高津，2006）。
>
> 不确定性总是伴随我们，它绝不可能从我们生活（无论是个人还是作为社会整体）中完全消除。预测长期的未来是一件危险的事情，很少能做出与现实非常接近的预言。随着未来的逐渐展开，需要做“中期方案”修正以便考虑到新信息和新发展。不确定性，远非前进的障碍，它实际上是创造性的强烈刺激因素和重要组成部分（波拉克，2005）。

专栏 7.3　偶然性与偶然性的地理世界

地球表层系统是复杂巨系统，不确定性、非线性和偶然性是地理系统的基本特性。然而，地理事件发生的偶然性和地理空间生产的偶然性并没有引起地理学家们的足够重视。相当多的地理学者或规划师，其思想观念的深处仍然是对揭示"决定性和唯一性规律"或"科学的正确的空间规划"的渴求。传统的地理学研究习惯于将现实的地理世界看成是"某种必然因果线性联系的结果"，寻求一种决定论的因果解释。古典区位论基于系列假设前提，建立了理想模式，尔后行为主义通过行为决策偏好对其进行修正。而现实是，任何企业（或其他地理事象）在某一空间的诞生是众多潜存可能性中偶然的择一实现。也就是说，地理事件在从潜存变为现实过程中偶然性起着重要作用。一旦某一企业（或其他地理事象）由潜存变为现实，就可能在路径依赖、自组织和系统内部、环境关联作用下发展演变。期间，偶然性仍在起着作用。地理学工作者需要适应并利用不确定性，理解不确定性在复杂的时空中发生的方式，并对不确定性做出评估。

6）现代系统科学从方法论上突破了自然科学和社会科学研究理论方法的割裂和巨大鸿沟。普利高津的耗散结构理论认为，系统通过从外界环境取得负熵流的方式来补偿本身内部的熵增趋势，从而维持了远离平衡态系统的有序发展，这样普利高津在不违反热力学第二定律的条件下，把物理世界的规律与生物有机界的发展规律统一起来。维纳的控制论则突破了机器、生命、社会的界限，揭示出其中存在着共同的控制和信息的一般规律。现代系统科学为重建人与自然的新同盟提供了崭新的思想和方法工具。

专栏 7.4　复杂性理论与地理学

在 20 世纪 70 年代之前，对复杂性的系统化理论研究甚少。尔后涌现了耗散结构论、协同论、超循环论、混沌和分形理论等处于科学研究前沿的一系列的新理论。与之前的简单性（相对于复杂性而言）理论相比，复杂性理论因更贴近世界现实而成为科学研究的重要理论工具。耗散结构理论研究自组织出现的环境条件——开放系统与外界熵的交换、远离平衡态、非线性相互作用、正反馈机制和涨落；协同学研究自组织的动力学机制——系统各部分之间是如何协同作用的；突变论着重从数学抽象的角度揭示系统状态随外界控制参数连续变化而发生的不连续变化理论；而分形学和混沌学理论主要是从"时空序"的角度来解决自组织的复杂性与图景。它们所构成的复杂性理论具有很好的逻辑一致性。地理学的研究对象——地球表层及其不同尺度的地域系统属于典型的复杂系统。传统的区域分析-综合方法因其内在缺陷而使区域研究限于定性描述和分析；而地理事象的整体性与关联性使得用单纯的还原论方法处理失效；采用逻辑实证主义那种抽象的脱离物质环境的空间研究又抹杀了地理环境的多样性与差异性。复杂性理论更适合地理学研究对象的特征。尽管目前复杂理论尤其是其方法论还处于发展时期，但无疑复杂理论将是地理学研究的重要理论工具。

本章小结

随着牛顿-笛卡儿的简单的、可逆的、机械的、决定论的世界图景让位于动态的、整体的、不可逆的、随机的、复杂的世界图景，在现代哲学、现代科学和现代文化思潮的交汇作用下，传统人与自然观的基本范式正经历一场深刻的变革，其内涵得到进一步的丰富和拓宽。处在一种过渡、发展和构架阶段的现代人与自然观念，其转变趋势和基本特征可概括为以下六个方面：①从人类与自然的二元对立割裂的机械观转向于人与自然的整体系统观，自然不再是一架由许多互不相关的粒子所组成的机器，而是一个动态关联的、不可分割的整体。②从人类无限制膨胀的需求、扩张、掠取、征服和斗争活动转向于强调人与自然之间的响应、收敛、调节共生的和谐观。③从人与自然简单的、被动的、可逆的、线性的和单向决定观转向人与自然复杂的、活跃的、非线性的、不可逆的现代进化观。④从属人世界与自然世界两个对立世界体系转向一体化生成的对立统一的互生观。⑤由单纯的物质实体观转向对关系论、生态观的注重，表现为有机性、自组织性、能动性和创新性以及生命的地球观；由人的道德价值体系转向于强调生态意识、环境意识、全球意识以及人与自然共同体价值体系的构建。⑥由局部的、民族的、文化形态域的人与自然地观向全球观转变。

对全力推进“科学化”的近现代地理学来说，近代地理学一直深受笛卡儿-牛顿的世界观和方法论的影响（其他科学也一样）。从 19 世纪中期的洪堡和李特尔那里我们看到探求“决定性的因果规律”的信念与揭示“空间地域的秩序”的热情。在逻辑实证主义的助推下，这一趋势一直持续到 20 世纪 50～60 年代的计量革命、空间科学运动、行为革命。事实上，早在热力学建立之时，就表征着一种新的“世界图景观”正在构建。毫无疑问，相对论-量子力学、进化论-生态学、现代系统论-复杂性理论、现代数学和哲学所揭示的“世界图景”和所提供的方法论对现代地理学的发展产生重大影响。然而，从整体上看，地理学尤其是人文地理学与现代哲学和社会科学的结合更为深入而富有成效；地理学与现代自然科学、系统科学、数学的结合尚处于一种浅层次的结合中。这一特点影响了地理学的发展深度，也决定了地理学的发展前景更需要与现代自然科学和系统科学的深度交融。

第三篇　地理学的发展与地理学思想的演变

地理学的发展是一个连续过程，不可能将其截然分期。依据其不同发展阶段的特点，可大致分成古代地理学、近代地理学、现代地理学三个阶段和若干亚阶段。需要强调的是，世界不同国家和地区地理学的发展并不同步。当中国、穆斯林世界地理学进入中古地理学阶段时，欧洲地理学的发展水平却退回到前“中轴时代”。欧洲19世纪中叶后完成近代地理学构建，我国这一过程则延缓到20世纪上半叶。从地理著作出现到公元4世纪末为古代早期，这一时期，古埃及、美索不达米亚、中国、印度、古希腊及之后的古罗马等古代文明中心均发展了古代地理学。从公元5世纪到15世纪，是地理学发展的中古时期，欧洲进入黑暗中世纪。此时，中国和阿拉伯世界成为地理学的研究中心，中国的地理志、地图、专论从数量到质量都达到了当时的最高水平。15～19世纪上半叶为地理学近古时期，随着启蒙运动、地理大发现、科学革命和产业革命，地理学的视野扩展到全球。从19世纪中叶到20世纪50年代，为近代地理学时期，地理学的两大学科——自然地理学与人文地理学及其分支科学得以构建，地理学思想不断发展，新的理论和方法不断涌现。第二次世界大战以后地理学步入现代地理学，其总体的特征是：全球地理学、统一地理学、高新技术地理学、建设地理学。

第八章　古代地理学思想

当人类原始思维的智慧之光开始闪现时，首先惊畏的是自然和他们自身。从动物那里承袭下来的适应环境和利用环境的本能决定了人类与其生存环境的经验是人类最早的最基本的认知，并通过岩画、神话、传说、宗教、口语而承传。随着文字的出现和文明的发展，地理知识也就成为人类古老知识和学问的重要组成部分。生存发展和适应利用环境的需要以及对日月星辰、风云雷电、河流山川、动物植物和遥远世界的好奇心与探究心，就成为古代地理学发展的基本动力。它在哪里？它是怎样的？在什么时候什么地方存在什么？它意味着什么？它们与自身的关系如何？如何更好地与之适应和利用？问答这些问题也就成为古代地理学的基本任务。而这些问题同样也是近代地理学和现代地理学的核心问题。我们把古代地理学理解为近代地理学出现前的全部时期，这是一个漫长的多元的发展过程。进一步可把古代地理学分成早期、中期、晚期三个阶段。

专栏 8.1　地理学思想的分期

地理学思想分期存在三种不同表述。①大多数学者采用了普雷斯顿·詹姆斯（1982）的三元分期——古典地理学（早、中、晚三期）、近代地理学和现代地理学，如王洪文、杨吾扬、刘盛佳等所著的《地理学思想史》中的分期，但把洪堡和李特尔两人是列入古代还是近代存在争议。②在詹姆斯的《地理学思想史》基础上增修的第四版（2008）中，杰弗里·马丁采用了二元分期——古典时期（旧地理学）和近现代地理学（新地理学）。这一分期有其道理，如果说新的与旧的地理学在内涵、主题、方法存在“范式”变化的话，近代地理学与现代地理学尽管存在主题、技术方法的差异，但似乎并不存在“范式”革命。③保罗·克拉瓦尔（2007）采用了四元分期——古希腊及中世纪和近代初期（与古代地理学对应）、科学地理学与国家学派时期地理学（与近代地理学对应）、新地理学（20世纪60～70年代）、后现代地理学。此外，还存在一种折中分期方案——将古典地理学分成早、中、晚三期，将近现代地理学分成近代、现代和后现代三期。

第一节　古代早期：古代地理学构建时期

人类对环境的经验认识，必然是伴随人类原始思维的出现而同步出现。随着口语的发展，地理知识和早期人类自身的历史是人类口语承传的重要组成部分。可以说，古代早期地理学孕育于人类文明漫长的发展阶段。从知识系统化角度上，古代早期特指地理思想和地理著作出现于世的历史时期的地理学，大体上是奴隶社会的中后期。奴隶制的确立与发展促进了农业、畜牧业、手工业和商业的发展与城市规模的扩大，在早期人类文明积累的基础上，人类文明进入到“古典轴心”时代。

一、古希腊和古罗马地理学思想

（一）古希腊地理学的发展基础与社会背景

上古时期的古埃及人和美索不达米亚人从生产需要出发，发展了几何学、天文学和测量学知识。在地理学中出现了定向、定位和度量地表范围、古代历法的最早原理和方法，成为后来古希腊学术思想的重要源泉。腓尼基人作为地中海地区最早的远洋商人和航海家，把辽阔海域变成各民族经济文化交往的工具，这对希腊人的航海、语言、社会组织形式有着重大影响。在承袭地中海沿岸以及两河流域文化的基础上，希腊人在“古典时代”创造了光彩夺目的希腊文化，成为西方哲学、科学、文化和地理学的摇篮。希腊多样化的地理结构以及依托海上霸权，有助于形成外向、开放、不满足现状的文化形态。众多的城邦和多样的社会生产结构构成了希腊人多样化的地理认识和实践基础。在古希腊时期，社会生产已有了巨大的发展，农业、畜牧业、冶金、航海、商业等都有长足的进步，数学、天文学、地理学、医学以及冶铁术、建筑术等实用技术、理论知识和自然哲学均取得突破性成就。

古希腊地理学产生的序曲源于荷马史诗，并诞生了爱奥尼亚地理学。早期的地理学与古希腊人对外进行的殖民活动的蓬勃兴起有关，对外进行殖民活动使古希腊人产生绘制已知世界地图的需要，记录了大量的所见所闻，包含了丰富的地理知识，如海岸的性质和形状、海峡、半岛、港湾及其深度、河流入海口的形态、沿河上溯直到大量居民点的距离以及通航状况、港口特征、海岸腹地景观甚至是动物植物区系、火山现象和居民习俗等，这些成为古希腊描述地理学的基础。古希腊时期，人类知识处于早期的统合阶段，地理学与自然哲学、文学、数学、史学和天文学交融一体，成为希腊学者广博思想的一部分。

（二）古希腊地理学的传统

希腊和罗马地理学关注于五个方面的主题或传统。

1）自然哲学。古希腊哲学家因其对自然的关注，都可看成是地理学家。正是哲学家试图解释地球的大小和外貌，才促进了地理学和地图的发展。希腊人提出的诸多自然哲学思想长期对西方科学、哲学和文化构成重要影响：①原子论。米利都学派对世界的构造进行了思考，把世界多样性统一于特定的物质。②秩序论。希腊人认为，世界是一个有秩序的、相互联系的整体，存在特定的结构、法则和因果联系。③目的论。柏拉图（Plato，427—347BC）认为世界被创造时是完美的，尔后逐步衰落；亚里士多德（Aristotle，384—322BC）认为世界一直向着完美方向演进。柏氏的衰落悲观论与亚氏的进步乐观论在当代全球资源环境问题的争论中再度形成对应的两种版本。

2）地球与宇宙学。地球与宇宙学是希腊地理学最主要的一个传统，这一传统通常与数学形成紧密联系。相当多的学者对地球形态结构、山川河流、气象气候等进行了思考：①泰勒斯（Thales，640—540BC）被誉为“希腊哲学、几何学和天文学鼻祖”。他认为日月蚀现象不是神意，而是受“自然法则”支配；提出万物由水构成和“陆地浮于海”的学说；用几何方法测量、定位地表事物的位置和面积；依据埃及、巴比伦的天文学，指出地球为球形。毕达哥拉斯认为万物都是数构成的，从数的美学角度，想象地球为圆形。②泰勒斯的弟子帕曼尼得曾将地表分为热带、两个温带、两个寒带，为最早划分五个气候带的学者。③柏拉图和亚里士多德两位希腊哲学大师分别用演绎法与归纳法进行推理，是集希腊哲学和古代宇宙学大成者，对西方地理思想的发展有重要影响。柏拉图依据逻辑对称的完美性，认为球形的地球是宇宙的中心。亚里士多德从实验材料和实地观察中进行归纳，证实了大地球形说，创立气象学一词，在《气象学》一书中提出“居住适应地带说”，即地球上人类居住的适应范围同纬度有关。④托勒密（Ptolemy，90—168）的《大综合论》中天体运动思想源于亚里士多德的“地球中心说”，后被教会利用，至17世纪哥白尼的“日心说”出现后才被推翻。《地理学导言》是托勒密的另一名著，但问世后不久就被遗忘，直到文艺复兴时才被“发现”，1475～1704年再版50次，长期成为关于宇宙和地球知识的源泉。

3）测量和地图学。几位重要学者推进了地图学传统和的发展：①泰勒斯的弟子阿那克西曼德（Anaximander，611—547BC）是希腊最早制作有比例尺和南北标志地图的人，他将苏美人的地图加以改变，绘制成为以希腊为中心的世界地图。由于阿那克西曼德的工作，其后“爱奥尼亚地图”被推出而在古希腊广泛流传。②埃拉托色尼（Eratosthenes，276—194BC）系统地提出了采用经纬网格编绘世界地图的方法，全面地改绘了爱奥尼亚地图。他以精确的测量为依据，将得到的所有天文学和测地学的成果尽量结合起来，因而他所编绘的世界地图不仅在当时具有权威性，而且成为其后一切古代地图的基础。③托勒密（Ptolemy，90—168AD）提出了圆锥体投影法和球面投影法两种新的更为精确的制图投影法，成为近代地图学的渊源。

4）方志和区域地理学。方志和区域地理学是希腊地理学又一重要传统，这一传统以文学描述方式表现出来。区域研究的传统与发展归功于众多学者的努力：①荷马（Homer，公元前9～8世纪）根据流传的故事编写出两大史诗——《伊利亚特》和《奥德赛》。尽管诗中真实与神话、臆想混杂，但其中涉及对地中海及沿岸的山川、草木、岛屿、聚落、风向的变化、气候类型等的记载，因此荷马被希腊人看成是记述地表的先驱。②如果说泰勒斯等可看作地理学中数学、理性探索传统的创始人，那么，赫卡泰（Hecataeus，550—475BC）被认为是区域文学记述传统的创始人，其所著的《地球的描述》一书已出现“新地理（学）”一词。赫氏重视地表和描述，力主收集材料，组织材料、区分材料，划分当时世界为欧、亚、非三洲，开西方区域地理和地志学派之先河。米利都学派的上述两大传统可称作寻找普遍规律的方法和描述独特事物的方法。在尔后的时代，许多学者坚持地理学研究必须采用这种或那种治学方法，很少遇到主张两种方法同时应用的人。③希罗多德（Herodotus，484—425BC）被西方认为是“人类学和历史学之父”，著有《波希战争史》一书，因大量涉及自然与人文描述同时也被看成是区域地理著作。希罗多德环行过小亚细亚沿岸和黑海北部沿岸，由于对尼罗河的实地调查而建立山河变迁理论，创“陆是海之始，海是陆之末”之说。由尼罗河的泛滥周期指出气候的影响和季节的轮转，并发现气压与风向的关系。希罗多德被推崇为一个极为古老思想的创始人，即全部的历史都必须用地理观点来研究，而一切地理也必须用历史观点来研究。④埃拉托色尼（Eratosthenes，275—193BC）被西方地理学家尊为“地理学之父”。埃氏应用几何学测定两地距离以及纬度，推论出地球周长，给定了地球上五带的纬度位置，首创“地理学”一词，著有《地球大小的修正》和《地理学概论》。《地理学概论》包括三卷，第一卷叙述了地理学的发展，广引各家的说法加以评论；第二卷论地球大小、海洋、气候带和居住范围；第三卷为居住地区的地志。埃拉托色尼在很多方面把地球作为人类的家乡来研究，是古代地理学时期少有的在数学地理学、地图学、区域地理学均卓有成就的地理学家，埃拉托色尼的地理学著作和成就标志了古代希腊地理学的最高峰的结束。⑤斯特拉波（Strabo，63BC—20AD）著有43卷《历史学》，后来开始专攻地理学，完成17卷《地理学》，是当时区域地理的代表作。他认为地理学并不只是研究一个地方的形态、大小，还需要研究它们的相互关系，指出一个地区具有自然条件和人为条件，前者是不变的，后者是不断变化的。斯特拉波注意到地形、气候对当地居民气质的影响，认为研究地理学是哲学应有的课题，指出地理学对政治家及从政者的重要性和价值。斯特拉波指出“博学能使地理学者独立承担一项地理学工作成为可能”。

5）人地关系。希腊人的本体论观念是自然重于人文。希波克拉克（Hippocrates，577—460BC左右）著有《空气、水和地方》一书，认为气候是影响人类身心、活动的主要因素，同时也影响土地的生产力，可视为西方环境论的先河，这些观点一直到18世纪以后才被理论化和系统化。在柏拉图的《理想国》和亚里士多德的《政治学》中，均表现出对城邦国家形成、发展的人与土地因素的关注，并讨论土地、城市地点选择以及城邦的适度人口问题。根据土地和财产状况，柏拉图认为城邦的最佳人口为5040人，这一思想后来成为适度人口理论的滥觞。亚里士多德是希腊时代少数注意人文事象的学者，因此也影响到他的弟子。其学生狄卡查斯（Decaerchus，390—250BC）著有《世界记述》，描绘出人类在地表居住的范围，讨论人类生产和土地的关系，并指出这种方式是随文化发展阶段而逐渐变化的，由采集、渔猎进而游牧，再发展到农业以至园艺业。

（三）古希腊和罗马时代地理学思想评述

总体上看，希腊地理学有如下特点：①西方文明源于希腊，而希腊文明则源自地中海沿岸和两河流域，通过希腊人敏锐的思考力而发扬光大，对以后地理学的发展和地理观念的建立影响极大。罗马时代的地理思想因罗马帝国征战需要，对人种、移民、社会、风俗特别注意，地理学重叙述、实用而少理论。②希腊时代的学者们的思想范围限于天体运行、水陆关系、地球形状、温度带域、几何测量等几项重大事象上，多偏重于天文和地表自然现象的描述与解释，对人类生活以及人类在地表形成的现象却较少注意。③希腊时期的活动范围限于地中海周围的南欧、北非和西亚。由于地形的阻碍，各学者皆以都市为中心而形成学术团体，如爱奥尼亚学派以米利都为中心、毕达哥拉斯以克罗顿为中心、柏拉图和亚里士多德以雅典为中心、埃拉托色尼等以亚历山大港为中心，彼此间缺乏充分沟通。④此时的地理学尚处于地理知识初构时期，各家学说大多杂有荒诞不经的臆想，真伪混淆，这成为古代地理学特点的另一表现。对此，保罗·克拉瓦尔（2007）指出：“由于古希腊地理学是在一个与我们非常不同的知识环境中发展，我们必须避免过于热衷于它的成就。”

二、中国先秦时代的地理学

（一）中国先秦时期地理学发展的社会背景

华夏文明孕育于仰韶文化，构形于夏商周时期，成型于春秋战国时代（公元前770～前221年，与古希腊和希腊化时期大致处于同一时期)。到春秋战国时期，传统农业的发展已达到了一定高度，由于农业发展的需要，积累了天气、物候、水文、地形和土壤知识；由于政治军事的需要，发展了地图，促进了军事地理学的发达；由于治理社会的需要，由农业文化孕育出传统的人伦观和人地观念。这一时期农业、手工业、商业、城市达到了相当高度的发展，冶金、酿造、陶瓷、纺织、水利、建筑、医药均有长足的进步，文化领域“百家争鸣”、空前繁荣。古代中国文化与古希腊文化同时在世界东西两半球放射出异彩，成为人类精神、文化的重要摇篮。

（二）中国先秦时期的地理学

地理这个术语在我国最早见于《周易》：“仰以观于天文，俯以察于地理”。地理思想散见于众多流传下来的作品中。《山海经》关于中国境内山脉、河流、动植物和矿产的记载，尽管多有荒诞不经、牵强附会之处，但仍不失为我国第一部自然地理著作。《尚书·禹贡》虽不足1200字，却具有极高的地理价值，特别是九州的观念作为一种政治理想更是影响深远。依据地理特征、河流山川、土壤分布和行政区域，将古代中国版图分为九州，分述了各地区的自然条件、人类活动和典型物产，从山川形势、自然景观、土壤分布、物产田赋、交通线路出发，指出了其间的联系和差异，实为世界上第一部独立的综合地理学作品。《管子·地数》涉及土壤、植物、水文、矿产等自然要素及其关系的论述，有诸多自然地理思想的萌芽，在春秋战国百家争鸣的潮流中，《管子》重自然、重实用的思想可谓另辟蹊径。

从现存的古籍来看，先秦地理学的成就涉及了多个方面：①地形知识。《诗经》中就记有山、阜、丘、陵、穴、谷、岵、冈、原、隰等10多种陆地地貌类型的名称，洲、兆、厂、贲、滨、澳、渚、浒、浦等10多种流水地貌类型。《孙子兵法》作为世界最早的系统的军事著作，多处谈到行军作战与地理环境条件，特别是与地形条件的关系。②天象和气象知识。《诗经》中已记录“大火”、参宿、天毕等一系列的恒星。③水文知识。《管子·度地》明确提出天下河流按大小、发源地等划分为五种类型。《山经》则记述了358条河流，粗略地勾画出海河、黄河、淮河、长江各流域的水系分布状况。《吕氏春秋·季春纪》提出水循环的思想。④土壤地理知识。《尚书·禹贡》已经系统地记述了中国的土壤地理知识。《管子·地员》进一步探讨了土壤地理分布差异的部分成因，提出“凡草土之道，各有谷造，或高或下，各有草土”的思想，表明植被与土壤的分布各有一定规律，而且土壤随地形的高下而有不同的垂直分布。⑤生物地理知识。《诗经》记载植物130多种，不但知晓不同地区有不同植物分布，而且已了解不同的地形生长着不同的植物。《管子·地员》则有山地植物垂直分布的记载。⑥人地关系的论述。先秦古籍载有许多关于人地关系的论述，《孟子·公孙丑下》提出“天时不如地利，地利不如人和”的人定胜天的思想。《墨子》主张“我乃为天之所欲，天亦为我所欲”、“顺天意而得赏”的天人合一论。《荀子·天伦》则有“天有其时，地有其材，人有其治”的天人相分论。管子在《地员》中指出“地者政之本也。故知地可以正政也，地不均平调和，则政不可政也”，深刻地表达了“地”对人类社会的本质作用和双重性质。《吕氏春秋》中多处阐述了因地制宜、因时制宜发展农业的思想。

（三）中国先秦时期地理学评述

先秦地理学的成就不容忽视，它是众多地理学著作的创立时代，也是中国古代地理学积累并成为一门学问的时代；与农业社会的需求紧密联系，早期的地理学表现出很强的应用性，地理知识成为一门经世致用的学问；地理知识多出现在诗歌、文学作品、史学、哲学等著作中，专门的地理著作不多见；此时的地理学尚处于地理事象识辨、初步分类、现象描述状态。

专栏 8.2　古希腊、罗马与中国先秦地理思想比较

基于古希腊与中国先秦时期的学术思想、人与自然观、发展环境的不同，两者的地理思想亦存在差异：①希腊地理学的哲学基础是基于“自然本体论”，而中国地理学的哲学基础是“人本论”和“主体-客体复合本体论”（人地相关本体论）。②希腊、罗马的地理环境使其文化具有海洋开放型特点，中国的文化则具有大陆内聚型特点。近海文明使希腊地理学以地中海为中心，重自然重本土之外；内陆农耕文明使中国古代地理学更多关注本土和实用性，对农业、贡赋及地区差异较注重，而对九州以外则重视不足。③古希腊、罗马地理学吸取了古埃及、巴比伦天文学和几何成就，几何测量、数学地理发达，地理学重逻辑推理、分解还原、归纳法和演绎法的应用，企图对人类居住的环境尽量做出精确的解释。中国先秦百家学说中，格物、算学较为薄弱，而长于类比、心物感应、天人合一、阴阳互动以及象、数、理、气等的思维模式，多以阴阳、五行、八卦等作为说理工具和类比依据去解释地理现象，具有朴素辩证、综合关联的思想。在日后地理学发展过程中，西方多宇宙学、地图学成就，中国多地志学建树。两者各有长短，且在当时都具有进步意义，在今天仍具有互补作用。

第二节　古代中期：欧洲地理学的衰退与东方地理学的发展

这一时期大致是公元476～1492年，基本上同封建制度的建立、发展和衰退相一致。中国、伊斯兰世界和欧洲为地理学主要中心。

一、欧洲中世纪的地理学

罗马帝国后期，社会全面衰落。居住在亚洲中部的游牧民族（匈奴等）屡次向欧洲侵袭而占据其土地，引发历史上著名的“民族大迁移”，社会完全崩溃。罗马帝国瓦解后，昔日与印度、波斯湾、阿拉伯、东非沿岸国家间的贸易路线失去控制能力，与东方的交通逐步移至波斯人、阿拉伯人的手中，欧洲的地理视野再度被封闭起来。古文化遗产随希腊语言失传而消失，基督教垄断欧洲人的思想，学术活动近于停滞。

在上述社会背景下，欧洲中世纪的地理学长期处于停滞不前的状态，到12世纪以后，十字军八次东征，与东方接触频繁，带回了大量的异国自然风光、风俗人情，地理学出现一些转机。14世纪后期地图学也有很大改进，1375年在波托兰诺海图资料的基础上制成了著名的卡泰兰世界地图，这是第一幅给锡兰岛（斯里兰卡）和印度半岛以正确轮廓的地图。

中世纪用基督教圣经创世论解释地理现象，拒绝收受任何与基督教义不一致的事物；欧洲地理学在制图和地理理论等方面出现全面落后与倒退，地球变成了耶路撒冷位于其中心的平坦圆盘；托勒密创立的“地心说”在很长的时间内被普遍接受；学者们只对地震、火山、河水泛滥等不多的几项加以研究，同时缺乏哲学观念和系统的推理；当时的学者多以前人的文献来工作，致力于拉丁文以了解希腊时代的地理思想（王洪文，1988）。

二、伊斯兰世界的地理学

公元7世纪初，穆罕默德创立伊斯兰教，以《可兰经》为教义和信条，逐渐凝聚成一股强大的力量，构建成了一个跨越欧、亚、非三洲的穆斯林大世界（从比利牛斯山，经西班牙横越北非，向东至两河流域、伊朗高原、中亚，而与中、印接壤），阿拉伯人在广袤的地域上建立了自己的政权。众多民族和国家的接触交流、向外征战、麦加朝圣、商业航海活动，扩大了地理视野，增进了学术思想的扩散。

当欧洲古文化出现大断裂时，希腊学问却在伊斯兰国家得到保护，很多希腊学者的著作被翻译成阿拉伯语言。穆斯林把巴格达城建立成伊斯兰世界的学术中心，拥有规模宏大的图书馆。安曼（Amman）把星期二定为“学术研究日”，学者麇集，讨论天文和地理等学术问题。阿拉伯人不但保存埃及、巴比伦文化，而且把希腊先哲的著作翻译成阿拉伯文，然后又由阿拉伯文翻译成拉丁文，进入基督教世界，古典地理学得以保存和发扬光大。中世纪的伊斯兰世界，其地理水平远高于基督教欧洲，而且也是东西方地理思想交流的枢纽，这与当时的伊斯兰世界所处的交通地理位置和政治上的相对统一分不开。阿拉伯人的学术文化，以地理学最为发达，尤其以气候、地形、区域地理方面的成就最大。

豪克尔（Ibn-Haukel，943—973）游历遍及亚、非两洲，曾到非洲南纬20°，发现热带地区大有人在，校正了希腊“热带地区”无人存在的说法。巴尔基（Al-Balkhi）在公元921年绘制最早的《世界气候图集》。马苏迪（Al-Masudi，980—1037）对航行中观察到的季区现象作了详细描述，对蒸发及降雨提出了创新而正确的见解。马克西迪（Al-Maqdisi，945—985）把世界划分为14个气候区，认为气候差异不但受纬度影响，也受当地的位置、环境和东西距海远近的影响，还提出陆地主要分布在北半球、南半球主要是海洋的思想。可以说气候学是在阿拉伯人的推动下建立的。阿维森纳（Ibn-Avicenna，980—1037）说明了河川的侵蚀过程并建立了最早的侵蚀学说 。巴图塔（Ibn-Batuta，1304—1378）在长达30年的旅行中，对东非、北非、印度和马来群岛、小亚细亚、黑海和里海、中国元朝时的一些地理做过记述。卡尔丹（Ibn-Kaldun，1332—1406）是回教世界关注“人与环境关系”的学者，认为自然环境对人类性格和生活方式有很大的影响，企图对“环境对人类影响”建立理论模式。当他分析帝国的盛衰时，认为好战的游牧民族常能建立面积广阔的帝国，但不久游牧民族就会被定居民族兼并；而当乡野居民变为城市居民时，且统治者丧失好战精神后，帝国终将分裂而衰亡。

三、中国封建时期地理学的发展

与欧洲等其他地区的发展历程不同，中国文化的连续性使得地理学的发展总体表现出一种连续的、渐进的、积累的过程。本节打破时空对应的叙述方式，把我国中古地理学和晚古地理学纳入一个整体进行评述。始自先秦时期地理思想的萌芽，截至清末民国初向近代地理蜕变，中国古代地理学发展史历经2000余年，形成了中国所特有的传统地理学。在这段未曾中断的历史中，积累了丰富的古代地理资料与地理思想。

（一）地方志

西汉时期的司马迁是一位不仅对历史学影响重大而且影响了地理学发展史的

大家。《史记》中具有丰富的地理内容，如《张仪传》和《苏秦传》是一部战国时期的“地缘政治地理”。《货殖列传》、《大宛列传》等地理篇章成为中国最早的经济地理作品。司马迁开创了史书地理记述的先河。由于司马迁的《史记》在史学界独一无二的地位，其体例、内容等一直是史学界的经典，以至于后代官方修史都要有地理方面的内容。我国古代地理资料大量收集和保存于史书当中，无可否认受到了司马迁的影响。

东汉时期的班固是又一位不仅影响史学而且影响地理学史的重要人物。“地理”一词先秦时就已出现，但是直到东汉，地理方面的著作都不以“地理”命名，直到班固撰写《汉书》时，才第一次使用“地理”一词作为有关地理篇章的标题。《汉书·地理志》作为中国最早以“地理”命名的著作，“地理”一词从此被作为一门学问的名词术语正式确认。《汉书·地理志》以后，中国历代的官修史书中绝大多数都辟有“地理志”一章。从《汉书·地理志》的内容来看，以郡县行政沿革为主要内容，地理方面的内容只是作为一项附录项目记述，实际不能算作是一部真正的地理著作。然而《汉书·地理志》这一特点最终促使我国古代地理学形成了最主要的以重视疆域政区沿革变化为特点的“沿革地理学”体系。因此，《汉书·地理志》的出现标志着中国古代地理学深入发展的一个转折，开创了沿革地理的先河，使中国古代地理学的发展方向主要趋向沿革地理（赵荣，1997）。

汉代史学家编著《史记》和《汉书》时兼顾到地理资料的系统化，奠定了以后历代编著断代史的一个重要传统，既有系统的地理专篇，又穿插着零散的地理资料。与系统性强的史书地理志相对应，另一种重要的地理资料文献类型也起源于东汉，这种关于局部地方的地理志笼统地称为地方志（地方志的名称配合历代地方制度的演变而改变）。地方志记述的范围较小，而且编者对当地的环境比较熟悉，或是间接从当地人获得资料，内容往往会出现一些精确而深刻的认识，同时也存在内容庞杂的特点，实质上地方志兼有地理志和地方史的特征。地方志与地理总志相配合，在庞大的古代官方文献体系中沉积了大量的地理篇章，尽管多数属于叙述性的资料，但是当时部分内容也能运用比较正确的地理观点进行分析。

地方志的地理价值体现在：①地方志是一种记叙地方的综合性著作，包括建制沿革、山川形势、自然灾害、人口名流、风土习俗、名胜古迹、交通物产、都邑城池、土地开发、水利设施等地理事象。②数量多，可谓汗牛充栋。③分布广，全国古今的各级行政区域，绝大多数都修有志书，其行政体系涉及全国总志、省志、厅志、州志、县志、邑志、镇志、村志、里志等多个层次。④具有时间的连续性，经常一再的续修和重修，多数拥有数百年的历史，成为研究地理变迁的珍贵资料。这些是世界其他各国无法相比的地理学发展史上的一个重要特征。王庸（1938）在《中国地理学史》序言中写道：“中国的地志，至少在分量上占有中国古籍的一大部分，是中国地理知识之渊薮，世界上各国都没有这样兴盛。”

朱士嘉在《近三十年来中外学者研究利用中国地方志资料的成就》一文中，从九个方面概括了国内学者研究利用地方志的成就。在国外，如日本、美国等国家，研究和利用中国地方志资料，也做出了相当成绩。比如天文气象学家的著作，如竺可桢的《中国近五千年来气候变迁的初步研究》、《物候学·中国古代的物候知识》、《中国过去在气象学上之成就》；王鹏飞的《中国古代对天气现象的观测与理论》；文焕然的《近六七千年来中国气候冷暖变迁初探》；郑斯年、张福春、龚高法合写的《中国东南部地区近两千年来旱涝灾害及湿润状况变化的初步研究》；中央气象台的《五百年来我国旱涝史料》和《华北东北近五百年旱涝史料》等，无不大量使用地方志的资料（刘盛佳，1990）。

（二）地图学

我国在远古时代就流传着“龙马负图”和“史皇作图”的传说。《管子》一书中专有《地图》篇，对“道里之远近”、“城郭之大小”、“名邑、废邑、困殖之地”，“必尽知之”。魏晋南北朝战乱频繁，战争需要地图，裴秀总结前人经验，创立“制图六体”。为了进行作为制图根据的测绘，他量测了几条基线，然后对远离基线的地点用目力交会法进行定位，就像埃及人早就做过的那样。他应用东西线和南北线以直角相交的方格作为坐标，在其上标注河流、海岸、山脉、城市和其他事物。由此确立了古代平面地图的绘制理论，在我国地图史上具有划时代意义。刘盛佳（1990）特别强调中国地图学在古代地理学中的先进性：“中国是世界闻名的文明古国之一。在整个远古和中古的漫长时期里，地图学有很高的水平，就现存地图和文字记载来看，马王堆出土的缣帛地图、华夷图、禹迹图等，较欧洲15世纪以前的所有尚存地图，均要更先进、更科学；张衡、裴秀、京相璠、贾耽等的地图学理论和实践，较之欧洲，包括古希腊，有更高的水平。”

（三）地文学与水文学

导水一直是中国古代地理文献的一个重要话题，北魏郦道元（466—527）的《水经注》是这方面最出色的地理著作。这是我国第一部水文地理名著，也是世界上第一部水文地理力作，它的出现代表了古代地理著作的另一种形式，也是地理学出现分科（水文地理学）的标志。《水经注》体例的形成使后世以水为纲的国内区域综合地理著作发展起来。《水经注》的卓越之处在于全面、详细，但是不可忽视的是，在15个世纪以前的各种社会条件下，郦道元不可能亲身寻访每一条河流，他所采用的资料也不完全可靠，由于过分信赖《山海经》、《穆天子传》一类的书，经文里出现了诸多谬论。

宋代的沈括（1031—1095）是一位百科全书式的杂家，他汇集各种旧闻和个人见解写成《梦溪笔谈》一书，涉及天文、历法、数学、物理、化学、地理、医药、技术、文学、艺术等20多种学科。沈括进行过许多地理实践活动，包括绘制地图、实地测量等。他是我国古代非常罕见的采用实地观察、逻辑演绎、理性思考等科学研究方法进行地理学研究的学者。沈括的地理思想主要表现为他对许多自然地理现象的科学观察和正确解释，包括流水侵蚀、海陆变迁与华北平原成因、古环境变迁、植物地理分布的制约因素等方面（赵荣，1997）。

（四）游记、探险与区域地理学

魏晋南北朝的法显追记旅途全程的《佛国记》，是世界上最古老的万里远行游记。在法显之后的好几百年，不避艰险去印度拜谒佛教名胜、访求佛教经典的高僧络绎不绝，他们为扩大地理视野和扩充异域地理知识做出了巨大的贡献。其中唐代的玄奘是最名传中外的一个。他是中外历史上稀有的旅行家，对西域和印度的考察远早于欧洲基督教徒对亚洲的考察；其所著的《大唐西域记》和《大慈恩寺三藏法师传》两书也都是不朽的地理名著，特别是前者采用地方志的编写形式，除去首尾两卷都是讲印度各地，包括印度的世界观念，是我国最古老的一部外国地理专著（王成组，1988）。

明代郑和七下西洋，其由200余艘船组成的船队中有大船60余艘，各长44丈、宽18丈，可载千人，船员最多时达27 000多人，最早开创了人类大规模的远洋探险活动。与后来欧洲地理大发现的殖民掠夺性质迥然不同，郑和下西洋主要在于向海外宣扬皇帝的德威，这一系列政治活动扩大了中国人的地理视野，也是世界地理发现史上的创举。遗憾的是，这个重大行动缺少地理学者的参与，留下的文字资料都带有一定的文学色彩，专业性不足；同时，没有更多地注重用于发展工商业和海上贸易而使海洋经济发展起来。

明末的徐霞客（1586—1641）是我国封建社会最杰出的旅行家和地理学家。他游历名山大川，创造了地形分类，而且发展了实地考察自然、系统描述自然、对比分析、探究本质的研究方法。他对地理学的研究几乎已经涉及现代地理学的所有大的部门，包括地质地貌、水文、气候的描述，植物地理、人文地理的考察以及地理学专门术语的命名等。徐霞客在地理学上的革命性贡献在于，他跳出了传统疆域沿革地理和地理空间扩张视野的老路，开创出具有近代地理学意义的系统观察自然、描述自然，深入解释地理现象，并上升到理论思维高度。徐霞客对后世的影响不仅在于他的考察研究成果，更被后人所推崇的是他远行万里实地考察的精神，堪为地理学科实证主义思想的代表和象征。

专栏 8.3　中国的风水学

长期以来，风水学被排除在中国正统地理学之外。尤其是 20 世纪 50 年代以后，风水作为“封建迷信”被彻底清算。《中国国家地理》2006 年第 1 期以“风水 中国人内心深处的秘密”为标题出版了风水专辑，标志着中国官方和地理学界对“风水”态度的转变。风水既是中国传统文化的一种缩影与表现，同时也是中国传统农业社会形态结构下的一种特定环境观。中国传统农业社会表现出很强的自给自足、宗族世家、乡土观念特点，人们祖祖辈辈生于斯地成长于斯地，与其生存环境形成了血肉相连的不可分割的联系，环境及其微环境特性（光、气、温、土、水、磁、声、电、味、场）必然会对人们的生产、生活、身体和心理产生稳定的、持续的影响与作用。风水是一种富有中国传统文化内涵的环境论。与希腊学者希波克拉克的环境论相比，中国的风水更具有文化、人与环境关系的内涵及实用性。然而，由于风水长期是一门理性的与非理性的、物质的与文化心理的、阳世的与阴世的、现实的与神秘的、形的与气的、科学的与迷信的混杂的学问，对风水亦应有一种正确的态度。我们不妨把风水看成是一门潜科学或现代人居环境学的前期发展形态。

四、中国封建时期地理学评述

从秦汉至明末，中国古典地理学在天文学、气象学、地形、水文、地图、地方志和区域地理、经济地理、人文地理、风水研究等方面皆取得进步，中国无疑是这一时期世界地理学研究的中心，中国古代地理学与地理学思想在世界地理学发展史上具有独特的特征和价值。正如王成组（1955）在《中国地理学史》序言中所说：“我国的地理学既是起源特早，而绵延不断，具有长达 3000 年之久的光荣史，并且保存着无比丰富的历史遗产。这样一脉相承，留下丰硕的成果，世界上无与伦比。”中国古代地理学具有传统综合记述特色，以地方志发达为表征。相对而言，以地理学命名专著较少，地理知识多分散于历史、文学等文体中。地理学与历史学联系紧密，长期呈现出双生关系，这一特点造就了我国近现代地理学“地理学史”、“历史地理学”的发达，名家辈出。然而，中国先秦文化的预设模式及尔后的路径依赖、中国长期稳定的传统农耕社会结构形态，使中国传统地理学总体上缺乏张力、科学方法论不足。尽管也出现过沈括、徐霞客等重实证、重逻辑推理的学者，但终未能形成地理学主流，未能使地理学发生根本性的变革。

专栏 8.4　中国地理学思想史的研究

与中国地理学史丰硕的研究成果形成鲜明对照（鞠继武，1987），地理学思想史的研究却显得非常薄弱。到目前为止，我国出版的地理学思想史著作，除译著外，只有杨吾扬的《地理学思想简史》、台湾王洪文的《地理思想》、刘盛佳的《地理学思想史》、赵荣的《地理学思想史纲》等不多的几本著作。而以“地理学思想”为“篇名/关键词/摘要/”在中国期刊网上搜索，仅有30多篇文章，大多只是涉及书评、某个地理学家的思想研究，缺乏系统的地理学思想史的研讨。我国大陆关于地理学思想史的研究要远远落后于台湾和香港，这使得在西方人所著的地理学思想史著作中，中国传统地理学所占篇幅少，几乎没有什么地位，以至于国际上对中国古代的地理学成就知之甚少，甚至认为中国除了地方志以外，没有什么地理思想。地理学思想史本应是地理学专业高年级本科生或研究生必开的专业核心课程，然而受技能化、适用化人才培养模式的冲击，国内开设“地理学思想史”课程的院校已寥寥无几。令人担忧的是，中国地理学史的研究已出现后继乏人的情况。如此一来，中国地理学思想的研究将失去重要根基。我国当代地理学落后于西方的一个原因在于缺乏多元化的哲学指导和地理学思想的坚实支撑。

第三节　古代后期：西方近代孕育时期的地理学

地理学史上的古代后期指的是从地理大发现开始，到产业革命和资本主义制度在西方确立这一转变时期，显然，它具有地理学思想从古代到近代的过渡性质。欧洲经过五个时期以上的社会动荡后慢慢地静下来，新（入侵者）旧（古希腊罗马）文明的结合开始了新的文明。新地理学也在这个时期渐露曙光，地理思想也发生转变，渐渐摆脱古代地理学只重描述、内容堆积而缺乏系统的窠臼，走向系统、正确、演绎与归纳的科学大道。把“人”作为自然现象研究的目标，而成为有人、有地、有理的“人地关系”的地理学（王洪文，1988）。

一、地理学发展的社会背景与科学支撑

欧洲黑暗时代（476～1096）以后，地理学能有迅速进步，主要原因是：①东西方交通的发展。丝路在长达1000多年的脉动中，对东西方交流和世界很大一部分地区的社会经济文化产生深刻的影响。②十字军东征使欧洲人重新看到了亚洲，欧洲人接触到东方文化和阿拉伯学术，同时也扩大了欧洲对香料、珠宝、丝绸等奢侈品的需求，引发了到东方探险的功利心。中国的罗盘、火药、印刷等

技术介绍到欧洲，形成新地理学发展的潜在因素。③基督教的态度。十字军以后，古典学术和科学渐渐为基督教会宽容，为文艺复兴思想的解放和新地理学的发展奠定了基础。④哥白尼的理论。哥白尼的“日心说”理论推翻了长期流行的托勒密“地心说”，给科学的地理学发展奠定了基础，也是促进地理大发现的主要因素之一。⑤文艺复兴运动使理性从神权统治中解放出来，同时掀起了搜寻古希腊经典著作的热潮，主张批判性地审视古希腊的科学成就，极大地激发了探索自然的兴趣。⑥地理大发现对世界政治、经济、文化格局产生深远影响，使人类空间视野极大扩展，人类对经验的认识拓展到全球范围。⑦科学技术的巨大进步。15世纪以前，欧洲人的书籍全都靠手抄。我国的印刷术和造纸技术传到欧洲后，对欧洲学术的发展有重大作用。16世纪以后，测量仪、天文观测仪、望远镜、气压表、经纬仪等科学仪器相继发明，为天文学、气象学、地理学的观察、实验提供了技术支撑。科学研究活动的制度化以及观察、实验的经验主义方法程序的形成，加速了科学的发展与分化。⑧近代哲学、经典物理学、化学、生物学的建立，尤其是地质学、气象学成为一门独立的科学，为科学地理学的建立提供了科学支撑的基础。

专栏8.5　16～19世纪上半叶科学的进步

16～19世纪上半叶是近代自然科学系统建立并快速专业化的发展时期。由于伽利略、笛卡儿、牛顿、欧文、库仑等众多物理学家的努力，经典物理学体系建立起来；通过玻义耳、拉瓦锡、贝尔托莱等的工作，化学成为一门独立科学；随着细胞学的建立、林奈的生物分类法体系的提出、生物胚胎学和解剖学的发展，实现了生物学的革命；哥白尼提出的“日心说”、开普勒的“行星运动三大定律”、牛顿的“万有引力”、康德和拉普拉斯的“星云说”，实现了天文学革命；物理学的发展导致了气象学发生根本性变革。笛卡儿的《气象学》(1637) 努力把气象学确定为物理学的分支。各种气象观测实验仪器设备的广泛使用开辟了精密研究大气的道路。拉瓦锡、道尔顿分别研究了大气的组成、性质和状态，建立了大气科学的物理基础，白贝罗提出了风与气压的关系，为大气动力学和天气分析奠定了基石。到18世纪末，气象学成为一门公认的独立学科；到19世纪，有关地球成因、古生物学、火山地质、物理地质学取得进展，赖尔的《地质学原理》(1830) 提出地质演化的渐变论和“将今论古”的法则，建立了科学的地质学。社会科学方面，18世纪在分析心理学、生理心理学、比较心理学、社会心理学等多个分支上开展了工作，表现出脱离哲学成为一门独立的经验科学的明显趋势。社会学在民族学、人与地理环境、“政治算术”、人口统计学等方面得到发展，马尔萨斯的《人口学原理》(1798) 对社会学、人口学产生重要影响。由于坎迪龙、杜尔哥、亚当·斯密等的工作，政治经济学提高了其学术地位。

地理大发现对地理学有着深远影响，主要表现为：①扩大了地理视野，观察到世界真实图景。大量的地理资料、数据的积累，纠正了一些古老观点的错误，出现了一些科学价值较高的地理著作，为孕育出新的地理学奠定了基础。②地图学和测量学取得重大进展。技术的改进和资料数据的积累导致地图学从古到新、从局部区域到全球的革命，有能力对托勒密以来的世界地图加以校正。③新地理思想的建立。地理视野的扩大和科学院仪器的发展，地理学注重从实地收集来的资料研究，显现出世界观地理研究的端倪，并开始注意到因果关系和人地关系。④地理学从自然哲学中脱离出来，寻求用科学实证的方法研究地表各种现象，不受古典的约束而能有所创新。

二、孕育时期的地理学

16～18 世纪，在地理学的发展上具有过渡性特点，可以称为“革新时代”。这一时期地理学的发展面临几项重要任务：①与西方列强殖民地扩张和地理探险的需要相适应，如何使地图更精准化。②从 18 世纪后半期至 19 世纪上半叶，地球上未知的世界范围逐渐缩小，而已知的世界范围却在迅速扩大。地理大发现以来的 3 个多世纪，有关“新世界”各方面的众多资料如何来进行消化、吸收和条理化的整理与思考，如何将地球的全貌和一个个局部科学地结合起来，被提到日程上来，成为重要课题（刘盛佳，1990）。③地理学的发展要求对地理学的结构体系、科学性质特点进行回答，一大批学者对此作出了贡献。这一时期地理学成就主要表现为 5 个方面。

1）地图学。数学、天文学、测量学的进步和经纬仪的发明，墨卡托投影、高斯投影、等高线的应用，大中比例尺系统制图得以建立。地图学的重大进步成为这一时期地理学最重要的成果。德国的数理地理和地图学家阿皮安纳（Petrus Apianus，1495—1552）著有一部以数理地理为基础的《宇宙学》（1524），创心形投影。“由于 15 和 16 世纪广泛探险的结果，地理知识得到重大扩充，这使传统的世界地图显得大为陈旧过时。这种地图一直以亚历山大里亚的托勒密的思想为基础。16 世纪的对制图术的改革基本上要归功于墨卡托和奥坦留斯的成就”（亚·沃尔夫，1997a）。墨卡托（1512—1552）创立了墨卡托投影，奥坦留斯（1527—1598）出版了有 70 幅地图的《世界全域》（1570）地图集。到 18 世纪，卡西尼、兰伯特、欧勒、拉格朗日和高斯等的工作使地图更为精确实用。比阿什（Philippe Buache，1700—1773），等高线发明提出以流域和山脉划分区域的原则。在地图实践方面，《卡西尼地图》（1680—1793）是法国天文学及大地测量学世家卡西尼历经 113 年、4 代的法国地图成果。

2）地理学与地理学架构。明斯特尔（Sebastian Munster，1489—1552）为当时德国最具代表性的学者，著有《德意志记述》（1530）、《欧洲地图》（1536）、

《新世界》(1532) 等著作，其名著是《宇宙结构学：概论》(1544)，被认为是用分析方法叙述世界地理的宏著，与瓦伦的《通论地理》同列为当时最重要的地理著作，共出版 46 版，被用为标准教材达百余年。瓦伦 (Bernhard varenius，1622—1650) 是一个对地理学的内容和范畴带来一个多世纪影响的德国学者，著有《通论地理》(1650)，被 19 世纪学者奉为“地理学的基准”，包括牛顿、洪堡在内的学者都推崇他。牛顿在 1672 年把该书修正增订出版，供在剑桥大学听他讲授地理学的学生使用（亚·沃尔夫，1997b)。瓦伦留意吸收最新的思想（哥白尼、开普勒、伽利略、笛卡儿等)，思考地理学的范围、目的、方法，力求使地理学成为一门科学。他是第一个将哥白尼、开普勒和伽利略以太阳为中心的宇宙学说引进地理学的学者，并据此认为地球上赤道地带（低纬度地带）和高纬度地带所接受的热量是不同的，赤道地带受热多，空气热而薄；极地地区受热少，空气冷而重，因此产生由极地向赤道的空气移动。瓦伦认为地理学既要将注意力集中于研究地球表面的气候、地形、水体、森林、荒漠、矿物、动物、居民等，还要集中于居民及其体型、艺术、商业、文化、语言、政府、宗教、城市、名胜和著名人物，也就是说要全面和综合地研究地球表面的一切自然与人文因素。他把地理学分为通论地理学和区域地理学（特殊地理学)。通论地理学为一般概念、法则、理论研究。瓦伦认识到特定地区的描述和探讨若不和一般概念紧密联系，是不可能在科学上有所成就的。瓦伦认为区域地理学包括三大部分：①讨论天体特性对人文的影响。②地方特性的探讨，以各国为对象讨论其位置、形状、地形、水文、生物、土壤等。③人文特性的探讨，对各国的居民的研究，包括人种特征、生活技能、民族性的优缺点、风俗习惯、语言、政治、宗教、聚落、历史、著名人物等。瓦伦强调区域地理中包含的知识的重要实用意义，但他始终坚持认为只有具体的现象能用抽象的概念或普遍法则来进行解释时，区域地理学才成为可以理解的东西。18 世纪瑞典化学家托尔贝恩·柏格曼 (1735—1784) 发表的《世界概述》(1766) 一书被译成多种欧洲语言，该书记述完整、结构系统化、一般结论和思辨成分都以大量例证事实为依据，成为 18 世纪有影响的自然地理著作。

3) 区域地理学与地理区划。1754 年，安东·弗里德里希·布申 (Anton Friedrich Busching) 著有《新地理学》，他仿照古代斯特拉波的写法，用政治单元作为区域的基础进行描述。法国学者菲力普·比阿什 (Philippe Buache) 在《论自然地理学》(1756) 一书中，提出采用山脉和盆地作为界线与单元来划分世界的思想。1775 年，德国学者约翰·克里斯托夫·加特雷 (Johann Christoph Gatterer) 在《地理学纲要》(*Abriss der Erdbeschreibung*) 一书中，用地理学、政治学和种族学结合的办法，按区域、国家、人种对世界进行划分。他认为国家集团即区域的基础是自然的，但边界却是国界的连接。霍迈尔 (Hommeyer) 在《试论欧洲国家军事地理学》一书里，表述了地表自然区划的观念。他不同意当时许多学者在政治单元的基础上描述地形，并按自然区划设想了四级地理单元：最小的地理单元称为小区（ort），站在高处可望得见的地方称为地区（gegend），在制高点上可望见的地方称为区域（landschaft），以大排水区域的边界（分水岭）为范围的地球表面的组成部分称为大区域（land）。约翰·奥古斯特·措伊内（Johann August Zeune）在《格阿：科学地理学的尝试》（1808）一书里也认为地理学研究不应以政治单元而应以自然单元为基础，因此他摒弃了按国家来划分区域的传统习惯。布黑（A. L. Bucher）在《论地理学及其与历史学和统计学的关系》（1812）一书中，主张地理学可从国家、居民、土地结合来进行研究，他注重自然与人的相互作用，对区域，他认为，在其总的自然特点方面，彼此相似的程度超过了它们同最邻近的地区的相似程度，后者同别的区域的关系更为密切，他认为自然地理学和人在地区上和相互的因果关系上都结合在一起，同时还明显地存在着这样的概念：同一地区内的各种现象之间具有相互依存的关系，从而形成了“有机的整体”。

4）人地关系。文艺复兴重新发现了人和自然，人与自然的关系得到自然科学和社会科学的高度关注。让·博丹（1520—1596）在《论共和国》（1577）一书中宣扬气候差异对塑造民族性格和气质的影响的高度思辨的理论，他认为政府的法律和形式应当适应于自然环境的差异所引起的性格和气质的差别。牛津大学学者卡本特（Nathanial Carpenter，1589—1628）在所著的《地理学的描述》一书中，强调自然力对人类的作用。他反对“上帝以海设界，使人不能通过”的说法，认为那些神父们在宇宙哲学思想上并无多大权威。他认为不同的气候带对人有不同的影响，欧洲是最适宜于人类居住的地方。许多年以后，美国地理学者亨丁顿也曾下结论说“欧洲在气候上是全世界最适宜于人类居住的地区”。孟德斯鸠（1689—1755）在《论法的精神》（1748）中用了4章讨论气候差异如何引起性格差异，因而造成社会风俗和法律差异。布丰（1707－1788）的《自然史——通论与专论》（1749）代表了第一批根据地理大发现的报道写出来的著作，把注意力从奇闻怪谈转向于探索事物的规律和影响事物变化的法则上。布丰特别注意人与自然的关系并强调人的创造力。布丰认为，粗野的自然是丑恶的，人在发展文明的过程中改变着地球的面貌。“今天，全地球表面都有人的力量的烙印。虽然从属于自然的力量，但令人惊异地协助了自然。正是在人类的双手帮助下，自然才得到其充分的发展，才逐渐达到我们今天看见的完美壮丽的境界。”

5）地理学性质与科学分类。康德（Immanuel Kant，1724—1804），德国著名哲学家，在其《自然史和天体理论》（1755）一书中首先提出太阳系起源的“星云学说”，于1756～1796年在东普鲁士康尼斯堡大学教授自然地理达40年，其讲稿集成《自然地理学》于1801年出版。康德的思想对地理学的发展有相当大的影响：①将历史与地理加以区分，前者是记事体或历史方法，后者是记物体或地理方法。认为历史是对时间连续且相关联的事件的叙述，有时间的对比性；地理则是对有空间关联而共存的事象的描述。康德宣称地理学的观点是不言自明的，这个观点就是："在地理学领域内，一切事物是按照它们在地球表面的区域联系来考虑的，就像在历史学上，一切事物是按它们的时间联系来考虑的一样。"②康德认为人文因素是地理学的一部分，更认为自然地理是一切自然事物的总和。康德的自然地理范畴不但包括自然事象，还包括人及其工作方式。③康德主张将知识加以组织和区分，大致上分成三类：一为系统的，依据事物特性或系统分类，是一种自然科学的分类方法；二是时间上的分类方法，如历史；三是空间上的分类，如地理方法。这种观念的重要性有二：一是地理学在知识体系和分类方法上占有重要地位，二是区分了地理学与自然科学的差异。康德早期思想认为空间是物质间的关系系统（system of relations），这一观念很有地理学的现代"空间"意义，但 1763 年以后，他完全转向牛顿的绝对空间概念，认为空间既非物也非事，而是独立于物质而存在如同容器般的体系（Jammer，1957）。④康德强调地理学研究的是具体性和差异性，指出："这意味着地理学研究特定的具体事物中的关系，而不是事物的抽象的一般特性，并且集中注意于自然的差异性，而不是其相似性。"康德的这些观点对以赫特纳和哈特向为代表的区域地理及其区域差异学派产生了重要影响，同时也潜存了忽视空间关系的问题。

> 由于自然的、实际上也是必然的分工结果，从肇始起，各门主要科学便走上了专门化和分离的道路。然而，地理学却抵挡了而且是今天仍然在抵挡这种倾向。它宁肯保持一种比较具体的和复合的性质。它是一门综合的或者复合的科学，大量汲取天文学、气象学、地质学甚至还有人类学和各门社会科学已取得的成果。16 和 17 世纪的地理学无疑呈现出一派五彩缤纷的情景（亚·沃尔夫，1997a）。18 世纪在促进地理科学发展上的主要贡献有四个方面：①到地球上各个未知的或知之不多的部分探险；②对地球精确测量；③制图学上的若干显著改善；④根据当时先进的地质学和气象学思想，建立自然地理学的全面尝试（亚·沃尔夫，1997b）。

三、孕育时期地理学思想的特质

16～18 世纪的地理学处在承前启后的位置，孕育时期地理思想的特质表现为：①地理大发现以及科学技术和工具的进步，使地理学由昔日文学的描述、哲学的想象逐渐转变为世界性的、分类演绎的地理学。学者们更加注重因果关系、区域研究和类型划分、人地关系的探讨，企图勾画出地理学研究的范围、研究方法，使地理学科学化。对此，哈特向在《地理学的性质》一书中写道："他们的思想，截然异于前人，具有种种新的启发力。而且带有革命意味的改革思想。在一成不变的地理发展历史中，注入了前所未有的生命力，而带来一股清泉般的气息、海涛般的力量。"②地理探险是这一时期地理学的主要内容之一，成为地理知识增长的源泉。探险的需要刺激了地图学精确化发展。③这一时期的地理学仍处于"宇宙学"的框架内，一批大学者，如笛卡儿、康德、孟德斯鸠、布丰、柏格曼等都对地理学思想的发展产生影响。④这一时期欧洲的地理学中心从南欧转到以德国为中心的中欧地区，这一特点与德国近代哲学和科学发达有某种必然联系。⑤此时的地理学已显现出两大危机：一是到19世纪中叶，除南北极等少数地区外，欧洲从15世纪开始持续300多年的地理探险已进入尾声，这预示着长期以探险活动作为使命的地理学将发生转向；二是气象学、地质学独立成为一门科学，对地理学的发展既提供了支撑，同时也带来更多的挑战。

本章小结

古代地理学的基本特点是：①古代地理学经历了一个持续的、相对缓慢的积累过程，由于前后时间跨度达2000多年，古代早期与晚期地理学的发展水平相差较大。②这一时期与地理学的前科学发展时期相对应，地理学与其他学科的知识一样，以知识的描述、记载为主，地理知识与哲学、历史学、文学、天文学等混为一体，处于知识尚未分化的早期统合时期。③古代地理学的发展以人类农耕文明和地中海近海海洋文明为中心，并呈现出相对独立、各自发展的特点。④不管是东方还是西方，古代地理学发展了地理学的几个传统主题：一是关于地球、天文、宇宙的思考与猜想；二是有关特定地区地文、人文知识的记载、思考与实践应用；三是对人与自然关系的思考；四是地图的传统及其在航海、军事、经济等方面的应用。

第九章　近代地理学思想

对近代地理开始于何时，有不同的看法。迪金逊认为开始于洪堡和李特尔的工作；詹姆斯认为开始于把在大学设置专业，地理学成为一个职业学科，其标志是1847年德国建立了第一个地理系。但两人承认洪堡、李特尔是近代地理学奠基人。19世纪70～80年代，德、法、英、美等国家相继在大学中开设了地理讲座或地理系，开始培养地理学的专门人才，表明地理学在近代科学体系中已确立了地位。

第一节　近代地理学发展的社会背景与危机-压力

一、近代地理学发展的社会背景与科学支撑

从古代经验地理学向近代科学地理学的转变有其深刻的历史背景：①文艺复兴激发了创造性探索自然和人类自身及其两者关系的热情，人与自然的关系受到哲学、自然科学与社会科学的持续关注。②“日心说”的建立、一系列地理现象，如四季的交替、五带的划分、地球上热量的分布与大气运动，其成因不再求助于神灵的安排，而是客观的规律使然，使得地理学从神学中解放出来。③地理大发现及殖民统治、各种各样的科学考察活动，扩展了人类的空间视野，强化了西方列强的全球意识，系统化的资料数据积累与收集使人类能够从全球尺度对地理学进行整体研究。地理探险和殖民地拓展以及工业革命使社会经济结构全方位的变革对科学地理发展提出新的需求。“殖民地理学会”、“商业地理学会”反映了这一时期帝国主义对应用地理知识的需要。④科学技术和工具的发展为地理学科学的观测、实验提供保障，孕育时期地理学的发展奠定了新地理学发展的基础。⑤地理学协会的建立、大学地理学专业的设置、地理学期刊的出版推进了“地理学科学共同体”的形成与发展。⑥相关科学的进步提供了支撑体系：微积分、概率论的发明与应用；牛顿的万有引力定律和经典力学的建立；元素和周期律的发现；林奈的全球动植物分类体系，拉马克、达尔文的进化论；地学方面，赫顿（Hutton）、赖尔（Charles Lyell）倡导的均变论；威廉·配第（William Petty）和约翰·格劳恩特（John Graunt）将概率论用于人口学研究，开创了社会统计规律的研究；亚当·斯密（Adam Smith）和大卫·李嘉图（David Richard）创立的古典经济学中，阐述了地租理论、劳动地域分工的绝对利益说和比较利益说，成为经济地理学的基础理论。对此，王洪文指出：

地理学经过16～18三个世纪的孕育时期，而真正开始于19世纪上半期，实较其他科学为晚。其建立较晚的原因，主要是由于地理学的研究需要其他科学如物理学、化学、天文学、数学、生物学、地形学、地质学以及哲学、历史学、社会学、地图学等的辅助，这些科学在欧洲文艺复兴时期内或以前已建立发展的基础，而新地理学的建立须待这些科学建立基础以后，才能迅速发展（王洪文，1988）。

二、近代地理学诞生时面临的危机与压力

到19世纪中期以后，地理学的发展处于多种压力骤增的危机时期：一是持续400多年的地理大发现已近尾声，“空间终结”使长期以探险进行地理知识扩张、积累的模式已难以为继；二是大地测量、制图技术趋于成熟，地图学偏离地理学核心的离心力加大；三是伴随着科学的急剧分化和专业化，早期综合一统化的“宇宙学”解体，地质学、气象学、地球物理学、海洋学等纷纷成为独立学科，给地理学造成强大的压力；四是正如李特尔所指出的那样，地理学缺乏新地位的原因在于地理学被权威的学者仅仅视为历史学的分支或者最多是它的辅助学科；五是近代物理学、化学、生物学的科学革命使自然科学成为科学的“楷模”，古典地理学以记载、描述为主的知识体系已不能适应科学和社会发展的需求；六是随着地理大发现的谢幕，地理学逐渐在公众的视野中淡出，同时，长期在民众中形成的地理学就是遥远新奇地理知识报道的地理观念，也使得学术思想的地理学与大众地理知识的地理学相脱离。地理学的社会影响力减弱，成为近现代地理学的又一困惑和危机所在。

在机遇与挑战并存的背景决定了近代地理学的四大历史使命：一是需要明确地理学的对象与性质；二是全力推进地理学的“科学化”，利用地理大发现的全球地理知识的积累和近代科学成就，使之成为科学地理学；三是建立地理学的学科体系和地理学教育体系；四是进一步提高地理学解决社会经济发展问题的能力和社会对学科的认可度。

专栏9.1　地理大发现的谢幕与“空间终结”危机

自15世纪中叶以来，西方地理学与探险、地理大发现不可分割地交织在一起。地理探险引发的社会激情与关注成为这一时期西方文化精神和地理意识的重要组成部分，使得地理学在大众中享有盛誉。地理学就是探险，即“发现未知的艺术”，热衷于报道遥远地区各种新奇的动物、植物、景观、资源、

文化。森普尔认为，“已知世界的范围从古至今不断扩展”，人类“地理视野”也不断地延展。她把这种进程定义为“历史进步的扩张领域”，并视之为“世界进程的驱动力”。许多人认为1900年标志着世界历史的转折点，是欧洲持续扩张400年的终结。“世界封闭”、“空间终结”的悲歌处处可闻。世界空间的“定格”产生了一种紧张状态，“对于几个世纪里习惯于想象在无限的范围之外还有无穷的新陆地的欧洲人而言，这是一种全新的境况，它加剧了对全球有限的不动产的争夺，无疑包括巨大的财富和资源”（杰弗里·帕克，2003）。拉维斯预言，“这里和任何地方一样预兆着战争的爆发”。布赖斯在1902年的《罗马宣言》中指出“全球进程的完成是决定性的，它标示着世界史上极大地影响全人类命运的危机的到来”。但他与拉维斯的观点不同，认为全球进程的完成“开创了世界史的新阶段”，这“使世界具有新的统一性”，人类家园已从“臆断中的混乱状态进入科学的有序状态”，结论是“前途似乎乌云笼罩，但曙光已现”。20世纪末，随着全球性的现代交通通信体系的建立和“地球村”时代的来临，“地理终结”论又以一种新的版本出现。

在相关科学的影响和带动下，科学的地理学得以快速发展。地理学一改记载、描述的传统特色，解释性地理学（explanatory geography）开始兴起。近代地理学与旧地理学在研究主题、研究方法、哲学理念、原理原则上都有不相同。它的特质是地理学成为一门专门学科，地理学者成为一项专门职业，拥有专业化的学术机构和学术期刊，学者们以科学的方法系统地探寻地理事象和地理环境的发生、发展、演变成因与规律。

第二节　德国：近代地理学的形成源地和发展中心

早在古代地理后期的近代地理学过渡阶段，德国地理学就因瓦伦、康德等大学者的推进而展现出强势态势。至19世纪上半期，经过亚历山大·冯·洪堡和卡尔·李特尔的开创性工作，近代地理学得以建立。

一、近代地理学的奠基人：洪堡与李特尔

洪堡（A. Von Humbold，1769—1859）被公认为世界科学史上的最著名人物之一，富有创造性和求实精神，是一个对许多领域都有丰硕贡献的学者，其丰富的思想集中反映在《宇宙》这部著作中，诗人歌德把洪堡的著作看成一座完整的学府。洪堡一生做了大量的野外工作，考察过西欧、南欧、美洲和西伯利亚。洪堡的地理思想和贡献主要表现为以下几个方面。

1）洪堡一再强调野外实地考察在地理研究中的重要性。在事前要有充分准

备，学会使用各种科学仪器，在考察中收集资料，再加以分析整理。他采取的野外调查研究步骤——“观察、收集、核对、验证、推论”至今仍然被认为非常正确。可以说洪堡所取得的一切成就均基于他大量的实地考察：通过对植物带的水平和垂直分布差异的观察，总结出植物地带性分布规律；首次发现了秘鲁寒流，注意到了海陆分布所造成的等温线与纬度的差异，创立了大陆性的概念，绘制了洋流图，制成了世界第一幅平均等温线图；观察和记述了西伯利亚的永久冻土现象；指出花岗岩、片麻岩和其他一些结晶岩是火成岩，纠正了当时流行的错误成岩理论；认识了地磁强度从极地向赤道递减的规律，“磁爆”一词就是他创造的。

2）洪堡赞同德国哲学所阐明的观点：地球是一个不可分割的有机整体，它的各部分是互相依存的。这就是洪堡一再强调的“整体性”思想，也正是基于这一思想，使洪堡成为科学的理论巨人。对洪堡来说，考虑事物和现象的相互制约及它们之间不可分割的关系与对各种事物进行仔细观察，精确测量和衡量以及有比较地搜集和选择各种材料并对它们进行鉴定性的整理、评价和分类，具有决定性的意义。洪堡在研究地理学时始终注意到自然的统一性和紧密联系，把地球作为一个统一整体，而人类是自然界的一部分；注重探讨相互关联的不同事象的差异性，而这些事象共存于地球的空间地域中；研究特定的自然要素如植物、动物、地形、土壤、气候时，首先应注意到它们与周围环境的关系。洪堡探索一个地点上见到的现象时，总是把一种自然现象与出现在同一地点的另一种自然现象联系起来。洪堡认为，地理学的目的是研究“现象的空间分布、空间关系和相互依存”。在野外，洪堡收集大量数据，以便发现地理事象的空间分布的空间关系。与早期学者按大洲列举植物名录不同，洪堡研究不同气候带和环境下的植物分布，以“能确定整个地球表面植被的区域特点的规律”，“解释不同纬度、高度地区的不同形态组合的那些规律”。洪堡使用地图作为地理学研究的主要工具，将资料展现在地图上用作分析、判断、推求结论，洪堡是第一个使用地形剖面图、首创等温线的人。洪堡的《宇宙》一书多处强调整体性观念：

> “我们的动机永远是企图揭开外部世界各种现象的普遍联系以及自然界作为一个整体是怎样在内部力量的作用下运动和发展的。”“对自然界的描述不能与它的历史脱离，没有过去，地质学者就不能认识今天。现实的存在可以作为它的范围内，内部存在的过去所发生的一切。”“对于自然界有理智的洞察，就是自然界是由多种形式和成分综合的概念，它是各种自然现象和自然力量活的总和。理智地研究自然的主要目的在于从多样性中认识它的统一性。”“毫无疑问地普通自然地理最必需的材料就是对地区的专门描述。但是尽管尽最大努力的汇集不同地区的描

述，也很难代表作为整个自然界的图景。像仅仅计算地球上不同的植物区系就很难代表植物地理。”“生物门类的分布在适合地区的宽度、高度和气候，动物地理、植物地理，与描述动物学和植物学学不同，就像地质学对土地的认识和矿物学也有差异一样，因此，宇宙物理不应该与所谓自然科学的百科全书相混同……。在关于宇宙的学说中，部分只能作为整体的关系中，作为世界现象的一部分去研究”。

3）洪堡的《宇宙》一书表示出对人与自然关系的高度关注。洪堡在卷一的末尾写道：“如果我不是敢于探索一些最显著的人类现象，我所要努力描绘的一般自然图景将是不完整的。这些人类现象是对照着物理的等级来考虑的，即对照着同时代各人类的地理分布，对照着自然力对人的影响，以及人倒转来对自然力所施加的相互的、虽然是较弱的活动来考虑的。人类在生活上到处和土地发生最根本的联系，虽然比起动植物来，他依赖于土壤的程度、依赖于他周围的大气气象变化的程度较小——他能借力于精神活动和智慧教养的提高来轻易地摆脱自然力的控制，还具有使他自身适应于在各种气候下生活的惊人能力。”

洪堡不管研究什么现象，如地形、温度、植被等，他都不是像地质学家、气象学家或植物学家那样仅仅孤立地逐个研究它们。他的哲学观点使他走得更远。它立即引导他去观察别的现象。他探索原因和遥远的结果，其中甚至包括政治和历史的事实。没有人曾经比他更精确地说明：人是如何依赖土壤、气候、植被，植被是如何受自然现象制约，以及它们是如何相互依存的（马东，1909）。

4）洪堡不仅在气候学、地貌学、水文学、植物学地理、海洋学、制图学、地质学有很大贡献，而且在人文地理学也有很深的造诣。在《新西班牙的政治论文集》这部区域经济地理著作中，他论述了一个国家的资源与物产和其人口、政治的关系，“要增进一国的普遍繁荣，唯一合理的方法是更为有效地利用天然资源”。在《宇宙学》这部大著中，洪堡认为，一切民族的人都有一个共同的渊源，没有一个民族应该比其他民族卑劣些，所有民族，不管是个人或集团都同等地向往自由。这成为洪堡在自然描述中热情洋溢的思想顶点：

“在我们主张人类同一的同时，我们也反对认为人种有高低之分的各种令人厌恶的假说。世界上有比较能适应环境的民族，有教育程度较高的民族，也有通过精神文化而得到提高的民族，但却没有任何比较高贵的民族。所有民族一律是生来自由的；这种自由，作为一种权利，在此按原始的状态下应该赋予个人，而在国家生活中，应鼓励在享受政治设施的条件下赋予集体。如果我们想表达一种显然在整个历史过程中作用日益扩大的思想，如果任何一种思想证明了多次被反驳、但更多次被误解的全体人类日趋完善的观念，那么，这些就是人道主义思想，即努力消除人与人之间相互敌视的偏见和片面观点的界线，并将整个人类不分宗教、民族和肤色的作为一个亲密团结的大家族和一个为了达到同一目标——内部力量的自由发展——而组成的整体。这是社会交往的最后和最高目的，也是人类天使赋予他们的一种无限制扩大共存的趋向。”

李特尔（Carl Ritter，1799—1859），被誉为“现代人文地理学和区域地理学之父”，撰写了《欧洲地理》和《地学通论》（1822～1859）等地理著作，并创办了柏林地理学会，是世界上第一位地理学讲授教授、地理学教育家。李特尔的地理思想和贡献主要表现为：

1）确立地理学在科学体系中的地位、地理学的概念和体系。如果说洪堡的贡献是多方面的，那么李特尔在确立地理学的科学地位方面就更前进了一步。李特尔在他的巨著《地学通论》中这样写道：“不久的将来，地理科学的体系将提高到更高的科学阶段，将和生理学、文法学、哲学并肩齐比。”他指出，地理学的研究对象不是整个宇宙也不是地球的全部，而是地球表面，用他当时的话来说，就是“在地上所看到的领域”。李特尔强调揭示区域的整体性是地理学的任务。

2）李特尔遵循并发展了古希腊埃拉托色尼等把地球作为人类家园来研究的思想，认为地理学的中心原理是“自然的一切现象和形态对人类的关系”。他的研究最重要的是借助人类的发展史去解释不同地区内人类和自然之间的关系。把人放在注意力的焦点上，认为人是整个地理学研究的核心和顶点。从人与自然两方面研究区域变化，在和自然的其他领域平等的地位上来研究人的区域变化，联系人的变化来评价自然所提供的空间复合体。很长一段时间内，地理学沿用了这个传统，包括地理学作为具体领域的制度化时期。

3）李特尔对地理学研究的内容和目的持有机整体性观念。他的科学地理学以多样性、变化性中人地的统一为基础。以地表的“整体性”建立人与自然“整合性”的观念，去了解使区域结合为一体的相互关系和因果关系。受当时的实证哲学和科学思潮的影响，李特尔仍然坚持地理学应该是实验科学，学生应从观察开始，再去比较事象异同，最后则是建立法则。

4）李特尔认识到地理学在学科领域中的特殊地位，提出了地理学研究方法上的综合性原则，地理学必须利用所有关系的地学和人文科学成果，吸收有关资料来达到自己的独特目标，“要利用所有的科学来说明它自己的个性，而又不显示他们的特点。必须使它们都给出一部分，而不是全部，同时又必须保持它自己鲜明的单一性”。

5）李特尔发展的区域-空间概念和区域研究方法，对今天的地理家仍非常重要。李特尔把区域按其空间尺度分成大陆、地方、地区等不同等级单元。他强调理解在地区上结合在一起的事物的相互关系和因果关系。把地理单元作为空间概念研究是李特尔地理学的主要目的。李氏认为，地理学是研究“空间分布的各种构架原理”的科学，即从空间组织、空间关系来研究人与环境的关系。李特尔以前的地理学家主要关注于在哪里、什么样的、有什么等地理描述性问题。李特尔认为地理学要研究地方的条件，包括一个地方在地域、形态、物质等特点方面的属性，其中第一个属性指的是地球表面的自然区划，第二个属性包括水、海、大气的分布和运动，它们是人类生活的基础，第三个属性是物质条件，是自然历史的地理外貌，它包括矿藏、植物、动物的分布。李特尔强调的是各种地理现象的内在联系和规律性问题。李氏可说是第一位详细叙述地理学方法的学者，他的方法和培根的科学模式类似，是一种归纳法，它的流程是“直觉的经验—杂乱的事实—定义、分类、度量—归纳、概括化—建立法则和理论—解释”。他认为科学工作者首先由感官知觉的领域开始，在观念上、语言上建构出一些粗浅的概念和叙述，这就是“事实”。然后，将这些事实给予定义并组织资料，再将这些事实加以评估、安排。

6）李特尔的比较地理学、形态地理学的方法对近代地理学影响深远。所谓比较地理学，指按区域系统搜集尽可能多的资料，通过演绎、归纳、纵横对比，揭示出区域的独特个性和一般的规律性。李特尔指出：“事实的收集，不是结果本身。数据信息的系统化，一个地区一个地区地比较，将会导致对地域单元的不同认识。上帝给予目的和意义的策划，只有通过客观地考虑世界上所有可能的事实和联系，才能得到发现。”按哈辛格（H. Hassinger）的话说，李特尔是区域地理比较方法论的创建者，也是任一地学知识衰落集中体现的征服者。李特尔的《地学通论》，德文的全名是《地学通论，自然和人类历史的关系；或者普通比较地理学——自然和历史学研究的坚实基础或者工具》，这个题目几乎概括了李特尔的全部地理思想，其中的“普通”是法则的、规律的、系统的意思。比较地理学在李特尔看来，就是形态学、类型学的思想，通过对区域地理单位的分类、比较来分析其成因和变化规律，而这种分类、比较是从形态上进行的，就像生物学中的门、纲、目、科、属、种一样。这种思想可以说是近代地理学的主要方法论，至今仍不失它的意义。

地理学这一名词的意思是对地球的描述。不幸，它已经出了毛病，而且使人们误解了。对我们来说，它所指的仅仅是真正地理科学的那些要素。这门科学的目的完全在于抓住一种最完全、最广泛的对地球的观

> 念；总结我们全部的对地球的知识，并把它们组织成一个美丽的统一体……地理学是科学的一个部门，它把地球作为一个独立的单元，研究它所有的特征、现象和关系，并说明这个统一的整体与人及人的创造者的联系（C. Ritter，1850）。

受德国古典哲学的影响，洪堡和李特尔两人都强调自然的整体性，他们都相信研究的最终目的是阐明整体性——多样性中的统一性。两位大师学术素养和治学方法各有不同：洪堡具有深厚的自然科学、地质学功底而偏重自然地理的研究，着重于自然要素间的相互联系，一再强调野外考察在科学研究上的重要性；李特尔则具有扎实的历史、经济学和文学基础，侧重于人文地理研究，强调人是整个地理研究的顶点和核心以及自然界对人类历史的影响，同时李氏也深受当时的实证主义影响，坚持地理学应该是实验性的科学，同样认为观察是地理工作的基础。但李特尔的工作绝大部分基于别人的观察结果，采用归结法和演绎法，力图建立人地关系的一般体系、原理和定律。李特尔也认识到系统的专题研究及其系统分析方法的重要性，洪堡的通论（普通）研究方法使他的区域研究成为可能。正是两位学者各有千秋的素养及其由此形成的互补，才奠定了近代地理学发展的基础。但由于李特尔持“目的论”（上帝创造完美的自然秩序和结构），在冷战时期的苏联、东欧和我国一度把李特尔和他的人文地理学作为唯心主义的代表被批判。

二、德国地理学和地理教育、人文地理学的发展

罗伯特·迪金森（1980）在《近代地理学创建人》一书中认为，德国地理学在李特尔晚期及其身后二十年的时期，一直处于李特尔影响下，并把李希霍芬、拉采尔列入德国第一代大师之列。

李希霍芬（Von Richthoen，1833—1915）是一位游踪广远、学识渊博、思维敏锐的学者。他具有扎实的地质学功底，曾在中国做过较系统详尽的地质地理考察，著有《中国》（1877～1912）一书。李希霍芬是德国继李特尔之后的知名地理学教育家，培养了一批出色的学者。他致力于发展一门体系明确的地理学，其思想对近代地理学有深刻影响：①第一次提出了华北煤田的分布报告和图件，首先确认黄土是“风成”的学者，认为胶东湾是亚洲最好的港口、战略位置重要。②李氏把地理学研究的领域界定为“地球表层”，“具有相当厚度，是一个层或带，包括大气的下层和地壳的表层，这就是陆、水、气三界的境界面”。③李氏认为，“地理学最显著的目的是致力于发掘地球表层各种现象之间的关联性”；“地理学的最高目标是去发掘人与地球、人与生物特性、人与自然特性间的关系”。④李希霍芬深信实地考察是最好的方法，主张将世界看成一个整体。而且，不同特征、不同尺度地区应采用不同方法。⑤李氏曾仔细思索过困扰地理学的两

个问题：一是地理学是否只是描述各区域特征？李氏认为："特殊地理学不应该只是描述，如果能进一步利用普通地理的原理、定律去讨论其因果关系，则特殊地理就可以成为每一地区的区域科学。"第二个问题与瓦伦提出的普通（通论）地理学和区域地理学（特殊地理学）有关，李希霍芬认为，前者重点在于建立理论或通则，后者在于寻求个性，两种研究方法途径是相辅相成的。⑥李氏在大学中讲授"居住和交通地理"，对人文地理学也有很深的造诣。他认为人文地理学的研究与普通地理学一样，存在外貌或外形、相互关系、因果关系或动力（发生学）四种基本的研究方式。小区域人文地理研究的内容广泛，资料繁多，涉及人口分布、种族、语言、边界、聚落、产业、宗教、贸易中心、交通道路、历史等到方面，因此，综合是关键。

拉采尔（Friedrich Ratzel，1844—1904）是一位学识丰富而极具创造性的学者，是近代人文地理学的创始人、环境论学派和政治地理学的先驱，因而也是对其评价争论最多的人。迪金森认为拉采尔"是所有对人文地理学有贡献的人中最伟大的一位"。著有《人文地理学》（1882）、《政治地理学》（1897）、《德国：乡土地理学》（1898）。其思想不仅对地理学，而且对人类学、社会学、文化学也有深刻影响：①拉采尔原本是一位动物学家，深受达尔文进化论和斯宾塞社会有机论思想的影响，用研究生物的观点来研究地理学，往往从影响人类分布的共变因子出发来研究地理学。他致力于对复杂地理事象的综合，整理出条理，进而创建原则、理论。②分布与范围的观念是拉采尔重要的地理原则。将范围观念以及研究生物、地质、比较解剖学基本观念应用于人文地理现象分布的研究上，并用地图表示出来，强调地区、位置、地点、界线、移动演化观念。③重视自然因素对人类的作用，把环境对人类的影响分成助长影响和牵制影响两方面，并将其影响力分成两类：一类是对种族、心理等方面的影响，一类是对社会组织和经济发展的影响。同时，拉采尔认识到，由于有人类因素，环境的控制是有限的。拉采尔的环境论为实证主义和自然现象系统研究开创了新局面。在他之前，人文地理大体上将自己限制在区域研究中。④拉采尔基于斯宾塞的实验主义社会学，发展了人文地理学构架。拉采尔的地理概念包括三种方法：测定环境与人的协调关系；测定地表同一区域内人文现象的相互关系；对人为景观或文化景观进行研究的分类。他认为商业和道路是国家的动力与内聚力，都市的腹地是自然腹地、政治腹地、市场腹地、产品腹地、运输腹地五种不同区域的结合。⑤用人文地理学去解释政治现象。拉氏认为国家是地球上的特殊空间组合。用空间理论去解释一个国家的兴衰，创立"国家有机体"论，认为一个国家必须占有一定的地域（人类能发展的地理因素），国家总是倾向于按照其利益和能力的大小来扩张或收缩其政治领域。而由于位置的差异及"历史的运动"不同，国家的盛衰、强弱也不同。⑥ 把"生存空间"作为地理学的一个基本概念提出来。生存空间概念涉及的是作为一种地理空间组织的人类社会与其生存环境之间的关系，这成为现代地理学的关注重点。⑦由空间理论创出“流通理论”，认为人或物的流动是环境调剂产生的现象，是“空间的克服”。⑧提出了文化通过迁移和模仿来扩散的观点。特别注意民族、文化迁移及其种类、原因。认为每一次迁移都有开始的区域、原因、路线和目的地。指出有三组“地理因素”——位置、空间、界限在支配着人类及其发展。拉采尔是第一个企图系统地说明人文景观的人，力主对农田、农庄、村落、市镇及道路进行分类，以了解其分布、相互联系和历史起源。他阐明了“文化区域”的概念，后来他的学生弗罗贝乌斯进一步发展了“文化区域”的理论。

三、地理学思想史、自然地理学和景观学的发展

继李希霍芬、拉采尔之后，两位大师的学生或追随者赫特纳、彭克、施吕特尔成为德国地理学的第二代领军人物。

赫特纳（Alfied Hettner，1859—1941）是近代地理学区域派的倡导者，以关注并系统阐述地理学方法论而著称。其著述众多，主要有《区域地理学基础》(1924)、《俄国》(1905)、《英国的世界霸权与战争》(1915)、《大陆的地表形态》(1912)、《地理学：它的历史、性质和方法》（1927）《文化在地球上的传播》(1928)。赫特纳逝世后，由他的学生和助手整理出版的有《人的地理学》(1947)、《运输地理学》(1952)、《经济地理学》(1952)。其中，以《地理学：它的历史、性质和方法》一书影响最为深远，成为地理学思想史和方法论研究的经典著作。赫氏被认为是通过正规地理学教育培养出来的第一位地理学家，具有地理学、地质学、气候学和哲学的良好基础，曾在李希霍芬的指导下工作，深受李氏影响。赫氏对德国地理学的发展有深远影响，他指导的30位博士中，有11位成为职业地理学家。19世纪中叶以后，从地理学中逐渐衍生出气象学、海洋学、地质学、土壤学等，从而大大削弱了系统地理学。地理学界对系统地理学与区域地理学两者哪个是主要的，意见并不一致。区域观念是赫特纳地理思想的精髓，赫氏认为：地理学的历史表明其科学任务在于了解区域，地理学的对象是人类和自然的区域性，区域是自然现象与人文现象相互结合的具体体现；地理学是一门关于地域分异的科学，地志学、分布学为地理学的皇冠；地理学的重要方法是区域比较方法；地理学既不是单纯的自然科学，也不是单纯的社会科学，而是两者的结合或汇合，两者结合的载体是区域，区域特性研究应采取自然要素与人文要素并重的方式。在李希霍芬和赫特纳的影响下，形成所谓的“区域地理学模式”——一种区域地理研究标准化的处理方法：按地理位置、地质、地貌、气候、土壤、植被、自然资源、开发过程、人口分布、经济型式、交通运输和政治分区进行研究。这一模式使得区域研究走向条理化，但这一模式的内部缺陷又成为日后区域地理受到批评和衰落的原因。

彭克（Albrech Penck，1858—1945）是著名的冰川学家、地貌学家，李希霍芬的继承者，是近代地理学史上对系统自然地理研究最出色的学者。著有《冰川时期的阿尔卑斯山》、《地表形态学》，创立了气候地貌学、第四纪冰川地层学。对阿尔卑斯山冰川有开创性研究，根据冰川沉积将冰川划分为三个间冰期和四个冰期，这一划分成为第四纪地质学的基础。首先使用“地貌学”（geomorphology）这一术语。晚年将注意力转向社会、行为与环境分析，注重占有的土地与居住地的关系，探讨经济文化现象的核心区、边缘区的空间关系。把拉采尔的“生存空间”具体为国家领域、语言领域、民族领域、文化领域等不同地域范围。彭克认为，景观或地表区域是自然和社会两种过程的共同结果，这是地理学统一性的基础。彭克从第四纪地质、地貌学转向到历史时期人类活动对景观影响的研究，彭克学术发展的这一特点及其地理思想深刻地影响了他培养出来的一批杰出地理学家。

施吕特尔（Otto Schluter，1872—1952），地理学景观学派的创始人。他对当时风行的环境论和区域综合论都持批评态度，认为两种学派均不能为地理学提供一个独立的学科领域。根据彭克的思想，景观的可见内容决定着地理学的内容，施氏认为原因的或动力的自然现象或非物质的人文事件，均不能作为地理学研究的对象。施氏提出地理学研究的中心是可见的景观。景观是所有“可以感觉到的”、具有地域现象的自然和人文现象的独特结合。施氏提出了文化景观的定义以及文化景观与自然景观的区别和联系。他认为文化景观就是地表人类创造物（聚落、城市、生产用地、道路、水渠、寺院、文化设施等）构成的景观。施吕特尔主张：研究一个区域的首要目的应该是在严格的形态分类的基础上精确地描述景观；区域必须就起源、作用和景观要素的结合等方面进行研究，把文化景观当作从原始或自然景观演化来的现象进行研究。施吕特尔主张研究景观的变化过程，他极力追求原始景观，用很多精力研究中欧的原始景观，重建了500年前中欧林地空地的模式，追溯它的殖民过程，写了《早期历史时代的中欧聚落》一书。施吕特尔是第一个把人创造景观活动提到方法论原理上的人，赋予了人文地理学与自然地理学同样的方法进行研究，较好地解决了地理学的部门地理分化问题和自然-人文结合的问题。但他把人类生活、思想组织、行为心理排除在地理学外的做法受到赫特纳、哈特向等的强烈抨击。

继施吕特尔之后，德国一批地理学家持续地推进着地理学景观方向的发展。帕格萨（Siegfried Passaege，1866—1958）在地貌学、景观学、人种志和区域地理学方面的研究成果突出。他的《地球上的景观带》主要基于植被分类将地球景观分为四级实体，发展了空间、人类、文化、历史四种空间力量的观念和城市景观的观念。古拉德马（Gradmann，1865—1950）是德国地理学景观学派另一位大师。他对景观变迁做了深入研究，著有《中欧景观和它的历史变迁》、《植物地理学和聚落史的关系》、《南德意志荒原》、《德意志和罗马古代的谷物栽培》等专著。特罗尔·卡尔（Troll Carl，1899—1937）提出了“景观生态学”思想，并把它系统化。著有《海洋对中欧植物界的影响》、《南美洲热带经济地理构造》、《生态学的景观研究和比较高山研究》等论著。提出“景观生态学就是研究景观诸因素相互关系和作用的科学”，同时还指出气候是大的景观单元的指标、土壤是小景观单元的指标。

四、气候学、海洋学、区域地理学和区位论成就

除了以上地理学大师外，德国近代地理学还涌现出一大批世界知名的地理学者。出生于俄国的柯本在气候学、天气学、海洋气象学、古气候学方面卓有成就，受彭克关于“气候在地理景观上留下印记”以及“有效降雨与温度和气候变化之间的关系”的思想的启迪，采用温度和降雨的年度变化作为分类指标，创立了全球气候分类系统。格哈德·朔特著有《大西洋》，标志着海洋地理学全面研究的开始，朔特详细地描述了水文条件、海洋气候、海盆地质构造和结构、海洋生物、捕鱼和捕鲸区、海洋贸易航线、海洋发现史。气象学家和极地探险者阿尔弗雷德·魏格纳（1880—1930）提出大陆漂移学说，成为板块构造学说的先驱。

菲利普松（1864—1955）对地中海东部地区做出了富有成果的区域地理研究，认为区域地理学的目的是“找出地球上有自然边界的完整区域以及有助于体现区域的个性、所有个别事物的特点”。格拉德曼（1865—1950）将植物地理、史前史和聚落三者结合起来，进行景观的发展演变研究，他的两卷关于德国南部的著作被看成是区域地理的标准著作。萨佩尔（1866—1945）对中美洲做了大量详尽的科学考察，被公认为中美洲研究权威。魏贝尔（1888—1951）是两次世界大战中德国最重要的地理学家，力图在赫特纳和施吕特尔的观点之间寻求一种调和途径，他发展了经济结构和生存型式的观念，试图像研究生物群落内部生理机能之间的关系那样研究经济景观内部的机能，引入了“生活形态”、“生活方式”、“经济形态”、“经营形态”、“市场位置”、“市场指向”等概念，“人类居住的每一地区都有它特殊的经济型式，和它相适应的是一种取决于经济活动单元的特征及生产目的的经济景观”。

农业区位论、工业区位论为德国经济学家所创立。农业经济学家杜能（1826—1852）的《孤立国》，标志着古典区位论的创立。杜能基于理论的推断和敏锐的实证观察，在给出一系列简单而明确的前提下，揭示了地租、土地利用类型、土地利用集约度随市场距离的函数关系。杜能是社会科学中第一个建构模型的人，他比他所处的时代整整领先了两代人。其后德国经济学家韦伯（1868—1958）发表了《工业区位论》（1909）和《工业区位论——区位的一般概念及资

本主义的理论》(1914)。地理学家克里斯泰勒创立了“中心地”理论，从而使区位理论成为经济地理学的核心理论，并对 20 世纪 50～60 年代的计量革命、空间运动产生了深刻的影响。

五、德国近代地理学思想特质

在德国古典地理学发展的基础上以及特定的哲学、科学和社会发展背景下，两位地理学大师洪堡和李特尔开创了近代地理学，确立了地理学研究的理论方法和科学法则。两人力求使地理研究科学化、理论化，提出了地理学研究的整体性原则、因果性原则、区域性原则、人地相关原则。这些新观念、新方法成为近代地理学思想的基础。

德国的地理教育从自然科学切入推进地理学科学化，培养的学生具有坚实的地质学、生物学、气象学等自然地理学基础。同时，德国地理学一直保持传统的统一思想，通过典型的景观研究把人与自然综合起来。不管是侧重于通论地理学的一般法则研究，还是侧重于区域地理学的空间关系研究，均注重人与自然关系的探讨。德国把大学定义为“学术研究中心”的教育模式和注重野外实地调查的教学特色，造就和培养了一大批国际地理学界的领衔人物，取得了无与伦比的丰硕成果：将地理学的研究范围限制为“地球表层”；深入探讨自然地理和人文地理的分、合问题；以人地关系和区域研究为主要内容，导出分布论、景观论、地志论（区域论和差异论）等观念；自然地理方面，由柯本领导的气候学、彭克领导的地形学和冰川学、朔特倡导的海洋学硕果累累；人文地理学创立了区位论、环境论、国家有机体论等人文地理学核心理论。德国地理学思想对各国近代地理学的发展有着广泛而深刻的影响。

第三节　法国近代地理学

1821 年，“地理学会”在巴黎成立，促进了法国探险考察。地图学家和探险史学家马丁（V. S. Martin）创立了《地理年刊》(1863)，他曾在此刊物上发出悲叹：“地理学研究薄弱，对于民众教育是一种可悲的征兆。”他评论当时的书是“无休止罗列地名、志名；枯燥令人生厌的论文习作，全然不涉及思想观点和激发人的智慧”(1866)。具有理想主义思想和革命精神的埃利塞·雷克吕（E · Reclus，1830—1905）是李特尔的学生，出版了《地理大全》(1875)、《人和地球》(1903)、《法国地理学导论》(1905)，成为当时法国地理学界的佼佼者。1968 年以后，法国许多年轻的激进地理学者拥戴雷克吕为他们伟大的先驱，“但他的地理学绝对不是激进地理学派，他的论著显示出，利用 19 世纪中期的德国和法国地理学概念可能到达的成就”（保罗·克拉瓦尔，2007)。

19世纪下半叶，作为职业领域的德国“新地理学”开始传播到欧洲各国，首先是法国，在维达尔·白兰士的领导下，法国近代地理学蓬勃发展。

一、维达尔的地理学思想评述

维达尔（Paul Vidal de la Blache，1845—1918），法国新地理学的开山大师，著有《历史与地图集》（1884）、《普通地理学原理》（1896）、《法国地理学概论》（1903）、《人文地理学原理》（1922），其地理思想及其主要贡献表现为：

1）倡导科学研究方法。维达尔指出：收集资源必须具有敏锐的观察能力，材料的选择必须有精确的判断能力，论文的撰写必须具有科学的求实精神。他认为“观察愈直接愈好”。“位置观念为地理学的命脉，地理学以区位为出发点，从事详细的考察、研究、分析，以寻找原因为最终目的。”

2）重视区域与区域组织，尤其是小区域研究。维达尔认为，每个区域都是独特的，区域的研究应该是地理学者的基本任务，因此，区域地理学是地理学的核心。在维达尔看来，区域不是封闭的，流动、移动、人口迁移和交通研究很重要。维达尔强调尺度逻辑，倡导以不同比例尺地图为论证的方法。他认为地理学研究必须以同质的小区域为基础，探讨人类与周围环境的关系，小区域的野外考察是训练地理学者的最好途径。维达尔的研究对地理学的重要传统——区域专题的传统是一个巨大的启示。他的学生所做的小区域研究都是法国地理区域的专精论文，都是严谨的科学地理著作，至今仍为世界高水平的地理名著。

3）关注于“人与环境的关系”。维达尔看重英国对印度的人口普查的价值和人口密度分析的意义，强调“习惯的力量”、“生活方式”和文化对“人与环境关系”研究的意义，探讨土地与人之间交织成的垂直关系。他认为文化是人类团体由学习所获得的遗传性特质，“文化”一词广泛应用于法国地理学界。维达尔指出，地理学“是理解我们周围的地域环境或他们所处的地域环境中的诸事实的相关性和联系性”。在维达尔看来，划清自然和人文的界线是不可行的，它们应是统一不可分的。人类居住的地方由于人类的出现使其自然发生很大变化，在人类群体物质文化水平最高的地方变化也最大。他不同意“环境决定论”，创立“或然论”（possibilism），认为“自然界虽对人类聚落的发展设下许多限制，但它也提供了各种发展的可能性，至于人类去反应和适应这些情况的方式，主要受他们传统生活状况的影响”。

4）确立了地理学研究原则。在《地理学的特性》（1913）一文中维达尔写道：“地理学得到其他科学的帮助，它也能反过来给共同学术财富作出贡献，其可能性不在于把自然所聚合在一起的事物分裂开来，而在于去理解事物的一致性与相关性，这在整个地球表面的环境是这样的，在地方性事物的区域环境中也是这样的。”维达尔强调地理学必须在自然科学和人文科学均有地位，制定了6个主要原则：①地表的一切自然现象是相互关联、相互依赖的（即“整体性原则”）；②各种事象不但相互配合，而且有可变性（即“变动性原则”）；③地理学为涉及地表一切现象的科学（即“综合性原则”）；④要认清环境的多方面的影响力，以事象分布对环境的适应（可看成是“因果原则”）；⑤对地表现象要用科学方法加以定义和分类（“地域分类原则”）；⑥要认识人类对改变环境的重大贡献（人地关系原则）。

二、维达尔以后的法国地理学

曾跟随维达尔工作、自称是维氏学生的白吕纳（Jean Brunhes，1869—1930）在总结、发展维达尔的地理学思想方面有突出成就。白吕纳发扬其师地理学研究规律的学风，认为欲求地理进步，必须采用三种方法：①适当的次序。由于自然环境与人类活动包罗万象，研究时应“由简而繁”，从人生的基本需求渐进到社会经济活动、自然环境对人文之影响，即地理研究的层次观。②正确的方法。应采取实际观察和利用辅助工具相结合的方法，认为地理学发展最重要的观念就是“地表整体性”。③分类原则。“凡人事活动与地表的关系，若不能明显地可以观察或不能用实验方法去观察者，都不能算作地理事项，也不能列入地理学领域。”因而其分类以人事活动为标准——三纲六目：地表不能生产的建设事业，包括聚落、道路；地表能生产的建设事业，包括农业、畜牧；开发事业或破坏事业，包括生物、矿物。

白吕纳极为反对“决定论”，认为“人类与自然有连带关系，其关系并非自然环境单方面作用，人类对自然环境也有选择的自由和自由活动的余地”（1909）。白吕纳的《历史地理学》（1921）是一本具有继往开来价值的巨著。该书讨论了研究方法、农业新发现、粮食地理、人口地理、政治地理等内容。该书结语为：“世界大战已结束，而世界和平并未能实现，但有一明显事实，无疑今后国家之间的政治、经济、关系必会趋于密切，这种关系非主仆附属关系，而是水乳交融的关系。一国政治、经济的盛衰常决定于地表原料生产和消费程度，然而各国或各地区之间生产与消费并不一致，必须依赖于国家和地区间的调剂。因此，国家政治经济的发展，必须以地理为基础。吾人不敢断言地理可以包括一切，然而可以断言包括粮食、能源等问题，将在今日或今后各国经济、政治上占有重要地位。”

德芒戎（Albert Demangeon，1872—1940），维达尔的学生和继承者。早年从事地形发育、山地利用等研究，对皮卡迪平原的研究被认为是法国区域地理的典范，后来集中于人文地理的研究。法国地理学界为纪念他的科学功绩而编辑出版了一本文集《人文地理学问题》，这些论文对当时法国和西方地理学界都产生过影响。德芒戎把人文地理定义为“研究人类与地理环境关系的科学”，而这个地理环境与古典地理学家的“自然环境”概念不同，它是由人类创造的，并在其中劳动和生存而改变了的环境。德芒戎应用三条指导性原则来研究人文地理：①用或然论代替决定论，“没有绝对的决定论，只有人类主动开发利用的可能性”。②强调地域基础、人与土地的关系是归纳与概括地理现象的依据，“人文地理学的特性是确认不能离开人所居住的土地来研究人，确定土地是整个社会的基础”；③承认在解释人类占有地球方式时，应采用历史的即发生学的方法。“为了解释所观察的现象，地理学家不应满足于把它们放在空间合理的位置上，还应把它们投射到历史的屏幕上。”

费弗尔（Lucien Febvre，1878—1956）著有《土地与人文发展》（1922）一书，被公认是人文地理学性质与范畴的最佳代表作（保罗·克拉瓦尔，2007）。马东（de Martonne，1873—1955）具有良好的地质学、地球物理学和生物学基础，他把所受到的历史学与地理学的训练结合起来。马东的主要研究地区是法国和中欧，在《世界地理》这本巨著中，他编写了《法国自然地理》和《中欧自然地理》两个分册。马东的《自然地理学原理》（1909）一书获得极大成功。在马东之前，自然地理学还仅限于研究那些与地质直接相关的地貌形态，而马东则将自然视为一个整体，其论著中采用了气候、水文地理、大地形态、生物地理的论述体系。在1909～1955年，该书成为整个地理学的基础教本，马东成为当时欧洲最有影响的地理学者之一。

三、法国近代地理学思想特质

“地理学的法国学派很有成就，它的声望比美当时的德国地理学”（保罗·克拉瓦尔，2007）。法国无疑是近代地理学研究的重要中心，法国的地理思想和发展颇为一致。乔尔格（W. L. G. Joerg）在《近年来欧洲的地理学》（1922）一文中写道：“在法国担任地理学教授职位的人，几乎全部都是已故的维达尔的学生或者是他学生的学生。可以说，没有另一个国家的地理学像法国这样以一个人为中心而发展起来的。”

在维达尔的领导下及其继承者的推动下，法国地理学特色鲜明，形成维达尔传统：法国地理学的发展与历史学有紧密关系，在很多大学建立史地系来培养地理与历史兼备人才；注重小区域的研究以及野外观察、记录、访问和调查方法，并在区域地理研究中涌现出一大批世界领先水平的成果；构建了一组人文事象的分类体系和相对稳定的区域研究范式和方法；强调人文与自然现象的空间关系，地理学发展中没有出现自然与人文的分割；以区域地理学研究为核心，使法国地理学摆脱了地理学是一个单一学科还是一个复合学科的问题；摆脱了自然地理学对地质学、气象学的纯依附关系，使自然地理学成为一门综合性的独立学科。

然而，法国地理学特有的学派特点同时潜存了自身的发展问题：地理学与历史学、社会学紧密结合的传统促进了区域地理学、人文地理学、历史地理学的发展，但也造成地质学、气象学等自然科学的相对薄弱和地理学整体发展的后继乏力；传统的区域研究方法适宜于传统社会均质区域的研究，对快速变化的复杂区域则显现出方法上的无力；法国地理学一脉相承，特色鲜明，而思想的多样性则显不足。法国当代著名地理学家保罗·克拉瓦尔评述道："维达尔学派的地理学，比起维达尔自己的研究成果来较浅薄且较少灵感，理论上的思考实际上并不多见。"克拉瓦尔的评价实际上反映了区域地理学研究的困境：区域地理学很重要，然而，传统的区域地理研究模式在理论和方法上都难于实现重大突破。

第四节　英国近代地理学

继西班牙、葡萄牙、荷兰老牌帝国主义之后，英国工业革命一度使其成为"世界工厂"和"列强霸主"。政府测绘总局发行大量的地图，通过探险与考察来扩大地球表面和殖民地的知识，仍然是 19 世纪英国地理学者和英国地理学会的主要事业，在英国地理杂志上发表的大部分内容是对世界偏远地区的考察报告。在大学，地理学由地质学者和历史学者讲授。

一、英国近代地理学的发展

19 世纪有三位学者需要提及：①玛丽·萨默维尔（1780—1872）是自学成才的地理学家，著有《自然地理学》（1848，初版）一书，乔治·帕金斯·马什认为她对人类破坏性使用土地的观察非常深刻，在其所著的《人与自然》一书中多处引证。②赫胥黎（T. H. Huxley，1825—1895）创立"地文学"一词，1877 年《地文学》出版，标志着英国自然地理学的建立。该书强调试验和地方研究，提出地理学知识只有通过地方研究、实地调查和游览才能获取的观点。③遗传学家高尔顿（Francis Galton，1822—1911）是一位对地图和地理空间特性有着广泛情趣的地理学者。他利用 80 个观测站的资料绘制了第一幅英国气象图（1864）；绘制了以英国伦敦为起点的世界等时线图（1881）；根据自己的观察和分类标准绘制了一张大英帝国的"美女地图"；研究了英国天才的地理分布。在《现代地理随笔》（1855）一文中，他将地理学描述为："一种非常自由的追求，可以将各种分散的学科联系在一起，并赋予它们一定意义。但是如果这些学科独立存在，则变得单调而贫瘠。"

英国地理学在大学的成长开始于麦金德被任命为牛津大学教授，但重要扩展时期则是在 20 世纪以后。麦金德（H. J. Mackinder，1861—1947）被认为是英国近代地理学创始人，其学术思想深受德国赫特纳和拉采尔、法国维达尔、美国戴维斯的影响。他擅长历史学，并认为研究历史不讲地理，历史就成了纪事，因为每个历史事件发生在一定时间和一定地点；历史学与地理学的各自都论述时间与地点，两者永远不能分家。麦金德曾强调人地关系研究重要性，认为“地理学是探讨人和其所处环境之间的相互关系的学科”；“如果不依据自然地理，则根本不会有理性的政治地理”；“研究人对自然的反作用，将是地理学中最迷人的篇章之一。人类改变他们的环境，结果是环境对人类后代的作用发生变化”。然而他本人并未对人地关系做出深入研究。麦金德对地理学的主要贡献在于他提出的全球地缘战略思想。《不列颠与不列颠的海洋》（1902）和《历史的地理枢纽》（1904）强调全球整体下的空间作用和区域互动的全球战略观点，认为“世界是一个整体，它已经成为一个紧密联系的体系”，“没有一个完整的区域小于或大于整个地球表面”。他力图把世界历史放在全球地理舞台上给予解释，提出“大陆腹地论”，其全球战略观点成为地缘政治学思想的基石。

奇泽姆（George G. Chisholm，1850—1930）是商业地理的创始人，著有《商业地理学手册》（1889）。他用大量的世界贸易资料阐述了贸易的地理规律，认为“商业所依据的重大地理事实在于世界各地有不同的物产，或在不相等的条件下有相同的物产。因而商业活动产生两项重大后果：第一，在任何特定地区增加了商品的种类；第二，按照运输的方便，使相互间进行交换的地区，在得到特定的商品方面具有相等的机会”。英国在商业地理学方面率先发展，既与英国古典经济学发达有关，也是英国世界殖民地体系贸易需求的结果。

第一次世界大战刺激了公众对更为有效的地理研究和教学的需求，英国地理学处于扩展时期。大量的区域地理、自然地理和历史地理专著出版，地理学在五个领域的发展很有特色：①对探险工作的继续关怀。②重视区域研究。赫伯森（Herbertson，1865—1915）按地表形态、气候与植被划分了世界大自然区，为地理学的自然区划服务事业开了先例；纽比金（Newbigin）从生活方式和土地生产力的关系角度进行区域分类；弗勒（Fleure）依据人们谋求幸福的反应程度将全球分为七种区域类型（饥饿区、虚弱区、增殖区、成就区、困难区、流浪区和工业区）。③地理教学注重野外调查与地图判读。④历史地理成果突出，人才辈出。⑤地理学的应用。斯坦普（L. D. Stamp，1898—1966）组织和领导了英国土地利用调查工作（1931～1935），开创了全国资源调查的做法。

二、英国近代地理学的特点

英国在近现代一度是世界科学研究、哲学思潮、技术创新和经济的中心。然而，与德法地理学及尔后的美国近代地理学相比，着实逊色很多。这或许是由于英国过分热衷于探险，或许是由于地理学大师的偶然缺失。英国近代地理学的发展兼受德国和法国思想的影响，同时与探险考察、殖民扩张的背景息息相关。英国以区域地理为主体，率先提出以自然区、人文区为框架来研究世界地理的理论和方法。对于世界自然区和全球区域类型的形成、结构、演变以及自然与人文关系等都有相当的贡献。英国在商业地理学、地缘政治地理学、历史地理学等方面富有成果。第一次世界大战后，不但重视区域的研究，而且从事实际调查、地图判读、土地利用、城乡规划等应用地理学的研究。英国地理学对大英帝国联邦各成员国的影响尤其显著。

第五节　俄苏近代地理学

1682～1725 年，统治俄国的彼得大帝认识到用正确的地理资料对引导帝国东扩的极端重要性。经过 17～18 世纪的探险考察，俄国学者积累了大量有关西伯利亚、远东和中亚细亚的地理资料，地理著作与地图陆续出现。由于语言上的障碍和冷战时期意识形态的铁幕，俄苏地理学思想的重要性一度被西方忽视和低估。

一、俄苏近代地理学的发展

18 世纪前，俄国地理学主要是大地测量与地图资料的收集。在百科全书式学者罗蒙索夫（1711—1765）的领导下，1739 年，俄国科学院地理部成立，开展了一系列地理考察。罗蒙索夫倡导地球上现象不断演化和自然界因果关系的思想，主张编制经济地图，第一次提出“经济地理”概念，著有《在地球表层》(1763)，显示出他的思想远远领先于他所处的时代。谢苗诺夫·天山斯基(1827—1914) 被公认为俄国第一代地理学大师，曾听过李特尔的课，并同李希霍芬一起工作过，作为欧洲第一位学者考察天山山地。他著有《俄罗斯地理》等区域地理论著，被认为是“自然历史和经济现象的极有见地的作品”，其地理学观点对俄国和苏联地理学界产生长期影响。任俄国地理学会会长长达 32 年，使部门复杂的地理学保持了统一，并使地理科学以实践性和防治性为目标。谢苗诺夫把地理学分成广义的和狭义的：广义地理学是对地球整体的研究，其对象是气圈、水圈、岩石圈以及地球与其他行星及生活在地球上的在机体的关系；狭义的地理学是描述地球自然界永不消失的特征以及在人类影响下的变化特征。他强调地理学的综合性、统一性和实践应用性是俄罗斯地理学的传统特点。

继谢苗诺夫之后，沃耶科夫、道库恰耶夫和 D. N. 阿努钦成为俄国近代地理学的奠基人。沃耶科夫（1842—1916）青年时曾留学德国，从事地球热量和水分平衡研究，著有《世界气候》(1884)，被认为是“雪学”创始人，开创了系统的农业气候研究，并在农作物布局实践上获得成就，热衷于用灌溉改良干旱或半干旱区土地的生产力问题。他写了一系列人口地理论著，以《地球上人口的分布及其与自然条件与人类活动的关系》(1906) 最为有名。他重视人类活动对环境的影响，是认识并报道人类对土地利用的破坏性后果的学者之一。

道库恰耶夫是俄国土生土长的学者，著有《俄国黑钙土》(1883)、《自然地带学说》(1898) 等著作。因论文只用俄文发表，在国外的名声不及沃耶科夫。但在土壤成因、土壤地带性景观方面的创造性工作使他无愧于在世界地理学者中占有的重要地位。在他之前，英、法、德的土壤学家一直认为土壤是由基岩崩解粉碎产生的，土壤的分类都按基岩进行分类，诸如前寒武纪土壤、泥盆纪土壤等。他通过对俄罗斯平原土壤的研究，指出：土壤不仅仅是岩石崩解产生的，而是母质、气候、生物、地形、时间五个因素共同作用的产物；其中气候与植物的作用比基岩大得多，土壤是历史发展的自然综合体；土壤是景观的一面镜子，土壤的地带性规律反映了景观的地带性规律。道库恰耶夫创立了自然地带学说，划分了自然土壤带，论证了自然现象的地带性规律。“由于地球与太阳所处的一定位置，由于地球的运转及其球形，使气候、植物和动物在地表上的分布都按照一定的严密顺序由北向南有规律地排列着，因而使地球分为一些地带，如寒带、温带、副热带、赤道带等。但如果成土因子呈带状分布时，那么它们的成果——土壤——在地球上的分布，也应当具有一定的地带性，这些地带多多少少与纬度圈是平行的”道库恰耶夫的这一思想直至目前仍然是自然地理学的理论基础。而后，道库恰耶夫的思想被其培养出来的学生承传和发扬：1900 年，西比尔特塞夫区别了地带性与非地带性概念；1908 年，格林卡把道库恰耶夫的地带性土壤扩大到俄国境域之外，其著作译成德文 (1914) 和英文 (1927)，道库恰耶夫的观点在美国引起热烈反响。

D. N. 阿努钦，俄国著名地理教育家和人类地理学家。为培养职业地理学家满足社会需要，阿努钦在莫斯科大学新设的地理和民俗学系任主任 (1887)，并在 1912 年正式建立地理专业，他的学生相继到全国担任地理教职，推动了俄国地理学的全面发展。

阿努钦的大弟子贝尔格院士继承了老师把“把地球表面和部分结合起来”的学术见解，进一步将道库恰耶夫的自然地带性规律扩展、深刻化和具体化：地带性规律不仅表现在土壤和成土因素的分布上，还由于辐射能的地带分布，所以温度、蒸发和云量、气压高低、风系、海水表层的含盐度、海水中气体的饱和程度、气候、风化过程和成土过程、植物、动物界、水文网的性质等也均具有地带性。后来的研究证明，景观的地球化学特性也具有地带性，从而确认地带性是自然界的普遍规律。贝尔格认为，地理学的对象是具有自然界线的、严格地方性的、典型的地表上的一定地段，即地理景观。贝尔格依据气候与植被的关系将北半球划分成 11 个景观带。在贝尔格之后，景观学派在苏联自然地理学界中始终占据统治地位。阿努钦的另一位弟子格里高耶夫认为地理壳包括岩石圈上部、大气圈下部、水圈、土壤覆盖和植被、动物界。自然地理学的基本规律在于探求地理壳各组成之间、地理壳同“外部世界”之间的物质能量交换过程。

贝尔格的继承者，苏联著名自然地理学家卡列斯尼克对自然地理学的理论作了系统构建。卡氏认为，自然地理学的对象是地球的地理壳或景观壳，而不是哲学上作为社会发展外部条件的地理环境。卡氏的景观是抽掉人的纯自然的景观，这一力图使自然地理学科学化的做法客观上加剧了苏联之后的自然地理与经济地理的分割。卡氏认为“大地学”研究地理壳的物质组成、结构和发展规律，包括：①地理壳的整体性，即各组成成分相互联系和共轭变化。②地理壳中的物质循环和能量交流。③地理壳中的韵律现象。④地理壳发展的连续性、外力过程与内力过程、地带性现象与非地带性现象。⑤地理壳结构的地带性。自卡氏之后，苏联地理学形成了一门综合自然地理学（大地学），与各部门自然地理学并列。

1917 年的十月革命以后，伴随着苏维埃社会主义国家政权的建立，地理学研究也出现了新的特点。这一时期的地理学思想受马克思列宁主义的影响深远。为适应经济建设需要，苏联注重经济地理学的发展，而人文地理学一直未能系统建立起来。苏联的经济地理学分成两派：一派是经济学派，以杰恩、费根、康斯坦丁诺夫等为代表，采用经济统计、纯经济学方法，主张经济地理学的对象是生产的分布。康氏否认经济地理学的地理性，认为它是纯经济学科。另一派是以巴朗斯基、科洛索夫等为代表的区域学派，提出经济区划和地域生产综合体的理论，主张地理学的统一性、用区域的地理综合研究方法取代单纯的部门经济统计描述。巴朗斯基秉承了区域研究的优良传统，把全国划分为 21 个经济区域，在原有资料的基础上，对每个区域的自然、矿产、人口和经济等进行了具体的研究。巴朗斯基在对待地理学的统一性的问题上态度明确，支持自然地理和经济地理的有机结合，这对 20 世纪 50 年代以后苏俄地理学思想的发展产生了影响。

二、苏俄近代地理学思想特质

苏俄幅员广大，横跨欧亚两大洲，穿过几个气候带，给地理学研究创造了良好的条件。苏俄近代地理学的兴起既受德国的影响，但更多的是基于自己独特的深厚的根基和传统。在气候学、土壤学、地植物学、自然景观带、自然分异规律和自然区划等方面的研究居领先水平，涌现出了一批享有国际声誉的学者。综合自然地理问题受到重视，强调为农业和水利服务。经济地理学创立了生产地域综合体理论，并有与经济建设相结合的良好传统。然而，受意识形态的冲击和影响，环境论受到彻底批判，人文地理学、统一地理学的发展受阻，自然地理学与经济地理学之间关联不够。近代地理学的发展经历了早期自然-人文的结合、自然与经济割裂再转至寻求统一的过程。

第六节 美国近代地理学

自从人类跨越白令海峡，美洲就有了人类足迹。中美洲的“奥尔梅克”文明在公元前1150～前900年达到鼎盛，“核心美洲”成为旧大陆农业文明的中心，尔后中美洲玛雅文明与安第斯文明承传下来，早在欧洲人抵达新大陆之前，美洲印第安人就对旧大陆早期地理知识的积累作出了贡献。美国近代地理学奠基于19世纪末20世纪初，在最初30年间，其地理思想主要受德国影响，其次受法国和英国影响，以后发展成自己的特色，并逐渐成为世界地理学思想的主要中心。

一、美国近代地理学的创建

19世纪中叶以前，美国的地理学还是一门“未经系统化的学科”。南北战争之后，随着西部开拓殖民，出现了地学的大考察时期。1852年，纽约美国地理与统计学会（AGSS）成立，在组织探险考察、交流考察成果方面起了积极作用。19世纪中叶，李特尔的学生盖约特（Arnold Guyot，1807—1884）到美国任教，出版了讲稿《新地理学》，李特尔的思想逐渐为美国学术界熟悉。马什（George P. Marsh，1801—1882）的《人与自然》（1864）把注意力转向人对自然的作用，转向由于人类活动引起的有机与无机生境的改变。马什指出：“要表明人类活动改变我们居住的地球的自然条件的性质及其大致程度，要指出这种鲁莽行为的危险性和防范一切大规模地干扰有机与无机界自然秩序行为的必要性，提出恢复已被干扰的协调的可能性和重要性，使荒弃的和利用过度的地区得到切实改良。”这一思想对现代地理学的发展导向仍然有指导意义。19世纪末20世纪初，美国高等院校开始设置地理系科。1885年，哈佛大学成立地质地理系。1903年，芝加哥大学成立第一个独立的大学地理系。此后，地理系科在美国各高等院校纷纷成立。哈佛、耶鲁、明尼苏达和芝加哥大学成为20世纪初期美国地理学思想的主要发源地。

戴维斯（W. M. Davis，1850—1934）是哈佛大学毕业的地质学者，被认为是美国近代地理学创始人，著有《普通气象学》、《地理论文集》、《自然地理学》和《珊瑚礁问题》等著作。早年跟随谢勒在哈佛大学治学，他从谢勒那里学到良好的思维和思想：①形成细心野外考察的习惯，并将缜密的考察与逻辑推理结合起来，他的景观素描非常精彩。②把地球看成是居民借以为生的资源基地，把包括人在内的有机生命看成是整体自然地理景观的组成部分，而不是与之割裂。③注重地表相互联系的事象的变化过程，受达尔文进化论和实证主义思想的影响，戴维斯创立了“侵蚀循环说”，这一理论成为地貌学的基本理论，影响长达数十年，对 20 世纪初期地貌学有较大的推动作用。戴维斯及其弟子约翰逊(D. Johnson) 发表了若干文章论述地理学方法论，指出地理学太注重于罗列事实，而对用来组织事实的普遍概念阐述很不充分，提出“解释性描述”概念，并讨论了指标选择、多元假设等一系列方法论。戴维斯创建了美国地理学会，并推动美国中小学地理教育的发展。在戴维斯的培养和倡导下，美国近代地理学一批新人成长起来，戴维斯的众多学生成为 20 世纪早期美国地理学发展的中坚力量。

二、第一次世界大战前的美国地理学

杰弗逊（M. Jefferson，1909—1949）是戴维斯的学生中唯一不接受环境控制论的著名地理教育家。他教过 65 门课程，制定了系统培养中学地理教师的方案，是美国首批研究人口分布和城市结构的学者之一，提出了核心区、首位城市、人类地理分布学等概念。

鲍曼（I. Bowman，1878—1950）是地貌学、应用地理学和政治地理学家。他所著的《战后新世界》(1921) 一书成为美国政治地理学的权威著作。在《与社会有关的地理学》(1934) 一书中，鲍曼强调区域地理特性、区域地理要素相互作用关系、人类与环境的关系是地理学研究的最高目的。鲍曼次领导南美洲地理调查，倡议进行美国拓荒带的研究，提出不仅要注意到拓荒带的自然情况，而且要引导人们注意拓荒者的态度和目标。鲍曼的一些重要工作是把地理学方向应用到实际问题研究上。

亨丁顿（Hutington，1876—1949）是一位多产的思维敏锐的地理学家，致力于气候变化及其对人类社会影响的研究。他著有《亚洲的脉动》(1907)、《文明与气候》(1915)、《人文地理学原理》(1920)、《脉动过程》(1926)、《文明的主要动力》(1945) 等书，不仅在地理学界，而且在历史学者和社会学者中影响广泛。亨丁顿提出气候变化存在冷湿与干热的不同长短周期的交替循环说，认为蒙古人入侵中国、印度、东欧是由气候干旱造成草场干枯所致。创立人类文明只能在具有刺激性气候条件下才能得到发展的假说。亨丁顿的研究涵盖了与气候关联的诸多问题：气候波动、气候变化、气候适宜期、空气质量、树林年轮所反映的太阳黑子的影响，并使用统计方法进行分析。由于气候变化在环境变化中的关键性作用，亨丁顿可以看成是“现代全球变化”研究的拓荒者。

森普尔（E. C. Semple，1863—1932）曾受业于拉采尔，回国后大力宣扬拉采尔的新人文地理学观点——地理影响历史进程的思想，著有《美国的历史及其地理条件》(1903)、《地理环境的影响》(1911) 等书，森普尔把地球作为人类生活控制的因素，但同时十分小心地指出环境并不能控制人类活动。森普尔对地中海地区有深入研究，他撰写了《作为区域历史要素的山脉和通道》、《地中海地区农业》、《森林与气候的关系》、《气候与宗教的关系》等文章。

布里格姆（A. P. Brigham，1855—1932）著有《美国历史中的地理影响》(1903)，通晓欧洲地理学，推崇拉采尔为地理学先驱，认为拉采尔未能发掘一切人地关系参数是不应受到指责的。布里格姆强调：地理学的任务在于提供一个精确的科学的自然描述；但是地理学者在论述环境影响存在时，必须十分小心和不违反常识，对他所提出的任何一般性原理，都应该用一切可能的检验来确定其正确性。布里格姆对亨丁顿、森普尔等提出的有关气候影响的概括性结论持批评态度，认为整个环境无限复杂的因素对人类身体和思想产生无限变化的结果。

三、第一次世界大战至20世纪中叶的美国地理学

20世纪20年代以前，自然地理学在地理教育和研究中占有优势。这一时期，环境决定论曾为美国地理学思想的主流。第一次世界大战后美国地理学受到美国环境多样化的刺激，可视为同时受到欧洲和美国影响的产物。这一时期是一个具有变革意义、向现代地理学发展的过渡时代。自然控制与人类反响概念逐渐消失，索尔兹伯里（R. D. Salisbury）避免对地表事物之间复杂的关联做单一因果解释的观念得到赞同。在这一时期，地理学关注的焦点向社会科学转移，并离开了单纯对地球科学的关注，地理学研究的重点逐步由自然转向人文。人文地理学的研究成效显著：1913年J. 拉塞尔出版了《工商业地理学》，美国农业部出版了芬奇（V. C. Finch）和贝克（O. E. Baker）的《世界农业地理》，1925年克拉克大学创办《经济地理》杂志，从20世纪20～40年代登载了世界各大洲的许多农业地理论著。20年代城市地理学开始发展。

1930～1950年是美国近代地理学向现代地理学的转型过渡期。地理学的焦点逐步转向社会科学，同时出现了“人类生态学”思潮以及地志学、历史地理学、应用地理学等趋向。由环境决定论转向人地关系论，再转向到强调区域和区域差异研究。从早期环境论的盛行到20世纪20～30年代对环境论的反驳，在一定程度上又挫阻了寻求自然地理与人文地理的因果关系的努力。哈特向总结了地理学区域派经验主义的哲学和方法，提出“地理学就是对地表变异特征提供正确的、有条理的和合理的描述和解释”，代表了把“区域地理学看作是地理学的最高表现形式”的理解。阿克曼（E. A. Ackerman）根据他在战争时期的经验，提出职业地理学者在实际工作上的两点不足：掌握外语能力低下和部门专业脆弱，认为大多数地理学者对其研究的专题或多或少是外行，因而提倡部门地理研究。在20世纪30年代，少有为“地理学家”或“地理学”冠上一个形容词。到1950年，绝大多数采用了形容词，如自然的、政治的、历史的、经济的、文化的、都市的等，地理学者由综合型走向专业型。受德国中心地

理论和都市化进程的影响，都市地理研究尤为盛行，狄金逊（R. E. Dickinson）、泰勒（G. Taylor）、哈里斯（C. D. Harris）、乌尔曼（Ullman）等在研究城市与腹地、城市空间地域结构模式方面的研究取得了高水平的成果。

哈特向（Hartshorne，1899—1992）是 20 世纪最有影响的地理学家之一，所著的《地理学性质》（1939）、《地理学性质的透视》（1959）被誉为里程碑式的著作。他继承李特尔、赫特纳传统地理学的思想，认为地理学的目的就在于研究岩石圈、水圈、大气圈、生物圈和人类圈所构成的地表区域特征。他认为地理工作者应从长期以来对人文现象与非人文现象的相关性的探索中解脱出来，应着眼于区域特征去展开研究工作，提出了"论题地理学"的思想。

巴罗斯（Barrows，1877—1960）广泛地参加过美国的土地类型调查、资源调查、水土保持和自然规划等工作，是美国地理学中人类生态学派的代表。提出人类生态学的思想："我们的所谓地理讲解的大部分不是地理，若讲真正的地理，就必须从头至尾是一种按人地关系正常顺序的解释性论述，地理学的目的不在于探索环境性质，而在于探索人类对环境的反应，自然条件只能联系着人去研究。"这一思想已经越来越受到现今地理工作者的重视和理解。

出生成长于德国的索尔（Carl. O. Sauer，1889—1975），其地理思想具有很强的德国地理学"基因"——重视野外调查、地图学和景观观念，关注地理学的结构性、综合性和理论提升。索尔指出：没有任何一个学科领域的研究可以用单一的因素来解释；地理学从自然和文化上，研究地表特定区域有关的事物以及地区与地区之间的差异；主张地理学应研究自然与文化景观的形成、演变、特征，而不在于研究人类对环境的适应；地理景观的描述包括自然区域特征（自然景观）和人类活动添加在自然景观中的形态（人文景观），人类是景观塑造的重要力量；人类按其文化标准，对天然环境的自然现象和生物现象施加影响，并把它们改造成人文景观；地理景观研究"是在传统观念中发展出来的一个新的研究方向"（Sauer，1927）。索尔的这些思想使他与哈特向的区域论、巴罗斯的生态适应论区别开来，成为美国地理学中景观学派的代表人物。

在众多地理名家的推进下，美国地理学界出现六种主要思潮：第一种思潮以巴罗斯为代表，认为地理研究的范围应当限于人类对自然与生物环境的适应，把地理学看作是"人类生态学"；第二种思潮认为地理学应该集中力量去识别和解释地球表面各种地区间观察到的差异性，这就是地理学的"地方或区域"研究方向，哈特向关于"地理学是地域差异"的观点成为美国区域地理学派的代表；第三种思潮以索尔为代表，认为地理学应从景观和景观变化的角度来研究地理区域，倡导并发展了地理学的文化景观论；第四种思潮认为地理应从时间的变化过程上来寻求发生学的解释，它导向"历史地理"及其"边疆居住"的研究，其代表人物有特纳（Fredrick Jackson Turner）、布朗（Ralph

H. Brown)、索尔和惠特尔西等；第五种思潮是地理学的“空间论”；第六种思潮是从纯学术的研究转向经济、社会和政治中的实践应用，即“应用地理学”。

四、美国近代地理学思想特质

与欧洲相比，美国近代地理学起步较迟，早期承袭德、法、英各学派的思想，但随后呈现出多元化的蓬勃发展之势，表现出领导世界地理潮流的特点。自然地理学最初是和地质学合一的，人文地理学则与社会学合一。芝加哥大学是美国地理学的发轫中心，以特有的课堂讨论和野外实习方式培养出许多闻名于世的人才。没有古代地理学影响下的路径依赖约束、自由开放和追求创新的学术环境，使美国地理学术活跃、学派林立。基于不同研究主题，涌现出各种地理思想，如戴维斯的“侵蚀循环说”、森普尔的“环境论”、亨丁顿的“气候变化”、巴罗斯的“人类生态学”、索尔的“文化景观论”、哈特向的“区域分异论”、惠特尔西的“连续居住说”等。重资源调查、土地利用、区域规划等实用性研究和新技术应用是美国地理的又一特色，1930 年首次应用航空摄影方法从事田纳西流域的调查工作，成为近现代高新技术地理学的发源地。

第七节　中国近代地理学的发展

中国近代地理学发轫于 16 世纪至 1840 年鸦片战争（相当于欧洲孕育时期的地理学），形成于清末至 20 世纪上半叶，发展壮大于 20 世纪 50～70 年代。

一、中国近代地理学的发展历程

本节把第二次世界大战以前的中国近代地理学的发展分为三个阶段：萌芽期、转型期、形成期。

1）萌芽期（明末清初至 1840 年鸦片战争）。16 世纪中叶以后，西方地理大发现所揭示的地理知识也随着西方传教士而东渐，出现了东西方地理学的接触、融合。意大利耶稣会教士利玛窦（Matteo Ricci，1552—1610）来华传教，他应明朝岭西按察使王泮的要求将自己悬挂的西文世界地图译为中文，以后利氏多次在南昌、南京、北京等地绘制、增订世界地图，对西方地理学的东渐影响深远。尔后来华传教的西方传教士日渐增多，如庞迪我、艾儒略、毕方济、南怀仁、熊三拔、蒋友仁等，他们均绘制地图，有的还就图立说，编辑成书。艾儒略编著的《职方外纪》和南怀仁撰写的《坤舆图说》两本书，比较系统地介绍了当时世界各国的地理状况。这一时期出现了顾炎武、刘献廷、孙兰、顾祖禹等具有先进思想的地理学家，思想上接受西方地理知识，学风上反对脱离实际，主张“经世致用”。刘献廷提出革新中国传统地理学“究天地之故”的倡议，顾祖禹倡导“人地相关论”，孙兰提出侵蚀规律，标志着这一时期中国地理学欣欣向荣、积极进取的面貌。自雍正元年（1723）到1840年的鸦片战争，清政府实行闭关政策，清初活跃的思想被扼杀，代之而起的是校注、辑佚、整理古代地理著作和地方志的编撰。这一时期，中国传统的地方志得到极大发展，出现了戴震等考据地理派修志理论和章学诚的史志派理论，编成了规模宏大的全国地理总志《大清一统志》。

2）转型期（1840～1909年）。鸦片战争后，呈现出传统地理学、西方地理学引入、中西方地理初步结合发展的多元化格局。中国传统地理学仍在继续发展，出现了杨守敬、丁谦等传统地理学大家。他们无论是在地理沿革考证方面，还是古籍校勘、历史地图制作等各方面，其成就都达到了中国古代传统地理学的高峰（赵荣和杨正泰，1998）。国外地理译著编辑进入到一个新时期。林则徐组织编译了1836年伦敦出版的慕瑞所著《世界地理大全》，定名为《四洲志》，这是一部当时最新版本的世界历史地理百科全书，介绍亚洲、非洲、欧洲、南美洲和北美洲五大洲主要国家的历史地理，还扼要介绍了沙俄侵略扩张史。林则徐遭贬官后，把已收集到的大量外国资料交给魏源，魏源经数载努力终于编成“以事实程实功，以实功程实事”的百卷本《海国图志》，记叙世界各国的历史、地理、科学、技术，并明确提出“以夷攻夷，师夷长技以制夷”的思想。福建巡抚徐继畲撰著《瀛寰志略》，将世界各洲各国的疆土、沿革、物产、习尚都作了简明记述。上述世界地理著作的问世，扩大了中国人的地理视野，改变了中国传统的中心和夷夏观念，促使中国传统地理学开始向近代地理学过渡。

3）形成期（1909～1949）。20世纪上半叶，中国近代地理学实现了从古代地理学向近代地理学的跨越。其标志为：中国地理学会的创立（1909）和地理学有关杂志的出刊，创建于1910年的《地学杂志》前后存在28年，计181期，刊载文章1600多篇，众多著名学者在其上发表论文；大学地学的设置和新式中小学地理课程的开设。到20世纪初，我国已经建立起较为完善的近代地理学教育制度。在高等教育部门，不仅设置了中外地理专业，科目的设置亦相当完备；近代地理学家群体出现（张相文、张其昀、竺可桢、黄国璋、吴尚时、蒋丙然、章鸿钊、丁文江、翁文灏、李仪祉、李庆远、胡焕庸等）；近代地理学的学科体系初步形成，科学研究方法逐步得到应用。

二、我国近代地理学发展的动因

中国近代地理学的形成与发展是多种因素交织作用的结果。

1）中国传统地理学长期积累基础和内部驱动。自秦汉以来，尽管中国历代王朝经历了统与分、治与乱、兴与衰的周期性循环，然而华夏文化与知识的承传一直延绵不断。地理知识的长期积累使得清代的地理学发展水平达到中国古代地理学的高峰（赵荣和杨正泰，1998）。事实上，即使在明中清初，中国地理学的整体水平不落后于甚至仍高于欧洲。然而，正是在康熙盛世时中国与西方的发展差距迅速拉大，导致中国近代科学、技术、社会、经济、文化发展的全面落后。尽管也曾出现徐霞客、顾炎武、刘献廷、孙兰等重实证考察、重因果探究的地理学家，但终因缺乏全球地理的经验和知识积累，缺乏近现代工业技术基础及科学观测实验的仪器设备，缺乏近代物理学、化学、生物、地质学、气象学的全面支撑，中国古代地理学在传统的社会结构和知识框架下难于实现科学化和现代化。

2）西方近代地理学的建立和它的先进性。经过16～18三个世纪的孕育期，到19世纪中叶，经洪堡和李特尔的开创性工作，近代地理学得以建立。至20世纪20～30年代，西方近代地理学已趋于成熟。近代地理学从根本上改变了古代地理学的记载、描述、直觉性或逻辑化推断的探究传统，形成了重观察观测实验、重因果分析、重理论构建和解释的特质。作为一种较之中国古代传统地理学更具科学意义上的先进性，有力地冲击了中国古代传统地理学。

3）在近代中国社会特定的背景下，地理学成为中国“救国启民”的先行科学。近代是中国内忧外患、灾难深重的时期，一系列丧权辱国的不平等条约和落后挨打的现实，使中国人陷入撕心裂肺的疼痛之中。在这一背景下，激起了先进的中国人通过地理学和世界地理了解世界的强烈愿望，地理学以其为“新邦建设之动力”而受到社会的重视。1934年《地理学报》第1期，《本学会发起旨趣书》中强调：“内政、外交、民生、国防，凡所举措，无不赖有地理研究为其根底。”

4）在近代西学东渐的背景下，大量国外地理论著的出版发行对中国近代地理学系统化的构建起了重要作用。在墨海书馆、广智书局、商务印书馆等出版社译著中，地学类书籍占了相当大比重。据邹振环（2000）考证，1898～1911年，平均每年地学类译著达12本之多。这一趋势一直持到抗战前期。这一时期的地理译著主要是德国、英国、法国、美国和日本的地理学者的地理著作，尤其是日本（包括日本人翻译的西方地理著作）译著占了相当比重，以留日学生为主的译者群体作出了贡献。在西学东渐风气的影响下，西方地理学的一些代表性著作先后翻译或节译出版，并发表了一批介绍西方地理思想和派别的文章。国外近代地理思想、理论方法的引入加速了我国从古代地理学向近代地理学的转变。

5）地理学的跨国交流。近代以来，外国人以各种各样的形式在中国进行了探险和考察，这些考察或多或少带有殖民掠夺性质，有些更是赤裸裸的抢劫，如对我国敦煌等地文物的破坏。一些近代地理学的大师和著名学者，如沙俄时期的谢苗诺夫、德国地理学家李希霍芬、美国地理学家亨丁顿等在华考察，撰写了许多有关中国的高水平著作，对传播新地理学和提升“中国地理”的研究水平起到积极作用。在中国近代地理学的发展中，最有影响的是瑞典的斯文赫定（Sven

Anders Hedin，1865—1952）和英国地理学家罗士培（Percy M. Roxby，1880—1947）。斯文赫定曾在柏林大学留学，聆听过李希霍芬有关中国和亚洲的地理课程，深受其影响，致力于中国和亚洲的探险考察达半个世纪，八次到中国西北等地进行考察，撰写了许多著作，如《中亚考察报告》、《西藏南部》、《西藏西部》、《冈底斯山》、《戈壁沙漠横渡记》、《浪迹无定的湖泊》、《丝绸之路》、《中亚战迹》、《中瑞科学考察报告》、《我的探险生涯》，提出不少重要的地理思想。罗士培1912年由于获得一笔研究基金，有机会到中国旅行，发表了许多论述中国的文章，编著名为《中国手册》的巨著，是继李希霍芬的《中国》五卷巨著之后的又一部有关中国的权威地理著作。与此同时，还有一些外国学者受聘来华担任我国一些高等学校的教授，培养了一批我国的地理学的学者，如1920年来华的葛利普（Amadeus William Grabau，1870—1946）在华担任北京大学教授和地质调查所古生物学研究室主任达26年，著有《中国地质史》专著，他的许多学生后来成为我国杰出的地质学家。1925年，广东大学（中山大学前身）设置地质学系并聘请德国地理学家克勒脱纳（Wilhelm Credner）教授任教，1929年由他创办地理系，1931年又聘请德国地理学家卞莎（Wolfgang Panzer）任教三年，他们为我国培养了一大批杰出的地理学家，如林超、吕逸卿、黄秉维、周廷儒、周立三、叶汇、楼同茂、罗开富、梁溥等。1949～1952年担任国际地理学会会长的美国地理学家葛德石（G. B. Gressey）曾于1923～1929年受聘担任沪江大学教授，他在中国进行了广泛的野外考察，著有《亚洲之地与人》、《中国之地理基础》等著作。奥地利籍德国学者费思孟（Hermaun Von Wissmann）于20世纪30年代初由国际联盟特聘来华，担任中央大学教授，讲授地貌学和区域地理，我国许多杰出地理学家，如任美锷、李旭旦、李海晨、严德一、王德基、王维屏、鲍觉民等均接受过他的教育（刘盛佳，1990）。这一时期，政府和民间也向国外派出留学生，先后有章鸿钊、丁文江、翁文灏、李四光、竺可桢等到日本和欧美学习地质学和地理学。

三、我国近代地理学的成就

20世纪上半叶的中国，战争频繁、社会动荡，社会处在新旧交替之中。在我国前辈们执著不懈的努力下，中国近代地理学得以创立，这一时期的主要成就有：①小学、中学、大学地理教育体系的建立。我国在1921～1929年分别在当时的东南大学、北京师范大学、中山大学设置地理系、科，培养出第一批地理专门人才。②中国地理学者开展了中国区域地理的初步考察。③自然地理学和人文地理学及其分支学科得到初步建立。结合西方地理学著作，一批学者撰写出了地理学、经济地理学、人文地理学、自然地理学著作，如王成组的《地理学》(1934)、蔡源明的《经济地理学概论》(1934)、傅角今编的《地理学通论》

(1934)、王庸的《经济地理学原理》(1926，1931)、张资平的《人文地理学》(1924)、竺可桢的《新地学》(1933)等。④这一时期，一大批学者在国内做出了开拓性工作，如张相文等对中国区域地理的研究，竺可桢对气象气候的研究，王庸和王成组等对中国地理学史的研究，顾颉刚、史念海、侯仁之等对历史地理学的研究，胡焕庸的人口地理研究等。

四、我国近代地理学思想特质

在特定的社会历史背景下，中国传统地理学于20世纪上半叶实现了其嬗变过程。然而，这一时期正是中国内忧外患、战乱动荡、社会急剧变革时期，近代地理学的发展基础尚欠坚实，地理学研究水平较西方落后，总体上处于借鉴国外理论来研究国内地理问题的时期。我国近代地理学思想的特质有四点。

1）中国近代地理学是中国传统地理学与西方近代地理学相结合的产物。西方科学技术、实验设备和科学地理学的体系、理论、方法引入，对我国传统地理学的转型起到了重大作用。然而，需要强调的是，我们反对中国近代地理学“纯舶来品”的观点。与物理学、化学、生物学等不同，地理学的国家民族文化特性和历史特性决定了传统地理学对近代地理学发展所起的基础支撑作用，中国传统地理学和中国传统文化以其强大的生命力持续地参与到近现代地理学的发展与构建之中。中国近代地理学是中西文化相互交融、影响、渗透的产物，是一个不断引进、消化、吸收的过程。认清这一点，对研究中国地理学的近代化甚至是现代化都是至关重要的。我国现代地理学要取得重大进展，显然不能一味地尾追西方的“前现代”、“现代”、“后现代”、“后后现代”思潮，而是需要在全球性视野下，把握现代科学，并在承传、弘扬中国传统文化思想基础上，创新性推进现代地理学。

2）区域地理学研究在中国近代地理学中居核心地位，并呈现出三大特点：一是世界地理研究的兴起，一改中国古代地理重心向来指向“域内”的传统；二是在19世纪初西北边疆地理研究的基础上，19世纪60年代以来，随着中国边疆危机出现，对边疆和周围邻国的地理研究全面展开，龚自珍、魏源、徐松、张穆、何秋涛、丁谦、王国维、周立三、程潞等从不同侧面和角度对西北地区及西北边疆地理进行了广泛深入的研究；三是乡土地理学的兴盛，浙江、安徽、江苏、湖南、广东等乡土地理教材相续发行，郭双林(2000)认为乡土地理学及乡土地理教育的兴起正是对晚清社会文化面对西方冲击下民族自尊与自信双重失落的回应。

3）人地关系成为地理学的思想主流，人文地理学的研究占有重要地位。当时教育部的“理学院地理系课程标准草案”对于所列有关课程都明确规定要以讲授人地关系为中心。张其昀在其所编的《新地学》和《本国地理》中主张："新地学之目的，专在研究人地关系"，"应以人地学之原理活用于实际"，这一思潮导致自然和人文研究的结合。在不少自然地理论著中，涉及相当多的人地关系内容。竺可桢在从事气象气候工作的同时，特别注意人地关系的研究，写了不少气候区划与人生和农业关系的论著。这一时期有影响的人地关系论文以人口、土地利用和自然环境对人生影响等方面的研究居多。这与我国近代地理学思想和地理学注重人地统一的传统有密切关系。有人做过统计：在民国时期，关于自然地理的文献统计总共有 135 部，而人文地理文献统计则有 235 部（杨文衡，1994）。

4）环境论思想颇为盛行。在晚清引入的西方近代地理学说中，环境论的观点最为集中，早期地理学者和社会学学者或多或少受其影响，其论著不同程度地带有环境论观点，如梁启超的《中国史叙论》、《中国地理大势》、《地理与文明之关系》，均表现出很强的环境决定论观点。

本章小结

近代地理学自洪堡、李特尔奠基后，经过众多学者的发扬光大，成为一门专门的科学，地理学者成为一门专门的职业，地理学在大学成为独立的学科。地理学研究由依靠自身的观察到使用各种仪器设备，由地理事象的描述转向因果分析、法则和规律的探讨，使地理学成为有人、有地、有理的科学。近代地理学的发展特点及其地理学思想的特质可概括为以下几个方面。①确立了科学地理学研究的基本原则与思想：整体性、综合性、地域性、因果性、人地相关性和空间组织原则。②建立了一套概念体系和区域划分的方法（杨吾扬，1989）、地方垂直综合分析的方法。注重正确而系统的解释性描述，强调实地观察、观测，利用归纳、类比、对比、尺度逻辑方法、分析、综合等科学方法，寻求因果关系的解释和理论的构建。③通过自然景观与文化景观的研究，把人地关系研究、文化地理学的研究提高到了一个新水平。④这一时期的地理学集中于区域地理学、人地关系研究、景观研究、自然地理学与人文地理学等几大主题。地理学的思想总体上具有很强的牛顿决定论的世界观并呈现出很强的"自然科学化"指向，自然地理学兴盛于人文地理学。⑤地理学的分支和交叉科学的迅速发展，拓展了近代地理学研究的深度和广度。伴随着 19 世纪科学分化的浪潮，近代科学结束了古典的大统一，转向急剧分化的发展阶段。随着洪堡、李特尔的逝世，两人力图建立的人与自然整合的统一地理学也随之解体。地理学的两大分支学科——自然地理学和人文地理学内部相继发展了一系列分支科学和交叉科学。这些分支学科丰富了地理学的研究内容和在基础层次上的理论。然而，地理学的理论主要集中于分布论、布局论、结构论或要素联系上，由于缺乏自然科学和地理学在综合层次上的理论支撑，而对于人地整体关联过程中的作用机制的揭示却显不足。⑥这一时期的地理学以德、法、俄苏、美、英、瑞典、日本等国家发达，尽管各国地理学之间的交互影响逐步增强，但地理学仍表现出很强的“国家学派”（保罗·克拉瓦尔，2007）的特点。

第十章　现代地理学思想：主要国家地理学的发展

在地理学的发展分期中，通常把 20 世纪 50 年代以来称为现代地理学阶段。考虑到现代地理学部分内容多，对此以两章的篇幅进行各有侧重的评述。本章聚焦于主要国家地理学及其思想的发展。随着全球化和信息化加速了创新思想的交流与传播，地理学及其思想的发展也呈现出趋同、近于同步态势，尤其在英语国家更是如此，近代地理学鲜明浓厚的国家学派特征逐渐减弱。然而，由于学科发展的惯性推动与路径依赖、国情与语言文化的不同，地理学及其思想的差异性仍根植于现代地理学中。

第一节　现代地理学发展的社会背景、危机与转型

一、现代地理学发展的社会背景

第二次世界大战后，经过短暂恢复，世界经济进入高速增长时代。当代人类社会既是对历史积累基础的承袭，又表现出诸多新的特点：以新能源、新材料、海洋工程、生物工程、航天工程、微电子信息技术为标志的科技革命推动了社会、经济、文化全方位的变革，发达国家率先向知识经济社会、信息社会、后工业社会转变；现代化的交通运输和信息通信网络体系——超级巨轮、集装箱、现代航空港、高速公路和铁路、超高压输电、光导和卫星通信、全球网络系统的建立，加速了全球化进程；以发展中国家为主的世界城市化进程加速，大都市、巨型城市和大都市连绵带不断地生成与涌现，城市化、逆城市化、大都市区化及与其相伴随的各种城市问题成为学术关注的焦点；世界人口“爆炸式”增长、人均物能耗费的增加、自然资源的耗竭与自然生态的破坏、生物多样性的减少与弱势文化的衰落、地区冲突与民族矛盾、全球性贫困问题与空间非均衡发展的拉大成为当代人类面临的核心问题。

二、现代地理学转型初期面临的危机与挑战

经过 100 年的发展，近代地理学已取得了长足进展。到 20 世纪 50 年代，地理学再次面临着诸多问题叠置的危机与挑战：自然地理学与人文地理学的分割，地理学的专业化、主题化加大了地理学破碎化程度；学科之间的渗透与交汇，既增强了学科之间的合作，同时也极大地强化了学科之间的竞争，相对于经济学、社会学、生物学、生态学、气象学等而言，地理学总体上处于相对劣势的地位，

并呈现出向心力不足、离心力和外化强烈的趋势；一些偏重于宏观-中观尺度的地理学，如动物地理学、植物地理学、土壤地理学、气候学、地貌类型学已逐渐成为一门成熟的知识型科学；人地关系研究因长期执拗于"理性的社会群体的人"而忽视了"真实人"和"个体的人"，将人的丰富性扼杀于唯物、理性、机械、抽象和呆板之中；区域地理学因其墨守成规的结构体系和理论方法难以实现重大突破，而使其发展严重受阻；地理学的理论化、数学逻辑形式化仍然较薄弱；人文地理学的纯实证化受阻，人文地理学缺乏多元化思想支撑；与此同时，科学、技术、社会的发展对地理学也提出了众多新问题，如全球化、城市化、信息化、环境变化和环境问题等。应对这些危机和解决这些问题也就成为现代地理学的内在发展逻辑和基本任务。新的思想、新的方法、新的学派引发了地理学的变革。

三、现代地理学的转型

在上述背景下，地理学思想在多个方面产生重大变化。一是源于地理学的内在逻辑——对传统的不满、批判和地理学研究的深度拓展，引发了地理学思想创新和主题拓展。二是对科学的发展和竞争压力的响应。面对气象学、地质学、环境学、海洋科学、生态学等学科纷纷向地理学的传统研究领域发起的挑战，地理学也全力向其他学科渗透，地理学家们广泛地参与到环境学、生态学、城市规划、社会学、管理学、人类学等学科的研究当中。三是在高新技术的支撑下，研究的重点和技术有显著的转变，地理学研究方法手段走向现代化。

1）地理科学与相邻科学的交叉和渗透更加广泛、密切。现代科学的发展特点是从单一运动形态的研究走向多运动形态及其相互作用的综合研究。相邻学科之间的横向、交叉、渗透和融合已成为明显的趋势，传统的学科界线变得模糊。系统论、信息论、控制论、协同论、耗散结构理论和突变论等横断科学的兴起成为当代科学技术综合发展的基本特征。现代系统科学的发展超越了自然与人文的鸿沟，使地理学的综合研究具备了统一的理论基础和方法论基础，地理学的传统综合分析方法在更高层次上得到振兴。科学发展的综合化趋势日益增强，自然科学和社会科学相互联盟，为统一地理学的发展、人地关系整合研究提供了契机。

2）地理学研究手段的高新技术化。遥感、对地观测系统、全球定位系统和卫星网络通信系统的建立和应用，使地理学者们"能从不同层次分辨率来直接观察真实世界。自希罗多德以来，地理科学一直以比例尺逻辑（the dialectics of scales）为基础，但如今更容易实际操作"（保罗·克拉瓦尔，2007）。地理信息系统、遥感技术、地理模型的紧密结合以及具有专家系统水平的智能分析和决策技术等的深入应用，为地理研究带来新的突破。物质能量的定量测试，测量技术手段的新进展，室内模拟实验研究领域的不断拓展，为地理学研究精准化程度的提高带来契机。地理信息系统的发展使地理学传统的综合性、区域性得到充分的技术保证，并促进了为地理战略咨询与地理工程建设服务的资讯产业的发展。地理信息系统技术广泛应用于资源、环境、城市规划、作物估产、灾害预警评估等领域，极大地提升了地理学的应用能力。现代化的观测手段、实验设备使数据更为可靠，遥感全球定位系统和实验观察监测站的建立以及计算机、地理信息系统和数学方法在地理学中的广泛应用，使得在短时间、大范围内获取、处理大量数据成为可能，增强了地理学的观测、分析和预测能力。

> 工业革命终于赶上了地理学的研究。数千年来观察的技术和分析的方法根本上没有改变。人类通过步行、骑马、马车、木舟和帆船旅游于世界各地。他们通过直接观察来记录所看到的事物，将他们的观察分析成各个组成部分来理清他们的记述，并通过进一步的直接观察来验证关于过程的学说。一些地理学者并不满足于对穷乡僻壤和奇境异域的访问，而且要在返回以后，把他在僻远的新奇世界中所观察到的情况进行解说。在这方面，没人能超越历史上最后一个伟大的通才学者冯·洪堡。但是现在，特别是自第二次世界大战以来，观察和分析的技能已经发生了一次革命（普雷斯顿·詹姆斯，1982）。

3）地理学传统思维模式的转变。相对论-量子力学和现代生态学揭示的世界图景，从根本上动摇了机械论的世界模式，冲破了深埋在科学、哲学和文化中的“人与自然对立割裂”的思维定式，取而代之的是对立统一、互补转换的现代人地观。社会经济的变革持续地推进着地理学新的研究热点。从工业社会到后工业社会，社会经济结构发生了一系列的变化，引发了地理学研究主题、关注的重点、研究的前沿、研究的思维模式等的变化。

4）地理学研究尺度向“微观”和“宏观”（全球和近太空）两个方向拓展。尺度是指观察或研究对象（物体或过程）的空间分辨率和时间单位，标志着对所研究对象细节的了解水平。现代地理学注重开展全球、区域、地方各种空间尺度的研究，并且针对每个层次突出的科学问题设计研究思路，围绕解释不同层次地球表层过程发生的机理展开。同时，深入开展层次间关联与综合的方法论研究，突出刻画系统的整体性。

5）地理学的应用研究领域不断拓展。人类与生存环境之间的矛盾日益尖锐化，促使地理学面向问题而推进“应用”发展，诸如土地利用问题、环境污染问题、资源问题、粮食和人口问题、贫困化问题、环境灾害等。所有这些问题都是人-地关系矛盾与冲突的表现，而这些问题的解决又有赖于地理学与其他多学科的合作和综合发展。全球化与全球问题成为地理学研究的前沿领域。全球问题的出现使“人与自然的关系”重新成为科学研究的热点，全球变化中的人地关系研究也就理所当然地成为地理学研究的前沿领域。

第二节　美国现代地理学

第二次世界大战后，美国地理学一改昔日强烈受欧洲地理学影响的局面，迅猛发展并已居世界领先地位。由区域地理转向计量地理、系统地理、应用地理等全方位的发展。

一、20 世纪 50～60 年代的美国地理学

20 世纪 50～60 年代为美国地理学几乎近于爆炸性成长的时期，美国地理学实现了由区域差异向空间分析、计量方法、理论模型的转变，引领着国际地理学的潮流。这一时期的重要著作有：《二十世纪的地理学》、《美国地理学：回顾与展望》、《人类在改变地表中的角色》、《区位和空间经济学》、《地理学性质的透视》、《理论地理学》等。

区域地理学不断受到置疑。有人认为，区域地理学提供的不过是表面的分析，地理学按不同地域进行分工，效率既低，效果也差。1954 年，第二次世界大战时流入美国的德国学者谢弗尔（F. K. Schaefer）首先反对哈特向认为地理学是主要研究区域的观点，而认为地理学是建立区位法则的科学，地理学必须被看作系统阐明支配地表某些事物空间分布规律的科学，地理学研究的步骤和方法同其他学科并无不同，倡导地理学要采纳实证主义的哲学与方法。谢弗尔的观点后来得到新一代地理学家的拥护。在阿克曼和谢弗尔的影响下，20 世纪 60 年代从美国到欧洲，出现了定量化的高潮，这一高潮被称为数量运动或数量革命，促成了地理学由强调地域差异的独特性转为探求空间组织规律性的变革。这一时期哈特向的区域论、森普尔的环境论思想论不再对美国地理学产生大的影响，而新区域论和新环境论尚未形成。

20 世纪 60 年代为美国新与旧、定性与定量、传统与创新热烈争论的年代。计量化、模式构建、电脑使用、区位理论、新地理方法等被地理学者广泛接受。模式化和理论化研究导向一般化或概括化，更可能得到普遍性而非独特性的表现，因而具有累积性而非附加文献予以表现的潜力。计量使地理学朝精密化、模式化发展，使地理学更符合科学化的潮流。经过倡导者多年的努力，新地理学虽然在学术界产生了较大的影响，但就其实质而言，仍仅是方法和技术的革新。

这一时期是美国历史上推陈出新的年代。①历史地理学，由克拉克（A. H. Clark，1911—1975）及其学生哈里斯（R. C. Harris）、米尼格（D. W. Meinig）等组成的学者群体。②文化地理学，有索尔、拉波波特（A. Rapoport）、艾萨克（Isaac）、瓦格纳（P. Wagner）、哈特（J. F. Hart）、布鲁克菲尔德（H. C. Brookfield）等，使美国以文化生态学著称于世界。③资源环境保护与自然灾害研究，由怀特（G. White）倡导，其学生伯顿（I. Burton）、凯茨（K. W. Kates）发展。④行为主义（Behaviouralism）地理学。芝加哥大学地理学者在20世纪50年代末至20世纪60年代初就开始研究人对环境灾变的反应。赫尔伯特（D. T. Herbert）是将行为地理引入美国的重要人物之一。此后，古尔德（P. Gould）的"意境地图"、普雷德（A. Pred）的"行为矩阵"等新概念纷纷出现，开创了行为地理和环境知觉的研究。⑤数量地理学与空间分析。加里森（W. Garrison）认为，地理学研究的主题是地球表层的空间组织。由他领导的华盛顿小组和计量地理讲座率先掀起了地理学的计量运动，其中许多人日后成为美国现代地理学的权威并在国际上产生了巨大影响。加里森及其同事引进并发展了克里斯塔勒的中心地学说，并应用于研究城市零售业问题。利用线性规划方法解决交通网中的流量流向问题、工业区位问题以及合理吸引范围界限。采用图论的方法对美国州际公路网规划中的土地利用进行了研究。到20世纪60年代中期，地理学数量化已被广泛接受，并由美国扩散到其他国家。⑥地理学的科学化研究。阿克曼等在《地理学的科学》一书中对地理学的对象、性质进行了界定，确定了地理学研究的四个主要领域：自然地理、文化地理、政治地理和区位理论。20世纪60年代后期，塔夫（E. J. Taafe，1921—2001）等推崇数学方法的引入，提出地理学六个方面的指导性研究课题：空间分布和相互关系、流通过程、区划论、中心地系统、空间扩散理论、环境感知。⑦生态地理学。20世纪60年代末，在保护环境的呼声中，人们普遍重视对环境问题的探索和解决途径的研究，自然地理研究取得了新的推动力。巴罗斯的人类生态学概念又重新得到重视，对生态系统的研究盛极一时。有些地理学者认为，随着对环境问题兴趣的重新恢复，可以主要通过对资源及其管理的研究，使自然地理和人文地理一体化。

二、20世纪70～80年代的美国地理学

20世纪70年代，美国地理学强调对于人类行为特质的探讨，强调系统科学的指导和高新技术的应用，注重哲学思潮和社会理论。GIS的发展运用传统地图学概念，藉由快速而有效的储存、撷取、分析、处理多尺度的空间数据的功能，进行模型的仿真和检验，而在地理学中广泛应用，美国同时也成为高新技术地理学的源地。这一期间地理学的理论和方法在许多领域得到重视和应用。在纷繁的学科研究前沿，如城乡规划、区域经济学、流行病学、人类学、生态学、环境科

学、保育生态学和国际关系等领域，都广泛应用了地理学的视角及应用空间与尺度等地理学概念。地理学的影响正在扩展到它的专业从业者范围以外。美国人文地理学领域包括：城市、经济、政治、历史、文化、人口等。对地理研究的手段仍非常重视，计量革命的高潮虽然已经过去，但数量模型和计量方法仍在大量应用。

这一时期的地理学，计量运动、空间模式、实证主义逐渐失去热情，但地理学仍呈现出持续的多元性。①古德尔的《空间组织：地理学家关于世界的视角》(1971）推进着空间组织分析。②对环境问题的关注，地理学广泛参与环境影响评估工作。③行为主义地理学在更广泛的领域进行探究，其研究取向导致对区位决策、多尺度指标、意象图与区位偏好、资源经济行为、社会群体或个人对机会或压力的反应等进行研究。④20 世纪 70 年代，对机械模式、计量革命、行为主义的不满导致一种批判思想的出现，一群地理学家开始将注意力转向人本主义。人本主义对实证主义的内在缺陷提出强烈抨击，要求增加对地理学研究课题超科学或非实证的了解。人本主义和激进地理学被扩展到意识形态及对可被视为正义事物的关注，无疑提升了地理学被赏识的程度，但是否提升了地理学的科学性则受到怀疑。⑤詹姆斯的《地理学思想史》(1972）是一部较完整的介绍世界主要国家地理学发展和地理学思想演变过程的著作，成为研习地理学思想必读的经典教材。⑥60～70 年代正是美国社会运动的高潮时期。新马克思主义地理学、激进地理学、女性地理学处于兴盛态势。对社会和国际秩序的批评促进了新马克思主义地理学和激进地理学的发展。与人文主义地理学者不同，越来越多的地理学者尝试改变社会的某些方面。马克思主义地理学家在这一群体中占据主导地位，他们认为这一过程可以而且应该通过政治活动来改变。1969 年，皮特（R. Peet）创办《对立面》，哈维发表《社会公平和城市》(1973)，为这种新的激进地理学创立了模式和评论方法。⑦都市地理学持续发展。20 世纪后半期，城市地理学展开了更广阔的研究。无论是对美国城市地理学和一般城市地理学的回顾，还是对城市地理学研究前沿的大城市区域的发展问题，都提供了有价值的解释和总结。

三、20 世纪 80 年代以来的美国地理学

20 世纪 80 年代以后，美国地理学进入有限的成长与新的阶段。同时各种新的问题也萦绕着地理学：一是地理教育面临被压缩的困境。1945～1975 年，北美共计有 118 所学院或大学开始设立地理学的研究生课程，但在 1975 年以后仅有 7 所在美国开设，美国大学人数快速增长时期已结束，学生就业机会减少，美国地理学注定要缩小。对此，贝里认为，回应乃是对外展望，去寻求地理学的研究成果与技术的非学术性应用。二是美国进行入后工业社会、信息社

会、城市社会，面临全球化、全球环境变化、后现代主义等问题。三是经过多年的专业化、主题化、学术流派的多元化、过度哲学化，美国地理学整体出现了一种离心、消解、分裂的状态。马丁在所著的《地理学思想史》中对这一问题有深刻的阐述：

> 不同来源的多元化的状态成为地理学家工作的特点。问题在于，现在的地理学似乎是一个没有核心的科学。人文地理学占据着统治地位，但是很快分裂成专业的多样化。这表现出种种离心的趋势：经济地理学家与经济学家结合在一起，历史地理学家与历史学家有密切联系，政治地理学家与政治学家在一起，文化地理学家与人类学家在一起等。这是一种分裂的力量。不存在向心的力量使得整个地理学难于建立统一的核心，1989 年，盖勒（G. Gaile）写道："地理学的核心，是一套地理学家用于各处教学和研究的假设、概念、模式和理论。"这可能是 20 世纪 80 年代后期的所谓"核心"，但是这不是一个真实存在的核心。1982 年，哈特（J. F. Hart）提出了一个合乎逻辑的例子，把区域地理学"作为地理学家艺术的最高形式"，圆周循环已形成。
>
> 地理学的哲学在近 50 年中发生着迅速变化，并且与哲学多元化共存，尽管新提出的哲学比旧有的拥有更多的追随者和支持者。然而，哲学变化如此频繁，过于复杂而难于被大多数人理解，持续地被分裂，这些是必要的吗？不断重复的问题依然存在：这些哲学通过什么方式来帮助地理学研究对象的进步？
>
> 从 20 世纪 70 年代至今，地理学处于一种混乱的状态。基于地理学家的哲学倾向以及专业群体的多样性，这门学科处于活跃但没前进的状态，这一点毫不奇怪。由于个人主义占据最高统治地位，地理学家从地理学的角度研究他们各自感兴趣的各种事物。

在上述背景下，美国地理学又出现了新的转向。①后现代主义思潮的兴起，刺激了后现代地理学的发展。与 20 世纪 60 年代以前的地理学不同，20 世纪 60～70 年代的地理学与哲学、社会科学有着紧密的关联，地理学家们对哲学和社会科学的前沿也具有更多的灵敏性，地理学成为后现代主义思想的前沿学科。大卫·莱昂（2004）在《后现代性》一书中写道："毫无疑问，后现代性作为一种思想或批判方式存在于知识分子脑中，也存在于传媒之中。从 20 世纪 80 年代开始，它已经在诸多学科中——从地理学到神学、从哲学到政治学——造成一个巨大的、时而激愤、时而焦虑的争论。"索加（Edward W. Soja）的《后现代地理学》、《第三空间》、《后大都市》，哈维的《后现代状况》等反映了这一时期后现代地理学家对都市研究的成果。②在新区域主义和后现代主义思想等的推动下，区域地理学出现一种振兴态势。后现代主义对普遍性理论的质疑，对多样性、差异性和独特性的追求，为重建新的区域地理学提供了思想支撑。③对城市化和城市问题、全球化和全球问题的研究不断深入。

四、美国现代地理发展的基本特点

由于地理学人文化倾向的加强和地理学思想的不断变化，美国自然地理学和人文地理学分支学科为数众多，区域地理研究涉及世界各地。不同的思想流派虽然在美国地理学发展史上发生兴衰变化，但彼此也并未被完全取代，地理学呈现出多元化的现象。美国地理学一般不拘泥于科学体系上的束缚，注重实际问题的解决和研究。地理学在资源调查、土地利用、土地调查、商品市场研究、军事、领土、外交、政治等各个方面发挥了实际作用。自然地理注重局地地理学研究，人文地理注重社会地理学研究。

与美国科学、技术、经济、军事实力相适应，第二次世界大战后受高速增长的经济、多元化的思想、自由开放的学术环境刺激，美国地理学成为国际地理学的研究中心，诸多思想引领着地理学潮流。在求新求异、批判创新以及适应社会需求的驱动下，美国地理学的主流是在不断地寻求地理学研究“主题”的拓展与变换。从近代地理学的区域研究、景观研究、人地关系研究到20世纪60年代的计量运动、空间分析、理论模式研究，再到70年代的系统地理学、行为地理学、人本主义地理学、马克思主义地理学、女权主义地理学研究，再到80年代后的后现代地理学、新区域地理学研究。地理学思想的快速传播与各国地理学的发扬光大形成了现代地理学多“主题”的研究体系。然而，美国地理学的这种“过山车式”的和日益分化的发展模式，失去了地理学的核心，削弱了地理学的向心力，与洪堡、李特尔倡导的“整体性”、“综合性”原则和寻求“多样性的统一”思想不符。美国地理学富有多样性、创造性，充满着个人主义思想魅力，但缺少核心、主轴和整合。或许，美国地理学将会率先进入现代地理学的危机时期。

第三节 英国现代地理学

第二次世界大战后，经过数年的努力，各国的学术活动才逐步恢复到接近正常的状态，英国的地理学也不例外。英国地理学研究早期主要以国家的复兴和开发为中心，强调解决战后所面临的实际问题，如城市扩展、人口问题、环境改善和国民福利等。第二次世界大战时地理学的功能、价值获得政府和社会大众的肯定。第二次世界大战后地理学术研究及机构得到快速扩充。一批“继往开来”的学者不断革新地理学的观念方法，推动着地理学理论与应用的发展，发表了大量的有价值的成果。

一、20 世纪 50～60 年代的英国地理学

自 20 世纪 50 年代以来的一段时期内，英国地理学之前的许多主题仍然继续着，如区域地理学和历史地理学。始于 20 世纪初的区域地理学，英国地理学家早期在界定大尺度区域方面十分活跃，之后他们花费许多精力来研究确定多特征区域的方法。区域主题虽然在英国占支配地位，但英国地理学家并不像美国地理学家那样崇信区域教条。英国地理学者较少思考地理学的性质，而是注重务实工作，正如之前也未把环境论推向极端。因此，英国区域研究的重点大多放在自然地理学上，并且少有独立“学派”的迹象。历史地理学以研究区域起源来解释区域现有格局，它从 20 世纪 20 年代起就产生了两种方法，其中英国方法以可以得到的原始资料为依据确定时代，进行一系列横断面研究，达比（II. C. Darby）和佩里（C. Perry）对此有过深入的分析；历史地理学派则认为“历史学和地理学的目标都是综合的，可以使用实证主义方法进行综合。历史学家善于使用规律，用其他社会科学概括理论去研究个别事件，地理学家也可以这样做。但另一方面，历史学家和地理学家也都可以运用观念论的方法，认为人的所有活动都基于个人理论”。除传统区域地理学和历史地理学等主题外，数量地理、空间理论也得到快速发展。

1）实证主义与数量地理。20 世纪 50 年代始于美国的数量地理学发展引发了地理学领域内早期的主要转变，越来越多的地理学者关注系统和量化研究，呼吁理论发展和创建模式，地理学的科学方法显得异常重要。60 年代以前学生很少应用统计方法、程序，60 年代后更多的学生接触到复杂的函数、数学模型、电脑应用。以剑桥大学和布里斯托尔大学为中心的一批年轻地理学家，运用数理统计和数量模型方法，探讨自然地理和人文地理中的规律。数理统计方法因其精确性而较少引起歧义，吸引了“新地理学”的追随者们。在 50～60 年代，计量化成了新方法训练的必修课。北美进修返英学者乔莱（R. J. Chorley）和哈格特（P. Haggett）等成为英国新地理学的领军人物。他们编辑了两本文集，其中《地理学的前沿》（1965）向教师们介绍新地理学，《地理学模型》（1967）则综合了大部分 60 年代中期之前的“计量和理论革命”的追随者们完成的工作。《地理学模型》的作者们讨论了建模在不同研究领域内的广泛应用，推动英国地理学转向更为科学的轨道。哈格特的《人文地理学的区位分析》（1965，1977）将空间结构分为点、层次、网络、流动、传播和界面等组成部分。60 年代，数量研究的潮流遍及整个西方地理学界，英国大有后来居上之势。数量运动冲破了地理学理论和方法上多年沉闷、停滞的局面，是地理学发展史上的一次飞跃。但当时整个地理学界对科学方法的反应激烈而凌乱，两个相关的问题成为争论的主题：在地理研究中

的计量化是否明智以及建立规律是否可能。当计量化之风愈演愈烈，达到混淆了目的和方法，卖弄数学技巧或者错误地认为所有问题都能以计量方法解答时，哈维意识到必须从哲学和方法论的高度总结数量运动，以明确地理学的发展方向。《地理学的解释》(1969) 一书从地理学家特有的视角展现和解释了地理学的实证主义方法，哈维宣称他的科学方法论依赖于分析哲学和逻辑实证主义哲学。

专栏 10.1　哈维的地理学思想

哈维是一位思想始终在现代地理学前沿的地理学家。彭加勒 (J. H. Poincare，1854—1912) 说过，数学家有两种截然相反的倾向。有的人具有不断扩张版图的兴趣，在攻克某个难题目后，便抛开这个问题，急着出发进行新的远征；另外的人则专心致志地围绕这个问题，从中引出所有能够引出的结果。彭加勒本人属于前一种类型，或许哈维也具有前一类型的特点。蔡运龙 (2002) 在《大卫·哈维：地理学实证派的集大成者和终结者》一文中对哈维的思想进行了总结。①实证主义地理学家的哈维。《地理学中的解释》(1969) 总结了作为计量地理、空间组织研究的实证主义地理学哲学和方法论。贯穿全书的基本思想是构筑地理学理论，哈维指出："寻求解释就是寻求理论，理论的发展是一切解释的核心。"如何构筑理论？哈维认为：第一，要有科学方法；第二，要建立地理学的法则和抽象命题，只有在恰当抽象的基础上，数量化、模型化才有地理意义，才不会背离地理学的主旨；第三，要打破地理学方法论的孤立主义，把当代科学哲学思想系统地引进地理学的方法论思考中；第四，要借助模型建构途径进行理论建设。《地理学中的解释》出版后，立即好评如潮，被称为"新（理论）地理学的圣经"，是"对地理学实证主义方法论第一次做出的充分说明和论证"，"是自哈特向的经典著作《地理学的性质》发表以来，关于这个主题最权威、最富教益的论述"。②马克思主义地理学家的哈维。20 世纪 70 年代以后，哈维的兴趣也转向了社会实际问题，关注福利分配、贫困、社会公正、城市化、农村发展、妇女地位、规划决策、人类精神和知识与发展困境等。他的思想立场转向马克思主义，分析方法诉诸历史唯物主义。哈维发表的专著《社会公正与城市》(1973)、《资本的局限》(1982)、《资本的都市化》(1985)、《资本积聚地理学》、《论地理学的历史和现状：一个历史唯物主义宣言》、《从模型到马克思：关于重塑当代地理学计划的说明》、《全球化中的地理知识》等，都是地理学新马克思主义流派的代表作，也是当代地理学的经典。与经典马克思主义者关注历史、忽视空间不同，哈维把"空间思想"和"空间批判"注入新马克思主义地理学中。③后现代主义地理学家的哈维。20 世纪 80 年代以后，哈维以马克思主义地理学的视角迈入到后现代的讨论中。1990 年发表的《后现代状况》一书，探讨了 20 世纪晚期资本主义从福特主义到灵活生产方式的政治-经济的转变，后现代的“时空压缩”和时空体验、文化特征上的“拼贴社会”。哈维认为，后现代的变化只是资本主义生产方式和文化的一种转移，而不是一个全新的社会出现。

2）空间理论。与计量革命相伴而生的是空间运动。实证主义哲学认为，学科的独立性取决于研究的内容，而不是研究的方法。地理学要求有一个新的研究焦点，如同需要新的研究方法一样。科学方法还不足以将一场学术革命持续下去，除非这些方法能够应用到学术的本质核心。新的焦点、核心围绕着对空间差异和空间体系的研究而逐渐形成。哈格特和他的同事强调地理学是一门研究空间关系的科学，他们的侧重点是关于地域分布中各种要素的规律性。众多学者试图创建空间理论，其中哈维提出一组他认为可以成为理论构成中固有要素的地理学概念，并指出社会科学理论要彼此汇合，从各个组成学科中平等地吸收概念。由于与空间学科的明显相关和在区位理论发展中的作用，各种动态模型分析研究得到较大发展。艾伦·威尔逊（A. Wilson）以数学方法推导重力模式，使之具备更坚实的理论基础。20 世纪 60 年代末期，英国布里斯托尔大学的一批研究者开始怀疑地理研究中大多数统计手段的作用。奇泽姆、弗雷和哈格特首次说明一般线性模型中变量的自相关问题。他们认为这个问题也存在于空间数据方面，而且较时间序列更难以处理。对空间自相关的认识表明了地理分析中运用常规统计手段的严重局限性。布里斯托尔的学者所从事的工作都集中在空间预测上，包括运用各种手段对诸如疾病、价格和企业的时空演变趋势进行估计和预测。他们写出了大批关于对时空演变趋势进行辨认和预测的技术的著作。

二、20 世纪 70 年代的英国地理学

这一时期尽管计量地理学高峰期已过，但计量地理仍在继续，并表现出与系统科学的进一步结合。同时，行为地理学、激进地理学、人本主义地理学和应用地理学等得到发展。

1）系统地理学。一般认为，系统研究是 1962 年由乔莱首先引进地理学的。系统分析方法用于城市研究（A. Smailes）、社会地理学分析和产业地理学（W. Smith）。20 世纪 60 年代的地理学家广泛使用系统术语来描述空间聚合体，哈格特的开创性著作便基于此。地理学中关于系统分析的早期文献多是构想性而非应用性的，十多年后贝内特（R. J. Bennett）等对不少地理文献着重进行了评述。哈维认为系统论是个极为有力的手段，在地理学中使用系统分析

或系统概念毋庸置疑，要考虑的是如何利用这些概念与分析模式去获取最佳效果。研究系统问题有系统分析和一般系统理论两种办法。乔莱和肯尼迪（B. A. Kennedy，1971）区分出四种系统：现象系统、串联系统、过程-反应系统、控制系统。兰顿（Langton）认为过程-反应系统为人文地理学关于演变的研究提供了出色的框架。对人文地理来说，更重要也比较新鲜的是反馈系统，兰顿认为反馈的属性应为地理研究的焦点。在大多数研究中，吸收系统论的地方还很少。贝内特关于英国西北部的区位与发展的动态研究是运用系统论研究人文地理问题的力作之一。爱德华·威尔逊（2002）曾讨论环境系统分析的方法，他还将熵在发展统计技术中的运用引入地理学，建立了流动矩阵模型的理论，发展了模型的实质性应用。其他学者运用和发展了威尔逊的工作，将其扩展到其他研究领域，如约翰斯顿对英格兰选举行为空间变化的评价。

2）行为地理学。20 世纪 60 年代后期，对空间科学方法的修正导致了行为地理学的发展。但对行为地理学的研究少见于英国地理家的工作中。哈维对普雷德的行为矩阵理论提出尖锐的批评，在总体上怀疑行为区位理论的可行性。

3）人本主义地理学。20 世纪 70 年代早期出现了对实证主义方法的批判，反对行为地理学中所固有的旨在解释与预测的研究目的，人本主义哲学的方法论开始流行。历史与文化地理学家为率先起步的倡议者。一篇人本主义地理学的开创性论文出自英国地理学家柯克（W. Kirk）之手，他强调“环境不仅仅是一种‘东西’，更主要是‘被人类感知并赋予了形状、聚合性与含义’的整体”，“一旦含义被赋予，它会被代代相传。柯克区分出两种彼此区别又相互联系的环境：表象环境和行为环境”（约翰斯顿，1991）。布鲁克菲尔德采纳了行为-认知环境的概念。他认为“社会组织是解释许多问题的关键，所以当一个人文地理学家到了外国的一个角落，想对这个角落的地理做一番解释，那么对他来说，就需要对当地人的环境感知的深入了解，否则是很困难的”，他的观点主要是针对人文地理研究的三个阶段——对地区模式和相互关系的一般描述；针对一般描述中所提出的问题进行详细的区位研究（微观地理研究）；将一般性材料与区位性材料进行组织获得概括性解释。他认为不能将“复杂的、一元的曲解为间断的、不稳定的、分散无关的”。

4）激进主义地理学。在此期间，以哈维为代表的激进学派也在 20 世纪 70 年代逐渐形成。这一学派由一系列相关思想组成，在最初被称为“激进派”，是“20 世纪 60 年代在美国由越南战争和美国国内人权运动而引发的对资本主义危机的反应”。也有人称这一学派为“新马克思主义”，因为这一学派的思想均与马克思主义有一定关联。这一学派包括以下学派：①结构主义，约翰斯顿认为“马克思主义作为一种分析方式是结构主义哲学的一个变种”。②现实主义，现实主义的目的是通过“寻找什么产生变革、什么促使事情发生、什么允许强制”来发现原因，以解释事件，且主张“引起事情发生的原因与发生或观察到发生的次数这个问题毫无关系，因此它与是否形成规律性无关”。③福利地理学、新区域地理学、后现代主义和男女平等主义。史密斯（Smith）指出：“社会福利在空间变化上应该是人类地理学研究的焦点，其重点在于生活品质。”

5）应用地理学及其关联性。20 世纪 70 年代以来，应用地理学日趋成熟，关联性引发了地理学界的激烈争论。有关应用地理学关联性问题的讨论主要围绕着社会、政治及环境展开。实际上，在更早的时候，英国已经对应用地理学有初步的运用，比如 20 世纪 30～40 年代，英国斯坦普领导和组织了第一次全英土地利用调查，为区域规划和发展农业提供了有重要价值的成果。20 世纪 60 年代，英国科尔曼领导和组织了第二次全英土地利用调查，这些工作使应用地理学取得广泛认可。在 70 年代末，应用地理学得以迅速发展，并且贯穿于 80 年代。自这一时期起，英国的高等教育政策日益注重应用性工作，如“为学生提供职业和专业培训并力求从研究活动获取收益以缓解公共事业支出的压力”。因此，关于应用地理的争论既涉及与社会问题相关联的问题，也涉及了学科生存的实际问题。一系列社会问题的出现把应用地理学推向成熟，在学科建立上也日趋完善。如哈维等论述了应用地理学的对象、任务、方法和体系，乔利、科茨等评述了地貌学与环境管理之间的关系。1981 年，由布里格斯主编的《应用地理学》杂志在英国正式创刊。1982 年，桑特的《应用地理学》出版。地理学家们发挥地理学的综合特点，广泛地参加了区域规划、环境规划和城市规划工作，参与研究解决世界范围内的人口、资源、环境等问题，地理学日益重视与住房、医疗设施、娱乐和公众消费等社会福利以及环境有关问题的研究。总的来说，20 世纪 70 年代属于“应用地理占优势的时期”。

三、20 世纪 80 年代以来的英国地理学

20 世纪 80 年代，约翰斯顿主张“重建区域地理学”，认为“地理学的一项主要目标是揭示区域的性质”，而区域是“运行在历史和特定环境中，对它们的认识需考察地理变化”，“社会并不是一成不变的”，“所出现的区域不是固定的地域划分，而是变化着的社会构成”。哈格特指出：“希望发展一种新的区域地理学，这种区域地理学可以通过整合来自于经济地理学、区域经济学和区域科学的计量模式来补充传统的研究手段。”因此地理学应该强调变化，历史地理学需要有明确的位置。80 年代末，后现代主义兴起。在英国地理学界中，哈维结合“从福特主义向弹性积累转换的设想”，认为“后现代主义强调不连续、短暂和无序的一面”，“大多数后现代主义者走得太远，近于虚无主义”。80 年代末还出现了女性主义地理学。约翰斯顿（1991）认为，“女性主义地理学包括认识妇女经

受和抵抗男人压迫的共同经历、致力于结束这种压迫从而使妇女能够掌握自身的命运”。在80年代以后，应用地理学逐渐发展成为包括区域学、环境学、生态学、资源学、社会学、经济学、灾害学、旅游学等在内的多领域、多学科的现代地理学。

专栏10.2　女权主义与性别地理学

女权/女性主义作为一种理论与实践，包括男女平等的信念及一种社会变革的意识形态，旨在消除对妇女及其他受压迫社会群体在经济、社会及政治上的歧视。女性主义的要点是反对性别歧视、争取男女平等。不仅是法律上的平等，而且是政治、经济、文化等一切方面的平等，反对一切形式的歧视和压迫。女性主义虽然是从反对性别不平等出发的社会批判理论，但随着其理论和实践的发展，它以边缘人群的视角对传统进行审视和批判，并以此为基础提出重建社会结构的方案。在这个意义上，女性主义反对的是一切形式的歧视和压迫。

女权地理学从其产生开始便与激进地理学有着密切联系。早期激进地理学呼吁把地理学关注的热点转向“男女平等”这一社会焦点上。1984年女权主义研究和实践者联合成立了英国地理学研究所“女性和地理学研究小组”，主张把女性列入地理学的研究范畴，选择了四个主题作为女权主义向主流地理学靠拢的例证：女权城市地理学、女性对公共空间参与的增加、居住地和工作地分离、世界发展。女权主义地理学包括认识妇女经受和抵抗男人压迫的共同经历、致力于结束这种压迫从而“使妇女能够掌握自己的命运”等方面。这包括评价地理学实践，以显示它是“性别主义的、家长式的、男权为中心的”，而这些都助长了对妇女的压迫。通过这种揭示，形成了社会批判理论的特有视角。富尔德（J. Foord）和格雷格森（N. Gregson）认为，性别关系是任何社会关系必含的组成要素，与生产方式无关，“就像其他关系要随着时空的变化而变化一样，构成这些关系的实践也是如此”。因此，在区域研究的背景下研究性别关系的意义特别大。

女性地理学的兴起在人文地理学的景域中形成了一道靓丽的风景线，女性地理学的价值在于：一是批判性思想；二是它的空间观；三是它强调的性别差异性。正如麦肯齐（Mackenzie）和鲍尔比（S. R. Bowlby）等所认为的那样，女权主义地理学促进了地理学的理论讨论，并且进一步揭示出社会关系在时空中形成和再形成的多种形式。一方面，性别差异必然导致空间感知、空间行为特征、区位和消费偏好等的不同，这些方面客观上要求物质空间和社会组织结构提供一种相适应的特殊需要；另一方面，性别差异的作用与影响也不能无限度地扩张，性别构筑了社会结构并被社会结构所约束。归根到底，性别地理学是众多人口结构属性中性别结构的地理研究。从这一点上看，显示了地理学丰富的内涵以及内在的张力和潜力。

四、英国现代地理学思想评述

计量地理和理论地理学的兴起成为英国地理学思想、研究方法、发展方向转变的主要因素。重视空间结构的研究，包括点、线、面、网络、线路、等级层次的研究，力求朝建立模式和理论。地理学的计量化、理论化和系统化，强化了地理学从静态描述向动态过程、从形态描述到法则规律的研究。

专栏 10.3 英国地理思想聚焦

地理思想聚焦之一：第二次世界大战后区域地理衰落与现代理论方法支撑下的重构。“区域综合是地理学工作的极峰”，几乎是第二次世界大战前英国地理学界共同接受的观点，地理学者多对区域地理的自然景观和人文活动的资料做消化，并向系统方向努力。第二次世界大战后地理学向应用方向发展，大多教育目标不是培训学生直接运用地理知识，而是给予他们解决实际问题的能力和方法。越来越多的学者对区域综合的价值和效用感到怀疑，尤其是年轻的地理学者，只有极少数仍旧对分析区域、人为因素、区域与区域之间的联系和发展感兴趣。目前区域地理大多为选修课。然而，对区域地理和区域综合的忽视动摇了地理学得以存在和发展的基础：①区域综合的价值在进行区域管理、区域设计时得到充分展现；②区域对研究者及群体素质提出了更高的要求；③区域的综合性和互动性特征需要长期的跟踪研究。

地理思想聚焦之二：地理学者不断关注其学科的生存能力和地位。对某些人而言，研究方法上的多元性，可使其学科得到发展的活力。但对其他人来说，基于对学科核心界定的关注，感到地理学需要涵盖自然地理学与人文地理学统一的必要性。环境议题、资源分析、贫困化等问题皆需要整合人地两方面来解决。地理学两大学科分裂所造成的痛苦，只有靠区域地理的复兴来弥补。格雷戈里认为：地理学者以其所受训练的广度，被认为是唯一置人与环境关系研究而据此发展成为一门应用学科的人。约翰斯顿对此评议道，但实际上地理学仍很少实现跨越桥梁的整合。自然地理调查人类活动对于景观改变的冲击，人文地理学者则分析社会和个人对环境限制如何响应以及解决环境冲突的对策，两者实验的处所是共同的，但研究目的与兴趣各不相同，两者无一研究另一方关注的作用，自然地理与人文地理研究少有整合存在。

英国现代地理学的发展主要表现在对方法论以及传统地理问题的研究上。除此之外，地理学家们还试图创立和贯彻特殊的地理观点，空间科学和系统分析便是两个获得发展的主题。空间科学相当广泛和迅速地被许多地理学家接受，他们将空间差异变化作为研究的核心问题，大部分研究有实证主义风格。虽然在20世纪60年代中期空间科学开始受到越来越多的抨击，但仍然是20世纪60年代末英语国家地理出版刊物的主导内容。系统分析尽管常常得到人们的认可，但人们对其关注较为粗略，不过它成为地理学者丰富思想的源泉。

自然地理与自然科学合作，从关注空间形态和类型本身转向作用机制的分析。人文地理热衷于区位分析、人本主义、新马克思主义和各种哲学流派。由昔日注重单独事象或空间分布的分析而趋向对各种过程的整合研究，对社会经济的研究重视“决策过程”以及预测。加强了对人类行为和福利的探讨。地理学研究中有强烈的实用主义导向，反映了学者个人和群体皆关注紧迫的世界性或地方性问题以及在公众压力下为维持学科的发展所做出的努力。

20世纪50年代以来，英国地理学思想的发展脉络大致为：区域地理学——数量地理、实证主义地理——人本主义地理、激进派——应用地理学、结构主义地理——新区域地理学、后现代主义地理学、女性主义地理学。总体来说，英国、美国地理学的发展是一致的，但几乎所有地理学新思想或流派都在美国先诞生，英国随着美国地理学的传播而结合本国的实际开展各项研究工作。因而，有些地理学思想在英国并未得到蓬勃发展是不足为奇的。对此，约翰斯顿认为，英国地理学是地方性、北美地区与欧洲趋势的混合体，并带有跨大西洋交流的影响。或许，英国地理学有敏捷的心智和非常活跃的身躯，但缺少足够的灵性和思想的超前性。

第四节　德国现代地理学

第二次世界大战后，出现了德意志民主共和国和德意志联邦共和国两个国家。地理学研究在联邦德国保持了传统的统一思想。在地理教学中，这种统一思想把自然地理学和人文地理学联系在一起；在地理研究领域内，表现为部门地理和区域地理共同发展。第二次世界大战后联邦德国的学术环境自由放任，地理学研究主要在大学，教学与科研相结合。1948～1959年为地理学重建时期，以传统的研究主题为主。20 世纪 60～70 年代社会地理学和城市地理学兴起。1970 年以后，地理学发展更趋多元化——计量地理、理论地理、景观生态、医学地理、高山环境、资源经理、区域与都市发展、全球变化研究。曾经是近代地理学中心的德国，一度被美英赶超，其地位明显削弱，经过 20 世纪 60～70 年代的重建和两德的统一，德国的地理学重新占有了重要地位。

一、与计量和系统方法关联的地貌学与景观研究

地貌学是德国地理学的主要研究领域，研究的重点是用大量的计算方法研究形态动力的过程和地形演变的原因。自然地理学研究广义的环境和地生态学问题，区域生态学研究地球表层自然现象的区域组合与生活形式的联系。联邦德国的特罗尔致力于开展对山地地生态学和高山比较地理学的研究，提出景观生态学，倡导并组织了南、北美洲及欧亚大陆山地地生态学的研究工作。民主德国也很重视景观生态学的研究，包括地生态学分类和自然资源的经济评价等。注重新技术的应用和小区域的高质量制图仍然是德国地理研究的特色和长处。

20 世纪 60 年代的德国地理学者在传统的景观概念中继续前进，但采用了新的、更为精确的分析方法。赫尔曼·劳滕扎克（1964）对伊比利亚半岛的研究为景观学提出了新的方向。劳滕扎克不是去寻找界线来划定景观区，而是去描述作为一个连续统一体的各地段的变化，伊比利亚半岛景观的连续性景况变化是一个四个变量的函数，即纬度、高度、距海路程以及最近海岸的方向。这种创新的方向使得区域地理（景观学）成为大多数德国地理学者的中心旨趣。

专栏 10.4 德国地理学对地理的理解

德国对地理学的诠释有其一致性。①地理学研究的是地球表层，还有人、人类的物质和精神环境。与我们生存有关的整个世界都跟地理有关。②自然科学与社会科学之间的联系、观点和方法是地理学专业和力量的源泉。自然地理学研究自然环境的结构和动态变化；人文地理学研究文化、社会、经济和人类空间行为的结构和动态变化。③借助地方和区域的具体内容，地理学集合了自然和社会过程的各种经验，产生了各种各样的景象，包括地球上的各种文化、经济和政治体系、自然环境和景观等。现代人文地理不再只是空间差异和社会经济构建、变化过程的一个复印本，还包括了产生社会差别的原因和影响。④自然地理和人文地理通过不同的研究视角和方法发展成为两

个不同的学科。这两个分支学科紧密结合，共同解决广泛的问题。自然环境是人类生存的根本，当人类活动与自然环境发生关系时，地理交互作用就显得特别重要，地理学的核心就是考虑这种相互发生作用的关系。

二、与区域和景观关联的社会地理学

社会地理学是研究人类集团和人类社会存在的各种基本机能的空间组织形态和空间形成过程的科学，它以生态学和社会机能论（或称系统论）为理论基础。社会地理学的研究对象主要是社会集团，而不是人的个体或某一个单一的民族，它包括以下方面：社会生活的空间组织形式和居住的空间组织形式、劳动与供给的空间组织形式、教育的空间组织形式、余暇娱乐休息活动的空间组织形式和流动与交通的空间组织形式等。有人还提出社会地理学要研究社会地域与自然环境的关系问题。例如，饥饿、疾病、环境、资源、空间等，既是自然的（或生理的）也是社会的问题，两者密不可分。在学科分类上还有人主张广义的社会地理学思想，即将整个人文地理各领域的综合称为社会地理学。

近来德国人的研究工作强调一种作用或生态的方法。社会地理学——对作为空间集团的人类社会的研究，已经成为地理科学整体的一部分。它已经导致对那些与景观复合体虽然有联系但又有区别的复合体或空间实体的进一步研究。但不应该误解为它是与形态学方法对立或不相容的方法。博贝克和哈特克强调人类地理学的力量论及其在地域上的表现："人类生活区"或"作用区或作用实体"。莱奥·魏贝尔告诫人们抛弃片面的形态方法，运用赫特纳的方法，后者强调地区的内在特征和个性的、各种现象在空间上的相互联系及它们随着时间变化的安排和发展。各种社会的空间变化以及它们引起的景观外貌的变化受到了考察。这样，景观就有了双重外貌——自然的格局和文化形成的格局，在它们背后的是社会地理体系的力量。在地理学中有两类单元：一类是外貌的或形态的；另一类是地文的或作用的。按照德文的用法，景观一词的意思不仅指可见景观，而且指社会历史的区域单元。这种单元里存在着互相结合的景观要素。范围更广泛的作用单元是一个城镇、一个经济综合体、一个文化综合体或者一个政治综合体的附属地区，所有这些都是人类发展的生存空间。这就是赫特纳强调区域性质和施吕特尔强调景观印象时所追求的东西。一些学者把第二次世界大战后重视文化的新地理学叫做"社会地理学"，其目的在于解释文化景观，明确主张景观变化的主力是人类集群——作为人类文化组成部分的"态度、目的和技能"。

三、与生态学关联的生态地理学

20 世纪 70 年代以后，生态地理学进入了地理学，成为地理学的重要方向。联邦德国几乎所有的地理研究机构都有生态实验室，使用电脑和卫星图片来分析问题，老师和学生在一个实验室里一起解决城市生态问题。地理生态的兴起使自然地理学重新获得了活力。以前，自然地理学的各分支学科都被割裂开，引入生态地理之后，地貌、土壤、气候、水等因素都被认为是生态系统的构成要素而结合在一起。生态问题的研究往往需要大量的团队合作，需要诸多学科的参与，如生物学和化学。总之，生态地理学赋予了地理学十分重要的新动力。

生态地理学与环境保护关系比较密切，地理生态和环境保护是两个同等重要的话题。生态问题同样出现在地理学的其他分支学科之中，不同学科对生态环境观察的角度会有所不同。例如，在旅游地理中，主要是关注旅游活动对生态环境产生的压力，对生态造成的什么样的破坏。那么，新的问题就是：如何才能在其中进行休闲活动而又不破坏它？换个角度，怎么使得这些地方避免人类活动而带来的损害？农业本来是被看作没有危害的产业，如今也被加以尖锐的审视。人们开始考虑农业活动对自然环境造成的破坏，农业活动中使用的化学物质会对生态环境造成多大的负面影响。通过研究许多全球生态问题可以发现，生态环境中的关系不是线性的，许多人类的活动对生态链所造成的后果都远远超出了人们的预计。

四、与系统科学关联的系统地理学

地理学在 20 世纪 70 年代发生的转变主要是系统地理学取代了区域地理学。系统地理学的研究不仅要了解一定量的事实，还要做归纳，以了解“自然结构”和“人-自然-结构”之间的关系。德国教科书中多利用区域作为例子来讲述系统地理学的内容，在讲述产业地理时，系统地理学会讨论苏联、美国和欧洲，但不再是为了说明它们的区域特点，而是为了揭示它们之间的普遍关系，如计划经济和私有经济的不同。

自然地理学讨论的是自然结构，内容有气候学、地形学等。“人-自然-结构”讨论的是人与自然之间的各种交互关系，研究地区发展的经济潜力。这个内容变得越来越重要，因为它最适合用来演示由于“人地关系”相互影响所导致的各种问题。在农业地理中，可以找出由近到远的很多个区域的描述，但这些内容的组织不是依据“由近到远”的原则，而是为了解释全球农业生产的规律性问题，是为了回应系统地理学的需要。系统地理学虽然迎合了科学需要，但是没有提供给学生一个全面的地理学视野。因为废除了区域地理学并抛弃了知识的传授，年青一代的学生面临着同样的问题，那就是知识储备的危机。

五、区域地理学的回归与主题型区域地理学

在德国地理学发展的进程中，系统地理学、地理生态相继取代了区域地理而成为主流，但区域知识对了解这个世界十分有帮助，不能将其割舍。正因为如此，到了20世纪80年代后，区域地理学作为系统地理学和生态地理学的辅助，重新回到地理学及其教育范畴之中。与五六十年代不同是，新的区域地理学不再是简单地描述区域的特征，经济、社会问题和区域结构等主题成为区域地理关注的重点。现代的区域地理学是“问题导向型”学科，它通过特定的主题和视角来观察一个地区或者国家，被称为“主题型区域地理学”。系统地理学也因为新区域地理的加入而变得更加重要，因为它既提供了科学的基础知识，也展示了一种结构化的方法，没有这种方法就无法了解一个国家。

德国的新区域地理以问题导向性和典型性为特征，选取一些具有代表性的国家进入学校的教材中，如美国、日本、中国、苏联。20世纪80年代之后，随着中国经济的全面崛起，中国重新出现在德国的教科书中，但不再是描述中国区域的不同，而是介绍中国社会结构的变化、农业和工业的改革、经济区域和经济特区、人口政策、开放政策和中德之间的贸易来往。大学讲授的区域地理学也一样，都是问题导向型的新区域地理学。

在北威州，5～10年级的官方教育条例中的内容有：休闲区域、农业区域、煤矿区域、气候和行政区域、第三世界问题、中国结构变迁、美苏对比、由于落后地区开发所导致的环境问题。这些要求体现了系统地理学、社会地理学和区域地理学的学科内容。10～13级的教学内容如下：自然地理学，主要以气候地理为主；发展中国家、聚落地理、区域规划、日本。地理学的重要性随着社会经济和政治观点的变化正在逐渐增加。

六、第二次世界大战战后的德国地理学的总体特点

德国现代地理学发展的总体特点是：①重视社会地理学的发展。在区位论方面，以综合分析代替过去的简单假定，以动态代替静态，以区域模型代替纯粹的理论指导，并重视第三、第四产业的发展。②区域地理学尤其是主题型区域地理蓬勃发展，并且是地理学的重要支柱。联邦德国延续十多年的大型协作项目——墨西哥计划，以“人类和环境的演化”为课题，在有限面积的范围内研究了人类从开始至今的历史及其与环境的相互关系。大约80%的联邦德国地理学家在国外搞野外工作。区域研究的重点地区还包括热带非洲、南美洲和亚洲等。③研究内容多样化。这种多样化表现为人文地理与自然地理的密切结合以及与其他相邻学科的日益接近、交叉和融合，研究领域的系统化和模式化。这一过程和美国及其他国家现代地理学一样，贯穿着系统论观点，把自然系统、社会系统和人的行

为系统看成一个大的空间系统。④人文地理学明显地离开旧的传统地理学方法，越来越趋向于空间分析，用系统分析和统计方法论证功能和结构。⑤从近代地理学到现代地理学，地理学研究的内涵得到更为丰富的拓展；从形态—分类—比较—因果关系，渐渐地向整体—机能—过程—系统分析的演变。⑥如今的德国地理学，以系统地理学、生态地理学、社会地理学和新区域地理学为结合，焕发出地理学新的活力。

第五节　法国现代地理学

几个世纪以来，欧洲一直是世界的中心。然而，经过两次世界大战，欧洲列强在400年间征服全世界的政治、经济与科技的优势逐渐丧失。尽管第二次世界大战后经济的增长给欧洲带来了一定的繁荣，这个世界是现代的，但“他们的现代世界”已经远去。正是从欧洲人独特的经验中，“后现代性”获得了强烈的幻灭、失望甚至是绝望的内涵，这股帝国失落的惆怅席卷了社会、经济、政治、学术等方方面面。关于地理学地位的争论仍延续着，一种潜在的危机感始终萦绕在地理学家的心头，它的前景也一度是那么渺茫。但是，毋庸置疑的是，在法国，这个学科仍然在蓬勃地发展。

一、20世纪50～60年代的法国地理学

第二次世界大战后受世界大战和越战影响，法国地理学发展较缓，一种不满的情绪蔓延在法国地理学界。受新实证主义、结构主义、新马克思主义等哲学思潮影响，地理学展现出一套社会科学的观点，聚焦在人类的互动上，从而放弃了人与环境关系的范式。

20世纪40～50年代为马克思主义盛行时期，乔治（P. George）等学者意识到达尔文进化论的基本弱点，从事社会评判、生活方式、投资环境、现代都市化和工业社会研究。地理学者仍有种感觉，认为他们的学科无法解释现有世界观的转变。由于法国学术界受共产主义的影响，很多地理学家都属于左翼并加入共产党，但事实上他们对马克思主义并不感兴趣，他们承担的义务是政治的，而不是哲学的。他们对美国地理学和地理学家的态度发生了改变，这种状况持续了二十多年，直到20世纪60年代，许多法国地理学者对美国地理学还是持批判的态度。这种反美情绪使得大多数学者没有注意到美国地理学从50年代初开始进行的迅速转型，似乎菲·潘什梅尔（P. Pinchemel）所指的“辉煌的孤立状态”仍在延续着。1968年以后，马克思主义追随者减少，一些学者认为马克思主义地理学只导致有限的结果，只有一小部分人坚持马克思主义，从事于第三世界低度开发等问题研究。当新一代英美学者对马克思主义表示激情时，法国基本上已经

放弃马克思主义意识形态（保罗·克拉瓦尔，2007）。

专栏 10.5　乔治的地理思想

乔治认为：①地理学以“了解环境所具有的动态和惯性及保持均衡的各种关系”为目的，地理学是对某空间内生活的人类所占有的空间整体进行评价，故必须从构成该空间及动态关系的一切要素开始分析。但是这种分析乃是一种手段并非结论，这就是与自然科学不同之点。地理学也使用自然科学的方法，但并不如自然科学那样关心现象本身，而是关心现象的结果。②地理学与其他空间科学的另一不同点乃是它有综合性。只有综合各种自然和人文要素，才能对整体景观了解。地理学者的任务是在特定的区位范围内，显示人类的适应状态和行动，以期能显示人类集团生活中的有关事象。③人类集团是有动态性的，而地理环境也随时在变化。地理学要研究现实空间状态的变化，除对其历史基础加以认识外，更需要去测定空间各要素所表现的力量。目的在于预测人类活动空间短期内的发展趋势，评估发展趋势的作用力及强度，以显示出评价或约束行动及其阻碍力量。

20世纪50～60年代，法国昔日扬名世界的“区域地理”呈现衰落时期。法国地理学派所用的区域研究方法，适宜于那些简单活动直接表现于景观上的区域。但1945年以后，法国社会经济发展快速，尤其是乡村地区现代化，使得区域地理学已经不适于用历史方法去解释它的变化，而面对的是一个必须以它目前的功能来说明的世界，法国区域地理面临严重危机。随着经济理论在指导国民经济运营上的作用增强，地理学者渴望得到与经济学一样的发展，经济地理学者加强了空间经济、空间经济理论、区域规划的研究。

地理学的专门化对区域地理学的发展造成了一定的损害，不过区域地理学所失去的并不像人们想象的那样多。对于百科全书式的、注意研究地区范围内存在的一切现象的这种传统区域地理学概念来说，现代区域地理学更关心的是描述和解释空间组织的复杂性，已经比较少地采用描述和描述分析的方法，更多地用发生学的观点来做解释。区域地理学为达到这一目标，获得两方面的助力：首先是详尽的地图，特别是航空相片的使用；其次是重视政治和经济规划。对此，菲·潘什梅尔认为：“区域地理学的前景还是乐观的。”法国地理学者在对系统的专题研究继续作出重要贡献的同时，不断有区域地理论著问世。

专栏 10.6 考来的地理学思想

考来（A. Cholley，1886—1968）是法国杰出的地理思想方面的学者。①提出地理学是研究复合体（complex or combination）的观念。凡客观性科学，必须尽量将其所观察到的某一事象要素加以分开，使其能单独研究该事象。而地理学则从事事象的复合性研究，即便是最单纯的地理事象，也常是多种因素的复合体，复合体愈复杂，地理事象内容愈充实，这就是地理事象的本质。复合体经由形成、发展、消灭等变化而再形成一个新的复合体，研究复合体的发展、途径、配置状态为系统地理学的本质。②“地表空间观念”。“地表各部分维持着相互联系、相互接触的事实以及地理事象的结构而显示其为地表空间要素组成的复合体的事实”。人类尽力去工作，从事地表空间的克服，而促进地表空间的结构化，故用地表空间的尺度去研究，是排除偶然、例外事象的唯一方法，是使其研究走向科学化的唯一途径。③地理的人类观念。人类是环境的主要营力，因此人类可利用各种复合体做媒介而创造出新的环境。地理学的人类与哲学、历史学的人类概念完全不同，被看成地表生物的一部分，为地表主要的居住者，而非个人的人类的概念，其本质为社会群体，具有思考、理想、建立计划、创造组织的性能。人类所创造的环境及其所利用的复合体，在某种程度上是意识形态的反映，而且都以长期努力及研究所产生的技术为基础。

1960 年以后，自然地理与人文地理分别发展，自然地理较战前为盛，受到法国国家科学院的支持。此阶段地理学的专业化发展很快，并逐渐向各个领域扩张，其后果是削弱了自然地理学与人文地理学之间的相互联系。随着专门化程度的加强，地理学家也就越来越向两个截然不同的领域分道扬镳：自然地理学家走向自然科学及物理、化学的领域；人文地理学家则走向人口学、经济学和社会学的范畴（罗伯特·迪金森，1980）。

自然地理学内部专门化的趋势仍很明显，并趋向于应用研究。地形学、气候学、水文学、海洋学、生物地理学等，所有这些研究工作及其先进的技术，都涉及高度专门化的问题。由于自然地理学自身的特殊性质，它的发展也促进了一系列实验室和研究中心的建立，同时，研究方法和手段的改善又大大促进了各个分支学科的发展，从而加剧了专门化，使得地理学各分支都逐渐成为独立的学科。特里卡特（J. L. F. Tricart）提出了自然地理学一些清晰的观念和理论，贝尔特（P. Birot）对世界景观进行了有成效的研究。然而这时期的研究却由于偏向于自然地理发展，对法国地理学整体发展反而产生一些负面影响。自然地理学的专门化与区域地理分开，导致区域地理学的没落，同时也吸引了那些想做自然地理而非地理学者的学生，阻碍了对人文现象的研究兴趣；自然地理与人文地理失去关联，因而也导致人文地理衰落，生态方法和环境分析因而被忽视。因此，自然地理学的单方面的发展并未能对地理学的重建起重大作用。

人文地理学的研究重点放在生产和消费的经济因素、经济系统及法则、影响范围、经济区划和对货流的分析等方面，并对社会因素感兴趣，而对它们与自然环境的关系则注意较少，避免强调环境对人类群体的约束和限制，它们强调的是人类群体的征服力量。马克思主义地理学者则关注于城乡对立关系、工人职员及劳动阶级的居住条件等研究领域。战争期间，一些法国人流亡到美国，戈特曼（J. Gottman）提出著名的“大都市带”理论，认为大都市带是城镇群体发展、人类社会居住形式的最高阶段，必然会成为21世纪人类文明的标志。同时，他也向英语国家的读者展示了欧洲大陆地理学家的研究方法。

二、20世纪70年代的法国地理学

20世纪70年代以后，法国地理学走向自我调整的新方向并迈向现代化。人文地理、区域地理、区域整治再度受到重视，加强了人地互动中的距离研究、社会互动与组织研究、地域互动的系统分析。1968年的学生运动高潮是法国地理学的一个重要转折点，人们重新燃起对美国地理学的兴趣，并通过一些在美洲游历和工作的年轻学者的影响，“数量革命”和“新地理学”也在法国出现了。它从盎格鲁-撒克逊新地理学中借鉴了许多有特色的东西，但在某些观点上又有所区别。由于两国间社会状况和研究条件的差别，年轻的地理学者发现很难完全明白美国地理学的进展，而克拉瓦尔等的工作则为法国地理学和美国地理学之间构架了沟通的桥梁。

计量运动随后在法国逐渐盛行，大多数人热衷于相关分析法和因子分析图解法，而并不热衷于主成分分析法。信息化技术的迅速发展为地理学的发展提供了重要的支撑，航空照片和卫星照片被大量应用于地理学中，地理信息系统也在一些国家机构、大学、科研中心和企业雨后春笋般建立起来。

地理学的社会化导向使社会地理学得到重视，地理学不仅被构想为社会科学，而且被构想为这样一门社会科学：它既研究地方性的社会群体与环境的相互关系，同时也研究地域范围扩展到远距离的社会群体与环境的相互关系。此外，学者们越来越感兴趣的是研究人对其生存空间的感知、适应和改造的方式，并重视利用宏观经济研究分析，从中吸取较系统化的成果，并着重致力于空间布局的研究。此后，法国地理学家则力图引进生态学、社会学和人类学、政治科学以及城市网络中应用的通信联系理论等其他学科来丰富自己的理论基础。然而，并不是每个人对新地理学都持赞成态度。20世纪70年代初，正当新地理学蓬勃发展时，由一批热衷于方法论研究的大学青年教师形成闻名的“杜邦派”，由于意识形态上的左派，他们把“新地理学”指责为社会保守主义，并进行强烈的批判（安得烈·梅尼埃，1999）。

20 世纪 70 年代以来，在对生态危机和传统国家关系的反思中，一种关于环境和国际政治的整体性范式（holistic thinking）占据了政治学和国际政治学文献的主流，其核心是把地球作为一个整体日益关注。人们日益认识到地球这一人类家园的整体性和脆弱性及政治决策在其中的重要性。于是地缘政治学又回归和复兴了，法国和美国是地缘政治学复兴的先锋。在法国，拉科斯特（Y. Lacoste）发起了“希罗多德计划”，这把地理学从边缘拉回了争论的中心：当代世界在社会、政治和国际领域应该如何前进？他为地缘政治学这一术语恢复了声誉，并认为政治地理学的方向应是一种感知分析，即作者对于政治形势及其发展战略理解认识的分析。

三、20 世纪 80 年代以来的法国地理学

从 20 世纪 80 年代中期开始，法国地理学界开展了全球化的系统研究。全球化下如何进行空间布局？如何进行有效的资源配置？如何促进人地关系的和谐和人类的可持续发展？在这些方面，地理学应有所作为。法国地理学对全球化的研究不同于国际上多数国家偏重于生态方面的研究，而主要研究经济、政治、文化与全球化的相互关系。生态方面，多数法国自然地理学家对全球化进程仍然停留在地貌学、气象学或者水文学上，生物地理学的发展仅初见端倪，他们对全球化进行的研究多是试图严格评价全球变化的尺度，认为造成全球化最主要的原因就是更为廉价、快速便捷的交通和通信以及由此带来的多国联盟、跨国公司数量的快速增长；政治方面着重对全球化政治和经济方面的相互作用进行研究。

1990 年，研究大多集中在全球化结果对国际政治体系的影响上。文化方面，法国地理学界认为全球化带来多元文化的发展而非文化的均一化。此外，法国地理学家也强调全球化引起了西方或非西方社会里城市整体组织结构的转化。一方面认为，全球化使得人们不再具有地区的意识，取而代之的是地点或地方的概念；另一方面认为，全球化并不是意味着空间差异的消除，而是加强了当地多样性的某些形式。全球化再次促进了法国人文地理学的发展，人地互动成了研究的焦点，区域地理学重获新生，空间布局问题的重要性日益增强。社会地理学转向了盎格鲁-撒克逊马克思主义者倡导的“贫穷与脱离社会”等研究题目，如贝尔格（A. Berque）在日本从事社会群体的研究。景观则成为文化地理学的关键研究课题，如对宗教圣地和世俗地域间差异性的研究。采用了福柯（M. Foucault）的“景观异质性”表达形式，并通过景观历史来理解人与地理空间的各种关系。

四、法国现代地理学评述

法国现代地理学经历了种种阵痛、震荡和重新调整过程：区域地理学经历了兴盛与辉煌、衰落与低谷到重新崛起的过程；一度是世界马克思主义的中心，尔后出现被英美新马克思主义地理学边缘化倾向；民族主义精神使法国地理学界对美国地理学的态度经历了漠不关心、批判和重新感兴趣这一过程。伴随着世界经济中心由大西洋向太平洋的转移和地理学研究中心由德法向美国的转移，这种对待美国地理学的态度对法国地理学的影响是显而易见。

目前，尽管法国地理学没达到维达尔时期在世界地理学中的辉煌地位，但是，通过一代又一代地理学者的努力，也取得了丰硕的成果。现代地理学出现从定性描述向定量分析转变，地理数量方法、遥感方法、自动化制图等新方法和技术的广泛应用使法国地理学产生了重大的变革。在此基础上，法国地理学各分支学科都得到了长足的发展：人文地理学仍占据主导地位，在城市地理、农业地理、工业地理、热带地理和区域分析研究等领域，法国地理学者做出了独特的贡献；自然地理方面，地貌学研究特别是冰川、火山和河流的地貌研究也受到重视；结构主义、马克思主义（勒菲弗尔的“空间生产”、“空间与政治”）、后现代主义作为一种新的现代西方社会思潮也影响着法国地理学。强调经济基础或经济过程决定上层建筑，表层的现象如社会差异、区域关系、空间结构必须通过研究社会经济过程、生产关系来认识。后现代主义肯定了空间的重要性，强化个性研究，提高以地方研究为基础的新区域地理的学术地位，并积极探索地理学在社会理论中应占的地位。

第六节　苏俄现代地理学

20 世纪 50 年代末 60 年代初，对于地理学范畴和性质的不同观点在官方决议的压制下沉寂很久后终于公开化，苏联地理学界展开了对地理学的性质、经济地理学理论的争论。一再有人致力于把自然地理与经济地理分裂开来，理由是统治物质世界的“规律”与统治人类经济活动的规律是完全不相同的，因此这两门学科无论在逻辑上还是实践上都不能合成一门学科。1954 年在苏官方思想刊物《哲学问题》上发表了《关于自然和经济地理学问题讲座的总结》，指出：①自然地理学是自然科学，经济地理是社会科学，因而不存在伪科学的统一地理学；②地理学并非一个独立的学科体系，而是一个科学的综合；③自然地理学研究对象是自然地理环境或地理壳，经济地理学的对象是生产配置；④两门地理学有共同的研究方法，但并不能说明它们具有相同的对象和性质。这个总结加深了苏联地理学自然与经济的二元分裂，削弱了地理学的综合研究和区域研究。B. A. 阿努钦的《地理学的理论问题》（1994）宣称地理学的统一性，犹如一重型炸弹在苏联意识形态浓厚、沉闷的学术界炸开。K. 马尔科夫认为地理学者应当努力开展地理学的理论基础研究，把地理学这一概念在一般理论的形式上看作一个整体。他说道："普通地理学的任务是研究地理环境。" B. 索恰瓦常用"整个环境"一词，通过加强自然与社会经济要素关联研究来强调地理学的统一倾向。萨乌式金则试图给地理学一个全面的定义："研究影响区域的自然和经济系统的发展规律的科学。这些系统在自然与社会的相互作用下及其自身的调节过程中汇总形成于地球表面。"

一、苏俄现代地理学的发展倾向

第二次世界大战后直到 1991 年底苏联解体前，为美苏对峙的冷战时期。地理学仍具有很强的意识形态特征，以服务于计划经济需要为目的。这一时期，地理学的分支学科如气候学、水文学、地貌学、地质学、土壤学、生物地理学等研究都有了长足的进步，这些专门学科的成就为自然地理学的现代理论提供了主要内容（格拉西莫夫，1990）。经济地理学、建设地理学和城市研究发展强盛。

1）地理学从分化开始走向统一。由于社会主义建设的需要，经济地理学获得了很大的发展，经济地理学取代了人文地理学，这导致了自然地理学和经济地理学二者之间的分裂，这一过程加速了地理科学系统各个组成部门的分化。自然地理学和经济地理学的各部门经常仅仅在系室和研究机构中合在一起，而不是在思想上和工作上相互接触与协作。20 世纪 60 年代以后，统一地理学受到尊重，统一性趋势表现在两个方面：一方面是在地理科学系统的内部；另一方面则是在相关科学（社会学、经济学）之间的边缘的重叠领域。

2）强调地理学的"经济化"、"社会化"与"应用化"。萨乌式金提出地理学各部门的"经济化"，如出现了经济气候学、经济土壤学等边缘学科。格拉西莫夫（1990）指出，传统的描述性、认识性方向已不能适应需要，地理学的主要方向应是建设方向，即应用方向。试图从全新的理论高度，采用先进的科学方法，研究自然和社会相互作用的变化，确立地理学中的建设-改造-预报方向，以期有效地改造与管理自然环境。在《苏联建设地理学的任务、方法和结果》（1976）一书，他对建设地理学再次作了全面阐述。建设地理学的出现是苏联地理学发展向实用性靠近的一个标志，其意义在于将地理学的研究应用与社会经济建设结合起来。学者们将气候、地形、土壤、动植物、水循环等当作地理系统中的一部分加以研究，把国土按土壤、气候、水文和自然资源等地理要素进行分区分类，从而找出适合建设的区域，为国家计划经济条件下的国土开发建设提供基础资料。城市地理学的出现是地理学从理论转向实用科学的另一种体现。20 世纪 50

年代以后，苏维埃政权得到了进一步的巩固，城市化进程加快，城市建设如火如荼。在这一的背景下，城市规划更加紧迫。城市地理学是以城市为研究对象，运用地理学中统计、描述和区域的研究方法，为城市的规划提供自然和人文等背景资料，这也是城市地理学研究的主要目的所在。城市地理的发展不但在苏联本国的城市建设中起到了积极作用，也为后来中国、东欧等以苏联为榜样的其他新兴社会主义国家或地区提供了样板。

3）地理学的“生态化”成为苏联地理学的重要趋势之一。在 20 世纪 60 年代，生态学的许多问题成为极其复杂的综合体，它们极大地扩宽了地理学生态研究的范围。为了处理地理学生态研究中的地位问题，必然需要去说明“扩大”了的生态学的性质和结构。现代科学最重要的社会任务无疑是参与国家生态政策的制定。显然它不仅适用于实行计划经济的国家，同样也适用于努力寻求解决社会经济发展问题的任何其他国家与社会。生态政策的意义与目的已订立在苏联的宪法之中，在改善一些重要地区（如伏尔加河流域、贝加尔湖区等）的生态情况和解决其他紧迫任务方面已取得了重大成就。

4）地理学从描述走向规划设计、工程应用和地理预报。20 世纪 50 年代以来，地理学从描述自然转到规划自然的道路上。格拉西莫夫等认为：建设性的见解和方向是不能合适地安排到“割裂”的地理学和“死板”的分化的老框框中去；地理预测和地理任务不能从传统的地理科学各自分离的情况下和相互分裂的办法中找到解决的出路；它们只有借助于大规模的研究工作，把地理科学拓展到广大系统中才能解决。工程景观研究成为地理学的一个新方向。伊萨钦科说：“景观主要是指一个特定的工程地理区域，它是建设这个区域的有利与不利条件的一个特殊复合体。”这类研究工作在西伯利亚新区（贝加尔湖和阿穆尔河铁路沿线）得以开展。索恰瓦院士强调，地理预报应成为地理学所面临的最紧迫的任务之一，将来地理科学工作的注意力将以预报为主要目的。它可能是专业性的气候、流量等变化的预报，也可能是有关整个广大地区内的自然条件的全面变化的研究。这对地理系统、大区域（如苔原地带）及整个地理圈（如因技术引起的热平衡变化）都是重要的课题。

5）地理学的视角开始具有宇宙化倾向。费多罗夫强调有关太空发展问题甚为重要，“地球化学家从事于研究地球上物质的循环，必然会使他自己进入现时研究太阳系行星间的物质循环的一般规律，而这些规律在各种状况下已经在几世纪内逐渐形成。对气象学者来说，研究的对象已不再限于地球上的大气，而是要包括其他星球上的大气。对其他星球上的大气的可能组成成分与性质的评价，现在已能予以计算，在其他星球上登陆观察的可能性也已具有重要的实用意义。此外，还有其他方面的问题，如从外层空间来研究地球”。这里，我们看到了现代科学包括地理科学的一种宇宙化倾向。

6）新的环境背景下新的主题。苏联解体给俄国地理学家们带来截然不同的环境——市场经济与全球化、远东地区的边缘化、社会分化与低层贫困化、军事强国的衰落与新的地缘政治格局、政治经济的重振复兴、中高纬度环境问题与全球环境问题。这些新的环境和社会问题成为20世纪90年代以来俄罗斯地理学的关注重点。

二、苏俄现代地理学发展评述

苏联流派与德国流派、法国流派、英国流派、美国流派等各种学派相对应，它的建立有其特殊的国际和历史背景，其中政治因素是流派形成的一个主导因素。第二次世界大战后国际共产主义运动达到了高峰，东欧、亚非、拉美等一些新独立的国家纷纷走上社会主义道路，这些社会主义国家不但在政治上与以美国为首的资本主义国家分庭抗礼，学术上也深受苏联影响。20世纪50年代以后，苏联的地理科学体系已逐步成熟并在国家经济建设中显现出力量，各新兴社会主义国家也纷纷效仿。其中受影响最大的当数东欧社会主义国家和中国。随着20世纪80年代末东欧社会主义国家剧变及苏联的解体，标志着一个时代的结束，世界地理科学体系中以苏联为首的“苏联流派”也逐渐消弱。

世界各国的地理学者在进行本学科研究的过程中，经常被一个问题困扰，“地理学作为一门综合性如此之强的学科，它是如何将自然、人文、历史等各相关学科整合在一起的”？俄国早期地理学统一的传统在20世纪60年代之后得到了原苏联学者们的继承，并且趋势更加明显。其主要原因在于地理学研究中实用性的突显，包括自然地理学、经济地理学、建设地理学、城市地理学、环境生态地理学等在内的相关研究。其主要目的是为国家经济建设和城市规划体系服务，站在区域的、历史的背景下考虑，一个城市、一个地区它的发展离不开自然和人文两大因素，其相关性如此之大，以至于自然地理学者与其他社会、经济、历史地理学者在空间上找到了交点，这是苏俄地理学科体系整合较好的一个主要原因。

俄国地理学有良好的学术根基和地理学综合传统，一向具有学院派气质传统，系统严谨、条理分明、界限严格。但原苏联地理学同时存在过于机械和教条、政治与学术相混淆等问题，与意识形态关联性很强的人文地理学未能系统发展。冷战结束以后，俄国地理学逐渐接受西方地理学的观点和方法，一扫过去长期存在的沉闷气氛。如同经济、政治在经历阵痛后调整转型一样，原苏联的解体使俄国地理学也经历了对地理学的重新审视和重构过程。然而，作为“金砖四国”之一的俄罗斯，拥有面积广阔的国土、丰富的资源、深厚的文化蕴藏以及优秀的地理学传统。可以预期，未来俄罗斯地理学的国际地位将再度提升。

第七节 中国地理学的成长与发展

在20世纪上半叶，中国地理学实现了从古代地理学向近代地理学的嬗变过程。然而，急剧动荡的社会环境使中国近代地理学的发展基础先天不足。自20世纪50年代以来，我国地理学呈现出一种近代地理学与现代地理学并合发展的格局：一方面，近代地理学得到系统的构建和全方位的发展，这一过程持续到80年代，以我国人文地理学的全面振兴和发展为表征；另一方面，现代地理学也在逐步发展，其进程在80年代跨过拐点后呈加速发展趋势，这与我国改革开放及社会经济快速发展的社会背景密切相关。

一、中国地理学的发展阶段

（一）20世纪50～70年代的中国地理学

20世纪50年代从教育战略布局角度对高校院系进行了调整，中国高等地理教育迅速壮大。1953年，中国科学院地理研究所成立，而后四川、云南、广东、河南等相继成立省级地理研究所，形成了高校与科研所地理研究并存的格局。1956年成立了，中国科学院自然资源综合考察委员会和自然区划工作委员会，组建了综合考察队伍和区划队伍，为全国范围的自然资源综合考察和自然区划工作提供了组织保证。原苏联模式与我国传统地理学特点相结合，我国现代地理学特别注重典型区域研究和地理学的应用实践。

自然地理方面，通过青藏高原隆升及其影响、北方农牧交错带环境变迁、黄淮海农业开发、长江流域生态治理等研究项目，总结了若干重大理论问题，提出了包括垂直自然带、T字型理论、涵洞水文计算模型、积温公式、作物估产模式等在内的有指导意义的经验模式和计算模型（葛全胜等，2003）。在20世纪50年代，提出了综合研究地表物理过程、化学过程与生物过程的学术思想。

经济地理方面，重视生产力布局、自然条件和技术效果分析。在计划经济背景下，以地域生产综合体为研究核心。在土地利用、农业资源评价和农业区划、农业地理学方面成绩显著。经济地理学、交通运输地理学、人口地理学、工业地理学等有一定的发展。历史地理学开展了大量的史料收集、考证和野外调查，把古代沿革地理改造成更新、更科学的历史地理。

冰川冻土等观测实验站的建立、大规模的区域综合考察和专题研究、自然区划和农业综合区划、沙漠和水土流失治理等工作为区域开发、国防服务、政府部门决策提供了有价值的建议，地理学工作者为我国经济建设作出了卓越的贡献。区域地理、自然地理和经济地理学的研究取得了一大批成果，为20世纪80年代以后的我国现代地理学的迅速发展奠定了基础。

（二）20 世纪 80 年代以后的中国现代地理学

改革开放使中国社会经济融入全球体系中。中国地理学与国际地理学全方位接轨，地理研究进入快速、健康的发展阶段。在李旭旦、吴传钧、李春芬、周立三、王成组、王恩涌、张文奎等学者的大力呼吁和倡导下，人文地理学和人地关系研究走向复兴的道路。

受 20 世纪 60 年代计量革命的影响，80～90 年代，地理学计量运动在我国达到高潮，各种定量分析技术广泛地应用到地理学研究之中，地理学研究从传统的定性描述转到定性与定量分析相结合发展。地理学的数量化和模型化推进了理论建设。随着遥感、全球定位系统、计算机技术、虚拟现实、网络等技术手段的广泛应用和开发，已建立起具有国际先进水平的地理信息系统与遥感遥测技术体系，为综合研究和系统分析各种地理信息开创了新的局面（葛全胜等，2003）。现代化的物理、化学与生物分析技术的引入及其分析水平与精度的提高使地理学的发展不断从宏观推论走向微观验证。同时，定位观测手段也从无到有、从点到面。这些技术手段的应用全面推动了一些重要科学问题研究的深入，大大提高了我国现代地理学的研究水平（冯仁国，2000）。全球环境变化与地区响应成为地理学的前沿。通过黄土、冰芯、湖芯、树轮及历史文献等的深入研究，在古地理气候与环境变化领域取得的成果令人瞩目。

地理学研究领域不断扩大，分支学科快速发展。中国众多的人口和 30 年来经济的高速发展使中国的资源、经济、环境、人口、社会等矛盾十分突出。包括地理学、地质学、环境学、生态学、大气科学以及经济学和社会学等在内的多种学科，大量介入资源的利用与保护、环境变化与治理以及社会经济发展规划。地理学研究的主体与科学问题不断受到其他学科的关注与渗透，地理学的理论和方法在许多领域得到重视和应用。地理学在与其他学科交叉、渗透的同时，不断衍生出许多分支学科，形成以自然地理学、人文地理学和地图学与地理信息系统学为支柱的学科体系。

专栏 10.7　中国的后现代地理学？

如果说，后现代问题是西方现代化过程中长期积累下来的深层次的科学技术、文化精神、社会危机的话。那么，中国的后现代问题则是多种矛盾交织的结果：一是中国快速的工业化、城市化、全球化、信息化，使其在现代化进程中一些普遍性问题在中国特定的环境下不断繁殖、衍生；二是西方文化和现代化对中国承传数千年的传统文化的冲击，现代化科学文化、商业消费文化与中国人文文化的深层次的矛盾；三是制度文化与精神文化的非平衡、中国传统文化的逐渐缺失与文化中空、文化创新不足。中国的后现代问题呈现出前现代和现代和后现代并存的一种混杂格局。这就构成了中国后现代地理学的基本内涵和独特性所在。

二、中国地理学60年来的主要成就

有相当多的论著对20世纪50年代以来我国地理学的成就进行总结：《地理科学》（国家自然科学基金委员会，1995）、《地理学发展与创新》（陆大道，1999）、《中国地理学90年回忆录》（吴传钧和施雅风，1999）、《地理学综合研究黄秉维文集》（《黄秉维文集》编辑组，2003）、《中国历史地理五十年》（华林甫，2005）、《地理学思想史》（刘盛佳，2000）等

1）区域综合考察。从1956年开始，先后开展了青藏高原自然资源、西北高山冰雪资源、西北沙漠、黄土高原、黄淮海平原、华南热带生物资源等多个区域的大规模地理考察，出版了20多部区域综合考察报告。在综合考察的基础上，中国地理学家开展了旨在为经济建设服务的自然区划研究，包括全国范围的地质、地貌、气候、水文、土壤、植物、动物等多要素专门区划和综合自然区划。汇集考察和区划成果，出版了《中华人民共和国自然地理图集》（1965），标志着中国地理学家对中国自然环境有了一个清晰全面的认识。中国综合自然区划揭示出自然地域分异的特点和地带性规律，成为各部门研究和应用的重要依据。

2）农业综合考察和农业区划工作。为适应国民经济发展需要，使农业能够因地制宜、分类指导，1953年农业部首次组织了农业、林业、水利、地理等专家制定了简明农业区划的初步方案。周立三等在实地考察的基础上出版了《甘青农牧交错地区农业区划的初步研究》。1978年，全国农业区划委员会组织了以周立三、黄秉维、陶鼎来为首的专家小组，编写完成了《中国农业区划》、《中国综合自然区划（纲要）》和《中国农业机械区划》。1980～1985年，依托地方院校和研究所的力量，在全国范围内开展以县为单位的农业资源调查与农业综合区域工作，出版了一系列丛书，成为这一时期自然与经济相结合的综合性成果。我国的农业资源调查与农业区划工作推进了农业地理学的研究与发展。《中国农业区划》、《中国自然地理》系列专著等成果均具有世界意义（郑度和陈述彭，2001）。

3）全国土地类型、土地资源和土地利用调查研究。20世纪80年代伊始，中国地理学在前期全国自然资源综合考察和自然区划工作的基础上重整旗鼓，开展了全国范围的1∶100万土地类型、土地资源、土地利用图的编制研究。中国科学院地理所赵松乔主持全国1∶100万土地类型图的编制研究，综合考察委员

会石玉林主持了全国 1∶100 万土地资源图编制研究，地理所吴传钧主持全国 1∶100万土地利用图编制研究，这三项土地系列图的编制研究推动了中国地理学对土地资源和土地利用的深入研究。近年来，土地利用研究已与全球环境变化相联系，开展了土地利用/土地覆被变化研究。

4）竺可桢开创了气候生产潜力与气候变化研究。1964 年竺可桢撰写的《论我国气候的若干特点及其与粮食生产的关系》，开创了联系农业生产，综合分析光、热、水等自然因子的先河，成为我国气候生产潜力、农业生产潜力以及自然地理学研究的一个新的生长点。1973 年竺可桢发表了《中国近五千年来气候变迁初步研究》，奠定了中国气候变化研究的基本框架。他依据物候观测和文献资料建立的中国五千年气候变化曲线被称为“竺可桢线”，作为标准曲线至今仍被广泛引用或与之相对比。这一研究成果对于认识人类历史时期的气候变化、环境变化、文明进化、生物演化等都具有重大意义，备受国际地学界推崇。

5）中国历史地图集和北京城市历史地图集出版。在中国地理学界，历史与地理的结合堪称一个重要特色。在五千年文明史中，中国疆域变化、自然和人文环境变化、城市变迁等都是历史地理学研究的重要课题。20 世纪 80 年代，谭其骧主编的《中国历史地图集》（8 册）和侯仁之主编的《北京历史地图集》先后出版。这两部历史地图集反映了中国地理学在历史地理研究方面的重大进展，也是对国际疆域沿革地理和城市历史地理的重大贡献。

6）开展全国范围的国土资源开发利用与整治规划研究。20 世纪 80 年代后期，中国地理研究从较为狭窄的土地资源转向更加广泛的国土资源，研究任务也从前期认识性的考察调查进入到以开发利用为目的的评价规划。在各级政府部门的领导下，中国地理学家参与了国土资源评价和国土规划编制工作，先后完成全国性国土资源评价与国土规划报告以及省、市、县 3 级国土资源评价和国土规划报告，并在国土资源评价和国土规划的理论、方法上也取得了一大批理论成果，推动了区域地理学的发展。

7）青藏高原、黄土高原环境、西北干旱地区环境变迁取得了举世公认的重大进展。青藏高原是全球上最年轻、最高大的高原，被称为地球的第三极；黄土高原沉积了巨厚的第四纪黄土，地形复杂、水土流失严重，是世界特殊地理区。施雅风等开拓了中国现代冰川学，朱震达开创了中国沙漠研究；以孙鸿烈、李吉均院士为代表的中国青藏高原研究者通过多年对青藏高原地质、地貌、冰川、古生物化石等的深入调查研究，揭示了青藏高原隆起的时代、幅度、方式及其对中国自然环境的影响；以刘东生、安芷生、李吉均院士为代表的中国黄土高原学者通过多年来对黄土高原的深入研究，建立了黄土高原第四纪以来新构造运动—地貌变化—气候变化的时间序列；以朱显谟院士为代表的水土保持专家揭示了黄土高原土壤侵蚀与气候、地形、植被、土壤、人类活动的关系；冰川、冻土、沙漠、湖泊、湿地等专门自然地理的时空演变与过程研究的成就突出。这些重要成果是我国对国际地理学的重大贡献，也代表了国际地理学在这些领域的最高水平。

8）开展全球环境变化—地球系统科学—可持续发展预研究。20 世纪 90 年代以来，气候变化、臭氧层耗竭、温室效应、酸雨污染、物种灭绝、表土侵蚀、土地荒漠化等全球性环境问题日趋严重，地球表层的可居住性和人类发展的可持续性受到全世界的广泛关注。国际社会为此开展了一系列的专项研究计划，如世界气候研究计划（WCRP）、人与生物圈研究计划（MAB）、国际地圈与生物圈研究计划（IGBP）、国际全球环境变化人文因素计划（IHDP）等，全球性的地学研究计划把全球环境变化和人类可持续发展联系起来。我国著名的科学家叶笃正、黄秉维、陈述彭等积极倡导中国地理学参与全球环境变化、地球系统科学和可持续发展，并在相应领域开展了具有奠基意义的预测研究。

三、中国地理学的综合性思想

在中国现代地理学的发展历程中，综合的思想始终贯穿其中。1957 年提出的综合自然地理学，指出在自然地理研究中要体现综合的思想。钱学森提出地理科学的观念，把地理学视为一个系统，使综合的思想推广到了整个地理学。此外黄秉维提出地球系统科学，吴传钧提出地理学研究的核心是人地关系地域系统，其核心都是“综合”的思想，它们是一脉相承的。这一思想是中国现代地理学的核心和特色所在。

1）综合自然地理学。综合自然地理学是对自然地理环境，即作为人类居住场所的地球表层的整体进行系统的综合研究；着重研究自然地理环境各组成要素间的物质能量关系，阐明自然地理环境的历史形成、现代过程、类型结构、地域分异和发展演变。综合研究有两个互相关联、互相补充的方面：一是现代过程的研究；一是历史过程的研究。地理环境中现代过程的综合研究包括：地表热量、水分的分布、转化及其在地理环境中的作用的研究；化学元素在地理环境中的迁移过程的研究；生物群落与其环境之间物质、能量交换的研究。景观学和土地学从类型结构角度对自然综合体进行综合研究，而自然区划则从区域角度进行综合研究。中国的综合自然地理学研究在古地理学、综合自然区划、景观学和土地科学、现代自然地理过程、区域自然地理以及自然地理的综合研究等领域均取得了重大进展。

2）地球表层学和地理科学。钱学森曾就地球表层学和地理科学多次发表论文和讲话。他认为地球表层是自然科学和社会科学的共同基础，并由此提出了地球表层学和地球表层巨系统的概念。1987 年，在“第二届全国天地生相互关系学术讨论会”上，钱学森作了《发展地理科学的建议》的讲话，认为“‘地理科学’就是一门综合性的科学，地理科学研究的对象就是地球表层”，在中国科学院地学部第二次学部委员会大会上的《关于地学的发展问题》的报告中，又进一步指出：“地理科学是自然科学和社会科学的汇合，或叫交叉。”他后来又提出地理科学是开放的复杂巨系统，也就是地理系统，其研究方法是从定性到定量的综合集成方法。他由社会主义三大文明建设引出地理系统的概念，引出社会主义的地理建设，提出了地理建设的概念，包括交通运输、信息通信、能源发展、供气供水、环境保护、绿化建设、城镇体系建设、气象预报、防灾抗灾、矿业开发、农业资源及林业资源开发、保护等。

3）地球陆地系统科学。黄秉维始终坚持地理学的综合发展方向，早在 20 世纪 50 年代末，他便在中国科学院地理研究所倡导开展物理地理、化学地理和生物地理群落三大方向的研究。百余年来讨论的焦点是 5 个圈层相互关系究竟如何研究，黄秉维提出的物理地理（热量水分平衡）、化学地理（化学元素迁移和转化过程）和生物地理群落（生态环境的维系和保护）是地球表层学基础性的核心内容，而综合自然地理则将三大系统融会起来形成一个有机的统一体，宏观单元是自然区，微观单元是土地类型，综合自然区划便是对三大系统的结构、运行、控制因地域不同而形成差异的揭示。他的这一思想与 1984 年国际科联决定的综合研究物理的、化学的、生物的过程的方向可说是不谋而合。黄秉维多次阐明了“分科愈细，综合愈重要。地球表层学体现的便是综合，地球表层的综合研究有重要意义。但必须明确，多学科研究不是综合研究，只有跨学科研究，融会贯通，才能算是综合研究”。他指出地球表层的 6 个研究领域是：①地理学传统研究对象是作为人类居住场所的地表或作为人类生存的环境；②生态学研究生物与环境的关系，对象全在地球表层；③自然资源研究主要是研究自然界中物质和能量的利用和保存，对象亦全在地球表层；④环境研究有狭义和广义之分，狭义是消除和避免环境污染，广义的就包括一切与人类生活有关的环境，这与地理学传统定义相同；⑤国土整治研究……其对象仍然在地球表层之中；⑥地圈、气圈相互作用研究……其内容是研究地表对大气的影响和大气变化对地表的影响。这就使地球表层学的理论体系渐趋明朗。黄秉维指出研究工作仍得顾到区域差异，“认为在可持续发展战略中，不但全球环境与区域环境应该结合起来，环境也应该与发展结合起来。否则就会失去其作为行动依据的作用”。他又指出：“地球系统科学侧重说明与可持续发展关系密切的几十年至几千年的变化，将全部现象区分为物理气候系统和地球化学循环两个方面。”

4）人地关系地域系统研究。1991 年，吴传钧发表了《论地理学研究的核心——人地关系地域系统》一文，认为地理学在人地关系研究中主要担当地域系统研究的任务。他说：“涉及人地关系综合研究的学科，不限于地理学，但以地域为单元，着重研究人地关系地域系统的唯有地理学。亦即说，从地理学入手来研究人地关系，明确以地域为基础。”吴传钧在人地关系地域系统理论方面的建树包含有地理学完整的科学方法论；在人地关系地域系统中有空间、时间、自然、人文四组变量，故从属性来说，兼有自然和社会两种科学；从形态来说，是开放的复杂巨系统；从实质来说，是内部组合和功能机制转换的动态过程；从研究的目的来说，是通过结合调整和机制优化使人地关系更加协调、和谐，使人类社会的发展循着可持续的方向前进。

四、中国地理学的发展特点与问题审视

自20世纪50年代以来，中国地理学取得了重大的进展和辉煌的成就。一方面，吸收消化了西方近200年的发展成就，缩小了与发达国家在地理研究上的差距；另一方面，也找到了中国地理学自己的“生态位”和“生长点”，在一些领域作出了重大贡献，显示出具有自己特色的研究成果，同时也正在开创一些具有深远国际影响的研究课题和项目。

（一）20世纪50～80年代中国地理学的发展特点与存在的问题

这一时期地理学发展的特点是：①依靠国家力量，进行大规模、多类型的区域综合考察，对中国自然环境与自然要素结构特征有了全面的认识与把握；②地理研究、地理教育的组织运作深受苏联模式影响；③自然地理学的发展远盛于人文地理学，自然地理学的应用性强于理论性；④总体上看，这一阶段我国地理学处于近代地理学与现代地理学并合的发展时期。

这一时期地理学的发展也出现了严重偏差：①把政治与学术混为一体，将地理学的阶级性推向极端化，人文地理学及其理论作为资产阶级思想遭到批判。②教育和学术上照搬苏联模式，欧美等学术流派的思想受到严格限制；对统一地理学和人文地理进行了否定，人文地理和人地关系研究留下了近30年的时间断层。③地理学中自然地理与经济地理相分割，加剧了地理学者自然-人文统-知识体系的割裂，造成了严重的“跛脚”现象；自然环境只是作为研究经济事象的条件而不是作为同一实体范畴的内在构成，进而阻碍了经济地理学的研究深度；纯自然地理研究导致对“人类已成为改变地球表层变化重要的持久营力”这一现实的忽视，削弱了地理学的应用目的。

（二）20世纪80年代以来中国地理学的发展特点与存在的问题

改革开放以来，中国地理研究与地理教育进入历史上空前繁荣时期。其总体特点是：①学术上一改封闭、单一的格局，多样化的学术思想刺激着地理学多元化的发展；②人文地理学得到振兴，并呈现出快速发展态势，对学生而言，自然地理学转向“冷门”；③中国地理学与国际地理学已逐渐接轨，在环境变化、城

市地理、历史地理等研究领域已切入前沿；④地理学的综合性、整体性和人地相关性得到关注和强调；⑤地理学的高新技术化特征日益增强，除遥感、GIS等技术外，诸如长期定位观测，黄土、冰芯、湖芯、树木年轮、洞穴沉积等的定量测试和定年，坡面、流域、风洞、冰川冻土实验模拟，物质能量生物地球化学循环的实验室测试等现代实验手段在地理学中得到广泛应用。

然而，在新的发展背景下，中国地理学又呈现出诸多新的问题。蔡运龙等（2004）等指出，当前中国地理学界存在基础研究薄弱、学科整合不足、学术走向迷茫、竞争能力堪忧、全球视野欠缺、地理教育错位等问题。以下问题对中国地理学的发展构成重大影响。①理论研究仍然薄弱，尤其是原创性思想较为欠缺，本土化理论创新不足。中国地理学要创新发展，必须把握国际学术动态与前沿。然而，近30多年来，中国地理学也存在一种"潜景观"：热衷于国外理论观点的引用与实证，并形成多级承传之势，而居低层者或后来者沿着这一路径全力向高阶升级。这一状况对缩短国际差距客观上起到积极作用，但长期形成一种"定势"与"稳态"又削弱了艰苦持续的创新精神。正像日本地理学家荒井良雄所说"已经对永远追逐西方地理学的研究感到了疲倦与厌烦"。这一现象及其所造成的问题应引起中国地理学的关注。早在20世纪30年代，张其昀就宣称："中国地理学自有优美之国风与其独擅之才力"，这实应成为国人的基本风范。②地理学对现代科学的成果关注不够，表现出零敲碎打。地理学研究在指向当前紧迫的经济和社会问题的同时，对基本概念和基础理论的研究却出现了削弱的趋势。对地理学整体发展方向的关注趋于淡薄，在一定程度上隔膜于整个科学发展的大趋势、隔膜于其他学科发展的前沿、隔膜于科学哲学。③在市场经济环境和特定的社会境况下，时下的学术浮躁之风也影响到地理学。不同尺度的野外调查研究和长期连续的定位台站观测、社会经济调查和原始数据的分析研究是地理学发展的基础之一。但除了少数研究所以外，对第一手科学数据的获取重视不够。在GIS和数量方法的应用取得明显进展的同时，实地观测却削弱了。④地理学内部发展不平衡。区域地理学、农业地理学等分支学科长期处于衰落状态，行为地理学、医学地理学、马克思主义地理学等未能形成体系。⑤教师与学生的知识能力结构日趋专窄化、技能化、应用化，冲击了地理学的学科特点，削弱了我国地理学未来的国际地位与竞争力。作为自然科学和社会科学的桥梁，地理学本来应该在学科交叉以认识和解决复杂问题上作出独特贡献，但中国地理学中自然研究和人文研究的交叉和融合显得不足，高水平的综合性成果仍然乏善可陈。出现了两种极端的发展倾向，一是越来越专窄，一是越来越泛浅；前者有走入死胡同的危险，后者则可能在不着边际中"消散"。⑥学术走向迷茫。近年来为应对社会需求，为争研究经费，大学院系纷纷改名，也改变了学术方向。中国地理学在派生出环境、资源、城市、旅游、房地产等应用方向的同时，主流学术方向却被削弱，人地关系等地理学核心论题和基础理论的研究和教学被淡化。地理学研究缺乏长远的战略眼光，缺乏敏锐地揭示隐患、对一系列重要科学问题和实践问题做出迅速反应的能力。在地理学的繁荣表象下潜伏着危机。中国现代地理学取得了无可置疑的巨大成就，但思想的活跃性、原创性、多元性仍显不足。中国的地理学拥有良好的历史基础、深厚的文化蕴藏、典型独特而多样化的地理环境，伴随中国科学技术、文化经济的崛起，中国必将由地理大国走向地理学术研究的强国。

第十一章　现代地理学思想：主题地理学与后现代地理学的阐述

在全球化、城市化、信息化冲击下，当代社会经济文化出现新的转型与重构、新的生活空间和生活方式。这种新的“生活方式”与维达尔时代的法国乡村“生活方式”的内涵与表现已迥然不同，社会的嬗变为地理学提供了全新的环境对象。本章聚焦于全球化、城市化、信息化和后现代化时代的地理学，聚焦于20世纪80年代以来地理学关注的几大主题。在某种程度和特征上，地理学这一时期研究的主题可视为广义“后现代地理学”范畴。

第一节　全球环境变化、全球环境问题与全球环境地理学

全球环境及其变化的研究在过去、现在和未来，都是地理学的重要研究领域。地理学素有关注全球的传统，如全球气候、土壤和植物的分类分布。随着对全球变化和全球问题的广泛关注，地理学尤其是自然地理学率先走向更综合的全球环境研究，关注于环境系统的力能学建模、环境过程与格局、环境变化与稳定性、全球环境变化与区域响应、全球变化中的人类活动因素与强度评估、全球环境管理与灾害防治预警等。

一、全球系统的结构和全球变化的特点

目前科学界和各国政府所关注的“全球系统”是地球系统的一部分。它由大气圈、水圈、生物圈、土壤圈、岩石圈和人类圈组成。引人注目的全球变化和人类的全球问题均发展在地球表层这一空间范围内。地球系统中的地核、地幔和部分岩石圈构成“全球系统”的地内环境，通过火山地热、地震活动、造山运动、地轴地磁变化等地球内部运动成为影响全球系统变化的“内营力”。大气圈的外层、太阳活动、日地距离、月球和其他的天体物质、能量、电磁、引力对地球系统的作用，构成全球系统的“地外环境（宇宙环境）”和“外营力”。在内外营力的作用下，大气运动、水体运动、生物运动、土壤有机一无机体运动、人类活动及其相互关联作用，则构成了地球表层系统发展的内部力量。上述三方面，构成了全球系统及变化的宏观格局。

从研究角度，可进一步将全球系统分成“全球环境系统”和“全球人类系

统”两部分（图 11.1）。全球系统的两部分本身是统一的，人类系统是渗透于环境系统中的一种存在，两种系统间存在着密不可分的交互叠置，构成“人地联体共生现象”。全球系统的两部分在等级上是不对称的，是系统与子系统的关系，即环境系统在规模等级上要高于人类系统一个层次。全球系统中各子系统的形成、演化时序是不同步的，人类系统是地球圈层递增过程中的最新产物，是地球演化过程中的一种高级形态。

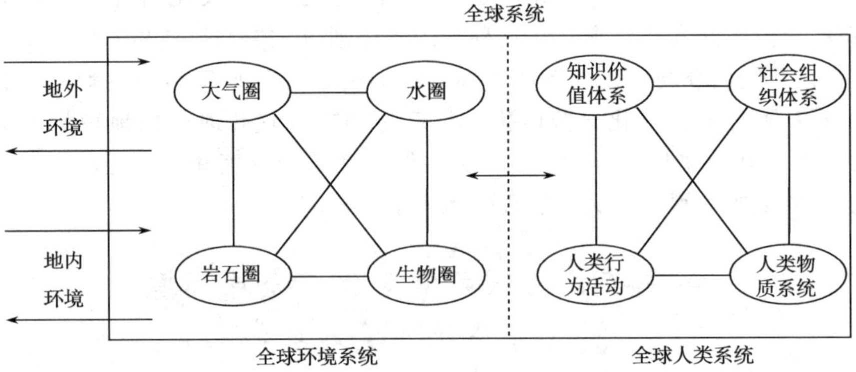

图 11.1　全球系统示意图

与全球系统的结构组成相对应，全球变化存在两种基本类型：一种包括自然环境和人类改造的环境在内的“全球环境系统变化”，表现为大气圈、岩石圈、生物圈、水圈的运动、人类活动影响及其综合作用形成的自然环境系统的运动；另一种是人类系统进入到全球化时代后才形成的，包括社会、经济、技术、文化、人口、政治等在内的“全球人类系统变化”以及全球化中的环境、生态、社会、经济和文化等问题。这往往造成自然科学家和社会科学家在理解“全球变化”时的偏差，相当多的研究把“全球环境变化”与“全球变化”作为同等层次的概念使用。国际科学联合理事会主席 M. G. K. 梅农博士从自然科学角度把全球环境变化界定为：“毫无疑问，人类在其生存和发展过程中使环境发展进化，至少已有 200 万年，但其中绝大部分时间里，人类对环境的影响范围有限、规模较小。仅仅在过去半个世纪内，人类才发展了以在全球规模上改变环境的能力。”全球变化涉及“调节地球体系为生命提供的独一无二的环境，在这一体系中存在发展变化，以及这些变化为人类行动所影响的方式”。马丁·普来斯认为，以前全球性变化主要是以地学或生物学为中心的观点来界定的，因此必须建立以社会为中心的观点来维持研究工作。

全球变化及其两种基本类型都存在两种交互作用的形式：一是全球“系统性”的变化，如全球性气候变化、全球生物-地球-化学循环、全球大气污染和海洋污染、世界市场变化、全球范围内的技术革命、全球性的经济危机等；二是分散发生的地方性现象所产生的全球“积累性”的变化，局部性重大的突发性事件产生全球性变化，如森林砍伐、土地荒漠化、生物多样性减少、大气污染、矿物燃料、独特生态环境的毁灭、核实验及重大核事故等。特纳（Turner，2001）认为，只有当这种积累性变化分布全球性，才冠以全球变化。显然，这种看法值得商讨。由于人类世界系统还处于初步形成阶段，其“系统性”及其规律性尚不稳定、不明显。因此，分散发生的地区现象所产生的总效应导致的人类世界系统过程的变化更为重要。全球变化早已有之，但当代的全球变化存在“质变”的特点：人类系统从生物圈中迅速崛起，爆炸式膨胀，造成人类与生物圈及其他圈层发展的不平衡、结构的畸变；人类活动成为全球变化中的重要因素。人类影响“效应倾向于按指数增加，而且其所达到的速率远远超过地质记录所揭示的速度”，全球变化中出现了一系列对人类生存发展构成严重威胁的全球问题。

二、全球变化研究的主要内容及其关键性问题

全球变化已成为当代国际科学研究的热点和前沿。目前开展的大型国际项目有四部分：世界气候计划（WCRP）及其三个子计划；国际地圈生物圈计划（IGBP）及其七个核心计划；全球环境变化的人类因素计划（HDGCP）；IGBP和GDCP计划的交叉核心计划“土地利用/土地覆盖变化”，每个计划包含一系列核心计划和交叉计划。孙成权指出：国际全球变化研究经过近20年的发展，已形成了以大型国际研究计划为框架、集成各类相关学科的复杂性科学，逐步形成了以全球环境变化为研究对象的新兴学科——全球变化科学。目前，全球变化研究已进入跨学科、跨部门、国际化研究的新时期，尤其是在全球变化的研究对象中，人类社会与自然界的相互作用反馈越来越成为研究的热点。

全球变化研究中带有关键性的几个特殊问题。①自然-人类综合进化过程中，自然因素和人文因素相互作用机制问题。②全球环境变化中自然作用和人文作用识辨、分解和“人化的地球模型”构建问题。③全球环境变化中不同时空尺度的关联作用问题，时空“连续”与“离散”问题。多项研究表明，某一尺度下的概念分析会得出另一尺度下的不同结果，长期的全球性变化有许多方面在基本原理及其后果上，却是发生在相对小的尺度上。某一小尺度的变化可能引发或跃升为全球变化。这些现象要求回答以下问题：随着空间尺度由地方、区域到全球的变化，时间尺度由几天、几年到几百年、几千万年的变化，不同时空尺度上的表现及关系如何？全球过程以何种方式影响地区，地区变化又怎样影响全球（加洛潘，1992）？④全球变化研究中的不确定性。全球系统具有复杂系统的特点，如高度非线性、组分的相关性、状态的突变性，这些特性增加了研究中的不确定性，表现为人类活动与环境系统联系的不确定性、过程原因的不确定性、未来影

响因素和预测结果的不确定性。⑤全球变化研究中两大学科协作上的障碍问题。自然科学和社会科学之间在理论、方法等方面存在重大差别，增加了学科综合研究的难度。全球变化研究的进展，有赖于上述几个方面的重大突破。

三、全球变化研究中的多学科合作与地理学的地位

拉黎维埃尔（1992）在《自然科学家与社会科学家在全球变化研究方面的合作必要性现实情况机遇》一文中，提出全球变化研究的目标：了解地球系统是如何运转的；查明地球系统所发生的变化，过去、现在和未来都达到了何种程度；了解支配这些变化的原因和机制；强调“所有这些研究都有一个共同的目的，就是加强科学的基础，以改进对全球变化的预测，更好地拟定有关预防、缓解及适应措施的备选政策方案”；认为现实情况是，自然科学与社会科学的潜力（研究经费投资）不相等，两者既存在沟通的障碍，也存在亲和程度的不同。他将社会各学科与自然科学的亲和程度分高、中、低三类。其中，地理学、人类学、人口学、历史学处于最高一类。

自然科学侧重于全球变化的自然的物理、化学和生物过程，地球各圈层及各圈层之间的运动机制及其变化原因。社会科学侧重于全球环境变化的社会经济构成，人类活动对自然系统的影响方面、程度，全球环境变化对人类生存的影响以及人类防止变化、适应变化的对策（图 11.2）。显然，对横跨自然科学、社会科学、人文科学并具有综合性和地域性特点的地理学来说，能在全球环境变化与区域响应研究中发挥独特的重要作用。最近 20 年来，地理学家出版了大量以“全球”为主题的论著，如《土壤：一种新的全球观》、《全球地貌学》、《全球变化地理学：20 世纪后期的世界重划》、《全球性转变：重塑 21 世纪的全球经济地图》、《全球环境问题：一种气候学方法》、《变化的全球环境》、《全球环境变化》等。

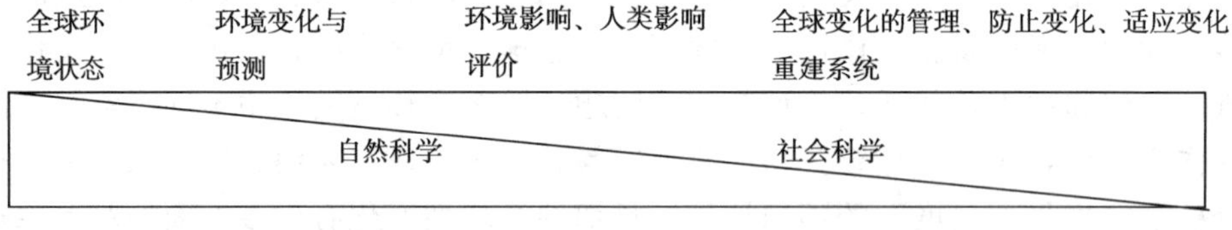

图 11.2　全球变化研究中的分工协作图（拉黎维埃尔，1992）

四、全球变化中的人地关系研究

1）全球变化是环境系统与人类系统的相互作用的结果。两个系统之间的作用速率、方向、形成存在重大差别，并表现出明显的不对称。威廉 · C. 克拉克（1990）指出：“环境系统对于人类活动的反映属于反应式，而人类系统对环境变

化则包括反应式和前摄式两方面。”

2）人类系统在全球系统中的定位问题。对于如何界定人类系统在全球系统中的位置存在诸多争议：一种观点认为人类系统是生物圈的一部分，生物圈是“完整的生活生命支持系统，也包括地球的外壳及围绕在其周围的大气层，其空间范围向上和向下一直延伸到任何形式的生命自然存在的地方”；原苏联著名学者维尔纳茨提出了“智力圈”（noosphere）概念，认为人类系统是生物圈的一个组成部分，智力圈是生物圈发展的一个自然阶段；叶夫列莫夫等进一步提出人类圈的概念，同样认为它是现代生物圈的一部分；有不少学者把“智力圈”、“人类圈”从生物圈中提升出来，作为一个与其他地球圈层并列的地球圈层；阿尔曼德（1992）既反对智力圈之说，又反对人类圈的提法，建议少一些臆造的圈。他认为“智慧是抽象的，非空间的，而圈是物种的、几何的概念。其次究竟什么是‘智力圈’呢？是智慧的物质载体，即人的脑颅总和，或是人类智慧渗入的整个领域，人类智慧可以渗透到任何地方，从原子核内部到总星系。”“圈”是一个具有全球规模发展尺度的系统，相对于地球球体而言的空间表现，从这一角度看，人类圈是客观存在的。

3）人类活动对全球系统作用的性质及其差异性。人类活动对全球系统的作用本质上是内部（内因）作用而不是外部（外因）作用。除了具有化学、物理、生物作用性质外，还兼有智力、技术化的定向目的活动作用性质。正是这种能动性的目的活动，维持了城市系统、种植系统、人工森林草场系统的存在。人类活动对全球系统的不同组成部分的作用强度及其响应具有不等效应，这主要取决于不同的物质组成及其发展演变过程中形成的固有属性。对人类活动反应的灵敏程度：人类圈＞生物圈＞大气圈＞水圈＞岩石圈，相对应的固定性增加，易变性减小，人类作用强度也随之减弱。人类已成为人类系统自身的控制力量，成为种植系统存在的支配力量，成为生物圈现代变化的主导力量，成为水圈、大气圈中尺度变化（几十年到几百年）的基本作用因素。

4）全球环境变化中的人类因素。从原理上讲，人类系统的每一部分通过直接的或间接的方式均对环境变化产生作用和影响，这就是通过“人的革命”能缓解全球问题的前提。从系统观的角度，人类活动诱发的全球性变化是通过与环境系统各组分之间的能量、物质、信息交流而产生的（图 11.3），主要包括三个相互关联的类型：一是人类活动与环境之间形成的物质、能量双向流动（物质能量联系式），如生产活动、消费活动等；二是对地表自然物质结构、表面性质和生态环境的直接改变（物质能量影响式），集中体现为土地利用/土地覆盖变化；三是依据人类目的和人工投入定向维持特定系统的活动（信息目的式），正是这种类型的人类活动，对环境构成了持续稳定的定向作用。在全球变化研究中，已形成了一些规范性的概念：地球生态系统的承载能力、持续性、物质极限、社会限度、易损性、暴露程度、恢复能力、反应能力、承受能力、适应性、风险性等。这些概念把人类系统和环境系统的质量与数量及其变化联结起来，形成系统研究、理论研究和模型研究的突破点。

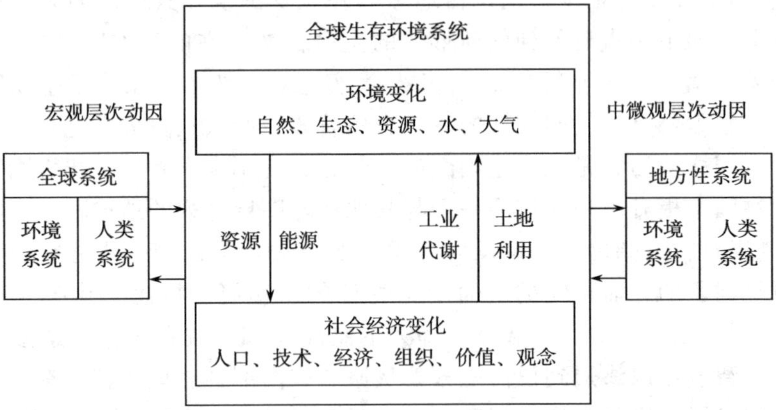

图 11.3　全球生存环境研究的总框架图

第二节　全球化、全球问题与全球地理学

全球研究有三种基本的视角：一是以自然科学为主体，同时社会科学也广泛参与的全球环境变化和全球环境问题；二是以社会科学为主体，自然科学也参与的全球化和全球社会经济发展问题；三是自然科学和社会科学共同关心的全球尺度上的人地关系问题。随着世界政治经济的不断发展，一些新的词汇也在世界范围内广泛流行，诸如“全球化”、“全球问题”、“全球发展”、“地球村”等。目前的世界已是一个联系日益密切的、相互依存的世界。每个国家、每个地区都切切实实地感到无论何时它都不再可能是一个“孤立的存在”。全球化时代的到来使世界空间格局发生了深刻的变化：国家之间的权力抗衡、文化融合与冲突、全球经济一体化与经济关联振荡、全球性贫困与发展水平的悬殊差距、全球环境问题等一系列现象，在全球范围内赋予了地理新的意义。

一、全球化与全球问题

全球化（globalization）是一个使用频率极高但又非常模糊的概念。正是由于它的模糊性，才使得在西方理论界有许多概念与之有着相同或交叉的外延和内涵，如世界化、国际化、跨国化、一体化、同质化、趋同、统一以及相互依赖、美国化、西方化等。这些不同的概念在不同的理论框架中被用来描述全球化的总体特征或局部特征。客观地说，这些概念在特定的领域中，就其所指向的目标而言，有相当的准确性；但是如果被用来描述“全球化”这一特有目标，显然过于褊狭或过于模糊。

全球化概念大致有如下几种界定。①从信息通信和交通进步角度，全球化被认为是人类可以不受或较少受地理空间的限制而进行人、物、信息的快速转移，麦克卢汉提出的“全球村”是这方面的典型。②从经济角度，全球化被视为经济活动的相互依赖，特别是资本超越民族、国家的界限，在全球自由流动，资源在全球范围内配置。可以说，“经济全球化”以跨国公司、世界贸易和世界金融来表明自己的存在。这种经济全球化是自由派经济学家心目中经济发展的最终和理想状态。③从人类共同命运和全球性问题角度，全球化被视为人类在共同的问题——全球人口、资源、能源、环境、发展、公平等方面达成共同的认识。④从体制角度，把全球化看作是资本主义的全球化或全球资本主义的扩张。在这方面，毫无疑问，沃勒斯坦的世界体系理论是最有代表性的尝试。在其之后，美国的德里克和英国学者斯克莱尔也从不同方面描述了资本主义全球化。与沃勒斯坦相比，他们两人更强调资本主义在全球扩张下不仅是一个经济过程，而且是政治、文化过程，更确切地讲，是三者的综合。⑤从文化和文明角度，把全球化看作是人类各种文化、文明发展要达到的一个目标，是未来的文明存在的方式。它不仅表明世界是统一的，而且表明这种统一不是简单的单质，而是异质或多样性共存。总之，全球化概念的多维度特征充分说明了全球化进程涉及众多领域，并且正在从实践领域向意识、精神领域扩散，成为人们思考问题、看待世界的新背景和新的视角框架。正如康帕涅拉所说：“全球化不是一种具体、明确的现象；全球化是在特定条件下思考问题的方式。”

全球问题，是指具有全球性、危机性、挑战性、依存性和协作性的重大问题，主要包括人口问题、资源问题、生态问题、环境问题、经济增长问题、全球金融和经济危机问题、南北差距问题、全球贫困问题、东西方关系问题、战争与和平问题、文化整合与文化冲突问题等。这些全球问题与全球化进程联系密切，构成了全球化问题的重要部分，成为现代地理学研究的基本内容。

二、全球化和全球问题背景下的地理学

20 世纪 80 年代以来，全球化和全球社会经济发展问题成为人文地理学研究集中的议题之一。

1）全球化与本地化（民族化）。这一主题实际上是地理学长期关注的尺度关联作用问题，即在全球化背景下，全球尺度与地方尺度的作用关系。20 世纪后期的世界经济正是在宏观与微观两种尺度作用支配下运行的。一方是以生产、贸

易、投资越来越自由的全球性流动为代表的全球化，另一方则是与特定的地理边界和民族利益息息相关的本地化（localization）。随着日益强大的跨国公司扩张和变幻莫测的国际资本流动，“知识结构”和“专家系统”在全球生产网络控制中的作用越来越显著。全球化的形式和效果往往被夸大而地区的特殊性却被忽视。跨国公司是经济全球化力量的代表，但它们的全球的存生却是与各国、各地区的区域差异有关的，反映了经济活动本地化的特点。不同的国家和地方有着不同的文化与制度安排，因此，全球化的经济不可能完全没有地方意义。全球化与本土地化作为矛盾统一体的两个对立面，是相辅相成的：全球化是推进本地化的动力和因素，使国家和地区努力在国际竞争中增强个性化，创造竞争优势；而恰当的本地化（民族化）反过来又有利于全球化发展。

2）企业集群与新产业区。20世纪80年代以来，世界各国的经济地理学者，尤其是工业地理学者对新产业区的研究表现出极大的兴趣。全球化与本土地方化必然造成世界经济格局的调整与地理空间的重塑，新产业区或企业集群的发展是建立在经济活动全球化和本地化的辩证关系基础上的。在全球化背景下，一些生产活动可以分解为不同的阶段，跨国公司根据各生产阶段的特点在全球范围内寻找不同的生产区位，造成产业链上垂直联系的空间分散。然而，生产的本地化特征并没有消失，在产业空间上的集聚程度并没有因生产过程的分散而下降，一些优势区位区域吸引生产活动集聚。特别重要的是，区域之间的专业化分工和等级体系更加明显，彼此之间的相互依赖和联系更加密切，这是由全球化和经济活动分散化引起的新的集聚形式。

3）全球化背景下的区域新视角。随着跨国公司和国际互联网的发展，各国及其国内的区域正在主动或被动地适应着外部环境的变化。与此同时，区域成为实现国家工业化、获取国家竞争优势的关键力量。如何在全球化背景下寻求区域发展需要新的研究视角。为了对全球化和激烈的国内外市场竞争有快速反应，地理学的区域研究视角需要实现以下转变：从单个产业的发展转到跨部门或产业内的价值链分工活动的发展；从政府的立场转到企业的立场；从国家和区域内部的视角转到地方和全球相互作用的视角；从游离的企业个体转到企业集群；从片面强调培育大集团转向促进大中小企业形成生命共同体；从片面强调硬环境转向发展软环境。区域的发展应是从附加价值低（如简单装配业）的活动向附加价值高的活动（如研究与开发等）升级的过程。总体上说，区域政策应该是系统的、灵活的、可调节的。

4）全球城市与全球城市化地域。正是由于全球经济的地域分布及结构发生了变化，产生了一种空间分散与集聚并存的全球一体化的经济活动，从而赋予了世界主要城市和城市化地域新的战略角色。全球城市的形成、跨国公司总部在全球城市的集聚和服务行业的发展使得现代都市的社会结构发生了根本性的变化。

正是这种变化奠定了跨国公司在全球运作的政治基础。可以从全球城市的移民和公民感知来理解社会结构的变迁。这当然涉及社会的分层，主要表现为随着传统工业失势、信息和服务业崛起而带来的工作结构和收入的两极分化——在高收入者增多的同时低收入者仍然大量增加。这种两极分化使得外国移民大批涌入全球城市，从而改变了这些城市中以国家或民族为特征的社会结构，并首先在这类城市里展示了全球社会的发展趋势。与此同时，全球化与地方化还形成了另一种全球城市化地域——由中小城市和村镇所组成的城镇密集区，其发展与壮大主要是参与全球经济循环的结果，如我国的珠江三角洲地区。

5）经济全球化中非均衡化与全球公平问题。对经济全球化一直存在赞同与反对两种观点。不可否认，全球化将加强各国的经济联系和贸易往来，它意味着新的经济增长。然而与此同时，由于现阶段世界各国经济发展严重不平衡，地域之间生产力、社会发展水平相差悬殊，经济全球化过程虽然囊括了全世界，但生产活动全球化并没有使企业的生产经营活动在空间分布上趋于均衡。经济全球化效益在地域之间存在着明显差异，区域发展呈现高度不均衡的状态，不同区域之间常常是繁荣与衰退共存、发展与停滞同在。区域内主体之间的贸易与非贸易的相互依赖，超越了地方自然禀赋而成为区域产业活力的关键。从目前经济全球化的发展看，普遍现象是：发展水平越高，享受全球化带来的利益的可能性越大；发展水平越低，全球化效益越低。美国等世界上发达国家绝大多数奉行全球化战略，较好地实现了经济持续稳定的发展，而东南亚、拉丁美洲一些国家的开放金融政策却带来了经济的动荡。按马克思主义地理学的观点，在这种意义上的全球化，其实质不过是资本主义生产方式的全球扩张，反映了世界社会生产力发展的客观运动，同时也反映了以西方发达资本主义国家为主导的、以实现全球少数人利益和价值观为目的的资本征服整个世界的经济上的现象和过程。在全球化的规制中，少数发达国家占有了更多的话语权。如何在不可避免的全球化大潮中融入全球经济而不是被排斥在外，进而促进国家或地区经济的可持续发展，无疑是大部分发展中国家在经济全球化背景下面临的机遇与挑战。

6）文化全球化——多元与一元的悖论。就全球文化的发展而言，古老的传统文化受到了巨大的冲击和挑战。现代工业文明不断成长，一个新的全球文化正在到来，其突出特点就是使不同的文化传统相互理解、交流甚至融合，形成一种人类共同文化，也就是全人类共同创造和享受的物质与精神。它所涉及的内涵相当广泛，既有实体性文化，又有表象性文化和观念性文化。当然，全球化也必然引起全球不同文化传统、不同民族、不同地区间的“文化摩擦”与“观念冲突”。由于信息技术的发展要求一切都能够数字化，各种知识不再是可供批判的体系，而是要变成数字化的可操作工具，那些不易电脑化、数字化的人文科学自然再难以受到大众的普遍重视。信息全球化可能给全球文化带来更为严重的负面影响，如导致殖民文化入侵、高雅文化消失、大众文化泛滥、人文科学陷入窘境等。

第三节 信息化与信息时代的地理学

马丁在其《信息社会》一书中提出："信息推动着社会的变化，这些变化适应了一个国家的社会信息化。其变化包括：经济结构的变化，特别是劳动力分布情况的改变；信息资源利用价值的提高；计算机信息处理需求的不断增长；信息技术的大规模开发与利用；政府介入计算机、微电子和电子通信技术的发展组织，关键技术的突破成为可能。"与以往社会形态相比，信息社会体现出一些新的特征：一是信息和信息服务成为重要的生产资料和产业类型，信息的瞬时传输以及递增效应根本区别于先前的物质特性；二是流动的重要性，人流、物流、信息流、资金流和技术流的全球流动将整个世界联系起来；三是全球信息网络构成世界最为重要的网络，各级城市以节点形式仍然发挥着重要作用；四是互联网创造了一个虚拟的网络空间。

一、信息地理学

信息地理学聚焦于虚拟空间、赛博空间、网络空间等方面的研究，成为当今国际地理学研究中的前沿领域。地理学主要从两个方面高度关注信息化和信息技术的发展：一是信息化成为社会结构变革和空间重组的重要力量；二是信息化作为高新技术地理学的重要工具手段。经济全球化、知识化、社会网络化、信息化、教育大众化、国际化，将在理论方法和技术上对21世纪的地理学产生深远的影响。通过全球化、网络化和智能化，全球的地理空间布局必将发生很大变化。相应地，地理信息、地理信息系统、地理信息系统技术、地理信息科学等被提出并得到了极大的发展。以信息化推动科学本身的现代化和结构性调整，将构建21世纪信息时代新兴的科学。应用信息化的科学研究手段，研究信息化影响下的地理空间结构，实现地理空间与网络空间的融合将是地理学的一个发展方向。

随着信息技术的发展，地理学衍生出一些新的分支和领域，越来越多的技术被应用于地理学的研究和调查中，如全球定位系统、遥感、信息管理和空间分析技术等在地理学中的应用越来越广泛。地理学的理论与方法已经融入一些技术中，使其成为具有地理学特色的技术，如地理学理论、方法与信息技术的结合形成了地理信息系统，地图与电子技术的结合生成了电子地图，数字地球技术是基于地球坐标，由地图、遥感、定位、信息、网络、可视化等技术有机结合的产物。地理学的技术特色越来越明显，逐渐变为技术化的地理学。

地理信息系统技术的产生与发展促使地理信息科学产生并获得快速发展。尽管地理信息科学被视为地理科学的技术层次，但现实是地理信息科学的研究与传统地理科学研究逐渐割裂开来，从而影响整个地理科学的发展。虽然进行地理信息科学研究的专家学者能够认识到地理信息科学的理论、思想、方法对地理科学整体发展的作用，但限于精力，他们难于把这些思想与方法用于理论地理学的研究之中。而从事理论地理科学研究的人又难于把地理信息科学中所蕴涵的理论、思想、方法用于理论地理研究之中。因此，当前对地理学界而言，最需要的不仅仅是搞地理信息系统技术的专家，而是需要整个地理学界都来参与地理学与信息技术的融合，即实现地理信息化。

二、信息时代地理学的主要研究领域

随着信息技术，特别是远程通信的迅速发展，人们的信息交流不再受到现实地理位置、距离的约束限制。只要带宽允许，人们在社会生活中可享受物理空间距离阻碍日益减小所带来的种种便利。从空间位置到流空间而导致时空的收缩。现代信息、通信和交通技术进步带来的巨大变化，引发了勃恩（O. Brien）等“地理空间终结论”的说法，如同地理大发现结束时的“空间终结论”一样。但很多地理学家质疑这一结论，认为信息与通信技术在弱化了原有意义上地理要素的重要性的同时，又为地理学增添了一些新要素，赋予了地理学新的含义。

信息时代的社会特点和社会问题为地理学的研究提出了诸多前沿性问题：①赛博空间（新的空间逻辑）与地理-网络空间。随着信息技术对生产的影响加深，一种全新的空间逻辑开始出现并加速改变传统的空间概念。计算机和数字通信及媒体技术的集成正在创造一个赛博空间，它是一个数字网络的多媒体，正在快速地融入社会、文化和经济生活。地理网络空间是一种新型的地理空间，它与传统的地理空间最大的不同点是网络空间的介入，使人们的生活和生产存在于地理空间和网络空间相互融合的地理网络空间之中。②信息化产生的空间重塑、空间差异、空间效应，包括区位选择、创新的扩散与传播、空间的分散与集中、均衡与非均衡、新空间极化现象、电子商务对商业区位的影响等。③数字地球和数字城市。数字地球和数字城市提供了一种新型服务产业，同时构成了信息网络的节点体系、节点的等级和价值定位等备受关注的研究内容。④网络虚拟空间、虚拟社区。虚拟现实的技术产生了一个虚拟世界，这一虚拟世界既带来了超越现实世界的惊喜，又带来了超越现实世界的社会问题。国际上多位著名地理学家都对虚拟社区进行了研究。传统的社区联系是通过相互间的血缘和地缘关系建立的，新的虚拟社区联系则是通过互联网上的在线交流建立的。只有对所参与交流的虚拟社区产生归属感，才能正式确立社区关系。

专栏 11.1 信息化的空间效应

20 世纪 70 年代末以来，随着计算机技术在生产、服务、消费过程中的广泛应用，一些学者对福特模式的危机进行了反思，提出了后福特主义发展框架。认为信息技术在生产过程中的渗透改变了原有的等级管理体系，使得福特主义开始向柔性生产或后福特主义转化。而远程通信技术中的进步能被视为从福特主义向后福特主义工业化组织转型的一个关键因子。新技术革命促使了从工业生产模式向信息生产模式的转型，并伴随着生产组织的全球化，导致传统发展模式向信息发展模式的转变，势必会对原有的要素空间布局产生作用，进而产生了新的空间现象。一些未来学家或技术决定论者对信息时代的城市空间形态进行了展望和预测，如电子村庄、技术城、数字城市等。信息时代，区域与城市功能的转化和区域空间的重构产生的一个重要结果，就是世界城市体系和新型空间极化格局的形成。在这方面，有相当多西方文献进行了阐述，提出了世界城市、全球城市、国际城市等概念。尽管这些概念有所不同，但都试图去解释城市功能的高级化，即高级城市功能的出现，以及在新的政治经济背景下城市体系空间的等级变化。这些功能涉及经济和社会、市场和通信、研究与发展、公共管理的核心功能和主要的高级生产性服务业的控制与管理。

第四节 城市化、城市问题与都市地理学

城市是现代人类社会的主要存在形式，是政治、经济、文化和科学技术中心，是先进生产力的凝聚点。在后工业社会时期，人类的各种活动进一步向城市空间集聚，这也可以从美国等后工业国家的城市化进程得到印证。20 世纪后半期，都市地理学展开了更为广阔的研究。都市地理学理论、大城市区域发展问题、城市政治地理、城市社会地理和社会批判理论等成为最集中的议题。各种方法论在大都市研究中得到广泛应用，如数量方法、马克思主义和后结构主义、后现代主义以及环境伦理等提供了有价值的解释和总结。

一、都市地理学研究的几个主题

1）大都市发展与郊区关系。琼斯（E. Jones）认为 20 世纪美国城市化的主导趋势是大都市区，尤其是大型大都市区的发展。这种以大城市为轴心横向扩展，从而使其市区和郊区规模不断扩大、城市化水平不断提高的过程，又可称为大都市区化。与较宽泛的城市化概念相比，大都市区化更准确地概括了大

都市区在城市化中的地位和作用，同时突出了城市化在地域上的整体特征，易于把握城市发展的总体趋势。这种大都市区化不仅限于美国，在西欧和亚洲的日本等发达国家均已普遍出现。城市的不断拓展、城市与郊区的互补关系受到关注。随着郊区人口的增多，零售业、服务业、教育、娱乐设施乃至很多公司、金融机构纷纷出现在郊区，原来集中于中心城市的多种经济活动日益分散到郊区的各个中心点上。这样在郊区又形成功能较为完备的中心区，使大都市出现多中心格局。

2）都市空间结构。都市空间结构包括实体空间结构和社会空间结构。实体空间结构包括城市地域结构及演化、城市土地利用与评价、城市边缘区以及市场空间/商业空间等。传统上研究都市内部空间结构的着重点是城市形态和城市土地利用等物质空间。20 世纪 80 年代以来，更多的学者从社会、经济层面着手研究城市物质空间演化、空间重构、土地利用与管理、城市形态和理论研究等问题。随着 GIS、遥感等技术的引入，越来越多的研究关注于城市土地利用的演化机制、生态建设以及市场化配置、城市社会空间不平等、社会经济重构引发的城市社会空间重构等问题。

3）都市社会地理学。从 20 世纪 80 年代起，地理学者开始积极地探索地理学在社会理论中应占的地位的问题，促进了地理学者对少数人群问题、后现代多元化城市结构的研究。计量革命、理论革命风潮过后，人本主义、激进派和后现代主义强化个性研究，将以地方研究为基础的新区域地理的学术地位提高到 50 年来的最高点，其内容较传统的区域地理学更为丰富。与传统区域地理学相比，新区域地理学倾向于结构主义、现实主义和后现代主义的哲学思维，强调区域的个性，强调人的能力及角色与社会结构在区域特性的形成与发展中的作用。新区域地理学的核心概念是“地方”、“行为主体”、“体系”。从不同角度，诸多都市问题引起广泛关注：住宅隔离问题、性问题、下层社会、犯罪、无家可归问题；精神健康护理设施的区位、老年人的特殊需要、社会正义问题；公共空间的作用、历史保护、生活质量、城市开放空间问题；黑人居住区、城市伦理的比较研究、郊区化包括城市扩展、城市化和郊区、郊区黑人以及郊区的种族和住宅问题的研究等。

4）信息化和全球化背景下城市研究的新领域和新方法。20 世纪 80 年代以来城市地理学对信息化等新领域开展了深入研究：信息化密切相关的赛柏地理学、信息技术应用、网络城市研究、城市建模研究、高新技术区发展；与全球化相关的经济全球化、世界城市、全球城市劳动地域分工与生产性服务业研究；与城市管理相关的管治、公众参与、增长管理研究以及与人居环境相关的居住生态化研究；受后现代主义思潮和新马克思主义思潮的影响，关注经济与政策背景、弱者、不平等现象以及城市规划如何充当一种联络和管理的角色等；在城市交通研究方面，特别关注信息化条件下土地利用与交通建模和交通可达性分析，成为城市地理学在交通研究领域中具有发展潜力的研究领域；遥感技术、地理信息系统、全球定位系统的集合技术应用到城市建设中，通过模型框架的建立，可以模拟城市发展的历史、现状，并对未来做出预测。

二、城市问题研究的代表人物和著作

芝加哥大学教授萨斯基娅·萨森（Sassen，2002）的《全球城市》一书考察了巴黎、纽约和东京三个典型的全球城市，认为与其把一些现象分别归入全球性的或地方性的领域，还不如把这些现象看成既具全球性又具地方性，强调了全球性与地方性的互补关系，认为全球城市恰好是经济、政治和文化权力重合的地方。另一部著作《全球化及其不满》从人员和金钱的新流动性这一全新的视角，对全球化及其所带来的问题进行了极富启发性的阐释。

史密斯（Smith）在《全球视野中的第三世界城市》一书中指出，20 世纪 70 年代占统治地位的发展主义模式遭受猛烈攻击的现实背景，是因为第三世界的经验性现实与发展主义的理论不相吻合。无论是都市化的结构形式方面，还是社会后果或城市增长的轨迹方面。第三世界的都市化与发达国家大不相同，而且在大多数第三世界国家中增长的不平等与持续的经济停滞，尤其突出地表现在城市之中。到了 20 世纪 80 年代初，即使是受雇于世界银行等国际机构的正统的发展规划者也不得不开始怀疑不发达地区的城市增长中那种被假定的生产力。到了 20 世纪 90 年代，都市研究中的比较政治经济理论或“新国际政治经济理论”趋于成熟，第三世界都市化背后的政治经济问题被提升到了前台，而全球性的不平等与依赖性也被看作第三世界城市增长的具体语境。

哈维（Harvey）深受马克思主义的影响，他试图在城市研究领域发展出一门政治经济学。哈维对于他所居住的城市——巴尔的摩的分析已经成为了城市研究的典范之作。其著作《资本的限度》、《资本的城市化》、《城市经验》、《后现代性的条件》、《公正、自然与差异的地理学》、《希望的空间》等成为城市研究的必读书目。哈维在《希望的空间》（2000）中，从地理学的发展、全球时代的空间化与政治化、乌托邦的空间和建筑与人性角度讨论了当代城市问题。

索加（Soja）是代表都市研究的后现代主义取向的洛杉矶学派的领军人物，推出了著名的“空间三部曲”：《后现代地理学》（1991）立足于福柯、吉登斯、詹姆逊和勒菲弗尔的思想，倡导重新思考“空间、时间和社会存在的关系”；《第三空间》（1996）以洛杉矶的都市研究为分析背景，讨论了后现代世界中的日常生活密切相关的地点、地方、方位性、景观、环境、家园、城市、领土等“空间性”问题；《后大都市》（2000）则从城市与区域的批判研究角度讨论了三个方面的问题：重新界定城市空间的历史地理、后大都市的六种话语、重新思考1992年洛杉矶的都市空间。

腊斯克（Rusk）作为当前美国城市问题研究与城市政策领域里的重要人物，在1995年出版的专著《没有郊区的城市》反映了他所关注的现实问题，成为了解美国政府间关系、区域主义和大都市区政府、大都市区治理等现实政治和社会问题的重要参考书。

第五节　后现代主义与后现代地理学

后现代主义是当代最为复杂而又极具影响力的思潮，由于涉及的问题、范围、领域复杂多样，很难像其他哲学流派那样梳理出明晰的本体论、认识论和方法论。后现代主义在理性与非理性、解构与重构、超越与承传中深刻地改变了形而上学的言说方式，拓展了人们的思维空间。

一、后现代主义的基本特征

后现代主义思潮的兴起对许多学科都产生了影响，地理学也包括在内。然而，后现代性、后结构主义、后现代主义、后福特主义，这些铺天盖地的“后”学到底是什么，学术界存在不同的争论。总体而言，后现代主义的特征可大致概括为以下几个方面。

1）后现代主义是对西方近现代化长期积累下来的文化、精神和社会危机的全面反思，是对现代主义的反驳与继承、超越与发展。从哲学思想流变上，一些学者把尼采、海德格尔看成后现代主义思想的先驱，更多学者则倾向于将“后现代”看成发端于20世纪40～50年代的美国、20世纪60～70年代之后的欧洲的后工业社会、消费社会、媒体社会、晚期资本主义或跨国资本主义，并认为后现代主义强化、再现或再生产了消费资本主义的内在逻辑。后现代思潮是伴随着现代社会的各种争论而来的，进一步将现代主义的反传统精神推向极端：后现代主义的思想家们批判了现代性的合理性，要求放弃启蒙运动以来的观念秩序，要求彻底打破追求绝对真理的传统。在后现代主义看来，“一切固有的东西都烟消云散了”。现代主义所追求的统一性、客观性、绝对性、永恒性被后现代主义追求的多样性、主观性、暂存性、相对性所淹没。美国学者哈特桑把后现代主义的思想取向归结为：从确定性转向不确定性，从整体性转向破碎性，从正统性转向非正统性，从主体性转向非主体性。

2）后现代主义是对现代主义下的哲学和科学的全面批评。利奥塔认为，科学和叙事是规则不同的两门知识，不能用一方来否定另一方，但现在的问题是，哲学的叙事在违反规则的情况下帮助科学取得统治地位。科学借助哲学的叙事有两类：一是关于人性解放的神话，一是关于所有知识统一性的神话。这两个神话共同构成了以科学主义为主导的现代主义。利奥塔等的观点引发了后现代主义哲学中的反人性主义、反知识霸权主义、反理性主义、反中心主义、反基础主义、反本质主义。事实上，西方哲学素有分裂对立、反叛求新的传统，后现代主义的反叛观点本身就是现代哲学的组成部分。从这点看，后现代主义哲学并没有超越现代哲学，它只是把现代哲学对哲学的批判进行集成。一些后现代主义则要求全面、彻底的批判，并且是怀疑的、解构和颠覆意义上的批判。

3）利奥塔把后现代定义为“对宏大叙事的不信任”，主张用“细小叙事”替代“元话语”和“宏大叙事”。这是继胡塞尔的现象学由哲学世界转向“生活世界”、结构主义由逻辑语言转向日常语言的又一次转向。福柯用对精神病、惩罚、性等专题代替对理性、社会和人的一般研究，喜欢“差异、分裂及中断，各种分析的形式而不是单一的事实，交织有宏观分析的微观分析、有精确的历史研究的纯粹的观点”（理查德·皮特，2007）。他反对全球的、宏大的理论，而更喜欢一种无中心的、自治的、当地的理论解构，认可一种自下而上的研究方法——以日常生活和当地的感知为焦点。后现代主义体现了与传统哲学思辨和论证方式不同的写作风格与阐述的主题。

4）在后现代主义的一般性概念中，去中心、差异与多元化、解构、空间性构成其核心概念。后现代主义是典型的对“重要理论”和已经建立的观念信条如马克思主义、人文主义、现实主义或结构主义理论的怀疑。后现代主义的思潮表明我们需要从一个更谦卑的、更折中的位置去观察人类。后现代思潮的另一个重要方面是它对差异的聚焦——对存在于世界上的人们之间的许多差异的敏感和欣赏。一些论者把后现代主义的理论特征概括为反本体论、反认识论的立场、反中心性、反元话语、反二元论、反体系性的思维向度。后现代主义拆解一切具有中心指涉结构的整体性、同一性、确定性、永恒性、终极性，反元话语和元叙事，倡导差异性、多元性、内在性、暂时性等。后现代主义强调了差异性哲学，但同时也缺乏了整合性理论，呈现出多音多调的景观。一些学者将此形容为“后现代主义就是一堆砸碎的玻璃，从无数的碎片中折射出五光十色的光彩”。

专栏 11.2　后现代主义产生的背景

后现代主义哲学思潮和社会思潮是多种力量汇集的结果：一是西方社会对西方现代化（高效率、快速度、功利化、物质化、技术化、信息化）进程中长期积累下来的深层次的精神文化危机的反响。一切都显得飘浮不定，丧失了真正的自我、丧失了稳定感、丧失了存在目标，传统、权威、理性、主义、宏大理论似乎都不存在，只有眼前的经验和瞬间的感觉。这种对现代社会的痛苦、悲哀、迷茫，首先是以后现代文学的形式爆发出来，进而成为当代一种社会思潮并深入到人文社会科学和后现代哲学之中。二是社会学者和历史学者提出的“后工业社会”、“知识信息社会”、“后现代社会”引发对“现代性”和“后现代性”的争论。1976年美国理论刊物《边缘2》发起召开了“后现代性阐述学”会议，而后围绕“后现代表现性”（1976）、“后现代主义问题”（1978）、“后现代主义”（1985）等主题举办了一系列国际会议，吸引了众多著名学者参加，成为轰动国际理论界的盛事。此间，利奥塔发表了《后现代的知识状况》（1979），哈贝马斯发表了《现代性对抗后现代性》（1981）、罗蒂发表了《哈贝马斯与利奥塔论现代性》（1985），推进了后现代主义的深入研究。三是哲学再度陷入自身的危机和困境。1968年法国的“五月风暴”之后，现象学、存在主义、结构主义和马克思主义等流行的理论悄然失去影响力。福柯、巴尔特、德里达等推进了“后结构主义”哲学（“后”有“超越”和“消解”之意，因此又自称“解构主义”），从不同的角度丰富了后结构主义的思维逻辑：真理与意义的可解释性、多元性；重视差异性，反对同一性；重视个别性，反对普遍性；以对话求得的“协同性”来取代再现事物的客观性；引进“权力”概念来解释知识的本质；从社会的、历史的、文化的角度来解释理性、主体。后结构主义哲学与后现代主义结合成为一种广泛的哲学、社会和文化思潮。值得注意的是，在对后现代主义的研究中，大卫·莱昂等许多学者都强调：“后现代应视为独特的西方现象。”

二、后现代主义与地理学的关联

后现代主义的兴起引发了一批地理学家对“后现代与地理学的关系”的思考。爱德华·索加（2004）以福柯等的论点为基础，把“现代”和历史、地理和后现代主义联系起来，并宣称一个新的、后现代主义的、批判性的地理学的出现，“它重新宣称空间的重要性，更恰当地说是由于垂直和水平维度的存在，用一种创造性的结合来看待时间和空间”。迪尔（2004）指出：“简单地说，我们居住在一个充满后现代意识的时代中，我们没有选择，除非我们宣布无知或支持现状。我相信地理思想发生了革命。”迪尔宣称，后现代给地理学提供了一件无法拒绝的礼物。迪尔认为后现代的价值体现在七个方面：文化景观及场所制造；弹性积累与后福特主义的经济景观；对于“空间”及“话语”在哲学及理论上的争论；在地理写作及形象塑造上的表达问题；后现代性和差异的政治学；个人地位的界定；对自然和环境问题重要性的领悟。哈维肯定后现代主义的正面意义："后现代主义是相当关注于'差异'、复杂性与兴趣的细微差异、文化上的差异、地方和喜好的差异都具有正面的影响"，但哈维也意识到后现代主义造成的混乱、破碎问题。后现代主义地理学采用了观察方法多样性的本体论立场，而慎重地探索面临争辩时的自然理解及选择能力。克拉瓦尔在《地理学思想史》中对后现代性与后现代地理学评述道：

> 20 世纪 80 年代以来，地理学的改变首先来自于世界的转变。因此，政治研究、全球变迁及其因果、空间组织及空间意识形态等课题都日益受到重视。这些新的发展与 20 世纪 60～70 年代研究的风格非常不同。地理学正在脱离困扰其一个世纪之久的学术争论，并且重新发现真实世界问题的重要性。如此的演变属于后现代吗？地理学者察觉到过去发展的理论与今日世界运作的力量间差异加大，于是试着为地理学的课题定位，但却难以完全掌握 1950 年以来发展的知识性工具，于是，乃借用"后现代性"这个包罗万象的话语来涵盖这一剧烈的转变。假如后现代是对理性主导解释世界有所批判，那么当代地理学的演进可以说成是后现代的，因为它的表现是大理论的撤退以及增加对人与地方复杂性的敏感度……地理学能进入后现代性是因为地理学者对其经历的世界问题的接纳。其结果是对该领域回归到更实际的概念思考及对空间知识的认知条件有更细致的反省（保罗·克拉瓦尔，2007）。

三、后现代主义地理学的思考

后现代主义对当代地理学，尤其是人文地理学影响很大。通过 20 世纪 60～70 年代地理学与人文社会科学、哲学的结合，地理学家们已具备了良好的社会科学和哲学理论素养，基本上是与后现代主义思潮同步推进着"后现代主义地理学"。后现代主义的观念从多个方面在人文地理学延伸。

（一）社会研究的空间回归

后现代主义对"空间"的回归，并与地理学家的研究形成共鸣。对此，迪尔（2004）指出："鉴于后现代主义对空间特别强调，地理学对后现代主义宠爱有加。"福柯（Foucault，1980）强调了空间的重要性："整个的历史需要用空间来写——这可能同时是历史的力量——从地缘政治学的大战略到聚居地的小战术”。他对社会科学中突出时间性、排斥空间性提出批判：“空间被当作是死亡的、刻板的、非辩证的和静止的东西。相反，时间是丰富的、多产的、有生命力的、辩证的”，并反对总体历史，提倡空间的特殊性、局部性、具体性。勒菲弗尔（H. Lefebvre）强调空间性、历史性与社会性应同时成为人文社会科学的内在理论，他将空间的重组看成第二次世界大战后资本主义及全球化进程的一个核心。福柯的“知识-权力空间”、吉登斯的“时空粘连”、勒菲弗尔的“空间生产”、塞耶的“差异产生空间”、哈维的“时空压缩”、索加的“第三空间”推进着传统的叙事空间化，推进了哲学和人文社会科学的“空间”转向并丰富了地理学空间研究的内涵。索加在《后现代地理学——重申批判社会理论的空间》中强调“本书的宗旨是开辟和探索一种批判视点，这一视点必须深刻地来源于时间连续性和空间同存性有力的交互作用”，“围绕空间、时间和社会存在不断演进的辩证关系——地理、历史与社会，重写一部批判社会理论的思想史”。后现代主义者关注的重点从“第一自然”转到“第二自然”（人工环境）。由于大都市聚焦于后现代主义的景观表征、社会组织、政治形态，大都市问题就成为后现代地理学、后现代城市规划主义研究的一个中心议题。索加的《第三空间》和《后现代地理学》、迪尔的《后现代都市状况》以及其他学者的众多成果均展现了这一主题。

这种对空间的强调激发了一种做法，就是把关于元叙事和宏大理论的后现代批判加以地理学式的重铸。如果说在大部分的社会理论里，整体性倾向的源头被追溯到时间的单向度性和单向性，那么相对应地，空间则鼓励脱离普遍原则，转而对差别、地方性话语等非常敏感。因此，空间化被认为是受后现代主义影响的理论发展的内在倾向。批判社会理论强调空间及空间化等思想的起源和发展，对于理解后现代主义思想在地理学中的情况是非常重要的。勒菲弗尔、福柯、伯杰等震撼了长期处于社会科学霸权地位的历史决定论，促使人们向着将历史叙事空间化到重新阐释批判社会理论的方向前进。“现在使我们看不见各种事物的，与其说是时间，不如说是空间，况且，消除空间性的神秘色彩并揭示其披着面纱的工具性力量，这是从实践、政治以及理论角度认清当今时代的关键之所在。”

对于空间性的重视推动了空间化研究的不同途径：第一条途径植根于对社会存在的本质和概念化进行一种根本性的重新阐述，这实质上是一场本体论方面的斗争，企求重新平衡历史、地理和社会三者之间可以阐述的交互作用。第二条途径直接依托于政治经济学，更具体地说是依附于资本主义的“第四次现代化”，这是紧随着第二次世界大战后持续性经济繁荣结束之后所产生的最新一轮具有深远影响的社会—空间重构活动。人们意识到：空间至关重要，揭示空间的重构是以何种方式遮挡我们对各种后果的认识的，这对从政治和理论角度把握当代世界处于不断变化中的政治经济学会起到关键作用。空间化的第三条途径寓于文化和意识形态的重新变革、对现代性的经验性意义进行不断更新的界定、空间和时间的一种全新的后现代文化的崛起。此种空间化顺应了凭借科学、艺术、哲学和政治行动的各种计划来思考和应对当代的基于独特性的各种危机和机会及其方式的变化。此外，还有一条更加重要的通向后现代性理论的途径有待探索，这就是三大空间化理论交汇的另一个舞台，也是马克思主义地理学本身的后现代解构与重构（爱德华·索加，2004）。

（二）社会空间批判

后现代主义承传了批判社会理论的精神，并具有很强的政治色彩。福柯认为，知识形态正是因为空间上的可见性，权力才得以实现。所以知识一旦按照区域、领地、移植、置换、过度加以分析，人们就会捕捉到知识作为权力形式和传播权力效应的过程（Foucault，1980）。毫无疑问，福柯的理论企图在于以空间性思维重构历史与社会生活，尤其是重新阐释权力的运作、知识的系谱与空间之间隐而不显的关联。基于去中心、差异、解构，关注弱势者、女性、受害者、少数族裔、知识霸权、权力空间、社会规训机制、社会排他性后现代性政治、后殖民主义等问题，后现代主义为女性地理学、都市政治地理学、空间政治地理学提供了社会与政治的分析视角和思想源泉，将后现代主义阐释为一种文化景观，把它与城市社会阶层分异连接起来。这些分析探究了后现代主义以及社会阶层的紧张状态，同时从中抽取了批判现代主义风格的对抗潜能。如此一来，后现代主义便与社会秩序的复杂变迁形成关联。

基于“差异”和“批判”视角，地理学家将地方差异置于社会结构之中，开展了对社会身份、权力、知识、性别和对抗的思考，女性主义和权力空间成为焦点。帕特（Pratt）提倡不应只是单单注重“男女差异”，同时也要注意到其他方面的差异，如种族、阶段、权利、知识。彭罗塞（Penrose）认为，当任何霸权在空间或时间上作为维持权力时——包括在任何特定社会中确定协商因素的能力，被认可的政治就像其他政治一样是一种权力的奋斗过程，并随着支配社会关系霸权系统的发生而发生，而且透过政府和霸权组织来执行，在教育、法律上都有如此现象。场所可能用于定义“地位”，而且也为认识政治提供了区域性的焦点。这种对“差异”的创造和再创造是政治策略的一部分，因此也是由来已久的“分裂”与“规则”。爱德华·索加（2004）对此指出：“霸权的力量在个人和社会团体中对于差异并不是简单的动作，他将差异视为创造和维持有利于持续他许可权的社会以及空间分裂的主要策略，因此积极地生产和再造。”

专栏 11.3　后现代主义者对“知识”的诠释

自文艺复兴以来，西方学者对创造的知识持两种重要的假定：一是假定知识构成了一个权威真理，这个真理可以解决生活的许多“如何”和“为什么”的问题，上至国家历史的“真相”，下至人类无意识的“真理”。二是“知识的创造”是人类文明进程的一部分。后现代主义者对这两个假设都提出了挑战。在他们看来，知识充满了矛盾，无法解答问题和文化偏见。公认的知识并非是对事物的唯一解释，事实上，它是某些解释胜过其他解释而产生的后果，通常有其政治原因。

（三）社会时空变迁

地理学家的主要贡献乃是就对时间与空间的经验以及再现进行研究，其中代表人物有哈维等。哈维拓展了对传统“超空间”的分析，并且恢复了早先关于地方和无地方性的存在主义的说法，他运用“时空压缩”的概念，提出了一个文化转变四阶段说的阐释，引发了在空间上和时间上寻求规则的探寻，改变了对时间和空间的感受。哈维对后现代主义的诠释引出了关于空间性的双重宣称：首先，在他对现代性从启蒙时代到 20 世纪晚期的检讨里，阐明了虽然存在地理和历史的差异，但时间和空间的观念是不能区分开来的。他并没有宣称空间或时间哪个具有优先性。相反地，他在对现代主义的讨论中，强调了固守不变和短暂易变之间的紧张，后者同时关联了对时间渐增的警觉以及相伴随的对空间的压抑。因此，空间被视为理所当然是自然的，而非社会生成的。其次，在对后现代主义的讨论里，哈维认为这一阶段的时空压缩乃是对地理空间的更深刻的觉察，事实上，是把地理空间“去自然化”了，这个升高了的觉察本身展现在后现代主义的论述中，而且引发了很多学者（主要是地理学家）对“社会理论中空间的强调”。

（四）地理学的后现代转向与文化转向

回顾历史，20 世纪 50～60 年代以前可以称为自然学科的时代，而 80 年代则对寻找统一法则的方法存在很多质问的声音。在后现代主义背景下，地理学的后现代转向及由此引发的文化转向被认为是后现代地理学。西方社会近 20 年以来最大的变化是“晚期资本主义”社会的后现代转向以及后现代学术思潮，人文地理学也卷入这场智力旋涡中，并在某些方面进入概念和知识评价的前沿。后现代主义地理学的发展，不仅批评了强调科学认识论、方法论和综合观的现代地理学，也推动了后现代主义旗下各种“后”学直接成为新文化地理学可以利用的分析工具和理论源泉。后现代转向是文化转向的触因，后现代转向引发了后现代地理学，而文化转向直接触发了新文化地理学（戴维·钱尼，2004）。后现代社会转向与文化研究，不仅揭示了地理学研究世界的空白点，也为地理学打开了新的知识空间，重新塑造了新文化地理学的概念、观点、理论表达与叙事方法（李蕾蕾，2005）。

人文地理学中的文化转向以西方马克思主义、后结构主义，女性主义、后殖民主义等后现代思潮为理论基础，以所谓“新文化地理学”的崛起为主要代表，主要聚焦于社区、种族、性别、国籍、政治等差异。一般认为，英国地理学家杰克逊（Jackson）与考斯格罗夫（Cosgrove）首发新文化地理学的先声，提出要注重文化的内部运作、符号生产与价值内涵，进而基于这些内容来考察空间构成、空间秩序、空间竞争，“文化转向”令本来就相当人文化的西方地理学向社会人文渊薮中又深入了一层（唐晓峰，2005）。

随着文化转向的深入，新文化地理学的关注范围开始扩大，主要表现为对“社会空间”的非正义性进行批判。各类后现代思潮推动了对常规观念的挑战，而所谓常规观念正大量流行于西方社会。社会空间分布格局中显现着或隐现着许多歧视、压抑、排斥、不公正的情景，成为新文化地理学在“文化转向”中关注的主题。以社会空间取代自然空间是新文化地理学研究主题的一大特征。而在“文化转向”的同时，社会学、政治学等亦出现“空间转向”，社会空间问题受到前所未有的关注（唐晓峰，2005）。克拉瓦尔在《地理学思想史》一书中多处对文化转向有精彩论述：

> 地理学者的眼界越来越集中于文化取向。强调人们态度、习惯与处世原则的多样与差异，并显示民间社会团体同样能创造多样化。观察不同人群利用及其塑造空间政治的过程和策略，而再度发掘那些在注重经济增长时期被忽视了的问题……地理学已选择了多种取向，而面对复杂的现实世界有了较佳陈述。宏观世界强调人与空间的多样关系，想了解领域性在建立个人或群体身份认同时的重要性。它探索人的思维体系，用以联结群体中的成员，并赋予生命意义。地理学不再是一种纯技术性知识，它已转化为对人文的反省……由于文化转向，地理学者不再仅以专家身份致力于探究生产活动及景观结构的分布以及对此分布最具影响者的态度与行为。因此地理学者已不再相信人的总体理性，于是转向探讨“世界”的真正多样性，人们在传统、价值、规范上的多元化，以及前景上的歧异性。研究的尺度范畴增广了，对全球关注的事象较以往更关切；另外，对微观尺度的地理现实问题上投入更多的研究，如住宅、公寓、办公室等。也由于文化转向，地理学不再限于地球表层事物的清楚描述，而开始重视社会冲突、政治角力、权力角色及各种不同的形

式，如纯粹的权力、合法的权势、经济影响、知识导向等。经济并没忽视，但强调以往被忽略了的一些社会性竞争，如追求社会地位、荣誉、认同以及权力（保罗·克拉瓦尔，2007）。

哲学与社会科学的“语言”转向也为地理学的描述、表达“语言”提供了新的思考。语言同时能给予能力也能带给人束缚。巴恩斯（T. Barnes）强调：①意义持续地被创造于一篇文章并转变成另一篇文章中。“新的世界是由旧文章所创造的，而旧的世界是新文章的基础，在这文章推翻文章的世界中，我们无法诉诸任何认识论的基础，而给予特权。真理是被创造于文章中的。”②著作彰显了作者的观点和立场，写作来自于我们所处的环境，因此“我们所描述的世界均无法避免地附上我们所拥有的局部兴趣、观念、标准等。了解我们以及其他人所描绘的世界，必须先了解作者的背景为何”。③随着意旨的传递，我们必须体会所有著作皆包含文学结构的使用，如隐喻和其他修辞学技巧。莱（Ley）进一步提出：“然而阅读也不是没有问题的活动，每一个读者就像每一位作者一样，会将过去的背景以及现在心中的意念带进文章中，所以‘场所’或是‘景观’的意义可能不是坚固的，而且不同的人来阅读也有不同体会。”因此，文章的表达是“结构是偶发的、偏好的以及不完整的。它是一种虚构的，而且在创作过程中有一部分是依赖作者的立场而可以改变的”。可见，地理学者作为文章及其思想的“代理人”，使地理学的“语言”也形成某种个人化和地方化特点。尽管对于“地理学的语言及其深层次结构”的探讨还很粗略，但它们对理解地理学思想的多样性还是有一定启迪意义的。

从 20 世纪 80 年代后期开始的“文化转向”，主要聚集于社区、种族、性别、国籍、领土、地位、政治等差异性，它同时包括对“主要理论”的不信任，而倡导关注普通人的日常生活。但是，约翰斯顿宣称：“文化转向”缺少一个明确的中心。

四、后现代地理学思想评述

谈及后现代地理学时，一个更为基本的问题是到底存不存在所谓的“后现代地理学”？要回答这个问题，需要对后现代主义、后现代社会、知识-信息社会本身有基本的理解。然而，学术界对此无统一的认识。一些人认为后现代是针对现代来说的，它与现代的关系也有很多种说法。有人认为后现代是现代的一种延伸，有人则认为是完全不同的新的东西。因此，“后现代地理学”针对现代地理学又是什么(假设它是存在的)？它们的关系是怎么样的？“后现代地理学”是否有自己的一套体系呢？从学科体质特点和发展的观点看，所谓的“后现代地理学”，并不是完全不同于现代地理学的一个东西，它与现代地理学有着千丝万缕的联系，而且后现代的思潮也只是在地理学的某些方面表现得非常强烈，它并没有形成一个完整体系化的体系，只是处于一个松散、局部的状态。既然“后现代地理学”处于一种松散的、局部的状态，即并没有构建出自身的一套体系，那是否有可能将来构建呢？这或许只能让未来的地理学家们去回答。

“后现代地理学”与后现代主义存在互动过程。地理学的发展受到了后现代主义思潮的影响，尤其表现在人文地理学及区域地理学上。“差异性、空间性”是后现代理论的中心概念之一。后现代主义反对一元化，倡导多元化。福柯赞成差异、不连续、多种形式的社会分析。从某种意义上讲，后现代主义强调差异是后现代社会理论强调“空间性”的逻辑必然结果。这一分析方法与视角，与地理学不同发展时期的关注形成多种契合：赫特纳、哈特向等对地方（区域）差异性、多样性、独特性的强调；人文主义地理学对空间的不同情感体验；后现代地理学对城市景观、场域与权力空间的关注。

后现代的一些核心思想渗透在地理学的很多方面，如对个性、地方、空间的重视。同时地理学本身也是组成后现代“大厦”的一部分，它的变化和发展对后现代主义的发展不断作出应有的“贡献”。因此，后现代地理学的概念值得珍视。它提醒对后工业社会、信息社会和后现代主义及一系列重大问题的关注；它提升了对空间、空间辩证法、空间批判、时空共扼、空间差异性与多样性的敏感性；有助于在社会变革和广阔的视野下处理地理学问题。后现代地理学提供了某些新的思想特质。然而，后现代地理学又使得原本已破碎的地理学更加破碎化。当代主流哲学家们并不认可后现代哲学这一概念。后现代思潮在 20 世纪末已逐渐失去影响力。问题是，后现代地理学之后又是什么？

本 章 小 结

现代地理学思想的发展呈现出不同的阶段性特征。1950 年以前，地理学以区域、景观、人地关系研究为主题，以认识地表形态、格局的特点和结构的组成为主，研究尺度多关注于中观的区域尺度。研究方法多以定性描述为主，以观察材料和事实为基础，认识和阐述规律、概括理论，属于经验归纳型综合。20 世纪 60～70 年代，计量运动、空间分析、行为地理学、兴盛。受实证主义和自然科学方法的影响，这一时期的思维模式仍带有牛顿的经典力学世界观的烙印。20 世纪 70～80 年代以来，对作为科学典范的经典力学哲学与方法进行了重新思考，经历了实证主义反叛的转型过程。人本主义地理学和各自哲学思潮下的地理流派相继兴起。地理学的高新技术化得以极大提高。地理学更多地关注于全球环境变化、全球化与全球问题、信息化、城市化与大都市问题、后现代主义等内容。在多种力量的驱动下，自然地理学与人文地理学及其分散的分支科学出现重新结合起来的趋势。现代地理学呈现出复杂化和多元性特点，其总体特征可概括为：统一地理学、全球地理学、人地耦合地理学、建设地理学、高技术地理学。这一特征也反映了现代地理学研究的五大特点：综合的地理学；人-地整合协调研究；面向问题和对象的应用研究；全球环境（既包括自然生态环境，又包括社会经济文化环境）变化与区域响应、全球化与地方化（不同尺度作用关系）研究；地理学现代技术研究。全球变化及其区域响应、陆地表层过程和格局、自然资源保障和生态环境建设、区域可持续发展及人地系统的机理和调控研究等成为现代地理学研究的前沿领域。与近代地理学比较，现代地理学思想有以下特质。

1）强调地理学的整体性和综合性观念。现代地理学确立了以“人”为研究中心，以人类所居住的环境为主要研究对象，研究自然、人文环境的相互关系及其对人类行为、人类活动所造成的影响，贯通了自然科学、生物科学、社会人文科学而成为综合性学科。从系统整体出发，注意从理论假设出发进行演绎，使分析与综合、归纳与演绎互相补充、辩证统一。综合的内容包括空间与时间、质量与数量、静态与动态、内部与外部、自然和人文等方面，深入研究系统的结构功能及动态演变过程。对此，郑度在“地理科学前沿”讲座时总结为：现代地理学综合的内容更加广泛，深入研究系统的结构、功能及动态演变过程；综合的方法更具有逻辑性和精确性，通过结构分析、功能评价、过程监测与动态预测等途径来解决，并且表达形式多样化；意识到传统综合模式的局限，地理学家结合研究实践，发展系统综合集成的理论与方法。

2）在区域与全球问题刺激下和科学综合化趋势推动下，统一地理学的发展再度受到重视。现代地理学十分重视人文因素的影响及其反馈的研究，重视和发展与人文因素有关的分支学科，并促进其与自然地理学各学科间的渗透和融合。在人类对自然环境影响日益强烈的今天，人地关系更紧密地交织在一起，并且扩展成为全球环境变化问题。多数学者认为，无论从地理学发展史、地理思维看，还是从社会实践看，统一的地理学或综合地理学都是客观存在的，并且是社会发展所需要的。这种综合在地理学内部表现为人文地理与自然地理的相互渗透，重大的自然地理过程纳入了人类活动因素的驱动力研究，而人文地理研究也将资源环境作为作用因素和决策目标的有机组成部分。因此，自然地理学与人文地理学的高度融合成为现代地理学的主要特征。

3）强调时间动态性、时空耦合性、尺度逻辑方法的现代应用以及尺度的多元化和尺度间关系系统研究。综合的方法多通过结构分析、功能评价、过程监测与动态预测等途径来实现，促进研究结果的动态表达。“空间系统与时空耦合分析”成为地理学研究、解决问题的切入点，是一种对“过程”了解、解释的方法，用以替代昔日静态的、描述的“区域方法”。哈格斯特朗创立的“创新扩散模式”开创了时空共轭的模式研究和仿真模拟实验，由他开创的时间地理学提供了时间-空间-个体整合的研究途径。现代地理学注重开展全球、区域、地方等空间尺度的研究，并且针对每个层次突出的科学问题设计研究思路，围绕解释不同层次地球表层过程发生的机理展开。同时深入开展层次间关联与综合的方法论研究，突出刻画系统的整体性。在研究尺度方面，从中观“区域尺度”向宏观“全球尺度”、“宇宙尺度”和微观“元素分子”尺度两方面都有所扩展。同时，自然地理学研究的时间分辨率也有所提高。

4）强调研究手段方法现代化、实验模拟、定位动态观测采用了形式化语言、图解模式、数学模式等多样化的空间表达方式。地理学者通过野外调查、遥感解译、问卷调查、地图绘制等方法以从事观察和资料信息的收集、提取，并以数学、统计、计量、电脑和 GIS、现代化实验设备从事分析和实验。计量方法和现代技术的广泛应用成为现代地理学的特征之一。现代地理学的任务已由古典地理学的描述，近代地理学的描述与解释，进一步拓展到描述、解释、评价、规划、设计、预测和调控。

5）地理学研究的哲学方法论和主题更趋多元化。在经验主义、逻辑实证主义基础上，地理学尤其是人文地理学广泛地接纳了存在主义、人本主义、结构主义、激进主义、马克思主义、女权主义、后现代主义思想。在近代地理学的人地关系、区域研究、景观研究主题基础上，现代地理学进一步发展了空间分析、环境知觉、人类生态学、全球地理学等主题。

6）区域研究再度振兴。在 20 世纪 60～70 年代的计量运动、空间分析浪潮下，区域地理学的研究进入低谷。80 年代以后，区域研究再度振兴。几种力量驱动了这一复兴过程：传统区域经济学的弱点提供了地理学的新机会；高度形式化的数学模型、空间分析忽略了地理事象的丰富性和地理学实地调查的重要性、人本主义的“场所情怀”、后现代主义的“空间异质性”和“空间多样性与差异性”、现代系统科学的“综合系统观”和方法论。

7）应用地理学和空间系统中的人地整合研究成为地理学的重点。人口的大量增加、都市扩大、产业经济发展以及人类面临的一系列全球性和地方性的问题，导致地理学者转向环境问题的研究。这些问题又与人类生活、经济、政治密切相关并表现为整个环境体系问题，因而导致现代地理学者趋向于应用方向发展，在区域规划、城乡建设、市场分析、资源管理、环境保育、灾害防治、土地利用等方面做出了卓有成效的工作。

8）当代地理思想交流、扩散呈现出新的特点。近代以来，世界地理研究中心经历了以德国为核心、欧洲为主要板块向以美国为中心、欧洲-北美两在板块的转移过程。1945 年以前，从德国、法国、英国和美国学派到世界其他国家多为单向交流而很少反馈。当代通过图书刊物、国际会议、国际的地区的和国家之间的科研合作、互联网等交流沟通形式，国际学术交流日益频繁，各国地理学的传统特点逐渐趋于融合。随着美国政治经济在世界范围内的扩张和影响，英语已成为国际交流的主要用语。较多的学术交流从英语国家流向其他国家，而作为地理学中心的美英的学术观点日益趋同。

第四篇　地理学思想的评述

地理学在传承与创新的发展过程中，从人地关系、区域与空间结构、人类生态学、景观科学、行为科学等不同角度，开展了多侧面的研究，形成了地理学的人地关系论、区域论、空间论、生态论、景观论、行为论等主题，丰富了地理学研究的理论方法体系。每一方面的研究都有其鲜明的特点，也存在自身的缺陷；每一种地理学思想观念均存在其合理性，同时也存在理论上的局限性。地理环境的复杂性和多层次性决定了从不同侧面研究的必要性；地球表层系统的整体性、复杂性，决定了唯有综合各种观点才能掌握其全貌和本质。

第十二章　人地关系论

人地关系是一个古老而崭新的论题。自从人类脱离单纯的动物状态而进入到人类时期以来，人地关系就作为地球表层一种新的运行机制而客观存在。人类社会发展与进步、人类社会与赖以生存的环境之间的关系就处于不断变化的过程中。同时，人类对人地关系的认识也相应地经历了一个发展和深化的过程。随着全球性问题的凸现和全球变化研究的兴起、可持续发展观的提出，人地关系研究成为当代国际学术界研究的热点和前沿，显示出其永恒的魅力和新的生命力。近代和现代地理学以“人地关系”为思想构架，相继从不同视角侧面发展出不同的研究主题和思想观念，从而为地理学的发展注入新的活力，其内涵更为丰富和充实。

第一节　人地关系的内涵诠释

洪堡和李特尔特别强调人与自然尤其是与土地关系。洪堡认为，“不包括人类的自然图景是不完整的，人类在生活上到处与土地发生最根本的联系”。李特尔遵循发展了埃拉托色尼把人类之家作为地理学研究对象的想法，认为地理学是研究人和自然关系的学问，“地理学研究的目的，要求人们将其活动及其空间作为一个统一的舞台，因而，要叙述的不仅仅是这个舞台本身，而是其与人的关系。”在他的《欧洲》一书的前言中明确宣称：“整个土地呈现出生物的图案，其上天然与文化的产物、自然与人文的面貌，都被巧妙地安排为一个整体，完美地体现了人与自然的最有意义的相互作用”（罗伯特·迪金森，1980）。两位大师的论著表达了相同的、深邃的人地关系思想：人地关系首先是人与土地综合体的关系；土地利用完美地体现了人与地的相互作用；地理环境的整体性是人地相互作用下的整体性。

一、“人地整体系统”中组成部分的“人”

李特尔特别关注人地相关性，并将“人”提升到地理学研究的“顶点”地位。然而，受启蒙运动思想和近代科学实证主义方法论的影响，近代地理学长期关注于“理性的人”和“社会群体的人”，而严重地忽略了“真实的人”和“个体生命的人”，致使地理学陷入思想难以突破的困境之中。人文主义地理学、存在主义地理学、结构主义地理学、后现代主义地理学的一个重要进步和主要特色，在于对人的多重属性及其与地理环境复杂的关系的揭示。作为地理学理论概念的“人地关系”中的“人”，不只是“在一定地域空间上，从事生产活动或社会活动的社会群体的人”，而且是具有丰富内涵、存在于一系列对立统一关系之中、具有层次结构和组织功能的“系统的人”。

1）个体的人与社会群体的人。人既是社会系统的基本组成要素，也是社会系统动作的载体。地理学既关注社会群体，也不忽视个体的作用。个体的行为及其个体事件产生的重大环境影响，是人地关系模式中的一部分。现象学、存在主义、生命哲学对地理学的重要意义在于重新发现了“多样性的个体生命存在的价值、意义、方式”。这也是聚焦于个体时空特性研究的时间地理学的价值和魅力所在。

2）自然属性的人与社会属性的人。自然属性使人受制于自然法则，体现了人类生存的本能，而这一特征始终是人地关系中一个稳定的基本的影响因素。当人类还在为基本的最低需求挣扎时，人的基本需求扩张为人地关系的决定性影响因素。社会属性使人受制于社会法则，体现了人类对自身和环境广泛而多样的追求，同时也体现了通过社会契约、法制对自身活动的束缚。

3）人既是一个特殊的生命物质体系，也是超生命物质的文化体系。作为生命物质的人，在与环境的作用中创造了人工物质世界和文化精神世界。地理环境、人工产物、具有不同文化特质和文化差异的人也就成为地理学研究的核心内容。正是具有特定伦理、道德、价值、习俗、信仰的“文化人”的存在，决定了地理学对人的研究不能单纯采取唯物主义和实证主义的观点。而“规范性”思想和诠释社会学的方法对“文化人”的探究就具有独特的不可替代的价值。

4）生产活动的人与消费活动的人。人的这一两重性，一方面形成了人类社会的基本结构；另一方面也形成了人-地之间实质性的物质、能量、信息交流。“人类”主要通过土地利用、工业代谢、生活消费等活动形式对“地”产生直接作用。从工业时代的“生产型社会”转到后工业时代的“消费型社会”，地理学对人和人地关系的研究内容也随之而拓展。

5）人是一种理性、正义、仁爱、自由、情感、欲望、权力、意志、贪婪、丑恶、疯狂、荒谬并存的“社会动物”。人类行为多以“理性合理的人”为出发点，但常常也承受不合理行为导致环境恶化的后果。非理性主义、人本主义、后现代主义对地理学的思想启迪在于揭开了唯物的、理性的、单面人的、冰冷的人的“铁面具”，还“真实的人”于地理学研究的“人的世界”。这种完整的人、情感与行为丰富的人与空间地域的各种各样的联结——生产空间、权力空间、犯罪空间、乡土情愫等成为地理学内涵丰富的源泉。

6）人是主体性与受制性的对立统一。主体性作为人类属性的主要特征，主要表现为自主性、目的性、自觉认识、能动创造等。作为主体活动的人，同时要受到各方面的制约：包括人类社会自身（经济、政治、文化、技术）的制约以及自然环境的强烈制约。完全意识上的自主自觉是不存在的，人类的主体性和自由是在特定的环境条件下的灵活抉择。地理环境决定论和或然论从不同侧面揭示了人的制约特性。

7）人是具有层次结构和功能的系统人。人的整体系统主要包括四部分：一是知识价值观念系统，包括文化和知识、科学技术、思维价值观念、政策法律；二是社会组织系统，包括制度体制、社会组织、政治组织、经济组织等不同层次的社会组织体系；三是人类行为模式系统，包括个人集团、社会国家、全球不同行为主体的生产、消费、娱乐、政治宗教等行为活动以及人口自身的生产、迁移、流动模式；四是人类活动与自然的相互作用形成的并对自然环境产生强大作用的人工物质系统，包括工具机器、人工能源、交通通信系统等。上述四大部分相互渗透、密切联系，共同构成人的整体系统。

二、“地”是人文地理环境系统与自然地理环境系统的有机统一

地理学所理解的“地”就是地理环境。需要从系统整体与部分内在统一的角度，从人的实践活动和人的整体系统发展的角度，从人地互生、转化、过渡的角度，重新审视“地理环境”术语的内涵。地理学所理解的“地”应包含以下几方面含义。

1）“地”不是给定的、完整的、独立的体系，而是与人类活动双向生成并包容人类活动及其产物的系统。因此，这里的“地”已不再具有单纯的“自然性”，而或多或少融入了“社会性”的烙印。

2）人文环境是自然环境的一种人化过程的延伸。然而，人文系统并没有丧失自然本质，具有自然系统的“自然性”，即自在性、给定性、原生性以及活动方式的自发性、无目的性、物质和生命层次上的自组织性。对此，西蒙曾明确提出：“我们称之为人工产物的那些东西并不脱离自然。他们并没有得到无视或违背法则的特许。”人文地理系统与自然地理系统尽管存在物质的外在形态上的差异，但在其关联的运动中和“自然性”的本质上是统一的。

3）典型的人文地理环境与自然地理环境客观上存在着差异。人类把自然法加以人工（技术）的组合，创造出一种不同于原生自然物的新物质形态——人文形态，同时赋予了它新的特性——社会性，表现为创造性、自觉性、目的性以及智慧生物的自组织性，并以其特有的功能满足人类多维的效用需求：通过人类有目的地改造自然和创造社会的活动，减弱或克服了自然环境的无定性、不稳定性。人文地理环境成为人类抗衡自然风险、提供稳定需求的“缓冲器”；人文环境通过对自然资源进行多层次、多环节的加工，使其转化为生产资料和生活资源，成为自然资源和人类需求产品之间的“转换器”；人类所创造的中介系统，

其本身属于人类整体系统的一部分，又以其特有的功能手段极大地扩展着人的肢体、体力、智力和速度，在对自然环境的深度开发过程中拓展着人类系统，满足人类更高层次的精神、文化需求。天然自然生态环境系统与典型人文环境系统体现了地理环境“自然性”与“社会性”的两极对立，其间存在一系列的过渡类型。

4）地理环境对人类具有多功能价值形态。地理环境作为人类生存发展的基础，具有多种功能：一是土地生态系统提供的第一性生产力和生命构造力，这是人类第一产业——大农业存在和发展的基础；二是自然综合体提供的各种矿产资源、水资源、能源等，是人类第二产业——工矿业发展的物质基础；三是景观和生态环境功能，包括旅游价值、美学价值、科学文化价值以及环境稀释降解功能和生态调节功能；四是在土地开发利用过程中形成的历史积累；五是为人类活动提供空间场所以及在空间关联中形成区位效益。地理环境的多种功能属于广义的自然资源、自然-经济资源范畴，人类正是在对自然环境不断开发利用与人工环境不断重构中，推进着经济技术体系、社会文化体系的发展。由此可见，人与地之间的关系其实质是围绕人类社会-地理环境这一主轴关系而展开的。在人地关系的多层次结构体系中，人与土地自然综合体的关系是人地关系的基础层次。在这一基础层次上，存在人类与自身创造的交通系统、材料-动力系统、经济系统、科学技术系统、社会组织系统等各种关系。“地”的内涵随着人文环境系统组织结构的日益复杂化而反射出对人类社会的多功能的作用。“地”以其无限的丰富性满足人类不断变化的多样需求，诸如生理的、心理的、美学的、价值的、物质的等方面。

三、地理环境对人类社会构建的基础性作用

地理环境以其固有的属性对人类活动同时产生双重作用：一是以资源的形式或支撑条件不断提供人类所需的物质、能量或效用，对人类社会的发展起着基础性支撑作用；二是以不利的环境（自然条件严酷、水土流失、土地沙化、地力衰减、地处偏远）或爆发性灾害强烈地制约着人类活动。地理环境对人类社会的作用不只是前提条件，而且也是基础、基本的原因和决定性因素。地理环境对人类活动的支撑作用或限制性作用的强弱取决于地理环境的以下特性。

1）适宜性。适宜性反映的是地理环境对特定类型的人类活动的适宜状况。适宜性表明：人类活动对环境的选择性并不是无条件的、“任意的”或“自由的”，而且受制于适宜性宽度和适宜性等级。从多宜到不适宜、从高度适宜到极限适宜，人类选择的“自由度”越来越小，其利用的“风险度”越来越大。从某种意义上讲，人地关系发展史是适宜性内涵中人类活动因素不断强化的历史，是适宜性在时间上持续扩展的历史。

2）潜力级。潜力级是指针对特定人类活动，地理环境的等级、质量及其通过开发改造后可能提高的程度或支撑、满足程度。潜力级表明：人类活动发展的空间分布、时间过程和投入强度受制于潜力级。在空间上，人类活动总是从潜力级高的地区向潜力级低的地区推移，而这一过程主要是通过技术经济的投入，对限制级因素加以改造和克服得以实现的。从时间上，遵循从粗放经营到集约经营的发展过程；在时空关联上，表现为随着潜力等级的降低，集约度迅速递减，限制性增强，人类活动风险程度增大。

3）限制性。限制性是指关键性限制性因素或若干限制性因素的组合对特定类型的人类活动产生的障碍性或破坏性作用。限制性是与适宜性、潜力级互补的一个概念。正是限制性因素多、强度大，才导致适宜性和潜力级降低。限制性原理表明：环境的限制性制约了特定时期人类活动的产出水平，决定了人类活动的最大集约投入水平。随着技术经济的进步，人类不断克服限制性因素，在无限的时空里，这种克服的潜能近于无穷。然而，在特定的时空条件下，受技术条件的可行性界限、交通区位的界限、经济界限（超过经济临界值利润为负）等制约，环境的限制性又是绝对的。环境限制性程度越强，技术经济投入的成本代价越大，报酬递减速度越快，环境的决定性也由“隐性作用”变为“显性作用”。

4）资源禀赋、环境生产力与环境质量。资源禀赋和环境生产力是满足人类多种效用需求和价值水平的测度。环境生产力可分为自然生产力和经济生产力。自然生产力主要包括气候生产力、土地生产力、植物初级生产力等。自然生产力为人类社会生产力的发展提供了潜在的条件和可能性，其本身直接构成了人类社会生产力的一部分。环境生产力属性表明：环境的自然生产力是人类最“经济”、最“廉价”的“投入”。人类社会生产力，从根本上讲只是自然生产力延伸转化的结果。自然生产力和自然生态环境的破坏从根本上动摇了人类生存的基础。现代人类社会发展的一个目标就是用最小的投入成本（包括环境成本、资源成本）获得最大的社会综合生产力。

四、人地关系是一个具有多重关系和丰富内涵的总体

在“人地系统一体化”的今天，纯粹“自然环境”的“地”的概念已不复存在。“地”是包容“人”的一部分的“地”，“人”是不断被“地”渗入、特征化的“人”。人类通过对“地”的创造性改造和调控，把主体性切入到“地”的运动变化之中。人类社会之所以能不断演进和发展，其最根本的原因乃是不断地从土地综合体中获得更多、更好的物质、能量和更为强大的效用。人类社会的任何一种发展都是人类与环境相互作用、互生转化的结果。由此得出的一种观点是：唯有从人与地相互作用的广泛视角中，才有可能揭示出人类社会历史发展的总体特征；唯有从人与地的动态关系作用机制中，从对自然规律与社会规律整合机制

的探讨中，才有可能透彻地把握人地关系的本质属性。单纯的自然规律和社会规律均不能体现出人地关系的本质性和规律性。

人类社会的发展可用“人化”一词来称谓。由于人地交互作用，“人化”过程不仅体现在人类自身，而且也体现在环境的“人化”和“反人化”过程中，即“自然的人化”与“人的自然化”过程（图 12.1）。自然的人化和人的自然化是同一过程的双向运动形式，这一过程不只是人类主体单向的实践活动，同时也是环境以其固有的方式表现出的反响回应。这种双向生成、关联互动、循环扩展的统一，构成了人地关系发展的内部机制。

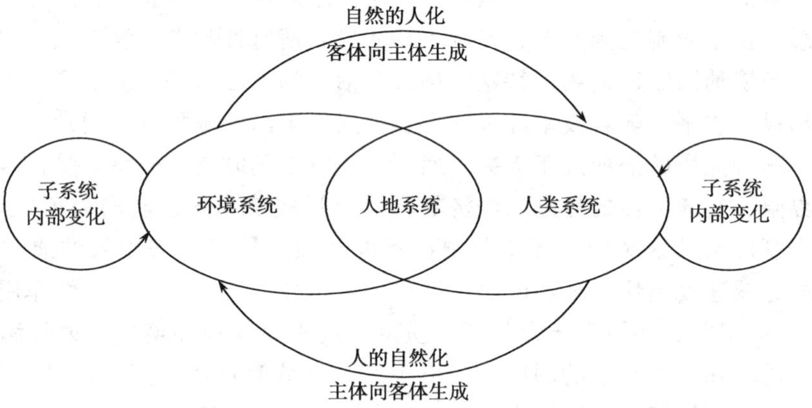

图 12.1　人地系统一体化和双向互动模式图

在人–地双向生成的过程中，一方面，人的本质力量不断凝聚并体现在作为活动对象的客体环境上，从而赋予了人地系统以人类社会特性。人类有目的的活动已经深刻地影响了自然过程中的速率、强度和方向，形成了兼具人类特性的新的自然过程，即自然规律包含有社会作用成分。另一方面，人类是自然环境发展的产物，是自然界的一部分，因此，自然规律在社会发展中始终起着作用。

人地系统存在一体化的双向互动性。人与地立体网络关系的形成、维持与发展是人文过程和自然过程交互作用的结果。人类活动不断推进着土地利用的深化和人类自身的发展。从“人的整体系统”到“人地系统”再到“自然环境系统”，存在着一系列相互关联的过渡环节和层次，很难划分出其截然的分界线。人与地在客观世界中，尽管从研究角度和认识角度可以作为两个不同的范畴来看待，但在其存在中是以融合不可分的一体来运动的（汤因比和池田大作，1985）。皮特强调了社会与环境关系的整体性。

地理学是一门研究社会和自然环境相互关系的学科。地理学关注社会如何形成、变化，如何逐渐改变自然环境，如何从原始自然状态创造赋予人性的各种形式，然后一个接一个的社会沉积物层沉淀，直到一个复杂的自然-社会景观的形成。地理学也关注自然如何影响社会，自然创造了人类，而社会力量使其具有文化色彩；自然具有对地区社会进程和经济发展的限制和提供原料的潜力。社会和自然的这种“关系”是一个完整的系统，一个相互关联的复合体。在一个方向中曾经是一个偶然的关系（在自然演化中人类的形成）变为在另一个相反方向上均等的偶然相互关系（社会演化改变“自然”环境）。这样，人类活动持续改造、重塑着自然环境。在社会和经济力量改造景观的意义下及在思想和话语的影响下，自然变得社会化。理解这个关系系统需要地理学家是经验丰富的自然科学工作者和社会科学家，寻找联合两者的方式，借助两方面知识的洞察力来获得方法。因此，地理学的核心是研究自然-社会的相互关系（理查德·皮特，2007）。

人地关系的发展既表现为人类对“地”开发利用的广度、深度不断增强，同时也表现为人类系统全方位、多层次的发展：从采集时代到现代工业时代，工具系统从石器、铜器、铁器向动力机器、智能化机器发展；交通工具从传统人背马拉向现代交通通信体系发展；动力系统由人力、畜力、水力向现代电力系统发展；随着人口的增加、科学技术和文化的进步，社会组织结构日趋精细化、规模化。与社会经济阶段性的发展相对应，人地关系由采集、游牧、原始农业、传统农业到集约型农业、城市、大都市带，实现一系列跳跃式的转型。人类社会发展的深层次驱动力既不是亚里士多德的“目的论”，也不是马克思主义的“阶级斗争说”或其他的“技术进步论”、“经济决定论”，而是人地关系的演进。人地关系的发展变化既是人类社会发展的深层次动力，又是社会发展的结果。人类连同他所创造的文化系统、社会系统、经济系统、工具装备系统、人工环境和城市系统、农业生态系统均是围绕人地关系这一“轴心”而发展、演变的。

以“人”为中心，从人文环境到自然环境，大致可分为六个基本层次（图12.2）：第一个层次是基础层次即人口系统，反映的是人口构成的发展变化关系；第二个层次是文化系统，是人类在改造自然环境和建构的人文环境的过程中所创造的精神-文化-制度体系；第三个层次是工具装备系统，是人类活动改造利用人文环境和自然环境所凭借的工具、手段，其本身可视为物质文化的一部分，既反映了人的本质力量的强弱大小，又反映了人与人、人与社会、人与自已所创造的工具中介系统的对立统一关系；第四个层次是人工产物系统，是人类利用中介手段和自然环境提供的条件、资源创造的人工系统及其产物，包括人工产品、城市聚落和“三废”物质等；第五个层次为农业生态系统，体现了农业活动中自然再

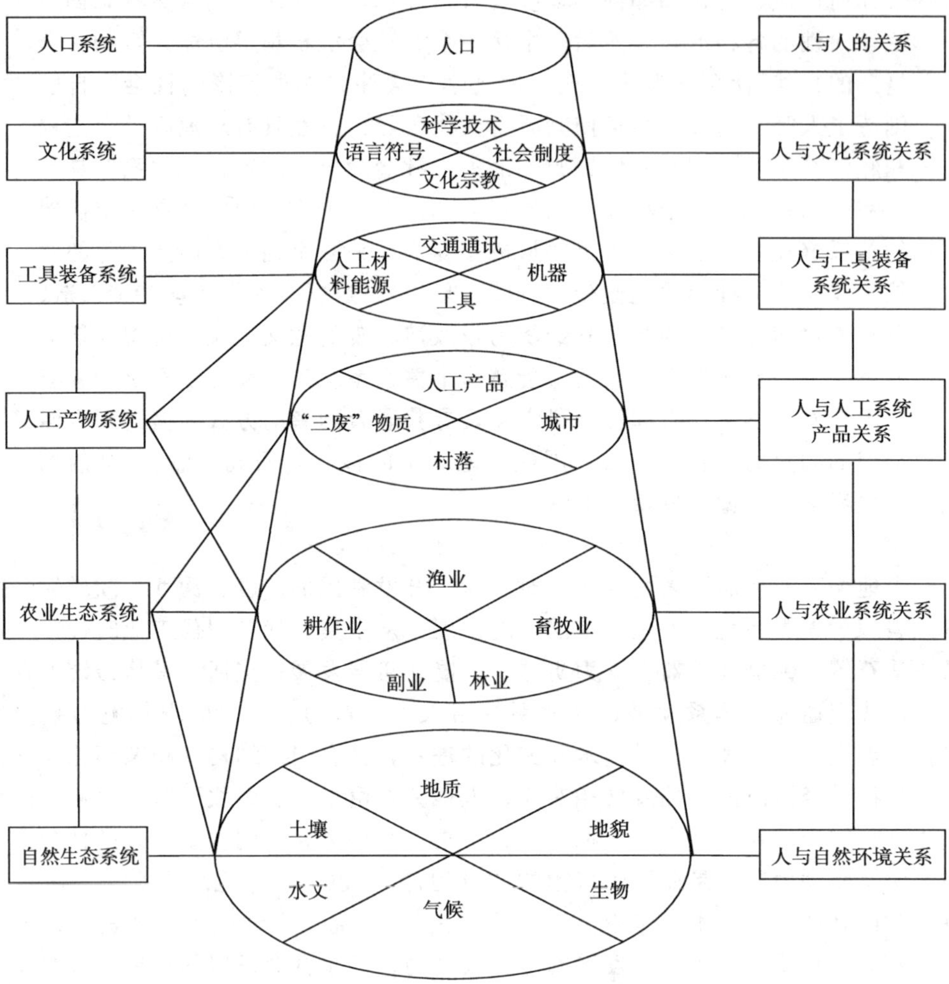

图 12.2　人地关系系统的立体结构模式

生产过程与经济再生产过程的统一，表明了人类与土地密不可分的关系；第六个层次是自然生态系统，提供人类生存与发展的条件和资源。以上六个人关系系统基本层次，分别对应于六种基本的人地关系：人与人、人与社会、社会与社会的关系；人与文化的关系；人与工具装备系统的关系；人与人工环境、人工产品的关系；人与农业生态系统的关系；人与自然生态环境的关系。

多功能的“地理环境”与多层次的“人的整体系统”双向生成，彼此渗透、相互作用，构成了人地关系极其丰富的内涵。人地关系，乃是基于人类生存发展需要所形成的人与人、人与群体、人与社会和文化（组织、制度、经济、政治、军事、文化、科技）、人与人工产物、人与自然综合体等多层面组成的物质-关系系统。在人地关系多层次结构体系中，人与自然的关系是所有其他关系的基础，其他关系均是在人与自然关系基础上的构筑与发展，并表现出递阶的、统一的但又是异质态的、复杂关联的作用。

第二节　人地关系的基本理论评述

地理学的人地关系论其思想来源有五：一是基于自然神学的目的论（设计论）思想，认为造物主创造了有秩序的自然，人作为自然的一部分与自然有相互的适应性，但人具有创造力而与其他自然物不同；二是自然控制的思想，最早形成于原始人类对自然力量的神秘和畏恐心理，经过长期的文化淀积，表现为对无法解释的事项、无法控制的自然力量的一种心理上和精神上的认可；三是“人是大地主宰”思想，认为上帝创造了人和世界万物，并给予了人特殊的地位，人类有充分地利用自然和改变自然秩序的权力，这一思想在近代主体至上哲学思潮、工业主义思潮推动下成为现实的实践活动，并发展成征服自然的人地观，进而走向科技万能论的极端；四是基于理性哲学思考基础上的“环境决定论”思想；五是达尔文的进化论和尔后的生态学思想，这一思想通过流变、嫁接，在近代地理学中产生了三种人地关系论，生物进化论与斯宾塞的“社会有机体”观点结合，对拉采尔的“国家有机体论”、“环境决定论”有直接影响；达尔文的随机理论与概率统计学的思维方式以及理性哲学思想的结合，对以后的或然论学者有相当的影响；“适者生存，自然选择”的观念与生态学、人类生态学的结合，造就了适应论（协调论）和生态论之说。在以上五种思想的影响下，地理学以人地关系为思想构架，相继从不同视角发展出不同的研究主题和思想观念，从而为地理学的发展注入新的活力，其内涵更为丰富和充实。

一、环境对人类活动的控制作用与环境决定论

地理环境对人类及其活动的影响一直是地理学长期关注的重要内容。古希腊时代的希波克拉底、亚里士多德等认为，人的性质、气质、智慧和可居住性由气候决定。罗马时代的斯特拉波认为不同的自然环境，特别是气候对人的身体、精神、艺术、政体有控制力（波德纳尔斯基，1986）。牛津大学卡本特（Carpenter，1589—1628）是一位强有力的自然力的倡导者，认为“不同气候带对人有不同的影响”。孟德斯鸠在所著的《论法的精神》（1784）一书中阐述了自然环境，特别是气候对人的心理、素质、情感、生理特征以及地方法律和国家政体的影响，奠定了近代环境决定论的哲学基础。

近代环境决定论体系的构建根源于德国的拉采尔所著的《人类地理学》一书。拉采尔认为，人和动植物一样是环境的产物，人的活动发展和抱负受到地理

环境的严格限制。他把环境对人类的影响分为三大类：对种族发展的影响，对心理发展的影响，对社会组织和经济发展的影响。力图建立人地关系一般性原理和法则。其后美国的辛普尔（E. Ellen，1863—1932）、亨丁顿（E. Huntington，1876—1947）、澳大利亚的泰勒（G. Taylor，1880—1963）、法国的德莫林斯（E. Demolins，1852—1907）等相续发展、推进了环境决定论。

环境决定论从它一成型开始，便遭到强烈批评。但是，环境决定论无疑存在历史的进步性和合理内核。① 环境决定论用自然环境的作用否定“神权统治”，把唯心（或唯神）论者的人地观颠倒过来，人地关系研究走向了唯物主义的道路，并加强了对自然地理环境的研究，推动了地理学向科学化方向的发展。②把人与自然、人与环境在环境决定论的一般概念下统一起来，使自然地理与人文地理合二为一，开创了人地关系的理论化探讨，在地理学思想发展史上占有重要地位。③强调了环境对人类活动（现实、潜在或未来）的作用和对人类生存发展的重要性。由于对环境的关心而导致环境意识和环境策略的兴起，从而奠定了当代环境意识、生态意识和全球意识发展的基础。④绝大部分环境决定论者都不是绝对的或极端的决定论者，并没有否定人的力量和作用。它从客体（地理环境）出发研究人地整合关系，构成理论存在的基础，同时也必然存在其自身的不足。

在对环境决定论的各种批评论著中，对我国最有影响的是斯大林在《辩证唯物主义和历史唯物主义》一文中的观点：“地理环境无疑是社会发展的经常的和必要的条件之一。它能影响到社会的发展——加速或延缓社会发展进程。但是它的影响并不是决定的影响，因为社会的变化和发展比地理环境的变化发展快得不可比拟。并由此得出结论：地理环境不可能成为社会发展的主要原因、决定的原因，因为在几万年间几乎保持不变的现象，绝不能成为在几百年间就发生根本变化的现象发展的主要原因。”这一观点成为我国 20 世纪 50 年代批评环境决定论的经典理论依据。

环境决定论在不断接受批评的发展过程中，也不断进行着内涵的转变：由单一自然要素决定论转向自然环境决定论，由狭义自然环境决定论转向广义的地理环境决定论；由对身心、气质、精神等方面的影响转向对经济、社会、生产力发展的综合影响；由直接的、线性的、单向的、静态的“绝对的机械决定论”转向动态网络的、关联的“相对决定论”。这种转变无疑将形成一个崭新的人地关系理论，可谓之“新环境论”。

二、人类在利用地理环境过程中的创造力、选择力与或然论

维达尔根据拉采尔所著《地学通论》第二卷的论述形成了或然论。他认为：自然为人类的居住地规定了界限，并提供了可能性，但是人们对这些条件的反应或适应则按照他自己的传统生活方式而有所不同。“经过数千年人类工作的累积，

地表的景观已大为改善，人类确实是改变地表的一个最有力因素。人力不但是具体的事物，而且可由各种物质影响上表现出来，因此，人乃是被动兼主动的地理因素。”白吕纳进一步提出：“人类与自然环境有连带关系，其关系并非自然环境单方面的作用，人类对自然环境也有选择的自由和活动的余地。”“自然是固定的，人是无定的，两者之间的关系随时代而变化。”法国历史及地理学者费玻尔(Febvre)在其所著的《历史学的地理学导论》一书中称这种观点为或然论，并指出：“世界并无必然，到处都存在着或然，人类作为机遇的主人，正是利用机遇的评判员。”

或然论强调了人类的选择力和创造力，倡导并发挥了人力足以改变自然的具体概念。与决定论一样，或然论也存在自身的不足：① 或然论作为一种抽象的观念，无法提出具体的模式和适当可行的方法解决复杂的人地问题；② 或然论缺乏决定论那样的研究深度和明晰度，对“人类活动如何影响环境，改变后的环境又如何作用于人类”的研究尚无实质性推进，而这一研究本应是或然论有望取得理论进展的最佳方向；③ 或然论的观点缺乏一套可检验、可实证的标准。英国地理学家 O. H. K 斯帕特等认为在“自然作贡献，人类作选择”的情况下，自然所作贡献的机会并非毫无限制，也不是到处相等，而是随地区、时间、经济实力和科技水准而不同，由此形成可由统计方法具体化的概率论观点。

长期以来，学术界将或然论与决定论看成两种绝对对立的观点，并出现以或然论否定决定论的思潮，严重地忽视了两者的共性和互补性：两者均以“环境的整体性”和“人地的交互作用”为出发点；决定论强调了环境对人类活动的“控制性”或“限制性”，或然论则在环境的限制性这一客观现实基础上强调人类活动的主体性、能动性。两种观点彼此渗透、互为依存。未来人地关系论的重大理论突破口可能在环境论与或然论的深化、整合过程中寻求建树。

三、文化：人与环境之间的尺度与文化论

“文化”是人文社会科学中最为复杂而又极为重要的概念，也是地理学的中心主题。然而，如同“文化”一词本身就有 160 多个定义一样，很难对地理学的“文化论”下一个明晰的定义。“文化论”是一种包括文化地理学、文化景观学、文化生态学、文化自然地理学、文化政治学、人本主义地理学、新文化地理学等研究中的基本概念、理论方法、思想观念的统称。

研究地理环境对文化的形成、发展、传播、扩展、整合的影响一直是人文地理学的传统领域。早期文化地理学的研究聚焦于人与自然关系。决定论强调自然环境对人类活动的控制力量与限制性作用，或然论则强调人在适应改造环境中的创造力与选择性。景观论者从文化景观角度对人与自然环境的关系（自然景观转变成人文景观）进行解读。与传统的自然科学倾向不同，人本主义地理学和行为

地理学更倾向于以社会学、文化学、人类学为中心，并重新审视外在环境特别是人文环境（如城市系统）的重要性。然而，人文地理学的“社会科学化”和“人文科学化”增添了地理学五彩缤纷的色彩，但远离自然又深深地削弱了“人与自然关系”这一最基本、最重要的核心问题。

20世纪以来，文化对环境的影响逐渐引起学者们的关注，从而形成了基于人地关系基础上的各种各样的文化观。①文化决定论。认为文化是人与自然关系的尺度，文化的发展水平决定着人对环境的影响程度，每一种文化特征水平都对应于特定的人地关系。②汤因比的“挑战与适应”模式，把文明的起源和发展归为人与环境的“挑战与应战”。从这一思想中我们能窥视出“环境决定论”与“或然论”结合的缩影。③L. A. 怀特的“能量-文化”进化观，认为能量利用的技术水平、类型、效益是推动社会发展和人地关系演进的基本动力。④文化生态学中的人与环境的适应模式。人类活动固然有对环境产生破坏（有意或无意）的消极一面，但大多数文化中均沉淀着保护环境的意识，正是基于这一合理内核，文化才能持久地保存并得以发展。⑤惠特尔西（D. S. Whittlesey，1890—1956）提出的“人类利用说”，认为地理学不应是研究人类对环境的适应，而是研究一个地区内人类社会占用的历史演变过程，并称此为相继占用。相继占用概念是环境决定论的对立面，实际上具有文化决定论意味，认为一个地区居民在其态度、目标或技术上如有任何重大改变，则自然资源基础对他们的意义就需重新估价。⑥当代文化变革论。针对日益严重的全球问题，不少学者提出：加强科学文化与人文文化的整合；重建人类文化道德价值坐标体系；走出人类中心主义，实行“新人道主义”，培养民众的环境、生态意识。力图通过文化变革来改变传统的思维模式、价值观念和行为方式，以此达到人地协调的目的。⑦文化（精神文化与制度文化）生产力论。文化已由社会生产力外部环境因素看成经济活动内在的活跃的因素，文化已被视为社会再生产的积极力量，文化经济学、文化产业、制度经济学成为现代经济学的热点领域。⑧结构主义哲学的文化观。哲学和社会科学的“语言转向”，把文化视为“话语”、“言语”、“文本”，从而使外行人必须通过他们本身的文本表达过程并从人种志的角度去解释文化。

文化决定论也是片面的。文化规范人们的行为准则，但人类在自己创造出来的文化面前并不是束手无策，俯首听命的。在面临新的人地问题时，人们总是从传统习惯和文化习惯之外去寻找解决办法，从而不断创造新的文化。把一切环境问题归咎于文化进展，要返古归宗，也有失偏颇。文化对人们的行为规范是有条件的，当人们在生存线上挣扎而加重生存环境破坏时，文化价值观也让位于生存基本需求。文化并不直接作用于环境，文化与环境并无直接的单向关系，在图12.3人地关系系统的立体结构模式中，我们看到文化与自然环境之间存在着农业生态系统、人工产物系统、工具装备系统、社会组织系统等多个交织的作用中介，其间存在着复杂的作用与变换，这就造成文化与自然环境必然存在关联，但其作用关系又不是直接的，呈现出微巧关系的特点。

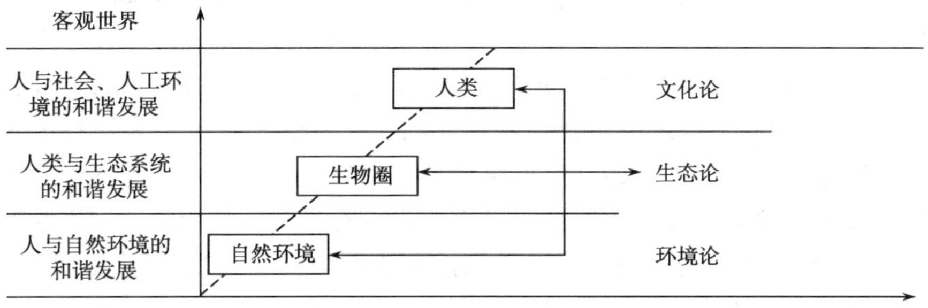

图 12.3　和谐的递阶结构

四、和谐论：人与自然环境和谐共生

1930 年 9 月罗士培（P. M. Roxby）在英国科学协会就任地理组主席发表讲演时说“人文地理学的主要内容包括：人类如何调整他和自然环境的关系；通过认识环境、调整有关地区人类社会的区域关系。‘调整’一词的含义既包括对某些人类活动的控制，也包括人类对环境的利用”。后来有人把这一说法提升为“调节论”或“适应论”。1980 年，在日本东京召开的第二十四届国际地理大会上，怀斯在开幕词中指出：“在今日世界人口日增、环境变化急剧、资源匮乏和自然灾害频繁的处境中，如何协调自然环境和人类活动的关系，已成为国际地理学所面临的主要研究任务。”近年来，不少生态学家、地理学家、未来学家和国家首脑也经常谈到人与自然共生和协调问题。“和谐论”的观点逐渐为社会所接受。20 世纪 80 年代以来，可持续发展观的提出把人地关系研究推向一个更高层次，可持续发展论是人地关系论的新进展，可持续发展的实质在于建立协调的人地关系。人地关系研究不仅要解决基本生存问题，同时要解决可持续发展问题，并从发展中解决人地矛盾冲突。

面对现代性危机，从事不同学科领域研究的学者开始纷纷进行反思：城市学者和城市规划学者开始反思“千城一面”的现象，并提出塑造城市特色；环境学者开始反思环境污染所带来的危害，提出可持续的发展观；地理学者开始反思环境决定论或者文化决定论的局限，而提出人地关系的和谐论以应对诸多的人地矛盾；人文学者开始反思学科分化所带来人文精神“破碎”的危害，并提出整合包括科学精神在内的人文精神。

现代性危机根植于西方的文化中，显然难以从其传统内核中“涅槃”再生，东方文化的内在“元素”在消解现代性危机中有其独特价值。图 12.4 表明了世界观有多种形式，从一种学说——儒家、道家——到某种宗教信仰——佛教、基督教——再到科学的世界观。从和谐论的观点来看，这些不同的世界观形式实际上阐述的是不同层次的和谐。佛教所提倡的“无我”，实际上表达的“无”是最大的和谐；道家所提倡的“道法自然”，追求的是自然的和谐；基督教提倡的外在奴役下的内心自由，实际上追求的是个体心灵的和谐；儒家所提倡的“德、礼、仁、信”，实际上追求的是社会心理的和谐；科学技术所努力建构的科学世界和人工世界，实际上追求的是世界结构程序和物化的和谐。新型人地关系需要从人类创造的各种文明和文化中获取优秀的、具有生态内核价值的“文化基因密码”。构建一种和谐的世界观是应对现代性危机的根本出路所在。和谐论是以谋求人地关系的和谐为准则，这需要在多个层面——人与社会、人与文化、人与人工环境、人与生态系统、人与自然环境等多层次和谐共生。

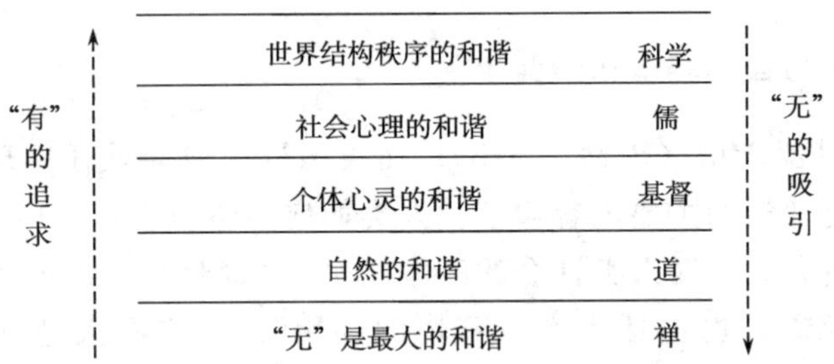

图 12.4　不同文化价值观念下的和谐观

本章小结

何谓人地关系？简而言之，人地关系是指人与自然环境/人文环境之间的交互作用关系。即问答：地是如何作用或影响人，人是如何作用或影响地，以及人地在相互作用中的过程-响应-关联问题。这里的人，不只是抽象的、机械的、粒子的、理性的、社会的人，同时也是具体的、非理性的、充满创造和学习能力的、具有多重属性差异的、鲜活的人。从理性人、粒子人、抽象人拓展到现实的、丰富的人，成为当代哲学的特点及其发展的驱动力，这为地理学对“人”的思考提供了新的哲学指导。这里的地，既不是“环境决定论”的控制因素，也不是社会学的被动的环境条件，而是具有适宜性、潜力级、限制性、资源禀赋、空间区位多种功能属性的、活跃变化的地。这里所指的关系，不是单一的、单向的、决定的、线性的，而是双向反馈的、互为依存的，以及实物与场域、潜存与现存、此在与彼在、近域与远域、现象与结构、随机性与不确性并存的关系体系。现代科学对复杂性世界图景的揭示，为现代地理学的发展提供了新的思想武器。

人地关系研究在地理学中居何种位置？毫无疑问，人地关系是地理学的核心。然而，几乎所有学科的研究都猎涉这一主题，地理学的人地关系研究，乃在于它的空间-地域-时空视角和跨知识契合的特点。人地关系与空间地域构成了彼此不可分的双核结构。地理学其他主题——自然的、人文的、社会的、景观的、生态的、行为的等均孕育诞生于这一地理学内核之中，并在其发展壮大中回归到这一母体，并进一步丰富了地理学的内涵。

第十三章　区域论、空间论与时空观

地方的综合、地方间的相互作用、尺度间的相互依赖成为地理学家观察世界的基本视角。从人类远古时代起，基于生存和探究心理的需要，引发了对基本的地理学问题的思考：在什么地方存在着什么？为什么是那样？地理学家一直在寻找适合的方法来解释区域多样性、差异性和关联性的原因。法国区域学派找到一种现代分析方法。这就是对当前区域景观和文化如何在长期的人与自然相互的作用中形成的历史解释，一种基于空间地域相对封闭、均质、稳定条件下的地方垂直综合。在全球化、城市化、信息化、区域一体化进程中，不同尺度间的联系对地方特征起着越来越重要的作用，这就形成了地理学空间分析发展的基础。通过相似性分析，寻找可以被理想化为几何模型的空间结构或模型。相关地区（区位、距离、结构中的不同现象）变成调查的焦点。用交通费用、通行时间、点线面网络结构、各种有形的“流”和无形的“场”的测度和度量具有比文字描述更强的说服力，地理学家的目标转向阐述空间规律。然而，扬弃区域内涵的空间分析最终发现简单的模式化并不能完全解决复杂的空间作用关系和区域个性特征问题。区域和空间的这一历史进程既为现代地理学出了难题，又为区域-空间重新整合提供了契机。

第一节　区域研究与区域论

所谓“区域论”，是有关区域概念与区域分异、区域类型与区域边界、区域结构与功能、区域差异性与区域相似性、区域多样性与区域独特性、区域垂直综合与区域间水平关联、区域共存性与区域历时性、区域分工与区域协作、区域本体论与区域方法论等思想观点的统称。

一、区域地理学的发展演进

正如人类存在着要了解往日、理解各种事象的历史变化的愿望一样，人类也存在着要了解什么地方、有什么存在、不同地方的存在有什么不同、为何不同的强烈愿望。地理学作为一个学术领域，满足了人们理解地方、利用地方生存和发展的需求，有关地方的经验和知识成为人类知识体系中不可缺失的部分。

古代时期的区域地理学专注于地理事象描述、人类如何适应与利用，缺乏系统化的体系和理论解释。瓦伦（1622—1650）对地理知识作了早期的、意义重大的逻辑化整理，他将地理学知识分为普通的（或一般的）与专门的（特殊的），识辨了后来被称为系统地理学和区域地理学之间的基本差别。康德（1724—1804）吸收利用了瓦伦的观点，认为无论是历史学还是地理学，都是描述性的综合知识体系。前者涉及时间中的事件，后者涉及空间中的环境。康德由此将地理学视为根据各地区的特殊性与差异性而进行的地区研究，并为从事地理学研究提供了哲学辩护（Livingston，1992）。

洪堡和李特尔将整体性、关联性、人地相关性、综合性、因果性等地理学核心概念注入区域研究中。洪堡特别强调区域的整体性和分异规律性，而李特尔更多地关注于区域多样性、差异性和独特性。两位近代地理学奠基人各有侧重地推进了区域地理学的科学化。在维达尔领导下，法国地理学派继承并发展了李特尔的区域研究和人地整合的思想，注重综合观念和方法，区域研究取得了丰硕的成果，推动了世界区域地理学研究的发展，并使其一度占据地理学的核心位置，形成了“区域综合是地理学工作的极峰”的观念。维达尔把每一个地方的“区域”的独特景观与生活方式视为人类与其自然环境在各个历史时期相互作用的结果。费尼曼（Fenneman，1919）总结说：所有要素之间的相互关系，首先要在特定的地方或地区去研究，地理学应立足于它的核心区域地理学，以防止其他科学跨越。赫特纳和哈特向分别对近代地理学区域学派的早期及晚期从经验主义哲学和方法论角度进行了总结。理查德·哈特向（1996）指出：“要想理解每一地区较之于其他地区的全部特征，我们必须审视相关特征的全部——区域地理学”，主张地理学家的任务就是从人文和自然维度去描述和解释区域多样性和差异性。达比（Darby）强调，“我们的系统问题都是为了追求达到目标的一切方法，而区域地理学才是我们研究的顶点”。即使哈格特（Haggett，1965）这一捍卫“空间论”的前锋人物也认为，区域是“组织地理信息最有逻辑性、最令人满意的方式之一”。区域论者认为，每个区域都是独特的，必须用区域方法论去研究，主张地理学者使用独特的方法，即描述独特的现象和独特的区域。

20世纪50～60年代，在地理学思想发展史上进入计量运动、空间分析、理论模式的高潮时期，地理学致力于普遍性、数学形式化和演绎方法的研究。注重独特性和归纳法的区域学派受到猛烈抨击，导致区域地理学整体的衰落。客观上，传统区域研究存在自身固有的缺陷：现象罗列，形态描述，缺乏有深度的整体关系研究；注重区域个性或独特性和差异性研究，对区际联系、区际等级动态关联作用和一般规律研究不足；以描述、解释为主的静态区域研究方法难于与不断变动、复杂网络关联的地理现象和环境相适应；区域地理研究缺乏在人地整合这一前提下自然地理学家和人文地理学家的有效合作，或侧重于人文地理研究区域，或偏重于自然地理研究区域，自然与人文割裂是阻碍区域地理学纵深发展的深层原因。

20世纪80年代以后，在多种力量驱动下，区域地理学得到复兴：缺失坚实的区域地理学基础，背离了瓦伦早就强调的区域地理与系统地理之间的互补关系，系统地理学的局限性日益暴露出来；离开区域丰富性、多样性、差异性和独特性的支撑，空间分析、数学形式化表达在取得重大进展后，却发现迷失了地理学的存在和方向；人本主义地理学和后现代地理学的兴起，抨击了“非人文”的空间科学，恢复了人们对地方丰富的感受，使地理学“重新”认识到地方、场所、区域、功能区等在地理学目的性、本体论、方法论和地理学实践上的重要意义；全球化、城市化、信息化不断地重塑空间地域，强化了全球与地方的关联与响应。马西（Massey）宣称：地理学应再次承担起向旧区域地理学的挑战；自从区域地理学迈向死亡，地理学者的功劳是尽力以一个形式维持或者以另一个形式使它复苏，这是一个重要任务。哈特（Hart）在给美国地理学会主席的演讲中强调区域地理是“地理学艺术中的最高形式”。不少地理学者欢天喜地地宣布：“新”区域地理学已诞生（Gregory，1989）。一些学者强调了“新”区域地理学是对传统区域地理学的决裂。而这种所谓的反叛仍是在区域多样性的坚持上，将批判的马克思主义、人本主义和社会相互作用理论注入区域研究中。对此，贝克引证并评述道：

> 不必惊讶，“新”区域地理学概念有很多争议：霍尔门（Holmen）甚至认为，所谓“新”区域地理学既不是“新的”，也不是“区域的”。但对地区、地点与区域文化的重新强调，依然恢复了地理学与社会科学及人文科学的联系。对某些学者而言，“新”区域地理学也许更具理论特征而较少经验性，但对恩特里金（Entrikin）而言，新研究与传统的区别在于“对地点传统‘事实’的超越，改变为研究的意愿越强，对地区的主客体验就越多。这种转变以增加既关注主观又关注客观事实所导致的逻辑复杂性为代价，为地点研究增加了丰富性”（阿兰·贝克，2008）。

二、区域地理学关注的若干主题

（一）区域概念与区域边界

区域研究首先面临的问题是区域概念界定与区域边界确定。阿兰·贝克（2008）指出：“区域地理学的问题，从根本上讲，是在它确定每一‘区域’的特性并划定其空间边界的双重研究中产生的。从理论上讲，前者要求了解与认识特定区域内全部范围的形式与功能，而后者，若不是假定有界地区特性的均质性，就至少假定其一系列的独特性与相互依存性。”然而，这一看似简单的问题却长期成为困扰区域地理学的难题。

区域是基于特定目的、任务、视角、分类依据所确定的差异化地域，不存在一个具有普适性的区域概念；区域的地理尺度选择并无统一性标准；区域相似性与区域差异性本身是一对既对立又互补的概念，依据此原则所划分出来的区域必然具有相对性；空间的连续延展使边界具有过渡性，而不同尺度下的边界缺乏精确的一致性；不同性别、年龄、文化的人对同一地域有不同偏好、知觉和理解，对地方的理解因人而异。任何特定的区域系统，“都仅仅是一种看待世界的方式”(Grigg，1965)。芬奇（V. F. Finch）提出“区域是一个心智的结构”，故分区范围、类型随着研究者个人的意见而发生差异。“地方的意义取决于所要考虑的问题及与这个问题有关的各种社会关系（McDowell，1997）；区域可表现为共时性(静态区域)，但区域本质特性是动态的。区域快速的变化，使区域信息旋即过时”。

约翰斯顿在其所著的《区域地理学：现状与展望》中指出了区域研究的许多困难。①对空间上不相联系的现象同样存在口头表达的困难。②找到一种强调区域重要性的方法也是一个问题。在理想的情况下，应该用每个区域自己特殊的方式来处理，但是它经常被更安全的标准模式取代，这种模式将会使无聊的描述泛滥。③界定区域时也存在困难。几乎没有区域有明确的边界，特别是对于统一的自然区域来说，问题就更为突出。在这种区域中，有许多特征的边界被或多或少的假定重叠起来，形成一种内部统一但是又清楚地区别于周围的环境区域。在功能区，边界线是一个中心辐射出的影响被另一个中心取代的地方。④范围的问题。区域地理学家必须找到一个概括的标准，既避免使读者沉溺于细节，同时又避免对正在讨论的区域没有一个清晰的映象。⑤当地数据的短缺。尽管在地理的调查、统计记录等方面得到巨大的发展，但以当地的水平，许多是不可得的。而更严厉的规则使研究者越来越难获得原始数据。并且，由于今天变化过程的迅速，不可能满意于那些几年前收集的资料。⑥区域差异性被掩盖。经济全球化和人类各种活动（如建筑和交通系统）形式的国际化使变化和独立的特征被忽视。一个区域不能再解释为人类与土地垂直关系的结果，水平关系的发展将把任何区域与世界其他地区联系起来。

区域概念、区域类型、区域边界存在相对性、模糊性、差异性、多样性、主观性和规范性。在实证主义者看来，这些特性使区域地理学不可救药，难入客观科学的圣殿。但在人本主义者和后现代主义者看来，这些特性则是地理学的意义、价值、无限潜力和地理学创造性意义所在。哈特向旨在使区域地理学成为客观科学，但他也承认无法避免主观性。哈特向主张，即使区域地理学存在固有难题，也不能允许地理学者“逃避将区域知识有机结合到最合适判断所决定的地域分区中这一任务”。哈维在《地理学的解释》(1999)一书中指出:“尽管难于精确把握,地理学者仍然倾向于用在‘区域’层面上进行人文与自然区分的方法进行研究……地理学者倾向于滤除小尺度变量与大尺度变量并全神贯注于系统……这在决定区域尺度方面具有重要意义。”同时,哈维也强调区域尺度的确定在区域研究中的重要性:“也许,地理学的研究领域,能够通过分析他研究的特殊水平而确定,而不是通过审视他所讨论的一种专题去确定……我准备提出地理学思想的另一个基本宗旨,即地理学研究的领域是由区域解析水平来确定的。”

(二)区域划分与区域类型

区域划分是区域研究的基础与前提。赫特纳(1983)指出:“用何种方法分区,乃由地理学家依据它的重要性决定的,若无特定目的而无法确定使用哪一种方法。世界上并没有一种能适用一切的分区方法,应选用能求得最大效果及最小损失的方法。”格里格(Grigg)提出“区划类似于分类”的观念。戴维斯(Davies,1972)则系统地构建了一整套分类分区系统,在《地理学的概念革命》中提出了地理学分类分区的十大原则:①分类乃由特殊目的需要而发展起来,很少有两个不同目的而有相同类型的分类。②两个不同事象之间必须有差异性存在,事象不同则不能适用同一分类系统。③分类不是绝对的,随研究事象改变而改变。④集合体的分类乃基于各个体的属性,而这些分类体的属性乃是它们的差异性。⑤对分区的逻辑而言,分区并非是无止境的。⑥在分区或分类的逻辑上,存在类似于“种”与“类”的等级层次结构。⑦在最基本的区域单元以上的各等级中,可不断进行分区。⑧差异性或分区原则是重要的。⑨属性的划分,在分区的目的上看,则愈高级其属性划分愈重要。⑩由差异性或分区原则所构成的分区体系颇为有用,体系的逻辑构成只有在⑤~⑨项条件下才能继续维持。

依据不同目的、任务、时间和空间尺度、对象与功能可以划分出不同的分区。各种形形色色的区域从构成要素上看,主要有自然区、社会区、经济区、行政区、政治区、文化区以及上述所形成的不同组合或主题分区。弗勒(Fleure)按照“增进福利”的差异把全球分成饥饿区、衰落区、增值区、费力区、困难区、流浪区、工业化区七种地域类型。在约翰斯顿主编的《人文地理学词典》“区域”条目中特别强调了功能区的意义:

> 区域地理学的早期研究大多关注形式区域,即以某种特征的存在或缺失为基础进行界定的区域。尽管哈特向预见了另一种概念——功能区域的重要性。但是两个概念的联系很大部分直到第二次世界大战后才得到研究。迪金森在其著作《城市区域和地方主义》(1947)中承认“区域均质性”的作用力(它支持了形式区的界定)。但是他认为只有“通

过分析‘区域关联’的特性、强度、范围、相互关系以及区域在空间上彼此联结和分离的方式”，区域均质性“完整的意义”才能被发掘出来。显然，这又回到了哈特向的观点上，但是迪金森表述的新颖之处就在于它脱离了自然地理和自然环境，提供了“隐含在社会空间结构之后的核心的区划原则”。这就是城市区域“具有相互关联的活动、类似的利益、共同的组织的地域。它以通向城市中心的道路为媒介而产生”。10 年后，菲尔布里克（Philbrick）巩固了迪金森关于人类空间组织的观点，他认为具有学术活力的人文地理学的任务是通过解释“地域内人类居住地的功能组织来分析独立于自然环境的人类居住地的地域结构”。他创制了一套理论构建——聚焦性、地方化、相互关联、空间不连续。

（三）全球化、信息化、地方化中的区域特质

卡斯特尔斯（Castells，1996）在《网络社会的兴起》一书中认为，交通通信技术的非凡进步，生产、贸易、金融、政治、文化的全球化，使世界成为一个“地球村”，空间流正越来越有力地打破地方之间保持个性和差异的樊篱。由此引出“地理终结”的说法。然而，更多的学者认为：全球日益加强的相互联系使传统的相对封闭的“马赛克区域”镶嵌格局已经过时，“地方的意义已被重新界定，而不是被削弱了”（McDowell，1997）；全球化与地方分异的新形式是同时发生的，地方差异既是全球与地方关联的原因，又是其结果；地方间的相互依赖与全球的联系增强了“地方的全球化意识”（Massey，1994），进入到“深度一体化”时代，应把地方看成是更大的全球体系中的切换点或者是跨越地方的网络中的节点；地方作为全球性力量与地方性反应的作用“场所”，其“边界”具有开放的、多孔的特征（不是实线而是虚线），地方独特性本质上是“本地性”与“本地以外”作用的产物；“强调‘外部’过程对地方‘内部’影响的地方概念，其重要性在于，它向那种认为地方及其中的人们可能通过设置保守的樊篱来抵抗非本地力量从而实现繁荣的观念发出了挑战”。

（四）区域研究聚焦点与区域研究方法

区域太复杂，存在多种多样的研究主题和视角。区域研究聚焦点在于揭示区域独特性、区域个性、区域精神、区域特质。这些概念广泛地出现在维达尔、福克斯、索尔、萨克等众多学者的论著中。吉尔伯特（Gilbert）宣称，地理学是“认识、描述与解释区域特性的艺术”。区域意义与试图寻求意识、价值、信念及其它们对人们行为的影响的理论是联系在一起的。段义孚（Tuan）强调地区的历史情感，把地区定义为活动的节点：“一个街角是经过管理的有重大历史意义

的空间。”人本主义地理学对“地方感”的热情、文化地理学对“文化区”的研究，以及社会空间的相互作用理论均强化了对地方、区域特征与个性的解释。社会结构化理论的缔造者吉登斯认为：

> 区划应该被看成是社会理论中有重要作用的观点。区划不是一个完全的空间的概念，而是表达了时空中背景的集合的概念，这才是对区划最正确的理解。由此，区划是一种在理论和经验层次上都具有决定性重要意义的现象。没有一个概念能比区划更有效地纠正“宏观”和“微观”尺度之间错误的划分；也没有一个概念能比区划更有效地反驳“社会”一定是一个具有精确确定的边界的、轮廓鲜明的整体这个假设（Giddens，1984）。

近代地理学的区域研究主要采用归纳法、比较法、观测观察法，以对区域进行条理化的记述和解释。20 世纪 50 年代以前，无论中外，解释区域的普通形式是：位置、地形、地质、气候、水文、生物、土壤、矿产、人口、交通、产业、都市等项目排列组织。呆板而少变化，重描述而少解释，重要素列举而少关系分析。方法论和理论上的薄弱使区域地理学的研究显得单调、肤浅、不切实际，这成为传统区域地理学衰落的根本原因。现代区域地理学呈现出一种新的发展态势：面向主题和问题，放弃了“八股文”式的记述列罗；在经验主义与逻辑实证主义基础上，采纳并发扬了人本文义、存在主义、结构主义和后结构主义、马克思主义等哲学思潮和社会科学理论；在传统的要素基础上，更加重视技术、政治、文化、制度、人文因素；在尺度上，更强调地点、地方、全球不同尺度的关联作用和区域过程的研究。

思里夫特（Thrift）将区域看作“人类作用和社会结构交汇的地方”。他认为区域由“一些相互作用的不同背景”组成——不同场所的特别的交汇。这些背景有助于形成“相互作用的错综复杂性，特殊的时空的特定性，生活就是交汇的感觉”。后来，这些观点在两个研究方向上得到发展：一是存在主义的解读，认为社会空间的产生是“伴随相互联系的生命而自动出现的人类存在的‘处所’的开辟和占据”；二是后结构主义的解读，它促使思里夫特把区域的构成与“对人类主体完全背景化的描述和对背景的完全主观化的描述”联系在一起。无论上述各种观点之间有怎样的差别，所有这些方法都意味着“区域”在社会生活的构建中有深刻的重要性，都强调了处于不停的运动和发生着巨大变化的区域形态的偶然性，这些变化基于区域形态的背景性，可以通过分析时空延展导致的“地方—全球辩证法”来理解。

区域学派的支持者将地理学既视作一门学科又视作一门艺术，并认为地理学者（和其他艺术家相同）应该强调文学水平。布鲁克（Broek）认为人类应该强调真正的人和事，而不是模型；品质而不是数量；评价和灵感而不是计算；美丽智慧而不是资料。地理学在某种程度上拥有这些属性。恩特里金（Entrikin）认为，地理的概念不适合于标准的分类，因为它把主观方法与客观方法分开，并且把特殊性和一般性分离出来。地区应被看成既有地点的客观特征，又有个人的主观经历。雷尔夫（Kelph）强调，应“同时考虑地方的独特性和一般性”。区域地理学科带头人佩特森（Paterson，1974）提出了撰写区域地理学的六个关键问题：用文字形式完整地描述区域的逻辑可能性；识别各个区域本身的问题；在表述时掌握尺度变化问题；次要区域信息的日渐短缺；各种区域特色的湮灭以及风格创新可能的有限性。佩特森明确指出，撰写区域地理学的任务在学术上是极具挑战性的（阿兰·贝克，2008）。

三、区域论思想评述

尽管从20世纪60年代以来区域地理学因其内在逻辑性和方法论问题而受到怀疑，但毫无疑问，“区域”是地理学的核心概念，“区域研究”是地理学的核心主题。区域发展和区域差异是环境要素之间以及环境与人类活动之间的相互作用的结果。区域是地理学人地关系研究主题的逻辑起点，由此也意味着区域论与人地关系论是一体的。区域地理学的发展需要处理好一系列关系并在对这些关系的研究中寻求突破：区域地理学与系统地理学的关系；区域传统研究方法（观察、描述、分析、类比、归纳、综合等）与现代研究方法（观测、实验、模拟、遥感与GIS技术、数学形式化表达、演绎以及生态学方法、行为学方法、现代系统学方法）的有机结合；区域的独特性、多样性与区域的普遍性、整体性（统一性）的关系；地方的垂直综合与地方间的关联作用、尺度（从地点、地方到全球）间的关系；区域地理学的时间-空间耦合关系；单一区域与复合区域（不同“区域”的嵌套系统）的关系；区域的渐变与突变问题；区域发展演变的驱动力与偶然性、随机性的作用；区域条件论、区域要素论、区域结构论、区域过程论、区域关联论与空间分析（空间论）的全新结合。

第二节　空间组织结构与空间论

所谓“空间论”，是有关空间形态（位置、方向、形状、点、线、面、网络）、空间要素、空间结构、空间区位（距离、费用、时间、场所、空间行为、空间偏好、区位配置、区位效益、区位决策）、空间关联（空间场域、空间摩擦、通达性、中心性、扩散效应与集聚效应、供给关系、竞争关系、互补关系、协同关系）、空间过程（流动、移动、扩散、变迁、膨胀、收缩、成长、衰落、循环、反馈、演替)、空间专业化与空间分化、空间组织与空间规划、空间分析与空间预测、空间决定论(空间崇拜、空间神秘论、空间分离论)、空间性、后现代性空间(社会空间、流动空间、空间的生产、空间的再现、知识权力空间、空间化文化等)、空间本体论、空间认识论和方法论等思想观点的统称。

一、"空间科学"运动及其成就

(一) 地理学空间运动的背景

20世纪50～60年代，在地理学内部兴起了一场"空间科学"运动，这一变革源于多种力量的驱动：对传统区域地理学的不满与反叛；逻辑实证主义和自然科学研究模式的持续激励；区位论思想、社会学的"理想模式"、经济学的理论假设的刺激和影响。第二次世界大战后主流的传统区域研究模式的琐碎、粗糙与表象描述已不再令人满意。哈佛大学地理系1953年被取消时，很多地理学家强烈地感受到使学科更为严谨精确和更受尊重的必要性，主题式的系统的研究方法因而被提出。耶茨·莫里斯(Yeates Maurice)认为地理学是规律性的学科，要求通过假设—推理法发展和验证其理论和模型，以发展地理学规律。地理学家不再寻求独特性和差异性，而是企图像物理学那样去发现相似性、普遍性法则。显然，这一变化既是方法论的又是认识论的，使地理学从"区域本体论"转向"空间本体论"，引发了对地理学的定义、主题的新的理解和争议。空间科学运动与地理学的实证主义实践、计量(地理学)运动、理论法则化(理论地理学)、社会空间理论互为一体，彼此强化，成为这一时期地理学思想发展的显著特色。

1953年，谢弗尔(Schaefer)发表《地理学的例外论：一个方法论的检验》一文(不幸的是谢弗尔于同年去世)，向哈特向的观点提出挑战。谢弗尔认为：地理学贫瘠是区域地理学对"独特性"的审视造成的；倡导地理学应探究"空间关系"，寻找"关于空间法则"；力促地理学者在现象的空间秩序中寻求规律性。其后，哈特向认为谢弗尔的文章对康德、洪堡和赫特纳等的思想认识不清、有所误解，且其论点对地理学的科学性有相当的破坏，故撰《地理学例外论的再检验》一文加以驳斥，开启谢弗尔与哈特向的论战，余波长达数十年之久。这场论战因缺乏逻辑对应前提而停滞不前，评论者多忽视谢、哈二人观点与基点的不同所造成的认知误解。事实上，谢-哈之争涉及的是对瓦伦提出的"系统地理学"与"区域地理学"的分类关系如何看待与处理的问题。多年以后，地理学者们再度放弃系统与区域二元分割对立的观点，重新回到互补共存的思路中。

计量运动、理论地理、空间分析主要是美国地理学家发起的，早期集中在几所大学。由于各校所持观点不同，研究方向不同，从而形成了各种不同的学派，主要有以下三种学派。①衣阿华的经济学派。代表人物是舍弗尔和麦卡尔蒂。此学派受经济学影响较深，着重探讨经济区位现象相互间的内在联系及其组合类型。尤其重视相关分析与回归分析等统计分析方法在人文地理学中的应用。②威斯康星的统计学派。主要运用相关分析、多元回归分析等方法，以发展和应用统计分析方法为主要特征。③普林斯顿的社会物理学派。领袖人物是司徒瓦特，创立了颇具特色的社会物理方法，引力模型、位势模型、空间相互作用模型得到了许多地理学家，特别是理论地理学家的青睐。

英国在哈格特（P. Haggett）等的领导下，强调“重建理论模式的重要性”和通过统计推理来验证假说，把空间结构分成点、线、面、层级、网络、流动、传播，来抽象社会空间组织结构的内部秩序。乔利（R. J. Chorley）和哈格特声称，地理学应该采纳基于模型的研究范式。地理学新的发展不止是体现范围更广泛的研究方法，而且同样要求根本意义上的范式的进步，每个地理学家都面临着在传统和新模型范式之间做出选择；模型的建立应以地理学调查为目的的，而它的完成需借助计量模型和电脑的使用（用以处理数据）；模型被定义为是现实一种理想化或者简单化的表现形式，它的目标是让我们能更为清楚地窥探事物的某些特征。对于乔利和哈格特而言，模型的概念十分广泛，它可以是一种理论、一种假设或者是一种系统的观点。

（二）地理学空间运动的成就

地理学空间运动的热潮以及它对区域特性和人的丰富性的忽视，引来不少轰击。20 世纪 80 年代，萨克（Robert Sack）在他的一系列论文里批判邦奇和哈格特的有关地理学是一门空间科学以及几何学是地理学的解释语言的观点。萨克认为，在涉及提供了解释变量的学科中，空间、时间和事物是不可以被分开而独立分析的。地理形态在不断地变化，而几何学是静态的——它对于时间是完全没有弹性的，几何法则足以解释与预测地球表面形状。如果地理学的目标只是分析地图上点与线，那么几何学足以成为地理学的解释语言。但是，“当作为解释一个城市发展的语言，我们不能接受其有关地面情况变化的描述……那样的话，几何学不可能独自地回答地理方面的问题”。

尽管空间学派面临着许多严厉批评，但大多数人都认可：计量方法的应用、空间分析的兴起、理论地理学的突破给地理学带来了重大变革和转折，实现了近代地理学向现代地理学的跨越。空间学派广泛地借鉴几何学、物理学和社会科学的方法和理论，打开了一向闭关自守的地理学的窗口，学科的边界得到更为广阔的拓展；地理学理论方法的发展提升了地理学家的地位，并为寻找工作的候选者在计划与管理部门提供了更多的机会。20 世纪 70～80 年代是从事地理学工作的创新者乐观的 10 年；记述和绘制地图对地理学的传统学派来说仍然是非常重要的，而空间学派使用更为精确的方法，空间模式使空间相关性、统计检测、模拟预测、理论解释变为可能。许多模型，包括重力模型这类的简单的模型，都是一个有效的比较数据的工具，因此可以用以表达地理差异；空间分析为地理信息的描述提供了更好的工具，遥感 GIS 技术与空间模型的结合展现出了地理学的远大前景。

相对人文地理学对空间的热情而言，自然地理学对空间的态度则显冷漠。马丁·肯特（Martin Kent）在《空间：自然地理学为空间腾出地盘》（载于《当代地理学要义》）中总结道：过去 30 年来自然地理学忽视了空间的概念；自然地理学对时间的重视比空间大得多，近代以来对过程的重视也许是以牺牲格局（空间）为代价的；空间单位，如植物群落、气团和流域等，在自然地理学中至关重要；整个自然地理学中空间综合未能得到很好的发展；GIS 为自然地理学的空间分析提供了令人兴奋的可能性；采用生物地理学方面空间分析新方法，可能激励自然地理学对空间重要性的重新认识。自然地理学与人文地理学对空间的关注未能同步，产生这一现象的原因是：人文地理学偏离传统的人与自然关系，而重点转向人与社会关系及社会空间；自然地理学与人文地理学分割，自然空间失去人文空间的支撑，也就同时失去了地理空间内涵的丰富性。

二、哲学和社会科学的“空间转向”与空间性

在约翰斯顿主编的《人文地理学词典》（2004）“空间性”条目中，指出“在人文地理学中使用‘空间性’有四个主要意义，它们都意指空间的人文和社会内涵，且都由明确的传统知识发展而来”，并对空间性的四个传统做了如下说明。

1）从存在主义和现象学，特别是海德格、胡塞尔的著作出发，皮克尔斯（Pickles）提出“作为研究世界的一种人文科学，地理学研究应该以人类空间性作为确定基础。”皮克尔斯主要关心的是存在论：“理解以（人类）空间性为特征的普遍结构，这是理解地方和空间本身的前提。”皮克尔斯反对那种认为“物理的自然空间”才是唯一真正的空间的观点，而这种思想在空间科学里很典型。

2）从阿尔蒂塞的结构马克思主义出发，法兰克福学派的马克思主义者指出，空间性概念有助于理解社会结构和空间结构之间的联系与对应。阿尔蒂塞认为，时间的不同概念和结构可以被指定在生产方式的不同层次中——“经济时间”、“政治时间”和“意识时间”，它们必须从这些不同的社会实践概念中建立起来。利皮耶兹（Lipietz）认为，空间结构的概念必须建立在一种社会结构的概念之上，因而必须从社会结构的概念中得出；空间性包括空间上“在场-不在场”的对应关系以及每一层次上社会实践的特殊系统中“参与-排除”之间的对应关系。每个这样的对应关系都应有其自身的拓扑学。卡斯泰尔（Castells，1977）在他的早期著作中提出了这种条件下对空间结构最为详细的分析（图 13.1），但是他

总结说理论化研究应该将时间性和空间性的概念结合起来进行，并转向突出空间-时间。

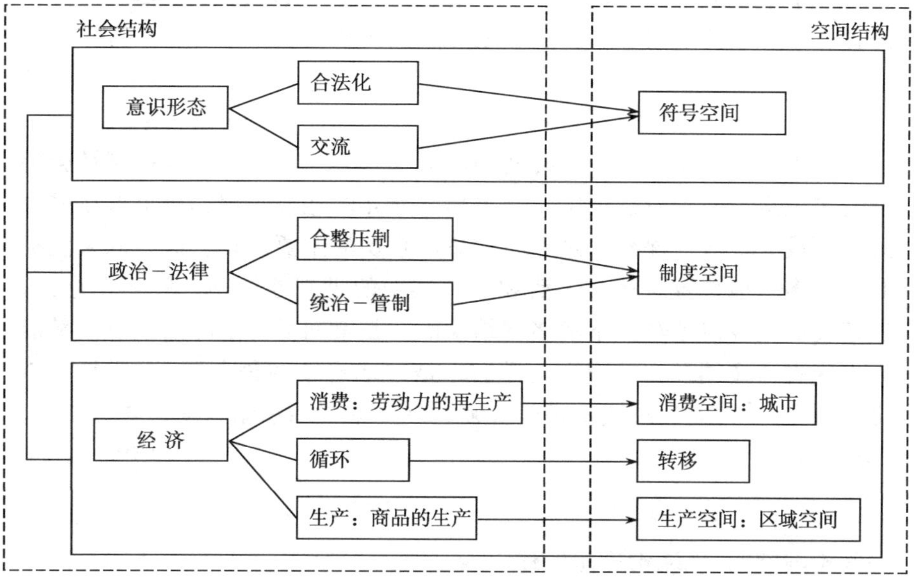

图 13.1　空间性（Castells，1977）

3）从勒菲弗尔的批判马克思主义观点，特别是他对空间的生产的解释出发，索加使用空间性这个术语来“确定地指社会生产的空间、指广义人文地理学中创造的形式和关系”。索加指出：“空间性和时间性，人文地理和人类历史，在一个复杂社会进程中交织，这个进程创造了一系列不断发展的空间性，创造了社会生活的空间-时间结构，它不仅为社会发展的大型运动，而且为日常活动的循环实践赋予形态”。

4）从后结构主义，特别是德勒兹和福柯的著作出发，许多作者使用空间性来揭示权力-知识的集合在空间中如何发挥作用以及特定主体-位置构成方式（Gregory，1993）。

现代哲学和社会科学的“空间转向”，空间性成为其关注的焦点之一。哲学和社会科学的空间转向反过来为以研究“空间-地域”为己任的地理学提供了新的视角和新的思维方式。20 世纪 70 年代以来空间步入社会理论构建的核心圈层中，社会学的空间转向成为当代社会理论进展的一个重要倾向，它沿着两条路径展开：吉登斯、布迪厄等社会理论家在现代性架构下审视空间与社会的交互关系；勒菲弗尔、福柯等后现代社会理论家采用一系列的地理学概念和空间隐喻来探索日益复杂和分化的社会世界。通过勒菲弗尔、福柯、吉登斯、詹姆逊、哈维和索加等后结构主义者、批判马克思主义者、后现代主义地理学者的创造性工作，政治空间、权力空间、女性空间、知识空间、都市日常生活空间得到广泛关注，推进了学术界的“空间转向”。把社会科学长期对时间与历史、社会和社会关系的青睐纷纷转到空间上来。索加在《后现代地理学》一书中认为：

> 至少在以往100年中，时间和历史在西方马克思主义和批判社会科学的实践意识与理论意识中，已占据了宠儿的地位。理解历史形成的方式，已成为解放性深刻思想和实用政治意识的主要源泉。这一源泉能极其灵活多变地包容对社会生活和社会实践的批判性解读。然而在今天，遮挡我们视线以致辨识不清诸多结果的，是空间而不是时间；表现最能发人深省而诡谲多变的理论世界的，是“地理学的创造”，而不是“历史的创造”。这是后现代地理学反复强调的前提和承诺（爱德华·索加，2004）。

三、空间论与空间-地域论思想评述

空间成为地理学的核心概念，归功于一大批学者的思想及其开创性工作。

李特尔以整体性和人地相关性看待空间，在《地表空间的配置及其在发展过程中的机能》（1850）一书中认为，“对土地空间的研究必须对该个体的现象以及和其周围的关系加以探讨，这样就可以认知每个个体的机能确证源自整体的组织”，提出了著名的“空间组织原理”。拉采尔以进化论的观点看空间，提出“生存空间”（居住空间、营养空间）的观念。德国古典经济学以实证主义哲学为指导，从人类活动与地理事物的存在角度来界定空间关系，强调区位效益及其合理安排（陈坤宏，1991），基于规范性假设和演绎法创建了地租理论与区位理论，两大理论体系均包容了自然与人文的空间关系，其贡献不仅在经济学，而且成为地理学特别是经济地理学的核心理论之一，进而加重了空间研究在地理学领域的筹码。

芝加哥学派把区位论和生态学引入城市内部空间结构和城市化过程的研究中，创立了城市空间理论。法国地理学者科利（Andre Cholley）提出“复合体”的空间概念，认为空间观念是地理学的基本原理之一，“以地表空间观点来研究各种事象，是使地理学研究达到科学水准的唯一途径”。美国学者里奇（Lynch，1960）等将行为科学的观点方法引入空间结构研究中，强调空间依人的意图、目标、情感、感应而界定，将传统的绝对空间观推向变动的相对空间观。哈维（Harvey）认为，将地理学当作是一门研究具体的个体的分布论的科学的做法是

不合理的，这是因为这种做法是以绝对空间的假设为前提的。在这个意义上讲，空间只是观念上的框架，只是一个抽象的并不实际存在的概念。思里夫特把地理空间分成四类：经验空间、开敞空间、图像空间和地方（情感）空间，认为把这四类空间联合起来将形成地理学的新思维。

现代交通系统的发展使一批学者转向交通系统的空间结构研究，强调交通运输通信的可及性和通达性及其产生的区位分异和土地利用上的差异，将空间看成由人类活动系统（居民、物品、技术信息等）互动而形成的开放体系（陈坤宏，1991）。通过相对空间概念的引入，横向的空间关系和利用各种公式计算出的距离就被赋予了解释性的力量。利用运输网络甚至是经验的感知，距离能根据运输成本、运输时间、里程数进行衡量。福勒（Forer）认识到：在一定程度上讲，由于以时间、距离甚至是里程数为基础计算的距离是社会科学和技术进步的典型后果，所以这些类型在空间本质上是动态的和相对的。由此福勒提出了弹性空间的定义，即空间的大小和形式都在不断地变化。他绘制的 New Zealand 有关时间-空间的地图为该理论做出了例证。罗纳德（Ronld）认为："向相对空间背景的偏移仍在继续中，而且这很有可能成为地理学历史上最根本的改变。因为它开拓了无尽的还待探索的新领域。"相对空间的重要性表现为：地域性和动态性是地理学的基本特点，比如迁移的方式、土地的利用、扩散的过程等，而这种地域性和动态性在很大程度上与其在空间的相对位置有关。从绝对空间到相对空间的转变具有基本的哲学含义，在此意义上，此次转变是一次革命。从现代地理学对相对空间的重视与表述中，我们看到地理学已从牛顿的经典力学世界转向到相对论-量子力学的世界图景。

阿尔弗雷德·赫特纳（1983）曾强调："地球表面没有通过它本身可以认识的现象，只有通过对地球其他地区与它有关的位置的了解，才能认识这种现象的本身。"乌尔曼（Eyre）在《从空间的相互影响看地理学》一文中同样认为："地点、位置（区位）的概念和它们的内涵——人与环境的关系及其空间相互影响以多种多样的方式为地理学理论提供了主要基础。"

地点（地域性）与位置（空间性）这两个概念以复杂的形式耦合而互补，地理事象存在于地方垂直综合与地方之间的空间相互作用中。空间与区域本是一对密切相关的概念，犹如一个硬币的两面互为存在。在早期的地理学研究中，空间和区域本是同一概念的两种提法，只是从 20 世纪 50 年代以来，区域研究衰落，空间研究兴隆，导致空间与区域研究的脱离，这既有标新之意，又有避嫌之感。与区域地理学比较，空间分析有它的特色与优势：重理论、演绎、抽象、假设、实证、法则、规律和数学形式化表述，这成为近代地理学向现代地理学跨越的标志之一。然而，空间分析这些特征又是以牺牲和抹杀区域独特性、多样性、丰富性为代价的。空间分析和法则论对区域地理学的否定使地理学思想的潜在连续性被遮掩了。对此，詹姆斯（James）认为所谓的“计量革命”并没有体现出许多人所想的那样巨大的改变。向差异化“空间性”回归，成为现代地理学向后现代地理学转变的动力所在。

地理空间的本质是地域性，空间的所有观念和方法同样适用于区域；离开区域和区域要素的空间不再是地理空间，而现代地理学者谁也不会将区域看成是平面的、静态的和封闭的区域；空间分析方法（动态、关联、层次、相互作用）是传统区域方法（综合、对比、分类、差异性）的进一步发展，空间研究可视为区域研究的现代表现方式；关于地理学研究的核心之说——区域研究、空间研究，从逻辑上看属同一范畴，是同一范畴不同研究角度的不同表述；唯有以人地关系为主轴，才能从根本上缝合空间-区域长期以来形成的鸿沟和分野；地理学者既需要从模型空间、几何空间、抽象空间中去理解空间的逻辑形式，又需要从社会、经济、政治、人性、情趣、文化、艺术角度去诠释区域内涵的多样性和差异性；通过倡导“空间-地域”论，兼融“区域论”和“空间论”的思想精华，地理学才能有新的突破与发展。地理学作为一门研究“空间-地域综合体”的科学，它的学术价值在于能在多大程度上搞清解释不同尺度区域的特性、空间联系和空间过程。空间理论和区域发展理论面临新的挑战：将独特性、偶然性、非线性特征融入空间分析中；将区域（环境）变量与空间变量结合起来建立解释力更强和空间-场所理论；揭示空间的塑造力以及对个体、群体和社会规制的影响力；阐明自然与人类行为的空间化以及尺度间复杂的关联作用。地理学的特质在于地理学提供了一种思想方式——区域综合、空间分析、时空耦合的思考方式。地方的多样性和独特性—空间过程与空间关联—理论解释与实践应用成为现代地理学研究的基本程式。

第三节　时空耦合性与时空论

时空耦合性既是地理学对象的基本特性（本体论特性），又是地理学研究的切入途径（方法论特性）。所谓地理学的“时空论”，强调的是时空性（时间与空间的不可分割性）、时空互补性（以空间换取时间，以时间换取空间）、时空耦合性（空间内涵随时间的变化而变化，时间的变化以空间为载体而存在）、时空收敛（交通通信技术进步下的时空特性）、时空压缩（时空收敛产生的社会、经济、政治后果）、地理过程、传播扩散、全球变化与区域变化等。对时空耦合性的研究，存在多种地理学关注的视角和研究途径，如时间地理学、历史地理学、景观变化研究、环境变化研究以及社会学时空研究。

一、历史地理学的时间-空间视角

时间与空间同为事物的本质。R. H. 贝克在《地理学与历史学》中指出："无论是'时间'还是'空间'，都是所有学者和所有与自然科学、社会科学以及人文科学（或历史学）相交叉的学科所共享的财产。空间在本质上是时间中的空间，时间在本质上是空间中的时间。虽然时间与空间都需要测量和评估，但无论是成为单一学科的显著核心还是用于分支科学，在逻辑上是不可分割的。""时间与地点在往日与现在都与人类有关，都被人类所构建与经历。"对此，泰勒（Talor）在《时间：从霸权的变化到日常生活》一文表述到："时间和空间构成宇宙的基本物理维度。这样，我们用时间量度变化，包括社会变化。社会时间表示含有内容的时间：变化过程中的人文现象。社会时间与社会空间作为'时空'而永恒地联系在一起。"爱德华·索加（2004）宣称，后现代地理学的目标就是重新思考时间、空间和社会结构的辩证关系。在萨克早期的研究中，他阐述了空间和时间是怎样形成不同种类的意义的："例如，时空的不同组合导致艺术形式上和意义上的不同。科学、典礼、神话、魔力以及日常生活都可以用他们怎样分析空间和时间的直觉来分析。"

专栏 13.1　时空耦合下的地理学与历史学的关联

对地理学与历史学的学科关系、学科界线、交融领域，学术界存在不同的争论与观点。如果说历史学是研究时间的学科，地理学是研究空间的学科，那么，时空耦合性使地理学与历史学不是一般性的科学之间的关系，也不只限于"历史地理学"这一交叉分支学科上。"历史学与地理学曾经被认为是姊妹学科，在研究方法与关注问题方面是如此相似，几乎可以表述为一门独立学科的两个方面"。历史学家乔治（Gegorge）在《地理学与历史学的关系》开篇中写道："没有地理学，就无法理解历史学。"阿兰·贝克（2008）《地理学与历史学》开篇中对应道："没有历史学，就无法理解地理学。"事实上，希腊学者希罗多德早就提出了"全部的历史都必须用地理观点来研究，而一切地理也必须用历史观点来研究"的观念。当代诠释哲学创始人伽达默尔说："历史理解的真正对象不是事件，而是事件的意义"，而事件的意义总是同当时的经济的、政治的、社会的、文化的背景即隐蔽在其后的地理环境紧密联系的。

二、哈格斯特朗的创新模式与时间地理学

瑞典地理学家哈格斯特朗（Hagerstrand，1916—2004）在其博士论文 *Inno-*

vation Diffusion as a Spatial Process（1953）中，构造了扩散过程的随机变量模型，使得创新的扩散得以模拟，并在随后对经验主义的研究加以检验。这种在概率理论基础上的随机模型改变了决定论的模型思维方式（在一系列初始条件和关系既定的前提下，一些以时间和空间为变量的系统的未来完全可以精确预测）。在该模型的测试过程中发现，在创新过程中，某一阶段的方差的形式会对随后一个阶段的方差的形式有影响。因此这样的一个模型对那些计划制订者是有用的。兰德大学的地理系因此声名鹊起，并成为理论地理学的权威。在随后的岁月里，哈格斯特朗所用的技术和统计方面的方法所得到的关注反而比其理论分析多。他自己也承认他的研究在经验主义的发现方面的意义还不如其在对扩散过程的一般分析方面。他在学位论文中写到：尽管用以解释扩散过程的有关材料与某个特定区域有关，但是这应该被认为是令人可惜的必需品而非方法论上的精妙。这理所当然地意味着对传统区域地理学家的一次故意的挑衅。哈格斯特朗认为他对有关单个区域的信息及其随着时间推移所造成的改变的分析，是自己对地理学思想最重要的贡献，此类研究成为对扩散过程进行更深层次探讨的基础。

在20世纪70年代，哈格斯特朗继续对个体行为的时空特征进行更为细致的研究，他运用三维模型以描绘个体在时间和空间里的活动，这一研究标志着时间地理学的开端。按照时间地理学流派的理论，时间和空间是约束行为的条件，时间约束所有个体，而空间的约束力则随经济状况和其他个体环境的不同而变化。在以后的几十年里，时间-空间地理学随后的研究在兰德大学和其他地方得到了发展，并已经为人类行为地理学的研究照明了道路。有关时间地理学的众多研究成果相继发表：《时间中的空间和空间中的时间》、《时间资源，社会和生态学：前工业社会，人们在空间和时间中的交往能力》。时间地理学的发展，其意义有三：一是改变了地理学长期注重“社会群体”、忽视“生命个体”的研究模式，对个体行为活动的关注影响到地理学对“人”的理解和地理学的特性，其意义如同存在主义对“个体”存在意义的强调一样；二是把个体-时间-空间整合于三维模型之中，把地理学引入可观测、可量化的研究路径中；三是由地理学家创立的时间地理学研究方法对社会学的研究产生重要影响。然而，时间地理学的三维模型由于存在对群体行为描述的失效而受到批评。

三、吉登斯的现代性空间与“时空延展”

在吉登斯看来，现代社会中的所谓秩序问题，实际上是“时空延展”问题，即将时间与空间组织起来从而连接在场与缺场的条件是如何不同于各种传统社会形式的，现代社会的种种制度是怎样在时间与空间中定位并形成现代性的整体特征的。吉登斯认为，最好从“场所”的角度来界定“地点”，它指的是社会活动的物理环境。在传统社会中，空间与场所大多数是重合的，因为对社会大多数人来说，社会生活的空间维度是受“在场——地点化”的活动支配的。现代社会不仅使时间与空间相分离，而且也使空间与场所相脱离。但是吉登斯认为，空间与场所相脱离同统一的测量方式的出现并非密切相连，不应该将时间与空间的分离看作一条直线的发展，相反，与所有的发展趋势一样，它具有辩证的特征。

时间与空间的切割为其与社会活动的关联提供了一个基础，“时空的切割不意味着从此以后成为人类社会组织的相互异己的方面。恰恰相反，它为不同场合的协调的社会活动提供了时空重组的坚实基础”。总之，从邮电通信到电报电话再到电子邮件，从计算机到因特网，在场的东西的直接作用越来越为在时间-空间意义上隐藏（absence）的东西所替代。在吉登斯看来，时间空间的伸延与分离是理解现代性的关键之一。

吉登斯借鉴时间地理学发展出了不少与空间相关的概念，如区域化、时空抽离、场所、在场、不在场、共同在场和在场可得性。吉登斯在《社会学》(2001)一书中指出：“理解人们的活动如何在时间和空间分布的，对于分析接触以及理解一般社会生活是至关重要的”，“区域化的概念可以帮助我们了解社会生活在时空中如何得以分区”，“所有的社会互动都是在时间和空间中发生的。可以通过考察我们的活动如何在确定的时期发生以及如何同时又包括空间上的活动，来分析我们的日常生活是如何在时间和空间上被‘分区’的”。

吉登斯试图以这些概念来辨识社会互动以及在空间结构下如何以不同的形式延展，并改变社会的资源分配结构和运行机制，同时将时间空间关系直接与权力的产生、统治结构和再生产紧密联系在一起。由此，社会的空间性的构成与历史性的构成紧密结合起来。索加（Soja）认为，吉登斯的成就在于将权力注入社会的空间化本体论之中，并且将权力注入对地理学的创造性的阐释之中。

四、复杂性与不确定性下的时空观

直到20世纪中叶以前，牛顿的绝对时空观一直在科学者思维中占统治地位。自然系统被理解为守规矩的、可分析的、可预测的和可控制的。20世纪50年代以来，现代科学展现出了一个全新的世界图景——这就是相对论-量子论的世界图景、进化论-生态学的有机世界、复杂性科学的复杂性世界。这些新的世界观念从根本上冲击了经典力学世界的绝对时空观，把地理学引入到相对的、偶然的、随机的、潜存的地理世界。地理学，尤其是自然地理学有长期关注地球表层形态、结构的起源、历史与发育的传统，这以戴维斯的地貌侵蚀轮回模式最为经典。20世纪中叶，测年技术的重要进展使环境变化的历史序列更为精细，这在一定程度上助长了对未来预测的乐观心态。然而，早在1920年，生物种间竞争模型预示着演替理论简单化的概念基础被摒弃。20世纪40年代末期，洛伦兹通过对一些问题的计算机运算，意外地发现气候建模中非线性现象和混沌方面的困难，即初始状态灵敏度问题。尔后，非线性与混沌现象、随机性和偶然性受到自然科学和社会科学的高度重视。不管是自然环境系统还是人文环境系统，非线性、混沌、复杂性和非平衡态、偶然性的重要性都在影响着地理系统的时间变化过程和空间重构过程；非线性、初始状态灵感性、内部阈限、随机扰动、外力作用可能造成不确定性的转换特性；地理事象一旦由潜存转变为现存，路径依赖、自组织机制将发生作用；地理学必须接受、识别非线性行为及其产生的时间序列效应和空间效应。

专栏 13.2　博尔赫斯的时空悖论

如果说笛卡儿和牛顿的“绝对时空观”给人们以清晰的确定性，那么，“相对时空观”的提出、偶然性的回归、系统的分岔与涨落带给“世界图景”更多的是不确定性。时空的复杂性是地理学复杂性的又一本源。阿根廷作家博尔赫斯的《交叉小径的花园》是一个充满多维时间之箭、同存性无限空间的迷宫与悖论：“时间有无数系列，背离的、汇合的和平行的时间织成一张不断增长、错综复杂的网。由互相靠拢、分歧、交错，或者永远互不干扰的时间织成的网络包含了所有的可能性。在大部分时间里，我们并不存在；在某些时间，有你而没有我；在另一些时间，有我而没有你；再有一些时间，你我都存在”。博尔赫斯超凡卓越的观察与思考使当代哲学、社会科学、后现代地理学阐述所面临的某些两难困境具体化。索加（Edward W. Soja）在《后现代地理学》中对空间的同存性进行了深刻阐述：“然后我看见了那个交叉小径的花园……在这一个单一而庞大的瞬间，我看到数不清的行为，既令人愉悦，又让人厌恶；令我惊愕的倒不是其中的某一行为，而是所有这些行为在空间上占据着一个点，既不重叠又不透明。映入我眼帘的，均是同存性的事物，可现在流于我笔端的，却是依次性的，因为语言是依次连接的。”（爱德华·索加，2004）

五、地理学时空论思想评述

时空尺度问题是地理学的核心问题，同时也是地理学和科学的难点问题。从分子尺度到全球尺度、从几分钟到数年、数千万年的时间跨度都是地理学研究的领域。随着尺度的变化，地理学关注的问题和得到的结论亦不相同，地理学者需要灵活而敏锐的方法和对尺度敏感的思想。尺度研究涉及多个关键性问题：尺度的选择问题，即研究应该选择什么样的尺度；时间尺度与空间尺度的匹配问题，即针对特定研究对象的空间尺度选择何种时间尺度去对应；不同空间尺度之间的关联互动作用问题；尺度变化的稳定性与非线性、混沌、攀级问题；尺度与分辨率问题，即对选择的尺度和对象清楚的识别、分辨能力；尺度的嵌套问题，在一种尺度上得到的研究结果如何小心谨慎地推广到另一尺度或区域。

地理学对地理事象的时空耦合关系研究已发展出多种途径与视角。①“静态空间”，即对地理空间的“时间同时性”-“空间共存性”研究。这一视角可描述为：在垂直时间之箭上切割的水平地理空间。这里的时间之箭可分为瞬间尺度、短时段尺度、中时段尺度、长时段尺度、地质年代尺度。②“动态空间”，即对地理空间的“变化过程”-“空间重构”研究。这一视角可描述为：时间之箭垂直穿越各个地理空间，或表述为在时间的连续变化中地理空间的不断重构，关注于不同地理空间中地理事象及其关系的变化与变化的地理空间结构。这里的地理空间指从地点、地方、地区到全球尺度。③尺度辩证法。通过尺度的放大与缩小来认识与揭示对象特性。④时空收敛（time-space convergence）研究，关注于交通通信技术进步对时空的影响，这一概念由贾内尔（Janelle，1969）提出。⑤哈格斯特朗（Hagerstrand）创立的空间扩散模式和时间地理学研究方法。⑥哈维的时空压缩（time-space compression）。基于“空间被时间湮灭”的想法，哈维把时间与空间和经济必要性与文化表达这两面连接起来揭示现代资本主义关系：缩小的世界是资本主义“创造性破坏”周期过程的一部分，如同需要新的投资以解决人口过剩危机一样。⑦网络社会的虚拟时间和马赛克空间。

本章小结

尽管其它学科没有鲜明地突出人地关系这一术语，但人地关系的研究显然不是地理学所独有。在科学高度分化专业化的今天，当各自然要素和人文要素已经成为各门自然科学和人文社会科学独立的研究对象时，还给地理学留下什么？实际上，这是瓦伦、康德、李特尔、李希霍芬、赫特纳、哈特向等不断在思考的问题。早在近代地理学构建初期，李特尔就敏锐地意识到科学分化和地理学附属历史（社会学）对地理学造成的危机与压力，从而将地理学的研究聚焦于“人与区域/空间”，不同尺度的地方综合及其之间的作用关系就成为地理学的研究领域。区域-空间-时空研究既是地理学的起点，也是地理学的归宿。区域论、空间论、时空耦合论及其所包含的概念集群，成为地理学理论体系的重要组成部分，同时也为地理学的发展提供了支撑。借助现代科学技术成果，现在已经到了彻底克服区域与空间、时间与空间二元分割格局的时候了，整合的“区域-空间-时空”论与全新的“人地关系”理念结合，成为地理学生机与活力所在。

第十四章　生态论与景观论

生态论与景观论发展的地理基础来自于区域研究和人地关系研究。从广泛的视角上看，生态论和景观论属于地理学的“人地关系论”与“区域论”范畴。生态论和景观论在对环境决定论的批判和区域研究诸多不足的克服中得到快速发展，进而在传统的地理学主题中又繁衍出两大新生主题，从而使地理学的研究更为丰富多彩。

第一节　生　态　论

所谓“生态论”，是指在地理学研究中，利用生物学尤其是生态学的思想、理论、方法来研究人与自然生态环境、人与人文环境的关系，形成地理学“生态”指向的泛称。地理学“生态论”之所以能成为地理学的中心主题之一，仍在于生态学与地理学在其发展历程、研究对象、应用领域等方面存在着紧密的甚至是难以分割的联系。从这一视角看，生态学本身无疑具有备了“地理基因”。

一、地理学与生态学的关联

早期将生物与环境关联起来考虑的是一些博物学家、生物学家和地理学家。1735年，雷米尔（R. Reaumur）发现昆虫生理发育与积温存在一个常数关系。1855年，卡德罗（A. Cadolle）将积温概念引入植物生态学，为物候学理论研究打下基础。洪堡从自然环境整体论思想出发，提出了“植物群落”和“景观”概念，揭示了植物分布与气候的关系，创立了植物地理学，成为生态学思想的根源所在。1859年达尔文的《物种起源》对生态学的发展有巨大推动作用。1866年，E. 海克尔首先把“研究生物有机体与环境相互关系”的科学，命名为生态学。瓦尔明（E. Warming）的《植物分布学》（1859）和谢普尔（A. F. W. Schimper）的《以生理为基础的植物地理学》（1898）标志着生态学作为生物学分支科学的诞生。1900～1930年，生态学渗透到生物学各个学科，形成了生态学众多分支科学，并在群落演替、群落结构、植物地理学和生物地理群落研究方面成效显著。可见，在生态学建立时期，地理学与生态学对“群落”这一尺度的结构、分布、动态研究上是不分彼此的，两者的视角和研究方法、手段基本相同。

20世纪30年代，坦斯利（A. G. Tansley）提出生态系统和生态平衡的概念。随着能量金字塔、基本产量（生物量、现存量）的研究，尤其是奥德姆的能量流动和能量收支及奥文顿的营养物质循环的研究，标志着现代生态学的创建。

从60年代以来，生态学的研究更加关注于变化的非线性特征、群落演替发展的偶然性与随机性意义、生态系统的稳定性与恢复力、生态阈值与生态退化、生物自组织和生物多样性、全球生态系统的承载能力、生态转移与生态伦理。在研究领域上，从传统的生物与环境的关系拓展到人类，并将应用生态学定义为“研究人类社会与其自然环境之间的关系”的学科。也就是说，应用生态学的研究与地理学的“人地关系”研究已全域叠置。一方面，这强化了地理学与生态学的关联与交融；另一方面，生态学的强势和在公众中的声望使地理学处于不利的竞争地位。这或许促使了地理学以“生态论”来抗衡，同时又迫使了地理学更多地转向于人与人工环境、人与社会的环境研究。

专栏14.1　生态学的扩张与泛化

生态学由于关注于生物与自然环境的关系、人与自然生态环境的关系，加之有强势的生物学作支撑，同时与物理、化学、现代系统理论深部结合，从而使生态学极富学科张力和社会影响力。苏联学者吉姆·申林指出，生态学是“一种世界观和方法论，是科学的思维方法”。生态学导致了自然科学和社会科学一种强烈的“生态化”趋势，“生态”成为学术界、政府、新闻高频度使用的话语。兰州大学生物系教授赵松岭对此提出了很独特的看法：“生态学在社会科学中已到无孔不入的地步，这对社会学科的发展并无多大意义，同时也加重了生态学自身的发展危机。”显然，生态学研究对象的特点决定了它与地理学、人类学这类学科具有高度关联性。尽管从马克思主义和后现代主义观点看，“政治生态”很有意义和价值，但它只是政治学研究一个“借来”的术语。布赖恩·斯普纳在《从人文方面看生态学研究前景》一文中认为：由于借用或移植生态学的技术名词，在这个领域已造成了更大程度的混乱；20世纪60年代对生态认识的提高导致对生态问题采取生态系统的研究方法，生态系统研究方法的滥用，不仅妨碍了对问题过程的分析，而且也歪曲了对这一过程的认识，理由很简单：人类活动的复杂性因果关系从来不受生态系统的局限，事实上，人类活动经常依靠毗邻的不同的生态系统所提供的各种可能性的总和；为了纠正这些弊病，需要在自然科学与社会科学工作者之间建立真正的对话，但这样的对话一直发展缓慢，因为对生态问题感兴趣而又有充分的自然生态功底的社会科学家为数极少。事实上，斯普纳谈及的问题在近年来“生态足迹”理论的应用上和地理学的一些“生态论”中同样存在。

二、地理学的生态研究进展

地理学与生物学、生态学思想方法的结合表现为几个集中的主题。

1）生物进化论与地理学思想。拉马克、达尔文和尔后的现代生物进化论，如同其对社会科学的影响一样，对地理学产生了广泛而深刻的影响。达尔文的进化论（演化观念、有机体组织观念、自然选择与生存竞争观念、网络关联和随机观念……）对人地关系论中的环境决定论、国家有机体论、或然论、适应论（调节论）以及戴维斯的侵蚀循环学等均有相当大的影响。拉采尔从动物学研究转向人文地理学研究，生物学尤其是进化论的理论方法对拉采尔的学术成就无疑有重要影响。

2）人类生态学。20 世纪初叶，美国芝加哥城市社会学家帕克（R. E. Park）在所著的《社会学导论》（1921）一书中，把生态学思想（入侵与演替、生态龛或生态位）引入城市社会学研究中，从而为芝加哥人类生态学派赢得声誉，同时也因其把“社会”与“生物”类比、采用实用主义的归纳法而受到严厉批评。1923 年，H. 巴罗斯发表《作为人类生态学的地理学》一文，主张地理学研究的目的不在于考察环境本身的特征与客观存在的自然现象，而在于研究人类对自然环境的反应，“地理学以弄清自然环境和人类分布、人类活动之间所存在的关系作为目标”，“以人类适应环境的观点来观察这个问题，较从环境的影响出发更为明智”，宣称地理学的中心课题是研究特定地区的“人类生态学”。然而，巴罗斯的人类生态学关注的重点不是“人类与自然环境的关系”，而是转向“人与社会关系”。这一转向重视了社会群体的相互作用，加强了对人类社会的理解，然而却贬低了自然环境的作用。也就是说，在本质上，巴罗斯的“人类生态学”是“社会的”而不是“生态的”。从 20 世纪中叶以后，由于人类普遍关心环境品质，对人类活动引起的生物绝灭、生物多样性减少和生态系统的破坏已有初步的认识，于是生态学的观点再度受到地理学者的关注，并再次转向对自然生态的关注。

3）景观生态学。1939 年，特罗尔（Carl Troll，1889—1975）在利用航片解译东非土地利用时提出了“景观生态学”这一概念，用来表述生物群落和它们所在的特定景观区域的环境之间的因果关系与互惠关系的复合体。特罗尔认为景观生态学总体上接近自然地理学，就像社会地理学接近于人文地理学一样。在《地理学的现代整合》（1983）一书中，哈格特（Haggett）建议将生态学分析作为综合地理学的三种方法之一。“景观生态学以整个景观为对象，通过物质流、能量流、信息流与价值流在地球表层的传输和交换，通过生物与非生物以及人类之间的相互作用与转化，运用生态系统理论和系统方法研究景观结构与功能、景观动态变化以及相互作用机理，研究景观的美化格局、优化结构、合理利用和保护”。

4）环境生态学或生态（生物）地理学。环境生态学重点研究各类生态环境系统的空间分布、结构、功能及演替等规律与地理环境之间的协调平衡机制，运用生态学的基本原理和方法，围绕人类与地理环境的相互关系，研究生命系统与地理系统之间的整体性与相关性、系统行为的目的性以及相互作用、相互联系机理及其调控方法与途径。地球表层系统由自然地理系统、生物生态系统和人类社会环境系统三大系统组成，三大系统存在发生学的联系，更重要的是存在物质循环、能量流动、信息交换关系。在地球生态系统中，能量流动与物质循环将地表各圈层、有机与无机、人类与自然有机连接成一个整体，从而维持了地球表层生态系统的持续存在与发展。环境生态学由于对区域生态环境和全球生态环境系统的结构、功能、过程以及环境管理的关注，从而成为地理学的前沿领域。沃兹（Watts）指出生物地理学的五大趋势：土壤-植被-环境复合体研究；植被大类与特殊动物种之间的关系；个体物种分布的分析和影响过程；第四纪群落或生态系统的变化；人类-生态系统-群落关系。

三、地理学生态论思想评价

地理学“生态论”的要义可概括为：生态学概念的引入使人类活动、生物作用、自然环境在一定的生态系统中加以整合，既避免了决定论和或然论各持一端之嫌，又打破了自然和人文的二元论观点；生态学为地理学研究提供一套新的方法手段模式，使其研究更加科学化，如结构与功能、营养层次与连锁反馈、生态平衡等观点以及物质循环、能量交换的测度方法；地理学和生态学的联姻有助于促进环境观点和生态观点的结合，地理学区域综合分析方法与生态学的系统分析方法的结合，空间地域研究与物质流、能量流研究的结合，摆脱了对“人地关系”纯哲学上或观念上的思考，进而深入到人类社会-生态系统-自然环境之间的物质、能量、信息作用方式、作用强度、作用方向、作用后果等研究上。在物理地理学和生态地理学中，系统分析已经证明了它的有效性，但系统分析的潜力（特别是生态系统的分析方面的）没有得到完整的开发。昂温·提姆（Unwin，1992）指出：“令人惊讶的是，生态系统并没有为地理学家们广泛地用来作为经验主义研究的框架。”无疑，地理学生态论这一途径，可望取得地理学理论尤其是人地关系理论的重大突破，同时必将增强地理学的实践指导意义。

然而，生态学的研究并不能涵盖地理学和人地关系的所有内涵，也不能在人的整体系统中无限制地应用与扩展。斯图达特（Stoddat）宣称生态系统分析给了地理学家一个有用的工具，但是强调生物学家应用的模型不能直接运用于地理学。乔利认为：“把生态模型作为总体上理解现代社会和自然界关系的一把钥匙会失败，因此把它作为当代地理学的基础是不行的，因为它把社会人看成一个太被动、太无效的角色。”地理学不能长期只尾随“生态学”去推进“生态方向”，更重要的是在与现代生态学理论和现代系统科学的交融中创造地理学理论，就像早期生态学的“地理化”一样。

第二节 景观论

景观可定义为地球表层某部分地理事象组合形成的整体景色。景观论是有关景观概念、景观识辨、景观分类、景观过程、景观美学、景观图像、景观评估、景观设计、景观制图、景观认识论和方法论等的统称。解读地表景观是每一位地理学工作者必须具备的基本能力和素养，正如优秀的作家具有穿透“人”的思想深度一样。

一、地理学的景观话语与景观主题

地理学中不少基本概念往往难于精确界定且存在不同理解上的争议，“景观”(landscape) 一词就是这样，对这一广泛使用的概念至今仍存在着分歧与迷惑。源自德语的“景观”一词原本是 16 世纪画家用以表示乡间景色和风景画的。因此，景观从肇始就与绘画、美学和心理有着强烈联系，而这一点后来又因后现代地理学对“景观图像”、“景观美学”、“景观心理学”的关注而被放大。当德国地理学家把这一概念转为地理学的核心术语时，景观或是用来描述地表的外观，或是表示地表特定的地点或区域，存在着两种不同的指示意义。帕萨尔格的景观最初专指自然的地形、地貌、植被，而施吕特尔的景观则包含文化特征，“人类对某种地区存在的一切冲击之一种观感”。维达尔将景观视为人类活动的表述，是人类在大地上的印迹。哈特向试图清除景观的美学和心理内涵，认为景观要义有三：一是由可见的实体的特性组成，二是一个同质区域，三是包括以上两种意义，也就是一切确定的实体，而非一个认知性的结构地区。索尔最初将“景观”、“区域”视为“对应词”，而这种异词同义导致了某些混淆，尔后索尔将“景观形态学”进一步拓展到文化特征研究中，区别了“自然景观”与“人文景观”的性质和概念，实现了地理学中景观研究主题的构筑。丹尼尔斯 (D. Daniels) 则更多地关注于景观美学、景观表现，通过对传统艺术绘画的意义和象征解构，揭示景观地理与艺术历史的关系。

现在大多数地理学者将景观理解为“地域的外观”，对此，可采用景观-地域或景域这一术语来同时表达外观和区域的内涵。迈尼希 (Meinig，1979) 在所编的《普遍景观的解说》论文集序中，莫林在《景观与环境：世界的描述与解释》中，指出了景观术语的迷惑力、重要性和不确切性。

就迈尼希而言，景观与“自然”相关，但与之不完全相同；每处景观都是景色，但景观并不完全等同于“风景”；景观与“环境”相关，但与之不完全相同；景观与“地点”相关，但与之不完全相同；景观是地表的一部分，与“区域”、“地区”或“地理”相关，但与之不完全相同。更明确地讲，就迈尼希而言，景观是“我们所视的整体、我们各种感观的印象而不是科学的逻辑”；它是普遍存在的，是被观察而不必赞赏的实体；它由我们的视觉所定义并由我们的精神所解释；它是一个连续的表面，而不是一个地点、一个聚集中心、一个区位或一个被限定的地区（阿兰·贝克，2008）。

从一开始就应注意到“景观”一词（令人不解地）同区域、地区、自然界、地方、风景、地形地貌以及环境等其他地理范畴纠缠不清。无论如何，文化地理学家在采用景观一词时往往强调自然界“可视”的一面。因此，把景观同这些地理概念区分开的有效方法就是把景观看成是一个观察者从一个特定位置或区位所看到的地表的可见部分，特别是一览无遗的部分。这样就可以把景观想象成一“事物”——一个地区和一个地区的外观，以及造成这种外观的该地区各组成部分特别的安排方式。从这种有利地位我们就能够谈论“农业景观”、“城市景观”、“消费景观”、“现代和后现代景观”、“象征性景观”、“一般景观”和“传统景观”（莫林，2008）。

从风景画家借用来的“景观”概念，最初被地理学家根植于地理学的人地关系研究和区域地理两大传统主题中。然而，一些深受实证主义和科学主义思想影响的地理学者感到，“人地关系”不但抽象难以捉摸，而且很难保持客观的态度，更难应用实证的方法；区域论虽无上述缺点，但仍不够具体；而肉眼所见到的实体，能使地理学成为既具体，又客观能实证的科学地理学（王洪文，1988）。这可看成是地理学家对洛克“白板”说的回应。在实证主义思想影响下的景观论得以茁壮成长，成为地理学经久不衰的主题。

然而，具有描述性、整体性和模糊性的景观一词，其自身潜存了多种二元性：实体物质与外观形态（存在与现象）的二元性；物质与观念（景观既是一种事物，又是一种意识形态、象征主义、情感知觉）的二元性；自然（实体）特征与人文（实体）特征的二元性；“清晰可见”与“隐藏神秘”（在场与隐匿）的二元性；现状与过程（现象学的与发生学的）的二元性（景观的这种二元性，同样可用于“区域”二元性的解构）。景观的二元性特征构成了景观研究的视角、方法、内部流派的差异、争论和发展张力，同时也成为景观论受到批判的根源。

二、地理学景观研究的进展

在近代科学实证主义思潮的影响下，德国学者施吕特尔在拉采尔文化景观概念基础上，建立了“景观论”的基础，在《人的地理学目标》（1906）一文中，倡导景观作为人的地理学的中心问题，探索由原始景观变成人类文化景观的过程。1910 年，彭克提出气候在景观上留下深刻印迹的假说。柯本采用按可见景观现象来进行气候分类的体系。S. 帕萨格尔在 1913 年创造了“景观地理学”一词，出版了《景观学基础》、《比较景观学》等巨著，力求完善景观形态与分类的解释，提出城市景观、空间景观等概念。原苏联许多地理学家侧重于自然景观研究，在景观研究上作出了重要贡献：贝尔格在《苏联景观地带》（1931）中阐述景观学说原理；苏卡乔夫（V. N. Sukachov）将其生物地理群落学说确定为景观学的一个单独分科，是景观的最小结构单位；波雷诺夫（B. B. Polenov）提出景观的地球化学特性；卡列斯尼克（S. V. Kalesnik）提出景观学的精确定义和景观分类、类型、结构等概念；索恰瓦（V. Sochava）认为景观就是地理系统的观点。早期的景观研究与地域和区域的概念为一体，侧重于地形地貌、植被水文等自然形态。

索尔将景观研究引入美国，1925 年发表的《景观形态学》一文标志着景观论进入到地理学的核心主题。索尔对景观的关注，除受施吕特尔等德国景观学派的影响外，部分源于他接受了赫特纳的观点：用某些抽象的关系（诸如人类与环境的关系）来确定地理学的核心基本上是一个误解，因为知识的领域需要具体的内容，若没有一个自称客观物体的范畴，地理学仅是一个“寄生性存在体”。索尔将景观视为客观物体的范畴，强调景观的整体性，关注于文化的物质方面——“文化景观”以及自然景观向文化景观的转化。景观被理解为描述“一种思考文化的严谨的地理学方式”，“文化是机能，自然区域是介质，文化景观是结果”，如美国和墨西哥边界是沿着两侧相同的山脉、沙漠和绿地而划定的。然而由于美、墨两国文化的差异，其文化景观也不相同。索尔认为，“景观不仅仅是观察者所见的真实场景（对经验的重视），而且具有‘普遍性内涵’”。在索尔看来，地理学的任务是描述各种形态或分布的相互关系，地理学是一种现象科学（phenomenologic science）（他的意思是“研究那里所见到的什么”）而不是发生学（genetic science）。按索尔的伯克利学派的惯例，文化地理（也是人文地理）不应关注个体而应关注人类制度和文化：“人文地理学者关心的不是解释文化的内部机理或者描述人类影响地表的行为方式，而是评估人类群体利用和改变居住地的技术潜力。”对此，保罗·克拉瓦尔（2007）说道，索尔的“地理观点是完全‘垂直’的（人与环境关系的概念），而忽略了‘水平’的”（社会-空间组织范式）。索尔和伯克利学派对过程、社会、文化行为研究的缺失受到后来者的批判，从而推进了“景观过程”、“文化景观重构与再造”、“景观行为地理学”的研究。

20世纪50～70年代，除了景观建筑学和景观生态学外，景观研究还存在两种主要视角。一是以索尔等为代表的“景观形态学”和“文化景观”研究。景观形态学者们将地表可视现象所构建的形式和空间结构作为他们共同的议题。从这一点来看，山脉、河流、草地、森林、道路、沟渠、公园、天地、村庄和城镇已在地理学家眼里形成整体，这种可视的景观是地理学者们研究的对象。二是以霍斯金斯（W. J. Hoskins）、杰克逊（J. B. Jackson）为代表的“景观历史学”和以克劳福德（O. G. S. Crawford）为代表的“景观考古学”。霍斯金斯在《英国景观的形成》的序言中指出：“我所做的事，就是利用今天所展示的英格兰景观，并尽我所能解释它如何呈现出其目前的形式，一些细部变化是如何镶嵌上去的”，“尽可能按照时间顺序，以说明（景观）模式作为一个整体是如何演变的，即使在某些部分发生演变”。他摒弃了系统地依次探讨主要景观特征的表述方式，而“重要的是去揭示变化中的英国景观外貌背后的逻辑关系”。惠特西尔提出人类活动连续占有说，连续占有关注每种文化以它特有的方式利用区域的各种形式，强调一个地区的发展阶段，而不像法国学派那样所关注的地方差异是由人和自然数世纪以来长期维持与大致无干扰的相互作用形成的。

1980年以后，景观研究出现新的特点。①在遥感和GIS技术支撑下，景观研究由中观区域尺度向微观和宏观两个尺度拓展。在微观尺度上，以不同的土地利用类型图斑为基础，采用多样性指数、破碎度、集聚度、分维数、蔓延度等量化分析方法对景观类型结构和空间组合结构进行分析；在全球尺度上，集中体现在土地利用/土地覆盖变化的研究之中；从时空耦合角度，广泛地开展了特定地域在特定时间尺度下的景观变化研究。在注重自然综合体外观的传统研究的基础上，“当代对景观的理解倾向于把形态与过程、描述与解释、综合与分析结合起来”。②如同对“区域”、“空间”等地理学研究主题或议题一样，总是有很多热心的学者将现象学、后结构主义、马克思主义、后现代主义及女权主义等方法论运用于景观研究之中。强调“本土景观”、“象征景观”、“景观政治学”、“景观社会学”、“景观图像与景观绘画”、“景观记忆与景观特性”、“有性别的景观”。科斯格罗夫（Cosgrove，1984）在《社会形成与象征景观》中把马克思主义对社会问题的敏感性与批判性指向对“资本主义景观”的解读；杰克逊（Jackson，1984）在《发现本土景观》等论著中强调关注景观的本土特征、景观的象征性意义、景观基本单元——个体住处、日常世界的景观特征；女权主义者由于高举反抗“大男子主义景观”（也包括建筑）而引人注目；人本主义和行为主义者强调，我们所描述的世界无不反映我们自己的情感、价值、利益、动机；一批后现代主义者将后结构主义概念应用于景观之中，认为景观及其表述如同任何其他文化形式一样是“可阅读”的“文本”。③景观研究由学术走向实践，景观的价值与应用方向受到高度重视。注重景观质量评价与自然潜力评价，强调景观的文化价值、经济价值、生态价值的协调性。利用景观-地理系统理论解决社会经济发展的实际问题，进行景观保护、管理和预测预报。景观设计、景观规划成为城市和区域规划的基本内容。

三、地理学景观论思想评价

地理学的景观研究有其优点：景观把自然与人文兼容并蓄，体现了地理学的整体性；景观作为区域的整体外观，体现了地理学的地域性；景观论从地理环境和人地关系中抽出实体的、可见的或可感知的事象，使其研究对象趋于具体、明确，易于观察，便于实证，避免了"关系"的模糊、笼统之嫌；通过景观识辨、景观分类、景观过程、景观评估、景观设计、景观制图，景观研究已形成了一套特定的研究体系；不同景观论者提供了解读"地表景观"的多种视角。迈尼希（Meinig，1979）认为，"同一场景"至少存在"十个"版本：自然、栖息地、人工制品、系统、问题、财富、思想意识、历史过程、地点与美学（Baker，2008）。与地理学的生态论、行为论不同，景观论主要是从"地理学"中长出来的（当然，城市规划、建筑学、文学艺术等也起到重要作用）。因此，地理学对"景观"术语有着内在的亲近感。马祖尔（Mazur）指出："直到近代为止，地理学还是唯一明确地把景观看作主题的科学。"可见，景观论的价值不能低估。景观对地理学的哲学意义在于"景观现象学"，景观论提供了一种通过地理现象去理解地理本质的途径。

然而，景观论同样遭到众多学者的批评。"忽略社会的运作、人类行为、文化及社会营力"，难于建立完整的系统理论。在"时－地－事"的开放系统中，若不与区域社会经济文化关联结合，单纯的景观研究往往显得苍白无力。也就是说，景观的地理哲学意义和地理学本体论是不完备的，从这点看，把地理学定义为景观研究是不对的。对此，赫特纳指出："将景观作为定义整体的决定因素是违背科学逻辑的……从而它们恰恰排除了地理学过去和现在仍着重关注的那些特征（人类生活、民族、国家、经济）。"正如结构主义对现象学运动的反叛、超越并与现象学形成互补一样，景观研究需要空间、地域、土地综合体、人地关系、社会文化的支撑。而现实情况是，景观研究存在偏离其基础支撑的危险，这可能造成在轰轰烈烈的盛况中，形成"空中楼阁"的景观。

本 章 小 结

回溯地理学的两大主题——生态论（地理学生态方向）、景观论（地理学景观方向）的发展轨迹，我们可以窥视出某些有价值的信息：①生态论和景观论发端于德国近代地理学中，并与自然地理学有着密切联系，洪堡创立的植物地理学使地理学与生物学具有共同的渊薮，景观一词则被用来对自然（地质地貌、植被）风景的刻画和描述。②两者发展的一个共同特点是，先是基于自然地理，尔后向人文地理学领域拓展。例如，生态学思想纳入城市社会空间研究，文化景观中的文化地理、景观建筑研究。③两者均与地理学追求科学化、理论化有关。芝加哥城市社会学派的城市空间结构理论，索尔的“景观形态学”均体现出实证主义思想。④对地理学传统的理论不足和主题限制的不满，引发对其批判和反叛，刺激了景观论和生态论的发展。两者都企图克服区域地理的不足、克服环境论或然论中自然与人文对立分割问题。正是人与自然整合的思想，使得两者上升为地理学的主题，并展现出蓬勃生机。⑤地理学景观论和生态论的发展，从整个科学发展背景和地理学内在逻辑看有其必然性。然而以少数精英地理学家创造性工作的偶然方式展现出来。偶然性在地理思想创新中的作用不容忽视。⑥景观论和生态论在其成长壮大过程中，不断吸收其他学科和地理学的成果，发展衍生出多个分支方向。在“主题”层次上呈现出综合与分化并存的特点。

第十五章　地理学的计量化、理论化与行为论

受逻辑实证主义和自然科学方法的影响，20 世纪 50～60 年代掀起了一场计量地理革命、理论化、空间模式化运动和行为革命，这场运动在很大程度上推进了地理学的转型。地理学家不再沉迷于区域范式，试图建立理论和模型，应用系统学方法、数学方法、计算机模拟实验等方法去揭示一般性法则和规律。古德尔将 20 世纪 60 年代评述为“地理学史中智慧结晶的最伟大的时期”。

第一节　地理学的计量革命与定量化

数学对科学的意义和神秘性，在西方最早起源于古希腊的毕达哥拉斯学派的思想：世界统一于数之中，世界因数而呈现出美好。开普勒的行星运行三大定律、牛顿的运动方程、薛定谔的波函数方程、爱因斯坦的质能关系公式将数学与物理学完美地结合起来，显赫着“数学”作为科学“皇冠”的地位。物理学家尤金·魏格纳认为，数学在自然科学中具备着难以理解的作用。由于很多原因，科学家和哲学家都难以理解为什么数学理论与实验数据在物理学中出奇得精密，精密到人们不得不相信数学就是深层意义上的科学的自然语言。魏格纳写道：“数学在自然科学中的有用性有时竟然接近神秘的地步，无法对此做出理性的解释。‘自然法则’的存在一点也不自然，人类完全可以发现它们。将物理学定律公式化的数学语言具有一定的神奇性，是我们从未理解并从未接受过的最美好的礼物。”威尔逊指出数学模型中的四种特性：简约性、普遍性、契合性、可预测性。艾克曼曾说：“任何科学的思考、研究，若要达到科学的水准，必须建立一般性概念——在最准确、最客观的原则下，测定某些现象间最肯定的相互关系。无疑，用计量方式去度量、用统计方法经过数学式逻辑推理，应该是最好的方法。”

一、数学方法在地理学中的应用与发展

普雷斯特·詹姆斯（1982）认为，古希腊地理学有两种地理研究的基本传统：数学传统和文学传统。当时的数学传统主要是与天文学、大地测量、地图学相联系的。马尔萨斯以“人口等比增长、生产资料等差增长”这一初级数学建立了人口学理论。科学计量化系统地开始于统计学方法的形成与发展。地理学用统计概率和相关关系探讨地理要素的关系。受实证主义和自然科学的数学形式化的驱动，出现了对传统地理学限于描述的、“空论的”地理学的反叛，地理学的计

量运动应运而生。安布罗斯（Ambrose，1969）在他所著的《分析的人文地理学》中认为，计量革命萌芽相当早，真正开始在20世纪40年代末或50年代初，至1957～1960年达到最高峰，现在“革命”虽然已经结束，但“计量”却仍在不停地发展。

计量运动主要是美国地理学家发起的，早期集中在衣阿华、威斯康星、普林斯顿几所大学。英国在哈格特等领导下，呈现出后来居上的趋势。现代地理学中的数学方法作为一门新的方法论学科，其历史并不算长，但其发展速度和内部升级很快。自20世纪50年代末期以来的计量运动经历了四个发展阶段。

1）初期阶段。从20世纪50年代末至60年代末，主要特点是把统计学方法引入地理学研究领域，构造一系列统计量来定量地描述地理要素的分布特征，比较普遍地应用各种概率分布函数、平均值、方差、标准差、变异系数等统计特征参数以及简单的两要素间的一元线性回归分析方法，给长期以来只是定性地描述的地理学带来了可喜的变化。

2）中期阶段。在20世纪60年代末期到70年代末期，多元统计分析方法和电子计算机技术在地理学研究中广泛应用。以电子计算机技术为手段，许多地理学家熟练地掌握了多元统计方法，具备了分析复杂地理问题的能力。

3）成熟阶段。从20世纪70年代末开始到80年代末期，是现代地理学的数学方法更加完善的阶段，不但包括了概率论与数理统计方法、模糊数学方法、分形几何学方法、非线性分析方法等，而且包括计量经济学中的投入产出分析方法等。更重要的是它与现代系统科学紧密地结合起来，促进了地理学向着更加严密的理论结构和现代化方向发展。同时，电子计算机应用技术的发展，特别是GIS技术的成熟，为数学方法在现代地理学中的应用提供了更加先进的技术手段支持，从而使其应用的范围更加广阔。

4）与现代数学深度结合阶段。从20世纪90年代初开始，由传统意义上的计量地理学向计算地理学发展。GPS、RS和GIS技术在获取大容量、整体性地理数据信息中的成功应用，在人文、经济、城市地理学的相关研究中发挥了巨大的作用。高性能计算所依赖的计算方法与理论模型，除突变、自组织、混沌、分支、分形等模型外，在地理计算学中占重要地位的还有神经网络、遗传算法模型、细胞自动模型、模式参数随机取样模型、模糊逻辑模型、改进了的地理加权回归模型等。地理计算学的出现与发展对整个地理学科，尤其是人文、经济地理学的理论模型和应用研究，已产生并将继续产生深远的影响。

数学方法不仅是现代地理学研究中的理论演绎与逻辑推理的工具，而且也是定量分析、模拟运算、预测、决策、规划及优化设计的手段，已经被广泛应用于现代地理学的各个分支领域，其主要的应用方面有：①分布型分析。主要是对地理要素的分布特征及规律进行定量分析，如运用平均值、方差、标准差、变异系数、峰度等统计量描述地理要素的分布特征；运用概率函数研究地理要素的分布形态的分形特征等。②相互关系研究。这类研究主要是对地理要素、地理事物之间的相互关系进行定量分析。主要方法有统计相关分析法、灰色关联分析法、回归分析法、投入产出法等。③类型研究。主要是对地理事物的类型和各种地理区域进行定量划分，主要方法有模式识别法、判别分析法、聚类分析法等。④网络分析。主要是对水系、交通网络、行政区划、经济区域等的空间结构进行定量分析，几何学方法和图论方法是常用方法。⑤趋势面分析。运用适当的数学方法计算一个空间曲面，这个空间曲面就称为趋势面。常用方法是回归分析法。⑥空间相互作用分析。主要是定量地分析各种“地理流”在不同区域之间流动的方向和强度。⑦过程模拟与预测研究。通过对地理过程的模拟与拟合，定量地提示地理事物和地理现象随时间变化的规律，从而对其未来发展趋势做出预测。主要方法有回归分析法、时间序列分析法、马尔可夫方法、灰色系统建模法、系统动力学法等。⑧数学方法在空间扩散研究、空间行为研究、地理系统优化调控研究以及地理学系统的复杂性研究等方面有广泛的应用前景。

二、计量革命对地理学的影响与观点评述

早在 1963 年，伯顿（I. Burton）就在“计量革命及理论地理学”一文中就宣称计量革命已结束。约翰斯顿（R. J. Johnston）和克拉瓦尔（P . Claval）在《自第二次世界大战以来的地理学》（1984）中论述了计量革命对地理学的影响：计量革命使地理学朝向科学的正确方向发展，科学假设、概括化使地理学有了理论特性和预测的功能。地理学从传统的“集中于单一事象的描述和解释”转变为寻求概括化、建立一般法则。而新的概括化地理学则以系统分析为主要研究途径。数学分析与模型的运用极大地提升了地理学的理论水平，使自然地理学和人文地理学同时取得长足进展。自然地理学和人文地理学都由于计量方法与系统分析而享受到可以应用图解形式、内部关系的科学解释、计量论述的便利。同时，对人文与自然的关系提供了正确的观点，也提供了环境和空间系统的数学模式之工作架构。计量革命引入到人文地理学，成为对“空间”研究的新方法，以研究社会空间组织的概括化。人文地理学者对实证主义的最重要反映是把研究的焦点放在“社会福祉的空间变化”上，也就是生活品质的研究。因而热衷于社会和经济变数的图解、解释其结果、考虑其起源和过程，以谋求改进生活品质。自然地理学最大的转变就是从昔日关注于空间形式、类型，转变为对过程、结果的分析。

数学模型、现代系统学和复杂科学理论促进了自然地理学思想的重大转变。各种自然要素、过程、作用关系的模拟推进了精确化、模式化和理论化研究，如土壤侵蚀模型、水文系统大尺度模拟、全球能量转换、物质循环模型、跨界模

型、全球模型与区域模型等。动力学系统、环境系统中的非线性现象、混沌行为和攀级日益受到关注。

对计量化的“功”与“过”在地理学界并未完全达成共识，存在两种对立观点。

第一种是推崇地理学定量化的观点。不少学者认为，计量方法发展了地理学的理论，而使其成为理论的、模式建构的、预测的、应用的地理学。用科学的方法建立理论，再由预测来检验理论、修正理论，如此则必须将理论计量化。计量革命所产生的新观念已经逐渐注入地理学的思想领域，成为近代地理学向现代地理学跨越的重要驱动力。数学方法不仅是一种分析技术，而且能够导出普遍性规律，能够解决地理学传统研究方法所不能解决的理论问题。地理学的定量化实质就是地理学的科学化、现代化。持这种观点的有德国地理学家克里斯塔、美国地理学家邦吉、英国地理学家乔莱和哈格特等。

第二种是逆计量运动之潮流，反对地理学定量化的观点。认为地理现象，尤其是人文、社会现象十分复杂，不能用简单的数学方法来解释。数学方法只是地理学研究的方法之一，它只能用来研究地理要素之间的数量关系和地理事物的空间格局，但是不能用它来描述和解释地理规律，不能导出地理学理论。安布罗斯曾系统地将反对者的意见归纳为：计量革命根本就是错误观念，将地理学的发展导入歧途（现在这种说法已经消失）；计量方法虽有其功用，但地理学者却已花费太多的时间在改进研究工具上（计量方法也是研究工具），不应再谈计量革命，应该从事于实际的建树（即进行学术研究）；计量技术只适用于某些地理事象，对于不可量度者，这种方法不能适用；计量方法确实为有用的研究工具，然而其使用的方式却不正确，如目的和方法混淆，无法从琐碎中区别显著的现象等（而计量学者认为正是因为变数的繁多和复杂，才需要应用计量方法）（王洪文，1988）。约翰斯顿（Johnston）则批评计量学派的权威没有研究过他们已经深入运用的哲学。一些学者认为，计量地理并不能引起任何科学革命。最好把在20世纪60～70年代的新思潮称之为空间科学学派，而非计量革命或者计量地理学。

大多数地理学者，则坚持一种平衡的、综合性的观点。①各种地理要素的分布及其间的相互关系均可以用数学方法进行定量分析与研究，可以对地理现象做出确定性解释和精确预测与判断。事实上，人们对哈特向坚持区域论的观点存在误解，理查德·哈特向（1996）曾指出：“要想达到科学知识水准，第一，必须建立类型的概念，这种概念可以应用最高度的正确性和客观性。第二，必须决定各种现象的相关至高度的确定性。假如能用计量方法完整而正确地叙述这些现象，同时这些量度可以根据数学逻辑作统计比较，则上述的两个目的就可以完全达到。”②传统方法是数学方法的基础，而数学方法是传统方法的重要补充。传统方法与数学方法的有机结合是地理学研究现代化必不可少的条件。伯顿指出：

“今后地理学研究的方向必须是理论与经验二者并重，不可偏废。理论上的计量知识固然是今后科学发展的方向，然而必须和传统的观察、调查相互结合，也就是在发展数学、计量的理论地理学的同时，也必须发展潜在的创造力、想象力(演绎法)，以建立模式。如此，才是正确的途径。”③任何一种计量方法都有局限性，正确地认识其局限性，并不断地完善。对于复杂地理问题的研究，常常需要将多种方法结合起来使用。大多数的研究工作者都认同先进的统计方法在地理学的一些分支里是有效。而在其他的学科，特别是历史地理学和文化地理学来说则不是那么有效。④充分利用计算机技术，使数学方法与计算机理论、计算方法和计算机技术相互结合、相互渗透，可有力地推动现代地理学研究的发展和进步。杰弗里·马丁（2008）指出将地理数量化与解释性描述对立的错误：“第二次世界大战后，特别是从1960年以来，存在着一种普遍性的倾向，强调科学与数学，忽视了历史、语文和文献……学术界的摇摆可以从两种基本传统——数学传统与文学传统之间的相互影响中观察到。把力求规律为目的的数学的运用和以描述为目的的文字的运用对立起来，是极端错误的。事实上，很多情况下数学提供了一种显然更加精确的描述方式，文学形式的论著则可以概念的形成提供激动人心的、具有创新性的思想方法。”

地理学过度计量化的问题引起众多关注。斯坦普（Stamp）注意到计量化过程与政治意识形态有很多相似的地方，某种程度上对于它的追随者而言，这也是一种宗教，而“它的黄金小牛就是计算机”（Its Golden Calf Is Computer）。布鲁克（Broek）对此调侃道，“在天堂与人间之间有更多的事情能安全地委托给计算机做”。甚至计量化的倡导者之一阿克曼（Ackerman，1963）都发出警告：“死胡同和无意义不会因为硬件和符号逻辑的出现而消除。”罗杰（M. Roger）注意到：对于一些地理学家来说，地形正在成为一件麻烦事；许多的模型只能应用于那些平坦的、普通的地理表面的区域。因此他也发出警告，这些空间关系的过于理想化的概括的真正威胁在于它会误导现实本身。

第二节　地理学的理论与法则

一、理论之要义与概念

理论对于一门学科来说太重要了，以至于全力以赴发展它和怎样强调它都不过分。理论是科学的中心和灵魂，构成了科学中最基本的思维和思想。理论的成熟性、学术影响力、实践指导性构成一门学科是否成熟的标志。哈维在《地理学中的解释》（1969）中通篇强调理论的重要性：“寻求解释就是寻求理论，理论的发展是一切解释的核心”；“地理学者应当创建理论结构，这些理论反过来又将给我们的学科以它目前如此迫切需要的特性和方法。没有理论，我们就不能指望对事物作出有控制的、前后连贯的合理的解释。没有理论，我们就很难声称了解自己学科的特点”。然而，不同学科和不同哲学认识论对“理论”的陈述和诠释是不同的，存在三种基本的“理论认识论”。

对实证主义和牛顿主义而言，理论是放之四海而皆准的普遍规律，可在经验上严格实证、可重复、可精确预测。波普尔赞同通过验证理论来区分科学与非科学，但他坚持认为，没有终极真理，我们永远无法得出一个结论说一个理论为真，只能证明它为伪。

在关系论中，斯坦因·拉尔森在《社会科学理论与方法》（2001）导论中就“理论之概念”作了诠释：“理论是探寻各种稳定的关系的指导原则”；“理论提供了对很多和各种孤立现象的回答。按照这一定义，一种理论对产生于各种孤立观察的许多问题提供了一般的解释”；“一种理论是由多假设组成的，即关于一个社会中某些关系是如何出现的各种论点”；“一个理论是有关某现象（相同类型的全部或某些）以何种方式影响另一现象（相同类型的全部或某些）的论点。其公式化表达是（在假定其他条件不变的前提下）自变量改变因变量”；“一种理论是一种思想工具，用于向一种大量复杂的现实中引入秩序”。拉尔森对“理论”的这种阐述的意义十分重要。第一，它符合量子力学“关系论”对规律的诠释。第二，它为社会科学研究者的理论法则构建敞开了门户，从而使这些学科也成为科学。事实上，所有社会学、经济学和绝大多数地理学理论均是基于“关系论”理念的“理论”。第三，关系论者认为，由于社会是一种开放复杂系统，其中同等情况很少重复，因此，社会学理论不能像实证主义认可的那样预测未来和严格意义上的验证。

第三种“理论认识论”与唯心主义观念论和后现代主义强调差异性去理论化思想有关，认为不存在“放之四海而皆准”的理论，只有存在于每个人头脑中的个别理论，真理存在于主观观念之中，它们被用来指导行动，并根据行动的结果修正甚至改变它们。这种“理论”诠释受到正统的理论家的严厉批判，或许这一认识论对人本主义、个人行为心理研究有意义。

二、地理学的理论与法则

（一）地理学的理论化进展

洪堡和李特尔都注重因果关系的探讨，以归纳法、比较法来研究地理，倡导地理学“追求理论”、“建立法则”的思想。拉采尔是最热衷于建立理论和法则的地理学家，他的国家有机体说、环境论、流通论、地理史观等，虽然被批评为过于武断或过于抽象，但其努力的方向是正确的。然而，在古典地理学基础上承传而来的近代地理学，“它基本上是一半科学、一半文学”状态（杨吾扬，1989）。

20世纪50～60年代的理论化和计量化革命，从早先注重区域分布结构和总体特征转变为强调相互作用、行为和动态、模拟模式和一般法则构建。赫德森曾说，理论代表对业已观察到的规律性提供一个逻辑体系或归宿。这一思想对地理学理论的发展有普遍意义。这一时期的地理学者把实证主义哲学和自然科学方法看成是理论基础与数量方法得以应用普及的主要机制。由于理论革命和计量革命两者密切地交织在一起，以至不少人把数学模型与理论构建看成是一回事。邦奇(William Bunge)的《理论地理学》(1962，1966)发展了谢弗尔(Schaefer)的观点：地理学是研究空间关系和内部关系的科学，几何学是空间的数学，因此几何学是地理学的解释语言。分布论的观点强调的是特定地点或区域的特性和它们之间的内部关系，而这为基于空间分析的地理学（它强调的是现象的几何分布和形式）所排斥。在这里，空间中的相对位置（其相对性体现为距离以各种方式计算）成为主要的解释要素。

（二）地理学中的法则与理论

自近代地理学发展以来，探求因果关系、建立理论法则一直是地理学者孜孜不倦的追求。自然地理学应用了许多物理学、化学的原理和定律，如热力学第一、第二定律和牛顿的运动定律，但地理学也发展了自然地理学的法则和理论：豪尔顿的河川数目定律、克鲁宾的海滩发展剖面法则、彭克的坡面后退法则、戴维斯的地貌循环说、道库恰耶夫的土壤发生学、地域分异规律。

人文地理学借鉴了大量的社会学、经济学理论，如农业区位论、工业区位论、区域增长与发展理论、劳动地域分工理论、空间结构组织理论、产业集群理论、决策和选择理论等。人文地理学家们也提出了不少对人文事象解释的理论，如中心地理论理论、空间相互作用理论、距离衰减法则、地缘政治学理论、环境（决定）论、生存空间论等。

三、对地理学理论化的评述

台湾学者王洪文（1988）对建立理论和法则的重要性进行如下阐述：①使地理学科学化。如果说没有原理和法则，则地理学无法列入科学之林。美国理论地理学家邦吉（Bunge）指出“科学的三要素：理论、事实、法则”，“所谓法则，乃是把观察所得到的事实，加以系统化和理论化”。赫特纳曾说：“科学的地理学之所以能进步，乃依赖一般性概念的发展以及普遍性相互关系原理的建立和应用。”美国戴维斯更认为，“地理学的研究，将会越来越注重科学方法”，科学方法的发展，包括小心的量度和如何去建立理论与法则。彭吉更进一步解释说：“所谓观察事实，乃是对事实做观察，以获得正确的描述以及特定的事实。所谓法则，乃是把观察所得到的事实，加以系统化、理论化。”②方便学者的研究。

地理学研究的内容非常复杂，牵涉各种自然要素和人文要素，故研究某一问题或事象时，所牵涉范围极其广泛，必须在一定的理论法则指导下才能进行工作。③使地理学更趋向于应用。地理学原理、法则的发展和应用使学者们能够对将来加以预测或设计，从而达到高度的完整性和正确性。加拿大地理学者伊恩·伯顿（Ian Burton）在《计量革命和理论地理学》一书中说："科学方法的核心，在于把事实组织成理论，再用它来预测未知的事实。"

> 地理学为了简化世界知识浩繁的细节，力求确定各地区各相似部分组合的概括图景，然而这图景在概括的限制所能容许的限度内，却仍然是近乎正确的；力求确定现象或现象复合体共同特点的一般概念，这些概念应可靠地描述这些特征实际上具有的共同特点。在这些一般概念的基础上，地理学力求确定相同或不同地区在地区上联系着的现象间的关系原理，以求正确地解释任何地区这种现象的相互联系（理查德·哈特向，1996）。

建立理论法则的意义已成为地理学家的共识，尽管如此，人们还是时常对理论是否有用、能否建立争议不休。少数反对者认为：①地理学研究的要素十分复杂，有些超过现有的分析能力，有些也非人力所能控制。故不似自然科学和少数社会科学那样，所研究的领域、组成的因素、相互的关系比较简单，发展理论和建立法则较容易。一切科学的一般性理论和法则的建立须依据下列三个条件来决定其是否可能：一是供实验或分类的有价值相似情况数目的多少，相似的实例越多则越容易正确；二是各种独立性或半独立性的因素间的相互关系是否简单，越简单越容易；三是分析因素是否超出我们的能力。地理学则在这三个条件上都处于不利状况，尤其在"文化"和"行为"等难于量度的因素上则更为不利。②认为地理学的原理、原则、定律常有例外，而不能普遍性地应用。地理学的原理、原则、定律常有例外，这并非是不能建立理论和法则的主要原因。地理学的理论法则难于达到自然科学那样的精准水平。实际上，地理学的原理、定律并不必务求它与其他自然科学原理和定律一样，具有绝对的准确性、数学性和普遍性。而且，其他社会科学的原理 、定律也都允许例外。地理学特别是人文地理学理论是"类似法则"和"解释的略图"。（王洪文，1988）。

乔莱（Chorley）认为，无论如何，许多地理学家都就未来空间科学创新可能出现的方向做出过预测，许多做出过贡献的人认为空间学派是地理学研究的一个全新的方向，而有些人则对空间科学研究方法的各个方面进行批评。哈维（Harvey，1973）也背叛了空间学派，并声称："计量革命已经趋于平淡，边际回报递减效应明显地开始呈现出来……我们没有处理好范例……是时候推翻它了。”布鲁克（Broek）指出，如果我们可以构建一个模型，这个模型源于我们身边所处的这个世界，并可以将这个模型当作是“放之四海皆准”的真理。然而当我们在用这个模型衡量不同国家的不同环境时，我们会发现它会背离它本来所构建的理想的结构，基于西方文明世界研究的模型不可能达到四海皆准的程度。

第三节 人类与环境的感应——行为交流与行为论

人类空间行为及其特征是地理学关注的基本问题。受实证主义、自然科学研究模式的影响，不管是决定论、或然论、景观论和区域论，在地理学传统研究中只是把人类活动加以抽象化、概括化和唯物化，而“忽略了‘人与环境接触后表现出的行为’之间经历的过程，以致形成真实世界和理论隔离的缺点”（王洪文，1988）。人本主义地理学和行为地理学的兴起与发展克服了传统地理学的“抽象人”与忽视“个体和群体行为决策的人”的不足，两者企图从更贴近现实世界的角度揭示地理环境（区域或景观）与人类行为之间关系的奥秘。所谓行为论，是指地理学本身作为行为科学的组成部分，利用心理学、行为学的理论、方法研究人与自然环境、人与人文环境之间的感知感应、行为方式、行为过程、行为特征、行为原动力、行为环境、意境地图等总称。

一、地理学与行为科学的关联

自20世纪20年代以来，心理学、社会学等科学越来越关注于人类自身行为特征和规律的研究。到40年代，随着哈佛大学教授梅奥历时8年的“霍桑实验”和“人际关系学说”的提出，一门以人类行为为研究对象的综合性学科——行为科学诞生了。行为科学的发展又反过来在地理学、社会学等相关学科中掀起了一场“行为”革命。

卡·海耶尔主编的《管理百科全书》(1982) 给行为科学下的定义是：“行为科学是指运用类似自然科学的实验和观察方法研究在自然和社会环境中人（和低级动物）的行为的任何一门科学。公认的行为科学包括心理学、社会学、社会人类学以及其他科学中在观点和方法上相仿的部分。”《简明不列颠百科全书》给行为科学下的定义是：“以人类行动为课题的科学一般包括：社会学、社会和文化人类学、心理学、生物学的行为问题、经济学、地理学、法学、精神病学以及政治学。”

影响人类行为的因素极其复杂。概括而言，存在四种基本研究途径和视角：一是基于基因、细胞、血型、器官、身体和身体需求，从生物生理角度研究人的行为。对此有基因决定论（基因差异决定人未来的地位与成就）、血型论（血型不同影响人的个性、气质、情趣爱好和思维方式）、性行为论等。二是从心理学角度研究心理过程、心理特征、心理需求。而心理过程由认知（感觉、知觉、记忆、想象、思维）、情感（喜、怒、哀、乐、爱、恨、欲）、意志（果断、自制力、目的性）三个彼此联系、相互影响的部分组成。这部分与地理学的结合则构成了感应或知觉地理学，与区域地理学结合则构成人本主义地理学的研究内容。三是从社会科学角度（包括社会学、人类学、文化学、伦理学、经济学等）研究特定社会组织结构、经济组织结构、文化制度组织结构中的人类行为方式与特征，构成了个体行为、群体行为、企业行为、组织行为、政府行为、经济和政治行为、区域与国家行为以及全球化中全球人类行为的研究。社会科学的这部分研究内容与地理学形成了复杂而广泛的联系。四是行为地理学和感应地理学视角，侧重于研究人类行为与自然环境和人文环境的互动关系。感应地理学研究人们的环境认知特性，行为地理学研究人们对环境发生知觉感觉后的行为特征。人类生存于地理环境之中，人类与环境同属于“人类行为体系”，不能脱离地理环境而孤独地考察人类及其行为，而应当把人类看成是环境的组成部分。人类在对地理环境产生重大影响的同时，人类及其行为也深受环境的影响。我们可将这一视角称为“人类行为环境论”。

二、地理学“行为论”思想的演进

19 世纪 30 年代，格式塔心理学在德国发展起来，形成了对应于原子论的联想主义认知理论。格式塔心理学认为，感知并不简单地是感觉的集合，这些感觉要组织成为整体。其中每一部分的感知都是由环境决定的。由此提出“行为环境”（behavioural environment）这一概念，它是内在的或感知的环境、其中每一部分的感知都是由环境决定的，并由处于特定文化背景下的个人赋予意义和价值。这一概念极富地理学意义，对地理学思想的发展产生持续影响：成为行为地理学、感应地理学、人本主义地理学重要的理论基础。行为环境形成了环境决策或区位决策的基础，与地理环境或现象环境互为对照。柯克（Kirk，1952）在“历史地理学与行为环境的概念”一文中率先将这一概念引入地理学，并在其后的“地理学问题”（1963）一文中，试图统一自然地理学与人文地理学，在对环境决定论与可能论两个极端加以调和时对“行为环境”概念进行了扩展。柯克对这一概念的应用被认为是在人本主义地理学、行为地理学开了先河（约翰斯顿，2004）。此后，行为地理学在多个领域展开研究。

1）环境灾害与人类行为。怀特（White）在《人类对水灾的调节》一书中开展了对环境灾害反应的行为地理研究。后来芝加哥大学的追随者在研究人类对自然灾害的反应的一系列调查过程中，将决策理论作为指导思想，并使用了心理学和社会学的研究方法。由于决策者最终会做出的决策是以自己所感受到的为决策基础而非环境要素本身，所以描述决策者个人的感觉比描述区域内实际物质和经济条件更为重要（White）。在20世纪60～70年代的环境灾害研究中，关注于环境感知（理解特定环境内支配其行为的方式），将占据灾害泛滥平原之类的非理性行为，解释为占据者对其感知的机会和信息不完备的局限的反应。然而，在20世纪80年代以前的中国和其他一些不发达国家，环境恶性循环形成的“环境难民”更多的是源于基本生存行为的驱动。

2）区位论和空间分析中的行为决策修正。古典区位论和经典的空间模式分析皆基于“经济人”和空间决策“理性人”的假设前提。这一前提为“满意化行为”、“不完备性行为”提供了修正的空间。西蒙（Simon）、西尔特（Cyert）、沃尔伯特（Wolpert）、普雷德（Pred）等将行为决策引入区位分析中，提出“区位满意化”、“区位偏好”等概念。普雷德将区位空间决策理解为满意化、适合需要的艺术，描述了集体决策和与之相关的地理学模式，对传统空间分析的核心进行了修正。因为空间不能看成一个独立的因素，沃伦（Werlen）宣称将行为而非空间作为人文地理学研究的焦点。但是行为是空间中的行为，不管是物质的还是非物质的，空间上的不同会影响社会和自然的进程。

3）人地关系和文化生态学的环境感知。与人类学、文化生态学等研究相关联，行为地理学关注于人与环境交互作用过程中的行为特征、行为方式和人对环境的适应性中的文化特质。布朗、赖特、洛温塔尔等非常重视人类与环境感知的多样性及其对地理学思想的重要性。斯图尔德（Stewarg）在《文化变化》书中通过对文化的环境适应性探索，认为社会进化并不是所有社会都需要经过一系列发展阶段，而是某种环境适应不同模式的多线性发展。这一观点很有价值：人类文化的环境适应性决定了文化发展的多元化。现代生态学理论提出了这样一种观点：生物进化不是目的，也不是必然。生物生存发展的基本策略是适应环境，环境的变化触发进化，而深海环境或海底火山环境更突出了生物适应性的本质。文化生态学认为，文化是人与自然关系的尺度，结构相似的环境趋同于功能因果关系相似的社会组织。文化生态学在原始文化、土著文化和地方文化的环境适应性和文化价值研究上富有意义。

4）空间环境感知与景观意象。相当多的学者将“行为环境”和“环境感知”的理念用于空间与景观研究中，这种研究也可视为对实证主义、模型主义的“空间分析”和“客观景观”研究的反思与批评，但行为地理学的研究方法大致上仍保留着实证主义的构架。在林奇（Lynch，1960）的《城市意象》、古尔德（Gould）所著的《意境地图》中建立了“环境意象”、“意境地图”等核心概念，推进了对空间形态的深度解构，引发了地理学对特色性空间——购物中心、娱乐场所、开敞空间的感知研究。

5）行为地理学的界定与评述。随着行为地理学在各个领域研究成果的积累，一些地理学者把“行为地理学”纳入人文地理学的分支科学体系中。这方面的代表作有：《地理学的行为问题：专论集》、《重新考虑地理学的行为问题》。这些著作标志着行为地理学的研究逐步走向成熟。

三、地理学行为论思想评价

随着心理学和行为科学的发展逐渐成熟，在地理学中兴起了一场行为革命。行为地理学的发展对地理学、人文地理学和人地关系研究产生很大的影响。① 通过研究人类的环境知觉和空间行为来透彻地了解和检验人地之间的关系。用人类的行为感知过程把人类与环境关联起来，克服了传统人地关系研究中只"把人类活动加以理性化、概括化，只注重人类活动和环境后果"的倾向。② 通过人与环境间的知觉、认知、激励行为和行为方式、行为原动力、行为决策与反馈等方面研究，并融入心理因素，将地理学对人的行为的思考推向深层次领域，从而为人地之间的协调或调控提供了又一支撑体系。③ 采用行为透视与区域透视相结合的方法，把人文地理学与同源的社会科学各分支区别开来。这种透视使地理学用一种新颖的方式来分析、解决人地问题，拓展了地理学的研究领域，取得了不少研究成果。④环境适应、环境感知、文化环境、环境行为等方面的研究摒弃了"抽象"的人地关系或"决定论"的人地关系研究范式，把"活动的人"、"行为决策的人"、"具有情感偏好的人"引入地理学研究中，这对理解地理学的内涵、活力和地理学思想的发展有重大意义。⑤实践中，行为地理学在多领域得到广泛实践应用。诸如人口移动的行为决策与环境质量、环境对人类所施加的压力以及感受程度；企业、工业区位选择中的行为因素；景观、灾害、都市印象、市场、宗教等环境知觉、感应研究；农户行为、企业经营行为、城市规划行为、环境行为、地方行为、国家行为在土地利用、区域规划、地缘关系、资源与环境保护等方面的行为特征。然而，迄今为止，地理学的行为研究远未达到理想的地步。其主要原因有：一是行为科学自产生以来尽管发展很快，但至今仍然还不是一门成熟的科学，只是许多学科和概念的混合产物，缺乏严密的逻辑体系；二是人类行为受众多的自然、人文要素的关联影响，复杂易变，难于测度，同时需要更成熟的心理学和行为科学方法原理的支持。

本章小结

推进地理学的科学化一直是一代又一代地理学者们的理想与追求。洪堡、李特尔的开创性工作实现了从古代描述性地理学向近代解释性地理学的转变。20世纪40年代以后，计量革命、空间运动、行为革命相继兴起，推动了地理学科学化、理论模式化进程。计量方法、空间分析、行为方法及其新技术工具的应用，成为现代地理学的主要标志。然而，地理学特有的科学结构，使得地理学的科学化进程陷于困境和争论之中。这些争论涉及：地理学是区域的（独特的）还是系统的（普遍的）、地理学研究是实证的还是人文的、地理学理论法则是精准的还是类似法则（解释的略图）等。从更高层次上看，这些争论实际上是在哲学、科学层次上悬而未决的问题在地理学中的体现。或许，我们对此最好理解为：独特性与普遍性、科学性与人文性本身就蕴含于地理学的本质之中，正如莫里尔（R. L. Morrill，1987）所说的那样，独特性与普遍性两种状态交织并存，这也许是地理学的最一般原理。

第十六章　回到地理学本身：地理学思想纵览

地理学思想在不同时期、不同国家、不同主题或学派具有不同的表述和特质，呈现出动态的、多元化的特点。本章回溯地理学的基本特点，并聚焦于地理学的范式论、危机论和思想特质。

第一节　地理学的范式论

自从1962年托马斯·库恩（Thomas Kuhn）发表“科学革命的结构”以来，范式的概念就逐步深入到各门学科发展史的轨迹、方式、特征、模式、规律的探究之中。

一、库恩的“范式”理论及其意义解读

库恩的《科学革命的结构》一书提出了范式（paradigm）理论、学术共同体、常态、危机等概念，对科学史、科学哲学和当代科学思想产生重要影响。库恩将范式定义为“科学共同体的成员所共有的东西”、“团体承诺的集合”、“共有的范例”。范式思想集中体现于库恩的以下论述中：“我们将反复讨论科学发展中的几个重大转折点，这些转折点是与哥白尼、牛顿、拉瓦锡、爱因斯坦的名字联系在一起的。至少在物理学中，这些历史事件比大多数其他事件更能清晰地展现出所有的科学革命究竟是什么。其中的每一次革命都迫使科学共同体抛弃一种盛极一时的科学理论，而赞成另一种与之不相容（不可通约性）的理论。每一次革命都将产生科学所探讨的问题的转移，专家用以确定什么是可接受的问题或可算作是合理的问题的解决标准也相应地发生转移。而且每一次革命也改变了科学思维的方式，以至于我们最终将需要做这样的描述，即在其中进行科学研究的世界也发生了改变。”库恩把科学发展过程分为前范式时期、专业化时期、典范时期、危机时期、危机时期和革命五个阶段（图16.1）。

不少学者对库恩的观念加以批评，最普遍的批评认为库恩的范式概念有问题，虽然他的著作第二版中已修订了他的观点，但在用法上仍然不明确。因为任何一门科学，其内部的意见很少是完全一致的、稳定不变的；而且观念系统的论辩也不是一种自主的活动，而完全被限制于一种特殊的论述或训练的范围以内。波普尔（K. Popper）所著的《科学发现的逻辑》（1957）对科学家哲学家、历史学家造成相当的影响。波普尔反对范式理论作为“方法论”的构架。

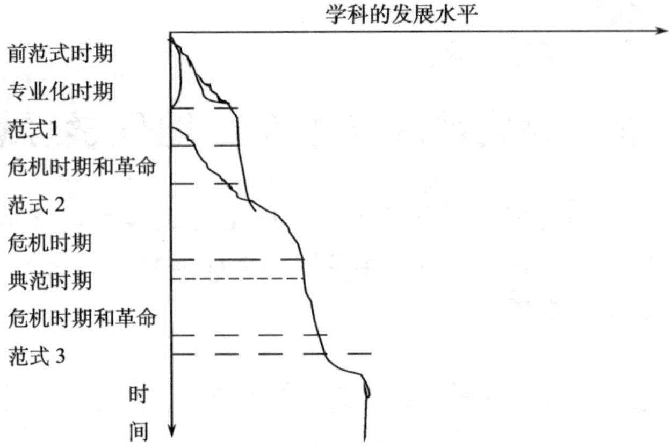

图 16.1 库恩的科学发展理论图解

波普尔认为，一门活跃的进步的科学应处于不断的变革中。当认识到库恩已证明所谓的“常规科学”和“范式”存在，波普尔痛惜这会给这一时期的科学进步带来危害。不挑剔的科学家接受他们那时期的主要教条，并支持一些新的时髦的和以前革新的理论时，常规科学建立了。波普尔担心如果这类科学家主导了科学思想，这将预示着科学的结束。剥开“常规科学”、“基准体系神话”的面纱，波普尔断言科学家重要的角色之一是打破神话。如果我们经常在某种程度上陷入理论基础体系，只要我们表现得像真正的科学家，我们就能打破它们。一门有活力的科学应处于永恒变革的状态之中。菲尔本德（Feyerabend）否认库恩变化时期的“标准科学”和“变革”的模型，并视之为历史性的错误。他认为，科学没有在标准科学实践和多元论时期显示出按年代次序发生的变化。因此，一门学科的历史性发展也许最好通过整合波普尔和库恩的模型来表述。

尽管库恩的科学革命模式受到众多批评，然而库恩的范式理论的价值在于：打破了科学发展线性进步的观点；强调了少数科学家的创造性思想在科学发展中的关键和转折点作用；科学发展或革命表现为一种“常规范式”向“新的范式”革命跃升的过程；在科学革命之后，科学家们所面对的是一个不同的世界（学术的、世界观的）；库恩对科学发展演替的研究启迪并引发了学者们对学科发展史和学科演变的本质、特征的思考与关注；也许更重要的是，库恩的“革命是世界观的改变”的命题，有如马克思的共产主义宣言一样，影响了一批库恩主义者或非库恩主义者变革学术传统的热情。

二、地理学中的库恩主义与对地理学范式论的批评

保罗·克拉瓦尔（2007）指出：“库恩的科学革命诠释对地理学非常重要，

由于地理学的每一个新趋势都被诠释为与科学革命相关。”20 世纪 50 年代以后，地理学中的计量革命、空间科学运动、理论革命、行为革命、马克思主义、激进主义、后现代主义等各种革命相互交织、呼天抢地。无可置疑，20 世纪 60～70 年代是地理学及其思想急剧发展变革的时代。这一时期，地理学在多个方向、多个主题上得到拓展性发展，极大地丰富了地理学的研究内容，在一定程度上也增强了地理学的社会影响力和实践应用能力。然而，对地理学的发展模式是否符合库恩的“范式”革命，存在两种迥然不同的看法。

伯德·詹姆斯（J. H. Bird）认为，库恩是地理学史上最具影响力的科学方法论学者。受库恩影响的地理学家可以分为两派。其中的一些人运用库恩的方法，鼓吹他们观点，使其合法化，并以之作为一种对抗已确定的科学事实的武器。另外的一些地理思想史学家则尝试着将库恩模型用于解释地理学思想的发展。由此可以看出，范式主义已经展示出自己旺盛的生命力，而这种生命力已经超出了库恩最初所设想的。另一方面，它也被认为是地理学史的一种有效的典范。

保罗·克拉瓦尔（2007）则对地理范式持否定态度：“信服库恩范式的地理学者为激进地理学的兴起而欢呼，他们视此为地理学发展过程中的另一次革命。历史正加速前进，但是解释地理发展有关原则并未改变”；“20 世纪 70 年代末期，许多地理学工作者对 20 年来地理学发展方向的激增感到困惑。激进地理学者倡导库恩的观点，将自己的研究取向当作地理学史上的最新范式，并等待胜利的到来”；“这样的情况破灭了库恩的观点在地理学方面的应用。地理学史并非由范式的演替所形成，它是循着一个核心经验发展出来的不同观点；以不同尺度来解读空间分布；并提供机会使人类对其环境、生活的社会以及不同类型的现象间的连接有更多一层的了解”。

> 普雷斯顿·詹姆斯（1982）争辩道，从这门学科诞生到现在，每一代地理学家都宣称已成立了一种新的地理学，每一代都过分强调了“新的”和“旧的”之间的差别。那么，冷静而清楚地提问：“到底什么是真正的新的?”
>
> 对此，詹姆斯强调：“20 世纪 70 年代的地理学证明是一个创新和传统的复合体，这使得地理学思想史的研究变得十分重要。”对科学发展的研究表明它可能不会经历任何基本范式的变化。在态度方面有一些变化，如对法律依据的兴趣或者对技术、方法或概念上思考的态度的变化。当整个新的信息世界使我们改变我们的观念变得必要时，变化有时就发生了，但是，“新的”概念极少像发明者引导我们相信的那么新——尽管他们可能对我们的知识做出有用的增添。新知识的建立及扩大旧知识的辩论与库恩的范式变化的观点是直接相反的。当新一代宣称已经发现一个

科学的革命时，通常是他们对他们的结论过分热心的结果，也就是因为“革命”的支持者忘了或者是故意忽视了旧的传统代表了什么。

杰克逊认为，在地理学中没有一种范式得到成功，而每一个范式都在更大的范围内并存着。新的学派慢慢地吸收以前那些学派的知识，并在其新的结构中还留有以前就存在着的一些矛盾的痕迹。在研究所基于的基础发生转移之后，观点和思路继续保存下来，并可能有一天以新的形式突然出现在我们面前。伯德（Bird，1993）将地理学上的变更描述为一种永恒的修订，这种变更也有可能被当作是复合范式的发展，因为不同学派的思想继续并肩而行。也许这就是地理科学的一种特征：新的范例不会很顺利地确立。或者更恰当地说，在波普尔主义者看来，我们本应该到达成熟科学的阶段，在那里我们将体验“永恒的革命”（Jensen，1999）。

三、地理学及地理学思想的演进特性与“地理学发展模式”解析

詹森（Jensen）和戴尔伯格（Dahlberg）曾把科学的发展轨迹看成是一条“S”形的逻辑斯蒂曲线，并以拐点将其分成四个时期：①初步增长时期，文献数量呈小规模地绝对增加，很少或没有社会组织；②指数增长时期，出版物数量以有规律的间歇成倍增加，专门研究单位成立；③后继期，出版物数量开始下降，但年增量保持稳定，专门化和争议都在增强；④成熟期，增长速度接近零，专业研究单位和社会组织分化，学科达到成熟。格雷戈里（Gregory）认为：“鉴于目前与其他科学的互动方式，自然地理学已处于第三阶段，或许已接近第四阶段。”学科发展的逻辑斯蒂曲线是客观存在的，它比较适合科学内涵呈“刚性”特点的一些分支学科，尤其是一些技术性学科（如遥感、计量地理学或某种方法），同样也适合用于解释一些学科的“主题”或“学派”的发展轨迹。然而，对复杂性学科、综合性学科、内涵丰富与张力强大的学科而言，以一条逻辑斯蒂曲线来说明其发展轨迹则失去解释力。在这种情况下，库恩的范式理论展现出了它的价值与意义，范式革命使得学科的发展呈现出多条逻辑斯蒂曲线组合的发展模式。

库恩的范式理论是基于物理学史的研究。物理学史是关于物质的属性研究不断拓展的历史。力学、声学、光学、电磁学、量子力学、核物理学、凝聚态物理学，尽管其间存在许多交叉学科，物理学总体上呈现出纵向拓展型学科的特征：一是范式革命相对清晰可见；二是范式转变后，科学家面对的是一个不同的世界。在各处看来，都与他以前的研究世界彼此“不可通约”。

地理学是一种典型的横向联合型、复杂型学科。地理学的发展以区域地理—人地关系—地图传统为“主干”，进而不断衍生出新的主题与分支——景观主题

与文化地理学（伯克利学派）、计量模型、空间主题、行为地理学、各种地理哲学流派、全球化/城市化/信息化/后现代地理学。图 16.2 概括地表达了在古代地理学的传统主题基础上，自 1850 年以来地理学及其思想的发展轨迹。与物理学发展范式比较，地理学的发展路径、模式有以下特点。

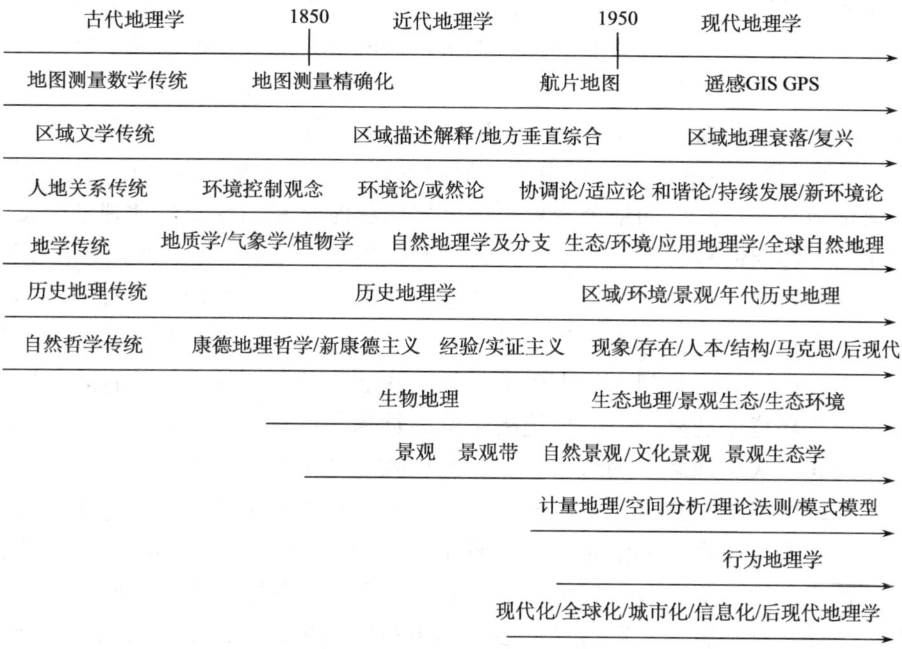

图 16.2　地理学思想的演进（1850～2008）：传承与发展

1）作为一种复杂性的、多主题性的学科，地理学的“范式革命”往往并不能以某一理论或某一地理学家的思想而标志性地反映出来，而是依据众多特性（科学性、理论性、技术方法手段的先进性、学科共同体的地理学认知、地理学思想的整体特质等）“综合判断”的结果。从综合特征的差异上看，地理学进程中的“范式革命”发生在近代地理学与古代地理学、现代地理学与近代地理学的转折上。

2）地理学内部及各分支科学发展演进的差异性。对地理学这种具有复合学科特征的复杂学科，很难以库恩标准整齐划一地去说明“地理学”是“经验科学”或“成熟科学”。动植物地理学、土壤地理学、气候学、地貌学具有成熟科学的特点，但全球地理学、地球表层学总体上尚处于构建阶段。

3）地理学发展的“通约性”和“复合性范式”特征。地理学的发展表现为在传承传统的基础上的一种拓展与创新，这一特点决定了地理学“主题”与“主题”之间、学派或所谓的“范式”之间存在很强的“通约性”，又进一步形成了地理学及其思想发展中的“复合性范式”特征。地理学的发展是基于地理学“核心”或“主轴”基础上的繁殖、衍生，而不是一种替代。用杰弗里·马丁（2008）的话讲：“近年来的地理学，与过去一样，是创新和传统的复合体。”传统主题和后续的拓展交互重叠并始终贯穿于地理学的发展之中，形成复杂交错的地理学发展图景，就像枝繁叶茂的大树一样。然而，与大树这一比拟不同的是，各分支之间呈现出连体特征，有如盘根错节的“竹根”一样。当我们回顾地理学的发展历程时，不难看到新的范式是怎么从旧的范式的观点那里继承过来的。旧的与新的之间、各主题之间存在着通约性、关联性和互补性。其间的变革或许可以称之为“主题革新”、“亚范式变革”或“各学派的思想”更为适合。

4）地理学思想发展、拓展中的“回归现象”、“综合倾向”、“向心倾向”。当更精细化地审视地理学和地理学思想的发展历程时，我们注意到地理学的发展始终存在三大特别值得关注的现象：一是“回归现象”。基于某一“主题”的承传、批评，某一新的“主题”快速发展，并在早期表现出（有意的或无意的）远离或隔离其“生长母体”的特点，但当其发展壮大到一定程度时，却发现前进受阻或迷失方向，往往又回溯到它“出生的母体”中去寻求“营养”。我们能看到很多这种景象：环境论的盛行——环境决定论的批判——环境论的衰落——新环境论的再度兴起；区域地理学的兴盛——空间模式、计量运动、区域研究萧条——新区域地理或区域地理复兴；人文地理学实证化、自然科学化——人本主义地理学的批判——人文地理学哲学化（各种哲学流派思想充斥在各种论文中）、社会科学化（社会理论与文化、制度的高度关注），我们或许可以预期，如同“回转的飞镖”一样，过度哲学化和过度社会化也不是地理学思想持恒的特点，地理学最终还是要回到“人与自然”、“人与人工环境”、“人与社会环境”的基本程式中。二是地理学的“综合倾向”。地理学每生长出一个新的主题时，开始其单一性或特质性可能很强，当它发展渐趋成熟时，总是把地理学或其他学科不同的视角、理论、方法包容于其中，形成“主题小综合”，如历史地理学发展，形成了区位、地方（区域）、景观、环境、年代、文化等方向。可见，综合性的确是地理学的特性，并在地理学研究中的多个层面得到体现。三是地理学的“向心倾向”。尽管地理学的多中心、多主题、众多分支学科存在，但地理学并没有完全呈现出“一盘散沙”。存在多种原因使得地理学在具有很强的“离心化”力量时，仍保持了地理学的“向心倾向”。其中最重要的原因是，地理学研究对象的规定性和地理学存在其核心主题（不同尺度的空间区域和人地关系）。地理学向心力的存在让我们看到了统一地理学的发展前景。

以上表明，库恩的范式理论对地理学的意义在于思想的启迪，而不在于范式的套用。地理学思想发展的模式代表了一种典型横向关联型学科发展模式的特点。在科学体系中，不同学科具有不同特质。因此，需要不同的“范式理论”来解释各具特色的发展模式。其中，有三种“范式”最为重要：一是针对那些“内涵具有刚性特征”的学科或分支学科的逻辑斯蒂模型；二是以物理学为代表、学科纵向发展特征突出的“库恩范式”；三是以地理学为代表的、学科横向交融关联特征突出的“地理学范式”。

第二节　地理学的危机论

与“范式”概念密切相关的一个概念是“危机”，库恩认为，正是对危机形成的压力的响应，驱动了学科“范式”的革命。我们需要强调地理学的危机意识，同时也反对“地理学既不存在，也没有未来”的地理虚无主义。

一、地理学危机论的诠释

自近代地理学建立以来，地理学就一直陷入危机之中。事实上，对地理学对象与性质、概念与主题、各种方法论之间的持续争论，反映出地理学者们在学科困境的压力下，寻求地理学新的发展内涵与方向的努力。学科的危机并不是仅仅限于地理学，哲学、物理学、生物学、经济学、历史学、社会学等均存在其自身的发展危机。

在第九章和第十章的第一节中，我们对从古代到近代、从近代到现代转型时期地理学面临的多重危机进行了总结。也就是说，地理学思想的重大变革出现在多种问题交织的深层化时期。克服了特定时期地理学发展障碍或瓶颈问题，地理学及其思想也就获得了它的新生。进一步，当深入到近代地理学和现代地理学的发展进程中时，我们发现，危机或问题—压力与响应—主题与学派的创新周而复始地进行着，这一特点正是波普尔强调的“常态革新”。若从承传与批判的视角看待危机，则表现为对传统的不满与挑战——新的主题或学派的创立。我们可以从地理学思想的演进中梳理出多条这种发展主线，如地理学的文学描述传统——地理学的解释性描述、民族志方法（人类学的渗入性调查方法、诠释社会学的民族志方法、克拉瓦尔所说的“深厚描述”）——数学形式化表达、理论模式化表达——后现代地理学的“文本”意义。

地理学是一门存在“问题”较多的学科。对学科对象、性质、核心、主题这些在学科发展之初就应基本确定的问题，至今也未能达成共识。产生地理学问题的原因很多，其中，主要的方面有四个。一是所有的问题都发端于“地理学对象、性质、学科特点”之中，如复杂性一方面赋予了地理学的生机活力，另一方面方法手段和理论的支撑不足又使地理学复杂性研究受阻；综合性是地理学的基本特点，而综合性不足则削弱了学科存在的根基；尺度问题是地理学的核心问题，然而，尺度问题也是当代科学的难点问题。二是与地理学内在的协调性、统一性和内在的逻辑发展等有关。而这正是理查德·哈特向（1981）的忧虑和希望所在："我们可以希望和本世纪开始的德国地理工作者一样，解决许多基本争端，并导致关于地理学范围和性质的基本问题之一致意见……同时，正如德国的经验所显示的：对基本问题的一致意见促进了广阔幅度的试验以及较高水平的新方法论的发展。"三是与科学体系中地理学的地位、学科竞争力有关。近代地理学面临的问题主要是传统地理学尤其是自然地理学的研究要素被分出去的压力；现代地理学面临的问题则是在学科综合、交叉、渗透中，地理学的竞争力不足的问题。四是地理学的社会认可度或知名度。地理学长期面临公众把地理学视为地理知识的困境。这意味着一方面我们要加强公众对这门学科的理解，对地理学的发展、研究主题和知识基础的理解；另一方面，一定程度上使我们的学术研究适应公众的期望。

二、地理学存在的主要问题

本节所讨论的地理学发展问题，既是对现代地理学一般性思考，相当大程度上也是对我国地理学发展问题的反思。

（一）广泛性的困境与综合乏力

现代科学发展的基本特点之一是从单一运动形态的研究走向多运动形态及其相互渗透、相互联系的综合研究，相邻、相关学科之间的横向交叉、渗透和融合成为明显的趋势。与此同时，地理学的研究领域也正进一步拓宽，研究热点日益与社会经济发展、资源保护和环境治理密切联系。然而，常常让地理学者无奈、遗憾和迷惑的是，地理学在科学融合、渗透、竞争的大潮中并未发挥其综合性的作用，成为众多相关学科靠拢的核心，反而更加剧了地理学的"裂散"状态。令地理学者尴尬不已的是，正如潘什梅尔（Pinchemel，1968）指出的那样，"地理学干涉了许多领域，而他又不具备必要的能力或专门知识"。

在某种意义上，地理学与其他学科广泛的关联性和交叉性意味着知识的多样性与强势。但另一方面，有人认为，地理学的悲剧也许正是因为它研究对象的广泛性。随着研究场地的扩大和其他相关学科的发展，地理学已经不能满足于表面上的泛泛而谈，应该寻求深层次上的解释，这就要求地理学家对某个领域进行更深入的研究。地理学分出了一些富有生命力的学科，这些学科借助于其他相关学科的力量独立发展壮大，倾向于同原来共同的主干分离。

地理学由于定义不确定，导致研究中心不明确，而使得地理学长期游离在自然科学和社会科学之间。地理学对象和学科性质的特点使地理学处于微妙的两难境地。一方面，地理学作为一门复杂性学科和关联性学科，学科内部的日益专业化与其他学科之间广泛的关联化不可避免。对地理要素缺乏深入研究，要认识地理环境的整体性是不可能的。另一方面，若只关注于地理环境个别因子独立的深入的研究，事实上地理学就已进入到相关学科，从事地质学、土壤学、生物学、经济学和社会学的工作。一个学者兼做多领域的工作，而他们对于其他领域的基础较薄弱，加上对本学科的研究范围不清晰，随着各分支学科在本领域里的不断深入，很多学者就显得力不从心。斯图达特（Stoddcrt）警示道：人文地理学应该单独作为社会科学发展的主张，可能导致它作为一个独立学科而消失，“人文地理学作为一门纯粹性的社会科学失去了它特殊的身份——它与社会学、经济学、人类学竞争，但是在它们的领域内，而不是我们领域”。

综合性是地理学的本质特性之一。然而，地理学贵在“综合”，也难在“综合”。哈维对此提醒：“从相邻学科派生概念并不是轻而易举的事，搞不好会使地理学者们陷入根据对相邻学科的一知半解的肤浅解释来赶‘知识时髦’的陷阱。”综合不是一种缝合、叠加，综合是一种艰难的创新过程；综合不是单纯的广度或深度，综合需要广博与精深的结合。由于深入研究专题会更容易获得声望和成果，“专窄化”就成为地理学者实现个人价值的首选取向。地理学的综合所表现出来的软弱无力从根本上对地理学现状和未来发展构成严重冲击。

专栏 16.1　爱德华·威尔逊《论契合——知识的统合》思想评述

爱德华·威尔逊是当代国际上一位著名的生物学、社会生物学家和博物学家。著有《蚂蚁》、《论人性》、《生物多样性》、《海岛生物地理理论》、《昆虫社会》、《社会生物学》、《生命的未来》、《论契合——知识的统合》等论著。他因其“生物决定论”、“文化-基因协同进化论”、“人类进化是根植在大脑中的空间与时间的乡土观念”等惊世骇俗的观点而受到批判。斯蒂芬·古尔德认为：“没有证据支持（生物）决定论，而且过去几百年粗陋决定论已被明确否定了。”这里我们聚焦于爱德华·威尔逊（2002）在《论契合——知识的统合》一书中的一些思想观点以及这些观点对地理学思想的启迪与思考。

1）作为跨生物学、跨社会学的多栖博物学家，爱德华·威尔逊有着难以克制的综合和契合知识的欲望，力图寻求从人的生物特性到人的社会特性、文化特质的关联关系中寻求知识的统合性。生物源于自然的演化，而人类又是由生物进化而来。人类的社会性、文化性必然带有生物“密码或基因”，这一特性应该引起地理学的哪些关注？

2）知识的契合是爱德华·威尔逊思想的核心。“契合就是通过将跨学科的事实和建立在事实基础上的理论联系起来，实现知识的‘统合’，从而创造出一种共同的解释基础。”威尔逊认为生物学是统合物理学、化学等自然科学与社会学最佳的“桥梁”，而其理论和方法的先进性又为这一“桥梁”提供了强有力的支撑。而地理学也长期以“自然科学与社会科学的桥梁”自居。显然，在科学分化、拓展、综合的浪潮下，存在诸多各有特色、结构和功能不同的“桥梁”。地理学以“综合性”为特色，一个传统而经典的问题是：如何看待地理学的契合与桥梁？

3）爱德华·威尔逊特别强调还原论对复杂性研究的重要性。自从笛卡儿基于二元论哲学创立“还原论”思想以来，“分解-还原法”就成为持续推进科学分化和发展的基本方法。自20世纪50年代以来，系统科学的发展重振了“整体论”思想，而还原论则陷入令人不齿的境地，但一心追求知识统合的威尔逊却为还原论大唱赞歌：“还原论是科学锋利的尖刀，还原论剖析自然的构成。不过分地说，还原论精光锃亮，就像手术刀和医用导管一样。批评科学的人有时把还原论刻画得令人迷糊紊乱，径直地就到达一位作家最近所称的‘过分还原’的状态。可以指控这种刻画是一种误诊。一线科学家的工作就是做出可以待检验的发现，他们完全从另一个角度看待还原论：还原是一种策略，目的是要找到可以进入难以摸清的复杂系统的入口。科学家所感兴趣的最终还是复杂的东西，而不是简单的东西。还原是了解复杂性的途径。热爱复杂性而不用还原论可以创造出艺术，热爱复杂性而用还原论可以创造出科学……如果科学是走这样的路径，还原论便成为科学中基本而本质的活动。但是科学不只是要从事剖析的工作。综合也很关键，还要加上哲学上对意义和价值的反思。即使关心面最狭窄的研究者，包括那些致力于研究组成要素的人也无时无刻不在想着复杂性的问题。”（爱德华·威尔逊，2002）地理学是典型的复杂性学科，如何处理好“整体论”与“还原论”、“综合”与“还原”的关系，仍然是困扰着地理学思想与地理学方法的基本问题。

4）爱德华·威尔逊认为尺度问题对生物学很重要。他指出：“生命科学中的契合建立在对时空尺度有一种透彻理解的基础上。从一个层次到另一个层次的研究，比如从分子到细胞或者从器官到生物，需要在时间和空间上做出很好的协调。正是使用了这种尺度概念，在过去的50年里，生命科学已经变得比较契合了。根据研究者所采用的时空大小，从大的时空到小的时空，生物学可以划分为如下分支：进化生物学、生态学、生物（指动植物、真菌、原生动物、原核生物等）学、细胞生物学、分子生物学和生物化学。”值得注意的是，不只是社会科学存在“空间转向”，生物学特别是生态学早就把“尺度”作为学科发展的引擎。那么，地理学如何对时空尺度及层次关系达到透彻的理解？

5）爱德华·威尔逊的“文化-基因协同进化论”引发了对地理学更多层次上的协同进化的思考：文化与自然生态环境、文化与基因、文化与人工环境、文化与工具装备系统、文化与社会系统、不同文化之间如何实现协同进化？这些多层面上的、共同的、协同的进化是整个地球和整个人类和谐的关键，是全人类的终极目标，地理学在多层递阶中如何把握协同？

（二）科学高度分化下的破碎性

地理学的破碎性既与地理学研究对象的复杂性和学科广泛的关联性有关，也是地理学自身整合与综合不足的现实反映。在图书馆和书城，地理名录下多为旅游类方面的书籍；而在其他分类目录下，均可以找出地理学者需要阅读的地理学或地理学相关书籍来。地理学分支过于庞杂，缺乏学科内部深层次的综合。地理学的破碎性主要表现为：地图学与地理学的分割、计量地理学与地理学的分裂、地理信息系统与地理学的分裂并越来越转向于测绘工程和计算机技术、人文地理学与自然地理学的分裂、人文地理学分支学科之间和自然地理学分支学科之间的分离。地理学的破碎化，尤其是自然地理学与人文地理学之间的断裂，影响到地理学的整体发展，削弱了地理学发展的根基。由于地理学的学科交叉性和渗透性极强，很多地理学者为了完善本学科的理论体系，把相关学科的理论和研究手段、方法引用过来，但随着各分支学科的不断分化，学科交叉程度的增强，这些分支学科的离心力就越强，各理论就越不成系统，因而不但形成不了系统的属于本学科的理论体系和完善的研究方法，在应用领域上更是与相关学科的应用重叠，失去本学科的优势。高迪（Goudie，1986）评论道："地理学被分成两个独立的子学科将不利于它的继续存在及合理性。这种分裂有悖于地理学的很多传统，并造成地理学的狭隘性，这违背自 20 世纪初以来关于地理学所表达和观点。"

（三）科学承传中的代际断裂

地理学的代际断裂指的是地理学发展中的代际鸿沟问题。今天的青年地理学者在外语、计算机等方面拥有优势。然而，与地理学前辈们相比，存在的问题也十分突出：①兼具自然地理学与人文地理学、地理学与历史学、自然科学与社会科学、哲学与人文科学深厚功底的学者已日渐稀缺，地理"专家"取代了地理"学者"，在地理学层面的领军人物已日益稀缺。②重野外实地调查、重区域综合研究、重乡土地理学的传统已日渐式微，而更多地依赖于统计资料，热衷于国外理论方法的实证与应用。③在时下的社会风气浸染下，知识功利化、工具化和利润最大化已达到难于遏止的地步。④前辈地理学家们致力于整个地理学的发展，关注于地理教育、地理学的平衡发展和统一地理学的建立、地理学在科学发展与竞争中的地位。今天，这种对地理学整体发展的关注已更多地转向"自我"和个人学术声望。

（四）复杂性研究中的理论薄弱

地理学的复杂性与综合性使得地理学的理论构建困难。从整体上看，地理学的实践应用性一直强于理论性。一些学者抱怨地理学未能像物理学的相对论、生物学的进化论、天文学的宇宙大爆炸等理论那样，建立起引起公众持续关注的理论。事实上，科学的价值更为重要的是其理论方法对其他学科的影响。在这方面，地理学存在明显弱点，缺乏特征明显的核心理论和方法，在学科融合和竞争中处于依附地位。以经济地理学为例，教科书中绝大多数理论源于经济学。地理学需要造就一批像洪堡、拉采尔、索尔、哈维等在地理学之外富有影响力的学者。

（五）科学渗透中的竞争力不足

科学的专业化与综合化一方面导致学科之间的分工与合作，而另一方面，也加剧了学科之间激烈的竞争，这在应用领域尤为明显。地理学应用方向集中于资源利用与保护、城市与区域规划、环境变化与治理、经济社会发展规划与管理。随着人口、资源、环境、发展等地区性和全球性问题日益突出，众多学科，如环境科学、生态学、地质科学、大气科学、经济科学和社会科学等，都纷纷转向这些问题的研究。地理学长期面临着科学分化形成的强大压力以及竞争力不足的问题。与物理学、生物学、生态学、经济学和社会学这些强势学科相比，地理学一直在理论、方法的较量上处于劣势。相当多的科学，如地图学、地质学、气象学、环境科学、GIS等，源于地理学而又脱离了地理学。地理学面临着科学竞争下传统领域不断被侵蚀的生存发展问题：当主流经济学家对“空间（区域）经济学”、“发展经济学”、“经济地理学”重新关注时，地理学家的经济地理研究面临着挑战；随着地质学、年代学对第四纪地质的关注，地质学与自然地理学在第四纪环境方面的研究形成竞争；气象学利用全球卫星系统、全球气象观测站点、大气动力模拟等强有力的技术手段，收复了“气候学”这一留给地理学的失地；随着环境科学从“污染”小环境拓展到自然生态、地理大环境，环境科学的研究领域与地理学的研究领域构成了大幅度叠置；随着生态学向应用方向发展，人口、资源、环境、发展问题同样成为生态学关注的主题。地理学竞争力的培育有赖于地理学理论的构成和解决社会发展问题的能力的提高，有赖于从整体综合角度对地理要素的深入研究，有赖于地理学的区域研究、全球地理研究、人地系统研究的突破以及在当代科学技术、数学、系统科学、复杂性理论支撑下地理学研究方法的重大进展。

（六）学科内部发展的不平衡

受“学术热点效应”的影响以及地理学对城市化、工业化、产业化的关注，地理学少数分支学科的“热”与相当多领域的“冷”形成鲜明对照。自然地理学以第四纪地质、环境变化为研究热点，人文地理学则以城市地理学和旅游地理学最为热门。科学发展中的热点问题本身无可厚非，但问题是地理学内部结构性严重失衡已影响到整个地理学的发展。20 世纪 80 年代以前，我国各大专院校长期有一批从事世界各国地理和分区地理研究的学者，随着地理学对全球及分区政治、经济、社会、文化关注的减弱，地理学者在国家地缘政治、经济、文化、军事发展战略决策中的作用和话语权也削弱。作为地理学核心课程的区域地理学已弱化为选修课，一些地理院系干脆将其取消。农业地理学这一门被前辈地理学家们全力推进的学科，已经从大学课程体系中消失多年。农业地理学、地貌学、地理学史、地理学思想史、行为地理学、医学地理学、区域地理学等后继乏人的问题已十分突出。

（七）市场经济冲击下的地理教育问题

面对教育市场化的强大冲击，各高校地理系和研究机构纷纷以城市、规划、环境、旅游、资源等称谓改名换姓，这种形式上的术语的变化在一定程度上达到了立竿见影之功效。然而，其边际效益随即快速递减。从长远看，这在一定意义上是作茧自缚，对某具体的研究领域的过度强调必然导致对地理学整体的忽视和对其丰富内涵的丢弃。

地理学的整体性与综合性要求在地理学人才培养中，要致力于培养学生有机的、整合的、活的知识体系。这种有机知识对过去所学的知识具有很强的交融力和进一步提升的力量；这种有机知识具有强大的知识活力与持续张力，对新的知识、理论、方法具有快速吸收、理解和再反思的能力；这种有机知识不会因时间而消逝，而会产生一种“滚雪球”的积累循环效应，不断驱动着知识高层次化和精深化发展；在这种综合的有机的知识体系中，多种思维（逻辑思维、反思性思维、批判性思维、创造性思维）交互生辉，浸染着思想与智慧的启迪，引导学生将个体特质和潜能充分发挥与展现。然而我国目前过度专业化、技能化、适用化和功利化深刻地影响着教师与学生发展模式的选择。地理学教育中的过度专业化必然使学生知识碎片化和浅层化，在知识的广度、深度和知识的整合上同时衰退。

要适应社会的需求和减缓就业压力，显然需要构建多层次人才培养体系：一是博士研究生层面培养一批广博与精深兼备的人才，这种人才就是既能准确把握相关学科的前沿又能在研究中加以综合应用以解决复杂重大问题的地理学者；二是在硕士研究生层次培养理论与技能复合型人才，可以对社会经济发展的问题做出准确的判断与研究，并成为政府决策的重要影响者；三是在本专科层面侧重于“三基”和地理学综合分析问题、解决问题的能力的培养，以为学生终身的发展提供知识、技能和持续的学习能力支撑，同时结合社会的需求在多个应用方向实行分流。

第三节 回溯：地理学的基本特点与基本思想

在第一篇中，对地理学的对象特点、地理学的基本视角、地理学的基本特点、地理学的基本原则进行了简要评述。本节对“地理学的基本特点与基本思想”进行总结性阐述。

一、整体性与地理学整体论思想

整体性与关联性是世界存在的本质特征，是所有学科对象都具有的基本特点。对地理学来说，整体性是地理学理论、思想的“本源”。地理学整体论思想并不排除（实际上应特别强调）“分析-还原论”方法，也不排除（实际上应特别强调）对“地理要素”的深入研究。但是，这种研究应置于“空间-地域”中、置于地理事象的“整体关联”中、置于“人地交互作用”中。忽视这一点，即使取得了成就，尽管这对人类知识是有用的，但在本质意义上它是非地理的。

地理学的整体性和整体论思想对地理学的综合性提出了“理论”上的更高要求。不管是地方垂直综合、地方间水平综合、时空尺度综合，还是不同学科的理论和方法的综合，这种“综合”都是以地理学“本体（论）”的整体性存在为先决条件的。对地理学来说，综合就是一种观念、理论、方法和思想观的创新，它是地理学思维与智慧的结晶。达到这样一种境界层次的综合将极大地提升地理学在解决社会综合发展问题中的能力、地位与价值。然而，地理学的综合目前存在两大问题：一是地理学的综合乏力，多处于“大众化的”、“浅层的”综合水平上；二是地理学传统的综合方法存在它固有的缺陷，它需要现代系统科学、现代数学的新方法支撑。

二、复杂性与地理学复杂论思想

复杂性与整体性、关联性、区域性和时空性的契合，使得研究“复杂性的统一性与差异性”成为地理学研究的目的和地理学思想的基本特质。关联性或空间自相关（spatial autocorrelation）使得地理变量满足不了数学函数中“独立变量”的前提，并且违反许多标准统计检验的基本假设；空间差异性与时间异质性不符合于数学几何空间和物理过程的时空均质性，地理系统状态更多地具有非线性特征，而线性只是地理系统的一种特殊形态；与经典物理学的“绝对规律”不同，“地理规律”表现为多维变量关联作用下的“相空间”，即地理规律法则不以绝对时空下的唯一“相点”表示，而是存在于最大包容“各种可能出现的相点”的多维“相空间”中。复杂性既是地理学出现诸多争议和危机的“初因”，又是地理学活力、生机、张力的“源泉”和永恒存在的根本。

多样性与差异性要求我们深度思考地理学“复杂性”的基本“元素”。生物的千变万化归结于数目有限的“细胞”种类组合上；五彩缤纷的化学世界归结为几十种“化学元素”的组合；神奇变幻的物理学世界归结于物质的不多的基本“属性”及其组合上；万千可能的地理世界则归结于自然与人文“要素”的组合。这些要素在“特定地域的特定组合”构成了区域个性和特质所在；“不同地区不同地理要素的不同组合”，构成了地理差异性、多样性所在；“地理要素的垂直关联与水平关联及其联动作用”构成了地理事象形成发展的机制所在。这就是地理学的“地理世界图景”。与“复杂性”相伴而生的是“不确定性”。尽管经典科学将其视为不受科学欢迎的“怪物”，但它是世界的一种本质“存在”。当代经济学已高度关注“偶然性”经济。随机性、偶然性、不确定性、非线性应纳入现代地理学思想的构件之中。

地理学的整体性和复杂性一方面要求在整体论思想指导下进行综合、系统分析，另一方面也同时要求在简化—还原论思想指导下，通过简化、假设（时空均质性、非相关性、其他要素不变条件下）进行地理要素的深入研究。系统研究离不开对结构的精深剖析，整体论思想需要简化论思想的支撑与补充。地理学需要在传统的研究方法与途径的基础上，进一步借助现代自然科学、系统科学和数学的理论方法支撑，寻求地理学的整体论与还原论的新契合。地理学的复杂性决定了地理学必然出现多种研究视角与途径、多样的研究主题与学派、多元化的理论与方法、地理学思想的丰富性。正如蔡运龙（2008）所说：“地理学思想的每一次转变都反映了环境和社会的格局与过程的变化，应社会之需而生，并受当时整体学术思潮的影响。先后出现的各种地理学思想并非简单地后者否定前者，地理学思想的多样性正如地理本身的多样性一样，既是合理的，也是有益的。”多种主题（地学的、区域的、空间或区位的、景观的、生态的、行为的、社会的、文化的、性别的等）与多种方法论（哲学的、自然科学的、社会科学的、人文科学的、地理学的等）构成了由本体论与方法论组成的“地理学矩阵”，任何一种新的主题的产生或原有主题的纵深拓展或新的理论方法的注入，都将使“地理学矩阵”发生动态的、关联的变化。

三、人-地相关性与人地关系论思想

人与自然关系是哲学的基本命题，不同学科或多或少都涉及这一议题。对地理学而言，人类社会与自然环境的关系是地理学古老、永恒而又常新的主题。地理学通过对空间、地区和环境的研究探索自然与人类社会的关系，展现出了地理学人地关系研究的广阔视角：①哲学对人与自然科学的思考、现代科学对世界图景的认知提供了地理哲学、地理科学哲学的世界观和方法论。②人文社会科学尤其是社会学、历史学、人类学、文化学、经济学提供了社会科学对人与自然的理论诠释，成为地理学人地关系论思想的又一源泉。③人地关系论思想贯穿于地理学所有主题和研究内容中。把人地关系置于区域、空间中进行研究，这一特点将地理学的人地关系研究与其他学科的研究区别开来。区域研究试图描述和解释地表的自然特征和人文特征，了解形成和影响这些特征的过程、系统和相互关系。空间研究试图探索地区和行为方式的逻辑形式化表达关系。环境研究包含了自然和人文的维度，关注于自然提供给我们赖以生存的资源（有时是稀少的、脆弱的）特征、人类活动对资源环境的影响以及两者关联的社会、经济和文化后果。生态论视角提供了人类与环境的系统论思想，并深入到人类社会与自然环境之间的物质交换、能量流动、信息交流的测度分析中。景观研究聚焦于人类对自然景观的改变、人文景观的形成和不断重塑的过程。行为地理学关注人与环境之间的认知、感应与空间决策行为及其环境效应。不同主题与人地关系的结合形成了地理学人地关系的丰富内涵。“在长达 2000 多年的地理学思想演进中，地理学家的研究指向始终是与人与自然这一基本主题缠绕在一起的。在这个过程中，虽然曾出现了各种不同的地理学思想和理论形态，但都没有改变地理学的这种独特的发展特征”（郑冬子和郑慧子，1997）。

四、地域-空间性与尺度思想

区域与空间是地理学本体论的支柱，是地理学存在的存在，是地理学所有研究的起点与归宿。地理学作为研究地点、地方、区域……全球尺度的特征和尺度间关系的科学，尺度思想（空间尺度、时间尺度、时空尺度）就成为地理学思想的要义之一。

这一思想主要包括以下几个方面：①区域性思想（多样性、差异性、独特性、综合性以及显示特定文化、价值观念的地方性）。区域性或地方性思想为李特尔、赫特纳、维达尔、哈特向、索尔、段义孚等众多地理学家所强调。②尺度辩证法。这是基于不同比例尺对地方或区域特性进行考察、研究的方法，保罗·克拉瓦尔、马丁等特别看重这一思想工具。尺度问题和尺度关系是地理学的基本问题，也是地理学研究的难点所在。“地理学家面临着一个古老的问题：尺度的问题。通常而言，小区域要在大比例尺下进行研究；大区域要在小比例尺下进行研究。从小区域的解释向大区域的抽象进行转化是困难的事情，地理学家试图通过各种途径予以解决”（杰弗里·马丁，2008）。尺度比例尺法的应用要特别注意的是，不同比例尺要与不同信息数据相匹配。③空间性思想。空间性思想与地理学科学化、实证化、计量化、理论化以及社会科学空间理论等思想交织在一起。④时空性思想和相对时空观。这一思想是历史地理学的思想根基，又因现代地理学对“过程—机制”的研究而受到高度重视。同时，社会科学和后现代主义的“空间转向”也强化了社会进程叙述的“空间化”。⑤空间-地域复合性思想（图

16.3)。区域性与空间性是地理综合体同一存在的两种基本属性，早期的地理学研究中两者本身是合一的，后因方法论不同而出现分异。空间性和空间分析一旦彻底离开地理区域，就不再是地理空间；地理学研究若失去空间分析，地理学也难以达到它的科学化。以空间否定区域或以区域否定空间都是对地理学自身的否定。

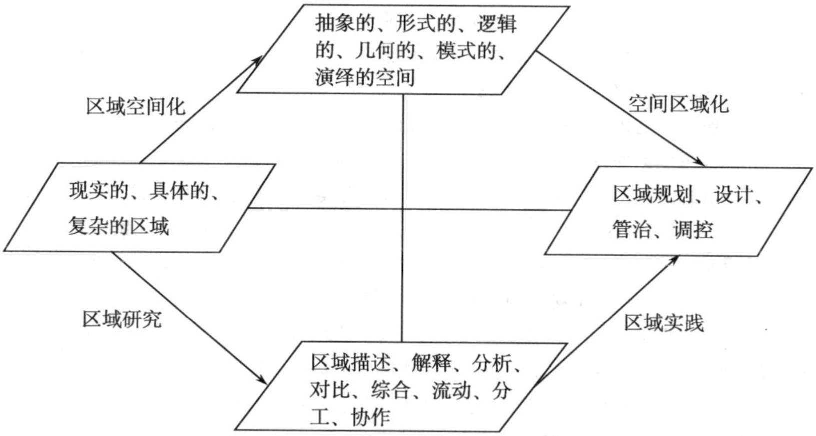

图 16.3　地理学的空间-地域复合性

区域是地理事象存在的逻辑起点，离开区域也就失去了地理学的“本体”。我们既要反对区域学派中那些以“区域独特性”去排斥“地理普遍性”的倾向，这构成了地理学理论发展的障碍；同时也要反对空间学派中试图消解“区域独特性”的做法，这必然使地理学失去多样性与丰富性。事实上，区域独特性是地理学理论构建的“原细胞”。正是区域独特性造就了地理学的整体性，正如“生物物种的多样性”形成了“生态系统”的整体性一样。从尺度辩证法看，在人类感知的宇宙空间，地球最显著的特点就在于它的独特性。地理学作为一门古老的学科，起源于人类对特定区域地理事象的特征和不同区域地理事象的差异的观察。这种观察一直是地理学的基本事实、基本视角和主题问题：造成地方特征和地区间差异的原因与过程是什么？形成地理差异的一般性法则是什么？地域性、独特性、多样性、差异性与整体性、关联性、统一性、相似性共存于地理综合体中。独特性与普遍性交织于地理要素复杂的关联作用中。地理学思想集中体现在“区域性、空间性、时空耦合性和人地相关性”的综合思想体系中。我们生活在地理的世界，我们不可能无视它的存在，人类与生存环境的关系，决定了人类命运的未来，把地理作为人类家园的古老信念，是地理思想永恒的魅力所在！

主要参考文献

阿·德芒戎．1994. 人文地理学问题．葛以德译．北京 ：商务印书馆

阿·恩·丘马科夫．1996. 全球性问题的哲学．姚洪芳，毋思宸译．北京：中国人民大学出版社

阿尔弗雷德·赫特纳．1983. 地理学——它的历史、性质和方法．王兰生译．北京：商务印书馆

阿尔曼德．Д·Л. 1992. 景观科学——理论基础和逻辑数理方法．李世玢译．北京：商务印书馆

阿兰·贝克．2008. 地理学与历史学．阙维民译．北京：商务印书馆

阿里斯佩．1992. 说明全球变化的立体方位．国际社会科学杂志（中文版），9（4）：7～15

阿努钦 B A. 1994. 地理学的理论问题．李德美译．北京：商务印书馆

阿诺德·汤因比，池田大作．1985. 展望二十一世纪．荀春生等译．香港：中国国际文化出版社

阿诺德·汤因比．2001. 人类与大地母亲．徐波，马小军，龚晓庄等译．北京：人民出版社

爱德华·索加．2004. 后现代地理学——重申批判社会理论中的空间．王文斌译．北京：商务印书馆

爱德华·索加．2005. 第三空间．陆扬，刘佳林，朱志荣等译．上海：上海教育出版社

爱德华·索加．2006. 后大都市．李钧等译．上海：上海教育出版社

爱德华·威尔逊．2002. 论契合——知识的统合．田洺译．北京：三联书店

安德烈·梅尼埃．1999. 法国地理学思想史．蔡宗夏译．北京：商务印书馆

白润光．1989. 地理学引论．长春：东北师范大学出版社

包亚明．2001. 后现代性与地理学的政治．上海：上海教育出版社

保尔·霍尔巴赫．1964. 自然的体系（上卷）．管士滨译．北京：商务印书馆

保罗·克拉瓦尔．2007. 地理学思想史（3）．郑胜华，刘德美，刘清华等译．北京：北京大学出版社

保罗·佩迪什．1983. 古代希腊人的地理学——古希腊地理学史．蔡宗夏译．北京：商务印书馆

北京大学哲学系．1982. 人与自然．北京：北京大学出版社

波德纳尔斯基 M C. 1986. 古代的地理学．梁昭锡译．北京：商务印书馆

波拉克 N. 2005. 不确定的科学与不确定的世界．李萍萍译．上海：上海世纪出版集团

蔡运龙，陆大道，周一星等．2004. 地理科学的中国进展与国际趋势．地理学报，59（6）：803～810

蔡运龙．2002-05-29. 大卫·哈维：地理学实证派的集大成者和终结者．中华读书报

蔡运龙．2008. 西方地理学思想史略及其启示——克拉瓦尔《地理学思想》评介．地域研究与开发，27（5）：1～5

查别林 N M．1959. 自然地理学理论基本问题．陈传康译．北京：科学出版社

陈传康．1993. 自然地理学的回顾与进展．北京：测绘出版社

陈坤宏．1991. 空间结构——理论与方法．台北：明文书局

达德利 L. 1936. 现代地理学观念．陈幼璞译．北京：商务印书馆

大卫·哈维．1999. 地理学中的解释．高泳源等译．北京：商务印书馆

大卫·哈维．2004. 后现代的状况．阎嘉译．北京：商务印书馆

大卫·莱昂．2004. 后现代性．2 版．郭为桂译．长春：吉林人民出版

戴维·钱尼．2004. 文化转向：当代文化史概览．戴从容译．南京：江苏人民出版社

迪尔 M. 2004. 后现代都市状况．李小科译．上海：上海教育出版社

冯仁国．2000. 关于中国地理学发展的思考．地球科学进展，15（4）：470～474

弗尔迪南·德·索绪尔．1980. 普通文语言学教程．高名凯译．北京：商务印书馆

弗里乔夫·卡普拉.1988.转折点：科学、社会和正在兴起的文化.卫飒英，李四志译.成都：四川科学技术出版社
复旦大学哲学系.1986.现代西方哲学概说.上海：复旦大学出版社
高清海.1988.哲学与主体自我意识.长春：吉林大学出版社
格拉夫 D O.1938.地理哲学.曹沉思译.北京：商务印书馆
格拉西莫夫.1990.地理学与生态学.北京：高等教育出版社
格雷戈里 K L.2006.变化中的自然地理学性质.蔡运龙，吴秀芹，李卫锋等译.北京：商务印书馆
葛全胜，吴绍洪，朱立平等.2003.21世纪中国地理学发展的若干思考.地理研究，22（4）：406～416
顾朝林，于涛方，李平等.2008.人文地理学流派.北京：高等教育出版
郭双林.2000.西潮激荡下的晚清地理学.北京：北京大学出版社
国家自然科学基金委员会.1995.自然科学学科发展战略调研报告.北京：科学出版社
海因茨·散克.1963.洪堡与地理学.漆平生，汤素民，陆贤忠译.北京：商务印书馆
赫尔曼·哈肯.2005.协同学——大自然构成的奥秘.凌复华译.上海：上海世纪出版集团
亨利·列菲弗尔.2008.空间与政治.李春译.上海：上海人民出版社
侯仁之.1962.中国古代地理学简史.北京：科学出版社
胡文耕.1993.科学前沿与哲学.北京：中共中央党校出版社
华林甫.2005.中国历史地理学五十年（1949～1999）.北京：学苑出版社
《黄秉维文集》编辑组.2003.地理学综合研究.北京：商务印书馆
黄华芳，徐东瑞、李海玲等.2004.地理科学发展：历史、机遇与挑战.西安：西安地图出版社
黄颂杰.2009.古希腊哲学.北京：人民出版社
霍尔巴赫 B.1964.自然的体系.管士滨译.北京；商务印书馆
霍依玛·狄特富尔特.1993.人与自然.周美琪译.北京：三联书店
基钦 R，泰特 N J.2006.人文地理学研究方法.蔡建辉译.北京：商务印书馆
吉尔德·德兰逊.2005.社会科学——超越建构论与实在论.张茂元译.长春：吉林人民出版社
加洛潘 G C.1992.全球变化中的人类因素：使全球与地区变化过程联合起来.国际社会科学杂志（中文版），9（4）：123～135
姜兰虹，张伯宇，杨秉煌.2000.地理思想读本.台北：唐山出版社
杰弗里·马丁.2008.地理学思想史.4版.成一农，王雪梅译.北京：商务印书馆
杰弗里·帕克.2003.地缘政治学 过去、现在和未来.刘从德译.北京：新华出版社
鞠继武.1987.中国地理学发展史.南京：江苏教育出版社
卡尔·波普尔.1987.历史绝定论的贫困.杜汝辑，邱仁宗译.北京：华夏出版社
卡尔·波普尔.2008.科学发现的逻辑.查汝强，邱仁宗，万木春译.北京：中国美术学院出版社
卡尔·霍恩.1989.变革时代的社会科学.李述一译.北京：社会科学文献出版社
卡尔·皮尔逊.1999.科学的规范.李醒民译.北京：华夏出版社
卡伦·莫林.2008.景观与环境：对世界的描述与解释.见：霍洛韦，赖斯，瓦伦丁.当代地理学要义.北京：商务印书馆
柯林威得 R G.1990.自然的观念.吴国盛，柯映红译.北京：华夏出版社
库德里亚舍瓦 J T.1987.现代苏联地理学的理论问题.李旭旦，马广志译.北京：科学出版社
拉黎维埃尔.1992.自然科学家与社会科学家在全球变化研究方面的合作必要性现实情况机遇.国际社会科学杂志，9（4）：28～35
劳伦斯·E卡洪.2008.现代性的困境.王志宏译.北京：商务印书馆

李长傅 . 1935. 转形期的地理学 . 上海：三五书房
李凯尔特 H. 1986. 文化科学和自然科学 . 涂纪亮译 . 北京：商务印书馆
李蕾蕾 . 2005. 当代西方“新文化地理学”知识谱系引论 . 人文地理，82（2）：77～83
里夫金，霍华德 . 1982. 熵：一种新的世界观 . 吕明，袁舟译 . 上海：上海译文出版社
理查德·哈特向 . 1981. 地理学性质的透视 . 黎樵译 . 北京：商务印书馆
理查德·哈特向 . 1996. 地理学的性质——当前地理学思想述评 . 叶光庭译 . 北京：商务印书馆
理查德·皮特 . 2007. 现代地理学思想 . 周尚意，张瑞红，王兰英等译 . 北京：商务印书馆
刘盛佳 . 1990. 地理学思想史 . 武汉：华中师范大学出版社
鲁学军，承继成 . 1998. 地理认知理论内涵分析 . 地理学报，53（2）：132～139
陆大道 . 1999. 中国地理学发展与创新 . 北京：科学出版社
陆大道 . 2004. 地理学发展方略和理论建设 . 北京：商务印书馆
路德维希·冯·贝塔朗菲 . 1989. 人的系统观 . 张志伟，盛小时，朱水泽译 . 北京：华夏出版社
吕鸣伦，王恩儒 . 1996. 区域性和全球性变化的综合模型 . 地理译报，（3）：34～39
栾玉广 . 2003. 系统自然观 . 北京：科学出版社
罗伯特·迪金森 . 1980. 近代地理学创建人 . 葛以德，林尔蔚，陈江等译 . 北京：商务印书馆
罗素 B. 1982. 西方哲学史（上、下卷）. 马元德译 . 北京：商务印书馆
马蔼乃 . 2007. 论理地理学与哲学（复杂性科学理论）. 北京：高等教育出版社
马茨·伟里贝格，约恩·黑特内 . 1989. 地区性动员与世界系统的政治 . 国际社会科学杂志（中文版），6（3）：27～46
马东 . 1909. 自然地理学 . 王勤堉译 . 北京：商务印书馆
马建华，管华 . 2003. 系统科学及其在地理学中的应用 . 北京：科学出版社
马歇尔·伯曼 . 2004. 一切坚固的东西都烟消云散了 . 徐大建，张辑译 . 北京：商务印书馆
美国国家研究院地学、环境与资源委员会 . 2002. 重新发现地理学——与科学和社会的新关联 . 黄润华译. 北京：学苑出版社
尼尔斯·玻尔 . 1962. 原子论和自然的描述 . 郁韬译 . 北京：商务印书馆
尼科里斯 G，伊·普利高津 . 1986. 探索复杂性 . 罗久里，陈奎宁译 . 成都：四川教育出版社
牛文元 . 1981. 自然地理学新论 . 北京：科学出版社
潘玉君 . 2001. 地理学基础 . 北京：科学出版社
普雷斯顿·詹姆斯 . 1982. 地理学思想史 . 李旭旦译 . 北京：商务印书馆
钱学森 . 1999. 论地理科学 . 杭州：浙江教育出版社
乔治·萨顿 . 2004. 科学史和人文主义 . 陈恒六，刘兵译 . 上海：上海交通大学出版社
萨拉·L霍洛韦，斯蒂芬·P赖斯，吉尔·瓦伦 J. 2008. 当代地理学要义——概念、思维与方法 . 黄润华，孙颖译 . 北京：商务印书馆
萨乌式金 Y G. 1957. 经济地理学导论 . 郭振淮译 . 北京：三联书店
森普尔 E C. 1936. 地理环境之影响 . 陈建民译 . 北京：商务印书馆
沈小峰，胡岗，姜璐 . 1987. 耗散结构论 . 上海：上海人民出版社
盛叙功 . 1993. 西洋地理学史 . 重庆：西南师范大学出版社
施密特 . 1988. 马克思的自然概念 . 欧力同译 . 北京：商务印书馆
施太格缪勒 W. 1992. 当代哲学主流 . 王炳文，张金吉等译 . 北京：商务印书馆
斯坦因·U拉尔森 . 2002. 社会科学理论与方法 . 任晓译 . 上海：上海人民出版社
宋祖良 . 1994. 拯救地球和人类未来——海德格尔的后期思想 . 北京：中国社会科学出版社

索恰瓦 В Б. 1991. 地理系统学说导论．李世玢译．北京：商务印书馆
唐晓峰．2005. 文化转向与地理学．读书，(6)：73～79
托马斯·库恩．2003. 科学革命的结构．金吾伦，胡新和译．北京：北京大学出版社
瓦尔特尔·霍利切尔．2006. 科学世界图景中的自然界．孙小礼译．上海：上海世纪出版集团
王成组．1955. 中国地理学史．上海：商务印书馆
王洪文．1988. 地理学思想．台北：明文书局
王庸．1983. 中国地理学史．北京：商务印书馆
威廉·C克拉克．1990. 全球变化中的人类生态学．国际社会科学杂志（中文版），7（2）24～55
威廉·邦奇．1991. 理论地理学．石高玉，石高俊译．北京：商务印书馆
吴传钧．2002. 20世纪中国学术大典·地理学．福州：福建教育出版社
吴传钧，施雅风．1999. 中国地理学90年发展回忆录．北京：学苑出版社
萧樾．2003. 中国历代的地理学和要籍．桂林：广西师范大学出版社
谢龙．1990. 现代哲学观念．北京：北京大学出版社
亚·沃尔夫．1997a. 十八世纪科学、技术和哲学史．北京：商务印书馆
亚·沃尔夫．1997b. 十六、十七世纪科学、技术和哲学史．北京：商务印书馆
亚历克斯·罗森堡．2006. 科学哲学．刘华杰译．上海：上海世纪出版集团
杨文衡．1994. 世界地理学史．长春：吉林教育出版社
杨吾扬．1989. 地理学思想简史．北京：北京大学出版社
伊·普利高律．1986. 从存在到演化．沈小峰译．上海：上海科学技术出版社
伊·普利高津．2006. 从混沌到有序　人与自然的新对话．曾庆宏，沈小峰译．上海：上海世纪出版集团
伊萨钦科 А Г. 1986. 今日地理学．胡寿田，徐樵利译．北京：商务印书馆
于希贤．1990. 中国古代地理学史略．石家庄：河北科学技术出版社
袁运开．2002. 现代自然科学概论．上海：华东师范大学出版社
约翰·巴罗．2000. 科学的极限与极限的科学．李新洲等译．上海：上海科学技术出版社
约翰斯顿 R J. 1999. 地理学与地理学家．唐晓峰，李平，叶冰等译．北京：商务印书馆
约翰斯顿 R J. 2000. 哲学与人文地理学．蔡运龙，江涛译．北京：商务印书馆
约翰斯顿 R J. 2004. 人文地理学词典．柴彦威，蔡运龙，顾朝林等译．北京：商务印书馆
张业修，张术文．2008. 中国近代地理学奠基人．北京：中国文史出版社
赵敦华．2000. 现代西方哲学新编．北京：北京大学出版社
赵荣．1997. 中国古代地理学．北京：商务印书馆
赵荣，杨正泰．1998. 中国地理学史（清代）北京：商务印书馆
郑春顺．2002. 混沌与和谐——现实世界的创造．北京：商务印书馆
郑冬子，郑慧子．1997. 区域的观念：关于地理学的空间原理及其科学哲学思考．天津：天津人民出版社
郑度，陈述彭．2001，地理学研究进展与前沿领域．地球科学进展，16（5）：599～606
郑度，杨勤业，赵名茶等．1997. 自然地域系统研究．北京：中国环境科学出版社
郑杭生．1988. 现代西方哲学主要流派．北京：中国人民大学出版社
中国地理学编辑委员会．1990. 中国大百科全书·地理学．北京：中国大百科全书出版社
中国地理学会．2001. 地理学的理论与实践．北京：科学出版社
中国科学技术协会．2009. 地理学学科发展报告（自然地理学）．北京：中国科学技术出版社
周春堤．1984. 地理现象与地理思想．台北 ：台湾学生书局
周立三．1993. 中国农业区划的理论与实践．合肥：中国科学技术大学出版社

邹振环 . 2000. 晚清西方地理学在中国 . 上海：上海古籍出版社

左大康 . 1990. 现代地理学词典 . 北京：商务印书馆

Abeer R F, Adams J S, Gould P R. 1971. Space Organization: The Geographer's View of the World. Englewood Cliffs: Prentice Hall

Ackerman E A. 1965. The Science of Geography. Washington, D. C. : National Academy of Science and National Research Council

Ackerman E. 1963. Where is a research of frontier? Annals of American Association of Geographers, 53 (4): 432～462

Ambrose P J. 1969. Analytical Human Geography: A Collection and Interpretation of Recent Work. Harlow: Longmans

Avon H. 1845. Kosmos: Entwurf einer physis chen weltbeschreibung. 5vols. Stuttgart: Gotta

Barrows H H. 1923. Geography as human ecology. Annals of Association of American Geographers, 13 (7): 1～14

Bergman E F, William H et al. 1999. Introduction to Geography: People, Places, and Environment. Harlow: Prentice Hall

Bhaskar R. 1979. The possibility of naturalism: a philosophical critique of the contemporary human sciences. Brighton: Havester

Bird J H. 1993. The Changing Worlds of geography: A Critical Guide to Concepts and Methods. Oxford: Oxford Uxiversity Press

Blij J, Muller P O. 1988. Geography: Regions and Concepts. New York: Wiley

Brosseau M. 1994. Geography's literature. Progress in Human Geography, 18 (3): 333～353

Bunge M. 1998. Philosophy of Science: from Problem to Theory. Revised Edition. New Brunswick and London: Transition Publisher

Busch A. 1999. Geography of Home: Writings on Where We Live . New York: Princeton Architectural Press

Cannon T , Jenkins A. 1990. The Geography of Contemporary China : the Impact of the Deng Xiaoping′s Decade. London : Routledge

Castelle M. 1977. The Urban Question. London: Edward Aronld

Castells M. 1996. The Rise of the Network Society. Oxford: Blackwells

Cook L, Taylor S. 2000. Cultural Turn/Geographical Turn. London: Chapman

Cosgrove D, Daniels S. 1988. The Iconography of Landscape. Cambridge: Cambridge University Press

Cosgrove D. 1984. Social Formation and Symbolic Landscape. London: Croom Helm

Crang M, Thrift N J. 2000. Thinking Space. London: Routledge

Cutter S L, Richardson D B. 2003. The Geographical Dimensions of Terrorism. London : Routledge

Davies W K D. 1972. The Conceptual Revolution in Geography. London: University of London Press

Dodgshon R A. 1998. Society in Time and Space. Cambridge: Cambridge University Press

Dunbar G S. 2002. Geography: Discipline, Profession and Subject Since 1970. Amsterdam: Kluwer

Entrikin J. N. 1976. Contemporary humanism in geography. Annals of the Association of American Geographyers, 66 (4): 615～632

Fenneman N M. 1919. The Circumference of geography. Geographical Review, 7 (3): 168～175

Forman R T T, Gordon M. 1986. Landscape Ecology. Chichester: Wiley

Foucaalt M. 1980. Power/Knowledge: Selected Interviewe and Other Writings. New York: Pantheon

Gaile G L，Willmott C J. 2003. Geography in America at the Dawn of the 21st Century. New York：Oxford University Press

Gatrell A C. 2000. Distance and Space：A Geographical Perspective. Oxford：Oxford University Press

Giddens A. 1984. The Constitution of Society. Cambridge：Polity Press

Gold J. 1980. An Introduction to Behavioral Geography. Oxford：Oxford University Press

Goudie A S. 1986. The intergration of human and physical geography. Transactions of the Institute of British Geographers N S，11，454～458

Gran O J G. 1997. Pure Geography. Hardcover：Johns HopKins University Press

Gregory D. 1982. Regional Transformation and Industrial Revolution. London：Macmillan

Gregory D. 1993. Geographical Imaginations. Oxford：Black Well.

Greogy D. 1989. Presences and absence：time-space relations and structuration theory. *In*：Held D，Thompson J B. Social Theory of Modern Socities. Cambridge：Cambridge University Press

Hagerstrand T. 1968. Innovation Diffusion as a Space Process. Chicago：University of Chicago Press

Haggett P. 1965. Location Analysis in Human Geography. London：Edward Arnold

Haggett P. 1983. Geography：A Modern Synthesis. London：Harper and Row

Haggett P. 1990. The Geographer's Art. Oxford：Blackwell

Harrris R C. 1971. Theory and synthesis in historical geography. Canadian Geographer，15（3）：157～172

Harvey D. 1973. Social Justice and the City. London：Edward Arnold

Harvey D. 1982. The Limits Capital. London：Edward Arnold

Hill M R. 1981. Positivism：a hidden'philosophy in geography. *In*：Harvey M E，Holly B P. Themes in Geographic Thought. London：Croom Helm

Holloway L. 2000. People and Place. Harlow：Prentice Hall

Isard W. 1965. Location and Space Economy. New York：John Wiley & Sons

Jackson J B. 1984. Discovering the Vernacular Landscape. New Haven and London：Yale Unversity

James P E，Jones C F. 1954. American Geography：Inventory and Prospect. Syracuse：Syracuse University Press

James P E，Martin G J. 1993. All Possible World：A History of Geographical Ideas. New York：John Wiley&Sons

Jammer M . 1957 Concepts of Space. Cambridge：Cambridge Mass

Jensn A H. 1999. Geography：History and Concepts：A Student's Guide. London：Thousand Oaks

Johnson R J，Claval P. 1984. Geography Since the Second World War. London：Croorn Helm

Johnston R J ，Taylor P J. 1995 . Geographies of Global Change. London：Edward Arnold

Johnston R J，Jones P. 1990. Regional Geography：Current Development and Future Prospect. London：Routledge

Johnston R J. 1992. Philosophy and Human Geography：An Introduction to Contemporary Approaches. New York：Edward Arnold

Jones E. 1990. Metropolis：the World's Great Cities. Oxford：Oxford University Press

Keith M. 1974. The Geography of Crime and Justice. New York ：McGraw-Hill Book

Keith M，Pile S. 1993. Place and Politics of Identity. London：Routledge

Kirk W. 1963. Problems of geography. Geography，48：357～371

Lefebvre H. 1991. The Production of Space. Oxford：Blackwell

Ley D, Samuels M. 1978. Humanistic Geography: Prospects and Problems. London: Croom Helm

Livingstone G J. 1992. The Geography Tradition: Episodes in the History of a Contested Enterprise. Oxford: Blackwell

Lynch K. 1960. The Image of the City. Cambridge: MIT Press

Massey D. 1994. Space, Place and Gender. Oxford: Polity Press

McDowell L. 1997. Undoing Place? London: Eward Arnold

Meinig D W. 1979. The Interpretation of Ordinary Landscape. New York: Oxford University Press

Nisbett R E. 2005. The Geography of Thought: How Asians and Westerners Think Differently and Why. London : Nicholas Brealey Publishing

Paterson J H. 1974. Writing regional geography. Progress in Geography, 6: 1～26

Ritter C. 1859. Die Erdkunde, imverhältniss zur Natur und Geschichte des Menschen. Berlin: G Reimer

Rose G. 1993. Feminism and Geography: the Limits of Geographical Knowledge. Minneapolis: University of Minnesota Press

Said E. 1978. Orientalism: Western Conceptions of the Orient. Harmondsworth: Penguin Books

Sassen S. 2002. The Global City. Princeton: Princeton University Press

Scaefer F K. 1953. Exceptionalism in geography : a methodological examination. Annals of the Association of American Geographers, 43 (2): 226～249

Simmons I G. 1993. Interpreting Nature: Cultural Constructions of the Environment. London: Routledge

Slaymaker O, Spencer T. 1998. Physical Geography and Global Environmental Change. Harlow: Addison Wesley Longman

Stewarg J 1955. The Theory of Culture Change. Urbana: University of Illinois Press

Taffe E J. 1970. Geography. Englewood Cliffs: Prentice-Hall

Taylor P J. 1999. Modernity: A Geohistorical Perspective. Cambridge : Polity Press

Taylor T G. 1951. Geography in the Twentieth Century. London: Methuen

Tesch R. 1990. Qualitative Research: Analysis Type and software Tools. London: Falmer

Thrift N J. 1996. Spatial Formations. London: Sage

Tuan Y F. 1976. Humanistic Geography. Annals of Association of American of Geographers, 66 (2): 266～276

Tuan Y F. 1977. Space and Place. London: Edward Arnold

Turner G. 2001. Landscape Ecology in Theory and Practice. New York: Springer

Unwin T. 1992. The Place of Geography. Harlow: Longman

Walmsley D. 1988. Urban Living: the Individual in the City. Harlow: Longman

Wittgenstein L. 1922. Tractatus Logic Philosopicus. London: Kegan Paue

后　　记

本书的写作，开始于1992年我在兰州大学地理系任教之时。为使本科低年级学生尽早对地理学有所了解，时任系主任的李吉均教授决定开设“地理科学导论”课程。李老师讲授地理学综合部分，王乃昂老师讲自然地理学，我主讲人文地理学专题，由此开始了对地理学思想的研习。其中，有六本书对我深具影响：詹姆斯的《地理学思想史》，使我较系统地了解到地理学思想的形成与发展；哈特向的《地理学性质的透视》从问题切入角度，引导着我对地理学思想基本问题的思考；克拉瓦尔的《地理学思想史》，言简意赅的表述体现出作者学识的博大精深，在社会、哲学、科学的广阔视野中，闪现出深邃的地理学思想，认识论与方法论的评述，映射出作者秉持的学术批判精神；贝克的《地理学与历史学》一书，尽管阐述的主题是历史地理学，但对地理学“主题”的认识高度和对地理学综合性思想的阐述令人折服；刘盛佳的《地理学思想史》，字里行间浸透着作者对中国地理学及其思想的热情、执着，以及对中国地理学所取得的成就的自豪感；台湾学者王洪文的《地理思想》一书，使我看到中华文化在阐述地理学思想中的综合性思维特质和行文方式。近现代地理学的发展中心在欧美，非欧美地理学者撰写地理学思想史，因语言障碍和文献限制而处于不利境地。然而，文化和思维的差异，同时也赋予了欧美学者所不具备的特质。从“深度描述”和后现代主义思想看，这种差异性对地理学思想的研究是重要的，而且是不可缺少的。我在博士论文“青藏高原东北缘及其毗邻地区人地关系研究”写作期间，深感自己的知识体系难于对“人地关系”这一主题达到透切理解，从而引发了我对哲学、生态学、人类学、社会学及其前沿领域的关注。2000年我从兰州大学调入中山大学后，自告奋勇为经济地理专业高年级本科生开设“地理学思想史”课程，结果因学生的评价——“这门课程很有理论和思想价值，但对就业无多大帮助”，而停止授课。2003～2006年，我为中山大学地理系研究生讲授了四年“地理学思想史”课程。遗憾的是，2007年这门课程又从研究生课程体系中被剔除。本书的主体部分源于这一时期的积累，以及与研究生的教学互动。受教育市场化和人才培养过度专业化、技能化、实用化的冲击，地理学者日益走向“专窄专家型”的道路，日益与地理学的综合性与统一性相背离。与我国地理学前辈们的博大精深相比，时下30～45岁的青年地理学者，专家云集，但在整个地理学层面上的领军人物已寥若晨星，这成为中国地理学发展和地理教育最大的危机所在。本书停笔之时，也是遗憾之始。地理学的“广域性”特征，决定了即使拥有全部文献，也很难精要地展现出地理学思想史的全貌；在有限的资料支撑下，这种展现更是有局限的、不完备的。要从浩如烟海的文献中，简明、清晰、条理化地提炼、挖掘出地理学思想，还有相当多的工作要做。本书凝结了我对地理学思想的思考，也为读者提供了批评的平台。我国地理学思想史研究的整体落后，已对我国地理学发展和地理教育构成重大冲击，这需要一大批学者集毕生之功力来推进这一工作。这里引用詹姆斯（1972）在《地理学思想史》序言中的那段名言："我们深深知道，学者在深入研究专题的过程中更容易获得威望，但有些时候，也有必要对学科的整体潮流作一番审视——即使仅仅为了把将来的深入研究置于理想的地位也罢。"此书成稿，得益于一批朋友们鼎力相助。借此机会，我要感谢大学本科和研究生阶段的老师，感谢我的硕士导师鲜肖威教授和艾南山教授，我的博士导师李吉均院士和汪一鸣教授，是他们的教导使我成为地理教育工作者。感谢我的研究生和听课的研究生朋友们，他们对我教学的认可使我有了写作的勇气。感谢师弟陈永康博士绘制了书中的插图。最后，真诚感谢我的家人和所有的朋友们。

王爱民

2009年10月于学府苑